老子的管理要义

张　钢∕著

ZHEJIANG UNIVERSITY PRESS
浙江大学出版社
·杭州·

图书在版编目（CIP）数据

老子的管理要义 / 张钢著 . -- 杭州：浙江大学出版社，2023.5
ISBN 978-7-308-23602-7

Ⅰ.①老… Ⅱ.①张… Ⅲ.①《道德经》–应用–管理学 Ⅳ.① C93-02

中国国家版本馆 CIP 数据核字（2023）第 054354 号

老子的管理要义

张 钢 著

策划编辑	吴伟伟
责任编辑	杨 茜
责任校对	许艺涛
封面设计	周 灵
出版发行	浙江大学出版社
	（杭州市天目山路 148 号　邮政编码 310007）
	（网址：http://www.zjupress.com）
排　　版	杭州浙信文化传播有限公司
印　　刷	杭州宏雅印刷有限公司
开　　本	710mm×1000mm　1/16
印　　张	24
字　　数	354 千
版 印 次	2023 年 5 月第 1 版　2023 年 5 月第 1 次印刷
书　　号	ISBN 978-7-308-23602-7
定　　价	78.00 元

浙江大学出版社市场运营中心电话（0571）88925591；http://zjdxcbs.tmall.com

目 录

上篇 道

　　本部分包括《老子》第1—9章，是《老子》全篇的总纲，既阐明作为观念的组织之道是组织赖以存在和发展的内在根据，又明确组织的规则体系必须以观念为前提，更强调"上善"观念对最高管理者的基本要求，从而为深入理解最高管理者与组织之道、组织发展、组织管理之间的关系奠定了基础。

　　本部分包括《老子》第10—18章，进一步阐述最高管理者与组织之道的关系，明确指出最高管理者必须让组织之道融入自己的思维，成为思维的内在准则，这样才能立足理想去把握现实，运用观念去统摄实在，通过"无"去创造"有"，以实现组织的可持续发展。

　　本部分包括《老子》第19—28章，集中探讨最高管理者与组织发展的关系，在首先明确最高管理者不能做什么的底线原则基础上，详细阐述最高管理者所承担岗位职责的独特性，以及这样的岗位职责对最高管理者超越源自生物本能的各种欲求，认同和践行组织之道的根本要求。

　　本部分包括《老子》第29—37章，侧重于讲解最高管理者与组织管理的关系，首先指出信任才是组织管理得以发挥作用的前提，最高管理者不能把他人和组织当成实现个人意志的工具，其次要求最高管理者必须正确对待硬实力，最后再次强调组织之道才是组织管理的根本准则。

下篇 德

导　读

　　《老子》堪称经典中的经典，至今仍闪耀着智慧的光芒。像《论语》一样，《老子》早已融入中国人的共同记忆，成为塑造深层思维结构和文化认同的基础元素。不管在什么时代，也无论身处何方，关于人及其组织的存在和发展问题，都必须认真思考和回答。《老子》的永恒魅力，恰在于关切人及其组织的根本问题，并为人们跨视域界定问题、多角度思考问题、创造性回答问题，提供了丰富的思想资源和无尽的探索空间。

　　《老子》的经典价值，离不开熔铸了不同时代思想的多元解读。在众多解读《老子》的视角中，管理视角从未缺位。韩非子曾解读《老子》，留下名篇《解老》《喻老》，可以说是管理视角下解读《老子》的肇始。作为法家代表人物，韩非子对《老子》的解读，更偏向于管理中策略性手段或"术"的运用。这让《老子》的管理思想与法家建立起千丝万缕的联系，乃至司马迁在《史记》中也是把老子、庄子和申不害、韩非子两位法家人物放在一起作传①，而班固在《汉书·艺文志》中更是明确地说："道家者流，盖出于史官，历记成败存亡祸福古今之道，然后知秉要执本，清虚以自守，卑弱以自持，此君人南面之术也。"②由此给人的感觉似乎是，《老子》专讲管理之术。再加上后来还有从军事管理角度对《老子》进行解读的传统，如唐朝的王真便写有《道德经论兵要义述》③，就更容易使人联想到策略和权谋。这不能不说是对《老子》中的管理思想的某

---

① ［汉］司马迁：《史记》，中华书局 2000 年版，第 1701—1713 页。

② ［汉］班固：《汉书》，中华书局 2000 年版，第 1370 页。

③ ［唐］王真：《道德经论兵要义述》，载［明］张宇初等编：《道藏》（第十三册），文物出版社、上海书店、天津古籍出版社 1988 年版，第 631—652 页。

种误读。

　　管理固然需要策略性手段或"术"，但更不能没有价值观念或"道"。做管理，必须价值观念先行。管理者内心有"道"，才能正确地选择和运用"术"。从管理视角解读《老子》，首先应该关注"道"，尤其不能有意无意地将"道"降格为"术"。孟子曾说："颂其诗，读其书，不知其人，可乎？"[①] 也许借助老子本人的职业特点和所处的时代背景，更容易理解《老子》中管理思想的真谛。

　　《史记·老子韩非列传》说："老子者，楚苦县厉乡曲仁里人也，姓李氏，名耳，字聃，周守藏室之史也。"[②] 据推断，老子年长孔子二十岁，史官世家出身，曾担任"周守藏室之史"，相当于周王朝的国家图书馆和档案馆的馆长，拥有丰富的知识和很高的声望，孔子也曾慕名来请教[③]。可以想见，在当时的历史条件下，国家图书馆和档案馆中所收藏的图书资料、档案材料应当主要集中在政府管理领域，带有鲜明的管理实践导向色彩。老子作为这个部门的负责人，应该还扮演着政府管理的顾问或决策咨询的角色。毕竟那些涉及重要政策制订、重大事件处理等的管理工作，往往都需要寻求历史依据和政策合法性支持，这可能也是老子的岗位职责的组成部分。

　　另据吕思勉引证，老子所担任的职务，也称为"柱下史"，而"周、秦皆有柱下史，谓御史也"，相当于"副丞相"，"丞相掌丞天子助理万机，而御史大夫，掌副丞相，皆总揽全局，与他官之专司一事者不同。其能明于君人南面之术，固其所也。"[④]

　　或许正因为有这样的职业经历，老子才可能从周天子的角度，全面观察周王朝的管理运行，并凭借自身的管理知识背景和得天独厚的图书档案条件，深刻地认识到当时管理问题的症结所在。

　　老子身处周王朝不断衰落的时期，目睹了周王室的内乱。公元前520年，

---

① 张钢：《孟子的管理解析》，机械工业出版社 2019 年版，第 371—372 页。
② ［汉］司马迁：《史记》，中华书局 2000 年版，第 1701 页。
③ 陈鼓应、白奚：《老子评传》，南京大学出版社 2011 年版，第 10 页。
④ 吕思勉：《先秦学术概论》，东方出版中心 2008 年版，第 20 页。

周景王崩，王子朝与悼王、敬王争夺王位，引发内乱，最后王子朝败，携带周王朝的图书档案逃往楚国，而掌管图书馆和档案馆的老子也因此去职，曾居于沛、陈，后西游，出函谷关，受关令尹喜所请，写下《老子》①。老子亲历周王室的内乱和周王朝的衰落，在历史与现实的交织中，一个带有根本性的管理问题自然会涌现出来，即：当时像周王朝和各个诸侯国那样的组织，其赖以存在和发展的内在根据及理想的管理模式到底是什么？这应该是《老子》的核心主题。老子的知识背景和职业特点决定了，他思考这个问题是从周天子的角度出发的，而周天子扮演的是作为委托人的最高管理者角色。这与孔子选择作为代理人的职业管理者的角度来思考管理问题不同。老子与孔子在思考管理问题上的视角差异，也反映在孔子向老子请教的历史细节中。

《史记·孔子世家》记载："鲁南宫敬叔言鲁君曰：'请与孔子适周。'鲁君与之一乘车，两马，一竖子俱，适周问礼，盖见老子云。辞去，而老子送之曰：'吾闻富贵者送人以财，仁人者送人以言。吾不能富贵，窃仁人之号，送子以言，曰：聪明深察而近于死者，好议人者也。博辩广大危其身者，发人之恶者也。为人子者毋以有己，为人臣者毋以有己。'"②老子给孔子的临别赠言，既有明确的管理语境特征，又有清晰的委托人语气定位。老子显然是从作为委托人的最高管理者的角度，来嘱咐孔子这位管理实践者和管理教育者。在老子的赠言中，"聪明深察"和"博辩广大"意味着管理才干，但只有才干，不仅做不好管理，还有可能危及自身安全；而"为人子"和"为人臣"，本质相通，都必须超越一己之私，站在组织和委托人的立场考虑问题，恰当运用管理才干，即"毋以有己"。老子分明是在告诫孔子，无论是自己做"臣"，还是要培养"臣"，都要恪守"忠"或尽己尽责，致力于创造组织的共同利益，而不是谋求个人的私利。

换个角度看，作为委托人的最高管理者或"君"，若想让作为代理人的职

---

① 罗义俊：《老子译注》，上海古籍出版社 2012 年版，第 1 页；高亨：《老子注译》，清华大学出版社 2010 年版，第 6 页。
② ［汉］司马迁：《史记》，中华书局 2000 年版，第 1540 页。

业管理者或"臣"恪守"忠"，做到"毋以有己"，那自己先要恪守什么，又要做到什么呢？这可能正是老子站在最高管理者的角度一直在思考的问题，更可能恰是周王朝及各个诸侯国组织长期悬而未决的难题。

将最高管理者与职业管理者联结在一起的是组织，也即当时"天下"这个最大的组织和各个诸侯国组织，当然还有更为直观而普遍的家庭组织。但是，组织作为社会实体，看不见、摸不着，要想把组织的本质特征和内在根据想明白、说清楚，并不容易。也许正因为如此，当时各类组织的最高管理者才鲜有自觉的组织意识，无法将自身与这个抽象的社会实体密切联系在一起，也就更无从把握自己与职业管理者、一般组织成员之间的关系了。在当时，正是最高管理者，成为制约各类组织存在和发展的最大瓶颈。老子从自己的切身感受出发，深刻认识到，要突破瓶颈，就必须引导最高管理者理解组织、融入组织、履行职责。这可能是老子要借天地隐喻组织、用万物类比组织中的人和事、以天地之道启示组织之道、把圣人作为理想化最高组织管理者的典型代表的重要原因。在老子看来，虽然天地间万物种类繁多，但天地相合，却能够让如此多的物种各安其位，秩序井然，宛如一个设计精美、管理卓越的自然组织，正可以作为人类组织参照和学习的对象。《老子》表面上是在谈天说地论万物，揭示天地间万物得以秩序化的"道"和"名"的力量，但实际上却是在要求最高管理者必须效法天地和天地之道来管理组织，实现组织的可持续发展。

在超越于策略性手段或"术"的管理视角下，《老子》全篇都是在运用类比的表达方式，立足于组织的最高管理者，阐发组织这个看不见的社会实体赖以存在和发展的内在根据，即组织之道，以及组织之道与最高管理者、组织发展、组织管理之间的关系，从而明确最高管理者在组织中的职责定位，回答最高管理者如何才能代表组织、确保组织可持续发展这个永恒的管理难题。

《老子》由上、下两篇构成，总计81章，大致可以分为9个部分。上篇为"道"篇，包括第1部分到第4部分共37章的内容，主要讲组织之道及其与最高管理者、组织发展、组织管理之间的关系。其中，第1部分是总论，以天地万物的起源来隐喻组织的起源，不仅点明《老子》的主题及其独特的类比表达方式，而且还阐明组织之道的"上善"内涵、组织之道与规则体系的一体化关系，以及作为组织代表和组织之道化身的最高管理者必须恪守的"无为""不争"原则。

第2部分则专门讲解最高管理者与组织之道的关系，强调指出，最高管理者只有认同和践行组织之道，具备最高意义上的组织公德，即"玄德"，才能真正与组织融为一体，处理好组织中"有"与"无"之间的关系，履行岗位职责，承担管理职能，真正做好管理。

第3部分侧重于探讨最高管理者与组织发展的关系，在首先明确最高管理者不能做什么的基础上，详细阐述最高管理者所应承担的独特岗位职责，即培育组织可持续发展的根基——组织之道，这要求最高管理者必须超越源自生物本能的各种欲求，真诚认同和践行组织之道，通过履行独特的岗位职责，来确保组织的可持续发展。

第4部分重点关注的是最高管理者与组织管理的关系，明确指出，以价值观念共识为基础的信任，才是组织管理得以发挥作用的前提，而最高管理者要为组织管理确立信任前提，就必须遵循组织之道，清醒地认识以物化资源和岗位权力为代表的硬实力的局限性，慎重使用硬实力。

下篇为"德"篇，由第5部分至第9部分共44章的内容构成，主要讲组织之道如何才能由内而外地体现在人的行为上，即由组织之道转化为组织公德，切实贯彻于组织实践之中。其中，第5部分全面阐述组织公德及其表现形式，尤其是最高管理者和其他管理者具备组织公德所应有的管理行为表现。

第6部分重点阐明最高管理者应该如何修养和培育组织公德，即"为道"的问题。这既是最高管理者所承担的独特岗位职责的必然要求，也是组织生存和发展的根本保证；最高管理者只有先从自身做起，努力达到"含德之厚"，才可能引导其他管理者和一般组织成员认同组织之道，具备组织公德。

第7部分进一步讲述以组织公德为内在价值准则实施管理的具体要求，包括组织内部管理的基本原则和可行方法，以及组织间关系管理的指导思想和策略选择，这些都是最高管理者必须通过效法天地而认真思考和努力实践的管理要义。

第 8 部分则专门论述最高管理者应该如何将组织公德贯彻到处理与其他管理者及一般组织成员的关系中，而做组织管理，无外乎面向人和针对物两个方面，本部分讲解最高管理者面向人时所应秉持的内在价值准则及行为表现，下一部分则说明最高管理者针对物时所应有的态度和做法。

第 9 部分既讲明最高管理者以组织公德为内在价值准则正确对待物的基本要求，从而明确组织的硬实力和软实力之间的优先序关系；也总结全文，提出"尊道""贵德"的理想化组织管理模式，以及实现这种理想化组织管理模式的可能途径。

在管理视角下，《老子》的核心概念"道"，不再仅指天地之道，而是用天地之道设喻，帮助人们更深入地理解组织赖以存在和发展的内在根据，即组织之道。《老子》所说的组织之道，与儒家倡导的管理之道是互补的。只有"君""臣"同道，也即组织之道与管理之道相契合，组织管理才能与组织发展彼此适应，相得益彰；否则，"道不同，不相为谋"[①]，要么分道扬镳，要么相互倾轧，职业管理者根本发挥不了作用，最高管理者也无法确保组织的可持续发展。

老子立足于最高管理者，要探究的是组织这个抽象的社会实体赖以存在和发展的内在根据，即组织之道，以找到让组织及其成员和事业实现可持续发展的坚实基础；而孔子则立足于职业管理者，要探索的是管理这项重要的实践活动得以有效开展的指导思想，即管理之道，以找到能贡献于组织可持续发展的管理模式和高素质管理者的培养方式。老子所强调的组织之道和孔子所弘扬的管理之道，虽然侧重点不同，一个侧重于组织本身，一个侧重于广义管理，但其本质特征和理想目标是一样的，都是要追求和创造最广大的共同利益。对此，老子用的是"上善"，而儒家的习惯说法是"至善"；而且，老子所强调的组织之道在最高管理者由内而外的行为上的集中体现就是"玄德""上德"，其首要内涵则是"慈"，这与儒家倡导的"明德"的首要内涵是"仁"可谓

---

① 张钢：《论语的管理精义》，机械工业出版社 2015 年版，第 467 页。

异曲同工①。

　　老子关切的问题，至今仍具有紧迫的现实意义。虽然技术飞速发展推动着组织形态不断改变，也让组织管理日新月异，但不容否认的是，组织还是人的组织，管理并没有被物化。是什么力量让组织成为有机整体而不是一盘散沙？又是什么机制将组织管理与组织发展融为一体而不是彼此割裂？组织的管理者尤其是最高管理者到底应该承担什么样的职责？诸如此类的问题，今天依然是管理者必须时刻扪心自问的现实问题。要思考现实问题，就不能没有理想参照。现实世界中的组织和管理问题，只有在理想世界的思想和观念反衬下，才能得到清晰呈现和深入探索。作为解决现实问题的参照系，理想世界不同于"虚拟世界"，更不等于"幻想世界"。理想世界是由思想和观念逐步构建起来的知识世界，其中积淀着理解和完善现实世界的底层原理原则；而"虚拟世界"不过是用机器和数据创造出来的一个现实世界的投影，充其量也只能更高效地满足人们对"幻想世界"的热望。

　　作为经典中的经典，《老子》早已成为有关组织和管理的理想世界不可分割的组成部分，更是不同时代管理者反思现实问题的稳固思维立足点之一。特别是在当下，以所谓"元宇宙"为代表的虚拟世界，正在给现实世界中的组织和管理带来势不可挡的冲击，也对理想世界中的思想和观念造成前所未有的遮蔽，此时重温《老子》的管理要义，回归《老子》的底层逻辑，或许能让被遮蔽的思想和观念重新闪光，照亮组织和管理的未来之路。

　　《老子》的版本众多，不同视角下的解读更是汗牛充栋。当今流行的《老子》版本主要有两个源头，一个是汉代的河上公本和严遵本，另一个是曹魏时期的王弼本和唐代的傅奕本。朱谦之在所著《老子校释》的序文中指出："今案《老子道德经》旧本，流传最广者，有河上公、王弼两种。河上本近民间系统，文句简古，……王本属文人系统，文笔晓畅，……然则言旧本者，严遵与傅奕尚矣。严遵本与河上本相接近，傅奕则为王弼本之发展，此为《老子》旧本之

---

① 张钢:《大学·中庸的管理释义》，机械工业出版社 2017 年版，第 4—7 页。

两大系统。"① 高明也认为："《老子》传本数量虽多，但溯本求源，主要是由以上所述四种（河上公、王弼、严遵、傅奕）辗转流传，其中又以王弼、河上公二本为盛。王注本文笔晓畅，流传在文人学者与士大夫阶层；河上公注本通俗简要，流行于道流学子与平民百姓之间。"② 另外，1973 年在湖南省长沙市马王堆出土了两个帛书本《老子》，经考证，帛书甲本的年代可能是公元前 206 年至公元前 195 年，帛书乙本的年代大约在公元前 179 年至公元前 169 年；而目前所知最早的《老子》版本，则是 1993 年在湖北省荆门市郭店出土的竹简本，抄写的时间应该早于墓葬年代的公元前 278 年③。针对帛书本和竹简本《老子》的专题研究及与各种流行本的比较研究，都已非常丰富。正是关于《老子》版本辨析和文本校释的基础研究的丰硕成果，为本书从管理视角对《老子》进行应用研究，创造了良好条件。

本书依照原文、字词注释、今文意译、分析解读、管理要义的体例，逐章对《老子》进行管理解读。考虑到管理解读的历史传承，本书采用流传在文人学者与士大夫阶层的王弼本作为解读文本，原文出自楼宇烈校释的《王弼集校释》（中华书局 1980 年 8 月第 1 版、2019 年 10 月第 10 次印刷）；同时，根据河上公本、傅奕本、严遵本、帛书甲乙本、郭店竹简本等不同版本，对王弼本进行确认和修订，凡涉及对王弼本原文的改动，都在"字词注释"中予以说明。

另外，为了准确理解和把握《老子》的原文及背景，作者也参阅了高亨的《老子注译》、杨树达的《老子古义》、朱谦之的《老子校释》、任继愈的《老子绎读》、陈鼓应的《老子今注今译》、徐梵澄的《老子臆解》、罗义俊的《老子译注》、王孝鱼的《老子衍疏证》、董平的《老子研读》等当代研究著述。特别是刘笑敢的《老子古今》、陈徽的《老子新校释译》，都是将帛书本、竹简本与流行本进行参照比较的系统研究成果，帮助尤大。

① 朱谦之：《老子校释》，中华书局 2017 年版，"序文"第 1 页。
② 高明：《帛书老子校注》（上），中华书局 2020 年版，"帛书老子校注序"第 3 页。
③ 刘笑敢：《老子古今》（修订版）（上），中国社会科学出版社 2006 年版，第 2 页。

涉及"字词注释",除了参考各类《老子》的基础研究著作外,作者还使用了商务印书馆国际有限公司 2005 年 1 月出版的《古代汉语字典》、上海古籍出版社 2007 年 8 月出版的许慎的《说文解字》、上海辞书出版社 2007 年 12 月出版的《康熙字典》、商务印书馆 2021 年 10 月出版的由林仲湘主编的《规范字与繁体字、异体字辨析字典》等工具书。

虽然依据过往的解读惯例,《老子》分为上下两篇,共 81 章,但为了便于整体把握,易于深化理解,本书又将上篇分为 4 个部分,下篇分为 5 个部分,力图强化上、下篇及各章之间的内在联系,以便让《老子》的管理要义更为明快地呈现出来。也许正如吕思勉指出的那样:"《老子》原书,本无道经、德经之分,分章更系诸家随意所为;读者但当涵咏本文,自求条理,若一拘泥前人章句,则又滋纠纷矣。"① 本书将《老子》分为 9 个部分,权且当作管理视角下的"自求条理"。好在这样的划分,并没有改变各章的顺序和全篇的结构,不会因此而扭曲《老子》的文本意义。

考虑到《老子》文本自身的完整性和解读造成的割裂感,读者如果只是阅读"解读版"《老子》,难免有些碎片化,不容易产生一气呵成的阅读体验,更会妨碍义理贯通的整体领悟,因此,本书将《老子》的原文完整版附于书后,希望读者能借此领略《老子》原文的韵味,也可以校核本书对《老子》解读的可接受性。

本书所引用的各类参考资料均列入"参考文献"之中。正是这些丰厚的研究成果,为本书对《老子》的管理解读奠定了坚实的基础。在此一并表达由衷的感谢!

---

① 吕思勉:《经子解题》,中国书籍出版社 2006 年版,第 147 页。

上篇　道

一

《老子》第1章

道可道，非常道①；名可名，非常名②。无名万物之始③，有名万物之母。故常无欲，以观其妙；常有欲，以观其徼④。此两者同出而异名，同谓之玄⑤，玄之又玄，众妙之门。

字词注释

①道可道，非常道："道"，会意字，表示人在行走，本义指道路。这句话中的第一个"道"字，可以引申为一个组织所应遵循的指导思想或核心原则，即组织之道。组织之道是老子管理思想体系中最高意义上的原则，引领并决定着组织的制度规则、管理模式、操作方法及其运用。第二个"道"字，是说起、谈论的意思，这里可以引申为借助口头或书面语言进行宣传和贯彻。第三个"道"字，与"常"连用，表示一种具有恒常性和普遍性的、可持续发挥作用的组织之道。

②名可名，非常名："名"，会意字，由口和夕两部分组成。古人在走夜路时，会口呼自己的名字，使别人知道，防止相撞。这句话中的第一个"名"字，是名称的意思，可以引申为一个组织里各类部门、团队、岗位、职务等的名称，而这些名称集中体现了组织的一系列相关制度规则，因此，这里的"名"，也指称一个组织的规则体系。第二个"名"字，是命名、称呼的意思，这里可以引申为用口头或书面的方式对组织中各类部门、团队、岗位、职务等名称进行

命名。第三个"名"字，与"常"连用，表示一种具有恒常性和普遍性的、可持续发挥作用的规则体系。

③无名万物之始：这句话在王弼本中是"无名天地之始"[1]，但在帛书甲乙本中均为"无名，万物之始也"[2]，而且，王弼本的注释是"凡有皆始于无，故未形无名之时，则为万物之始"[3]，由此或可推断王弼本这句话中原来也是在讲"万物"而不是"天地"。据此，将王弼本这句话中的"天地"改为"万物"。这样也与本章的管理要义更为吻合。

④徼：形声字，本义指巡查、巡逻，这里是界限、边界的意思。

⑤玄：在金文中像丝形，本义是悬挂，这里是玄妙、深奥、神奇的意思。

▌今文意译 ////

组织之道若仅靠语言来进行宣传贯彻，那就不是具有恒常性和普遍性的、可持续发挥作用的组织之道；组织规则体系下的各类岗位名称若仅靠语言来进行命名，那就不可能具备恒常且普遍的权威性。这就像天地之道若仅靠语言来谈论和把握，就不再是那个具有恒常性和普遍性的天地之道一样；也就像万物的名称若随意命名，也就不再是那个具有恒常性和普遍性的万物名称一样。组织中各项事业的创设，犹如天地间万物的出现。万物原本没有名分定位，但要在天地间井然有序地成长，就必须遵从法则、各安其位。同样，在组织中，人们要做成事，就必须分工协作，这就要有规则体系和相应的岗位名称；当有了规则体系下的部门、团队、岗位名称之后，组织中的各项事业才能有序开展。所以，一个组织的创始人或最高管理者，必须经常超越急于做成事的欲求，从而来观察体会各类具体事务得以完成背后的指导思想和规则体系的奥妙所在；同时，也必须时常保持想要做成事的期望，这样才更容易发现各项事业的边界和局限性。这种做事的热情和不做事的冷静，都源自思维方式。虽然它们的来

---

① ［魏］王弼著，楼宇烈校释：《王弼集校释》（上），中华书局1980年版，第1页。
② 高明：《帛书老子校注》（下），中华书局2020年版，第314—315页。
③ ［魏］王弼著，楼宇烈校释：《王弼集校释》（上），中华书局1980年版，第1页。

源相同，表现形式却不一样，但都很玄妙。正是那玄妙得不能再玄妙的思维方式，成为组织中一切奇妙变化的源泉。

▌分析解读 ////

《老子》开篇明义，提出了有关组织之道和规则体系的作用及来源问题。

《老子》通篇都是围绕组织的存在和发展问题展开的。虽然人们能亲身经历组织的存在、发展乃至消亡，但是，一个组织得以存在和发展的内在根据是什么，却并不是通过直接观察和亲身感受就能得到答案的。如果不能深入理解组织存在和发展的内在根据，组织管理也就失去了依托。成功的组织管理，一定离不开对组织得以存在和发展的内在根据的深入理解和把握。

儒家管理思想体系建立在假定组织已经存在的前提之上，侧重的是从自我管理到组织管理的职业管理者培养，而作为代理人的职业管理者，并不是组织的所有者或最高管理者。一般来说，作为委托人的组织所有者或最高管理者，会更关心组织本身的问题。老子的职业特点决定了他会从委托人的视角来思考组织得以存在和发展的内在根据问题。但是，组织作为一种社会实体，难以触达，不好把握。没有人能目睹一个诸侯国组织如何行动，更不要说直接观察像周王朝这个庞大的"天下组织"的行为了。因此，要深入思考组织问题，特别是像周王朝这个"天下组织"的存在和发展问题，在当时条件下一个比较可行的方法便是类比，也即用更直观的对象设喻，借助类比来洞悉组织得以存在和发展的内在根据。从这个意义上说，《老子》全篇都是在用类比的方式，来表达一种对组织这个看不见、摸不着的社会实体的独特认识。

在开篇第1章中，老子用天地万物的起源来类比组织的起源。组织就像天地，组织中的人和事，也即由人来从事的各项事业、业务和任务，就像天地间的万物。天地有"道"，可以称为"天地之道"，而天地间的万物都遵从源于"天地之道"的法则各安其位、井然有序。类似的，组织之所以能存在和发展，也一定有其内在的指导思想或核心原则，这便是"组织之道"，即组织成员共享的信念和价值观，也可以称为组织的文化。以此为基础，要让组织中的人和事各安其位、分工协作，又必须建立起规则体系，而规则体系不过是关于组织中的部门、团队、岗位的分类及其责权利关系的界定，由此才形成了组织的结构，也可以称为组织的制度。正是组织之道或文化及其与规则体系或制度的有机结合，才是组织中的人和事得以分工协作、实现整体大于部分之和的增益效果的重要保证。

组织的规则体系或制度，可以视为组织内部不以特定个人意志为转移的命名体系，让每一个组织成员和每一项具体事务都有了在组织中的名字及相应的责权利要求，这就像万物之名不以特定个人的意志为转移而又让天地万物秩序井然一样。不过，组织的规则体系或制度同时也是组织之道或文化的集中体现。正因为参与规则体系或制度设计的人们，在指导思想或核心原则上达成了共识，才能有效地设计、执行并不断完善这样的规则体系或制度。所以，从管理的视角来看，老子这里所讲的"道"，代表的是组织的信念、价值观或核心原则，而"名"则代表的是组织的规则体系或制度，恰是这两者的有机结合，将人和事凝聚成一个组织。在现实中，虽然人们能看到的主要是组织中的人和事，这就像人们在天地间能看到的主要是万物一样；但是，若没有"天地之道"和"万物之名"，人们又如何能理解天地间万物的秩序？同样，若没有组织文化和组织制度，组织中人和事的秩序也无从谈起。

面对纷繁复杂的组织事务，管理者尤其是最高管理者，既要体会到各类事务背后的文化和制度的奥妙，又要认识到那些变动不居的事业、业务和任务的边界及局限性，而要做到这一点，管理者就必须在做事冲动的"有欲"和超脱的"无欲"之间时刻保持平衡。管理者若只是一味地在做事上贪多求量，可能就无心体察事务背后的价值和规则；而管理者若只是抽象地谈论价值和规则，却没有主动做事的冲动，则无法在具体情境中把握不同事务之间的细微差异及各自的边界和局限性。所以，组织要实现可持续发展，管理者就必须在"有欲"和"无欲"之间寻求平衡。

从管理的视角来看，老子这里所讲的"有欲"和"无欲"，不过都是管理者思维的不同表现而已。理解了这一点，也就理解了组织管理中"思路决定出路"的重要意义。人们之所以能结成组织，关键在于思维方式及由共同思维所形成的信念、价值观和规则体系。如果没有人们对组织的文化和制度的认同及践行，组织的存在和发展也只能是一句空话。观念之于组织的重要性由此可见一斑。这也是任何组织能够生生不息地创造和创新的真正源泉。

▌管理要义 ////

组织的存在和发展一定离不开文化、制度和事业。人们要结成一个组织，必须有事业及由事业分解出来的相关业务和具体任务。没有事业和相应的资源投入，组织便无法存在和发展，但是，人们要运用资源，做成事业，创造价值，离不开分工协作。分工协作中的稳定秩序，并不是由个人意志决定的，而是由事业的性质及人与人之间关系所达成的共识决定的。这种共识不仅表现为组织的规则体系，更是渗透在规则体系的制定和执行过程中人们所共享的信念和价值观中。正是隐藏在组织的规则体系及规则遵从行为背后的信念和价值观，成为一个组织赖以凝心聚力、实现可持续发展的根本指导思想或核心原则。若没有这样的核心原则，一个组织便难以形成一以贯之的规则体系；没有规则体系，就不会有稳定、高效的分工协作；没有稳定、高效的分工协作，就不会有整体大于部分之和的增益效果；不能实现整体大于部分之和的增益效果的组织，就无法存在和发展。

因此，任何组织要实现可持续发展，一定离不开文化、制度和事业的良性循环。在这三者之中，文化不可能独立存在，也绝不是流于口头和文字形式的所谓价值观和行为规范的表述，而是经由各级管理者和组织成员的坚信及身体力行，渗透于制度和事业之中。文化本身是无形的，却又无所不在，组织中的一切都成了文化的载体及衍生物。制度并不只是发挥着命名、设置、归类、保护、激励、约束等功能的书面文本，而总是要体现在配置资源以做成事业的各项具体活动之中。也恰是在各项事业、业务和任务的边界处，人们才更容易发现制度的意义。离开了各项具体的事业和人们所坚信的文化，制度恐怕也只能是一纸空文。人们因文化而选择了事业、设计了制度，也因制度而强化着文化、做成了事业，并在事业的发展和转换中重塑着文化、完善着制度。正是文化、制度和事业的相辅相成，托起了组织的存在和发展。

《老子》第 2 章

天下皆知美之为美，斯恶①已；皆知善②之为善，斯不善已。故有无相生，难易相成，长短相形③，高下相倾④，音声相和，前后相随。是以圣人⑤处无为之事，行不言之教，万物作焉而不始⑥，生而不有，为而不恃，功成而弗居。夫唯弗居，是以不去。

字词注释

①恶：这里是丑的意思。

②善：会意字，在金文中，由上面的羊和下面的两个言组成，本义指吉祥，这里表示共同利益，也可以引申为追求或符合共同利益的人、事、行为。

③形：王弼本此处用的是"较"字①，但在河上公本、傅奕本、范应元本以及帛书甲乙本和郭店竹简本中，这里用的都是"形"字，即"长短相形"②。虽然"形"和"较"在这里引申出来的含义相近，都是互相比较以体现出长短的意思，但是，朱谦之综合各家注释认为，古无"较"字，这里应为"形"，且"形"字与下句中的"倾"字押韵③。据此，将王弼本中的"较"字改为"形"字。

---

① ［魏］王弼著，楼宇烈校释：《王弼集校释》（上），中华书局 1980 年版，第 6 页。
② 分别参见王卡点校：《老子道德经河上公章句》，中华书局 1993 年版，第 6 页；［唐］傅奕：《道德经古本篇》，载［明］张宇初等编：《道藏》（第十一册），文物出版社、上海书店、天津古籍出版社 1988 年版，第 482 页；［宋］范应元：《宋本老子道德经》，国家图书馆出版社 2017 年版，第 15 页；高明：《帛书老子校注》（下），中华书局 2020 年版，第 324 页；丁四新：《郭店楚竹书〈老子〉校注》，武汉大学出版社 2010 年版，第 104 页。
③ 朱谦之：《老子校释》，中华书局 2017 年版，第 9 页。

④倾：这里是压倒、超过的意思，在这句话中可以引申为在相互呈现、参照、比较中才有高下之别的意思。

⑤圣人：指理想化的最高组织管理者。《老子》中出现的"圣人"，都是"明君"或"圣君"的意思，即理想化的最高组织管理者。

⑥始：王弼本此处用的是"辞"字①，但在傅奕本、范应元本、帛书乙本和郭店竹简本中，这里用的都是"始"字②，而且，在王弼本《老子》第17章的第一个注释中，也有这样的表述，"居无为之事，行不言之教，万物作焉而不为始"③。刘笑敢、陈徽综合前人的考证，都认为王弼本原来用的也是"始"字④。"始"，在这里是创始者、发动者的意思，可引申为干预；而"不始"，则是不以创始者、发动者自居，也可引申为不干预。这样也与本章的管理要义更吻合。据此，将王弼本中的"辞"字改为"始"字。

▎今文意译 ////

如果所有组织成员都知道了那个美之为美的标准，那么，一方面，也就自然有了关于丑的认识；另一方面，当人们要刻意达到那个美的标准时，做假以求美便会时有发生，这反倒成了另外一种丑。如果所有组织成员都知道了那个善之为善的标准，那么，一方面，也就自然有了关于不善的认识；另一方面，当人们要刻意按照那个善的标准行动时，假装行善也会经常出现，这反倒是另外一种不善的典型表现。所以，有和无总是相伴而生，难和易总是相对而言，长和短总是在比较中呈现，高和低总是在对照中体现，音和声相互应和，前和后彼此相连。也正因为如此，理想化的最高组织管理者总是致力于无为，却能

---

① ［魏］王弼著，楼宇烈校释：《王弼集校释》（上），中华书局1980年版，第6页。
② 参见［唐］傅奕：《道德经古本篇》，载［明］张宇初等编：《道藏》（第十一册），文物出版社、上海书店、天津古籍出版社1988年版，第482页；［宋］范应元：《宋本老子道德经》，国家图书馆出版社2017年版，第16页；高明：《帛书老子校注》（下），中华书局2020年版，第327页；丁四新：《郭店楚竹书〈老子〉校注》，武汉大学出版社2010年版，第104页。
③ ［魏］王弼著，楼宇烈校释：《王弼集校释》（上），中华书局1980年版，第40页。
④ 分别参见刘笑敢：《老子古今》（修订版）（上），中国社会科学出版社2006年版，第106页；陈徽：《老子新校释译》，上海古籍出版社2017年版，第15页。

让各项事业顺利达成；总是努力做到不言，却能让一种观念得到有效贯彻。这就像天地间万物生生不息，却没有一个明确的创始者；万物孳生，不会被谁据为己有；万物兴盛，没有谁会自恃有功；成就如此功业，却没有谁在居功自傲。正因为没有谁在居功自傲，这样的功业才永远不会磨灭。

▌分析解读 ////

本章着重探讨组织中作为一种标准的规则对人们的思维和行为可能产生的影响。

组织一旦建立起来，必然会有各种各样的规则。规则的作用，一方面是为了界定和保护权利，另一方面也是为了让事业、业务和任务得以更有效地开展。从功能的角度来看，规则也是一种标准。有了标准，自然就会对人们的思维和行为产生影响。标准的影响具有两面性：一是激励，激励人们去努力达到标准的要求；二是限制，使人们不去做不符合标准的事。在既定标准之下，组织管理似乎变得简单了。但是，当人们刻意符合统一标准的要求时，组织中看似整齐划一的标准遵从行为，却可能带来僵化和作伪的双重风险，以至于把美变成丑，把追求共同利益变成损害共同利益。尤其是当各种标准被管理者人为设置和操纵，以服务于个人好恶的时候，标准或规则的作用走向反面更是司空见惯。正是由于标准或规则的作用具有相对性，组织中标准或规则的制订、执行和修改，才需要有一种彼此对冲的空间和可能性，以便让标准或规则得以超越管理者哪怕是最高管理者的个人好恶，既符合组织的价值观念，又具有适应环境变化和事业发展的柔性。

在组织中，如何才能发挥各类标准的正向作用，避免负向影响呢？真正明智的最高管理者一定会效法天地之于万物的关系，不用自己的好恶去左右组织的各类标准，不把组织变成实现个人意志的工具，而是把组织看成各项事业发展的支撑平台，把自己看成各类标准的维护者。这样一来，组织事业的成功，便不再是管理者用以自我炫耀的资本，而变成了组织可持续发展的必然结果，也是组织的价值观念和标准体系的集中体现。

组织中的规则或标准是以价值观念为前提的。只有当组织中已建立起超越个人好恶的共同价值观念，各种规则或标准的制订和执行才具有内在根据。价值观念决定规则或标准的制定，而规则或标准则决定各项事业、业务和任务的完成。从这个意义上说，组织各项有形的事业、业务和任务，是以无形的价值观念为基础的。这正是人的组织区别于动物的群体的根本所在。

但必须注意的是，组织的价值观念并不必然等同于管理者个人的价值观念，哪怕是最高管理者的个人价值观念，也不能凌驾于组织的价值观念之上，更不能用最高管理者的个人价值观念来代替组织的价值观念。组织的价值观念具有非人格化特征，深深扎根在特定文化传统之中。在组织的历史发展进程中，经过不断地选择和检验，能融入特定文化传统之中的组织价值观念，往往具有更强的包容性，能承载不同的人和事业发展的需要。组织一旦建基于这样的价值观念之上，组织的各类规则或标准便有了内在的一定之规，不仅能在日常管理中赋予物化资源以价值，更能在明确优先序的情况下高效配置物化资源，同时也能包容每个组织成员的独特性，并激发出每个组织成员的潜能。这种由价值观念和规则体系所主导的组织，其与人及事业的关系，正像天地之于万物一样。在这样的组织中，最高管理者所扮演的角色，便是代表和捍卫这种价值观念和规则体系，确保其作用得以有效发挥。这正是老子所说的"处无为之事，行不言之教，万物作焉而不始，生而不有，为而不恃，功成而弗居"的境界。

《老子》第3章

不尚贤[①]，使民不争；不贵难得之货[②]，使民不为盗[③]；不见可欲[④]，使民心[⑤]不乱。是以圣人之治，虚其心，实其腹[⑥]；弱其志[⑦]，强其骨[⑧]。常使民无知无欲，使夫智者[⑨]不敢为也。为无为，则无不治。

①贤：形声字，本义指很有才能的，这里指某种特殊才能。

②货：形声兼会意字，表示财物在交易过程中形态发生变化。这里指某种特殊财货。

③盗：会意字，本义是出于贪欲，过河越界，劫物掠货。这里指窃取财货的人。

④不见可欲：其中，"见"同"现"，这里是显示、展现的意思；"可欲"，这里指能引发人们不恰当欲求的事。这句话的意思是：不有意展示那些可能引发各种欲念的东西。

⑤心：象形字，字形如同心脏，本义指心脏，这里是思维、思想的意思。

⑥腹：形声字，本义是肚子，也指（肚子上的肥肉）厚，这里引申为中心、核心部分或本质特征的意思。

⑦志：形声字，本义是意念，这里指个人的私心、私意。

⑧骨：象形字，在甲骨文中状似骨架互相支撑或骨头互相拼接的样子，本义指人或动物的骨骼，这里引申为人的气概、品质。

⑨智者："智"，是聪明、才智的意思，这里的"智者"，特指自以为聪明的人。

今文意译

　　不刻意崇尚某种特殊的才能，使人们不必为了拥有这种才能而相互争斗；不特别看重某种特殊的财货，使人们不为了占有这种财货而竞相窃取；不有意展示那些可能引发各种欲念的东西，使人们不会为了想要这种东西而心神不宁。所以，理想化的最高组织管理者在做管理时，总能让人们都有成长的机会，也能满足人们作为人的根本需要；而且还会弱化个体人的私利追求，强化组织人的角色认同；让人们放弃个人的小聪明和小算盘，真正融入组织之中，使那些自我感觉很聪明的人不敢任意妄为。如果最高管理者能扼制个人欲求、达到无为境界，让组织的价值观念和规则体系有效运行起来，那么，组织就没有管理不好的。

▎分析解读 ////

本章承接上章，阐明如何让组织的价值观念和规则体系发挥作用，从而淡化最高管理者的个人意志。

上章讲到"圣人处无为之事，行不言之教"，本章则从组织管理的视角，更明确地指出"无为之事""不言之教"到底表现在哪些方面。一般来说，做管理，无外乎三方面内容，即人、物、事。

首先，组织是由人构成的，而人在组织中是要通过自己的某方面才能，来对组织做出贡献，并实现自我价值。组织对人们的才能要求，不可能是同质的或一模一样的。简单地说，组织需要人们分工协作，方能创造出 $1+1>2$ 的整体价值，而分工协作则需要多方面才能的有机组合而非单一才能的简单相加；只有在多方面才能的有机组合中，组织方能达到整体大于部分之和的增益效果。所以，组织必须鼓励多种才能，用人所长，人尽其才；而不能只是弘扬、倡导某一种特殊才能，那样就会激励人们千方百计地按照某一种特殊才能的要求来训练、塑造自己。标准的单一化必然造成才能的单一化，其结果不仅会扼杀多方面才能的涌现，更会导致组织中的恶性竞争，让走捷径甚至作伪以满足单一化才能标准要求的行为层出不穷。这正是上章所讲的"天下皆知美之为美，斯恶已；皆知善之为善，斯不善已"的典型表现，也是老子说"不尚贤，使民不争"的深意所在。如果组织的最高管理者只是热衷于"尚"某种"贤"，那么，组织成员就会为了成为这种"贤"而各显神通，其结果反而让组织变得同质化。同质化的组织难以有竞争优势。组织的竞争优势源于效率和创新，而效率建基于多方面才能的分工协作，创新则依赖于多方面才能的交叉涌现。

其次，任何组织都离不开物或资源，正所谓"巧妇难为无米之炊"。既然组织离不开物或资源，而物或资源又是稀缺的，那么，组织就必须做到"物尽其用"，以便高效运用各类物或资源，不能只是根据眼前的需要，刻意地看重或强化某种特殊的物或资源的价值。如果组织的最高管理者只看重或强化某种特殊的物或资源，那么，"上有所好，下必甚焉"，组织成员就会更加关注乃至抢夺这种物或资源，从而让这种物或资源变得更为稀缺。面对某种特别稀缺的物或资源，当通过正常渠道不容易获得时，人们就会不择手段地去谋取，甚至不惜偷盗窃取。如此一来，不仅组织无法做到"物尽其用"，更严重的是，人们为了获取这种极度稀缺的物或资源，不惜为盗。这样的组织还能实现可持续发展吗？所以，老子才说"不贵难得之货，使民不为盗"。

最后，组织中人和物或资源的结合，总是要通过做事或完成任务来实现。只有在具体的做事或完成任务过程中，组织才能实现人尽其才、物尽其用，以创造更大价值。为了让组织中各种事或任务真正实现专业化、职业化，从而产生更高的做事效率和更大的创新可能，就必须"让专业的人做专业的事"，而不能诱导人们形成"站这山看那山高"的心态，总感觉有更好的事要做。这种欲念过盛，会让人们一心只想着做所谓"大事"而鄙夷那些不起眼的"小事"。人们之所以会有这种心态，在很大程度上源于组织的专业化分工不够明确。也就是说，组织没能建立起"事有专属，岗有定责，人职匹配，专业化分工和职业化轨道并行"的规则体系。在理想的规则体系下，组织中的每个岗位、每件事或任务都有其独特的价值，只有"人职匹配"的恰当与否，而没有所谓"更好"与否的岗位或事。试想，如果组织里只有某类岗位或事是所谓"更好"的岗位、"更有作为"之事，比如只有管理岗位才是"更好"的岗位、才能实现自我抱负，那结果必然是组织中人人都想做管理者，而管理岗位也就成了某种"可欲"，不管原本是做什么工作的人，一心都想要做管理者，做其他任何工作充其量也不过是准备做管理者的跳板而已。这样的组织必然人心浮动，人们都跃跃欲试，想要在某个"可欲"的岗位上大显身手。或许正是为了避免这种情况出现，老子才说"不见可欲，使民心不乱"。

既然要做到"处无为之事，行不言之教"，就必须"不尚贤，使民不争；不贵难得之货，使民不为盗；不见可欲，使民心不乱"。那么，除了这三个不能做的否定方面之外，管理者又应该做什么呢？为了回答这个问题，老子再次使用了类比的表达方式，只不过这次是用人的身体做类比。对身体而言，"心"，指代思维；"腹"，则代表人之为人的本质特征或根本需要；"志"，指的是由思维而产生的自我追求；"骨"，指的是人的强健气概。从个人视角来看，人们经常说"虚心使人进步"，也即不要志得意满，方能有不断学习发展的可能；讲做人要有"骨气"，说的是人需要保持自我的同一性，立足于人之为人的本质特征去追求更高的目标。理解了这一点，以此类推，便容易看到，在组织管理上，同样要求最高管理者、其他各级管理者乃至一般组织成员都应该虚心，从而建立起与组织的价值观念、规则体系相适应的思维方式，这样才能真正融入组织，并与组织同步成长；而组织则应该满足每位成员作为人的根本需要，让人们在组织中能够找到自己的恰当定位和未来发展方向，这便是"虚其心，实其腹"的含义。以此为基础，组织成员才能自觉弱化个人的私利追求，强化作为组织人的价值认同和能力定位，从而将自我融入组织之中。这正是"弱其志，强其骨"的意义所在。

当组织成员真正认同组织的价值观念、成长为组织人的时候，便在很大程度上放弃了个人原有的成见和私利追求，也即"无知无欲"。需要注意的是，这里的"知"和"欲"，并不是泛指一切知识和智慧或所有欲念和追求，而是专指个人与组织相冲突的那种纯粹私人的成见之"知"及那种以谋求私人利益最大化为主导的"欲"。当老子继续说"使夫智者不敢为也"时，"常使民无知无欲"这句话的独特含义便更加清晰了。老子这里所说的"智者"，便是指那些在组织中总是想要小聪明、占他人或组织便宜的人。这样的人之所以"不敢为"，也即不敢要小聪明或占小便宜，恰是因为组织已经形成了良好的氛围，从最高管理者到一般组织成员，都能自觉地摈弃小算盘、小聪明式的"知"和"欲"。在这样的组织氛围下，那些想打小算盘、欲要小聪明的所谓"智者"，也就没有办法再这样做了。这意味着组织的价值观念和规则体系能够自由畅行，而无须管理者哪怕是最高管理者刻意而为之。果真达到如此境界，还有什么样的组织不能管理好呢？所以，老子最后总结道："为无为，则无不治。"接下来在第4章中，老子将会进一步说明这种"为无为"的管理是怎样一种状态。

组织管理不能没有激励。要让一般意义上的社会人成长为组织人，并用自己的专长为组织做出贡献，的确需要有效的激励机制设计。但是，组织的激励机制绝不能成为管理者个人意志的体现。激励机制设计一定要从组织的发展目标、事业定位和专业分工出发，把"人职匹配"作为核心指导原则。对于不同类型的组织及事业来说，"人职匹配"的具体内涵虽有不同，但其核心思想却是一致的，即必须具有包容性，这也被称为激励的相容性。具有相容性的激励机制，既兼顾组织发展和个人成长，又兼容不同的职业轨道及同一个职业轨道中的不同阶段，这样才能做到人尽其才、物尽其用、事有专属。在激励机制设计上，切忌一刀切，一把尺子衡量所有人、物、事。一刀切式的激励机制设计看似简单，也很容易体现管理者的个人意志，却会从根本上扼杀组织的多样性和活力，让组织日趋同质和僵化。概言之，组织的激励机制设计，关键在于让人们愿意认同组织，自觉成长为各具特色的组织人。

《老子》第 4 章

道冲①而用之或不盈，渊兮似万物之宗。挫其锐，解其纷，和其光，同其尘。湛②兮似或存，吾不知谁之子，象③帝④之先。

▌字词注释

①冲：这里通"盅"，指空虚的样子。

②湛：形声字，为"沉"的古字，本义指沉没，这里是隐没、不可见的意思。

③象：这里是似乎的意思。

④帝：象形字，状似花蒂，本义指天帝，即祭祀时的对象，这里用以指代天地。

组织之道像天地之道一样，虽然看不见、摸不着，好像什么也没有，却又无所不在，用之不竭；组织之道虽然深不见底，却是组织中各项事业得以有序开展的根本，恰如天地之道是天地间万物生长的根本。组织之道像天地之道一样，既没有极端的表现，也不存在纷争的可能，却让组织的各种人和事融为一体，并渗透于日常组织行为的方方面面。隐没难见的组织之道，若有若无，我不知道它从哪里来，但似乎比组织本身更悠久，如同天地之道比天地本身更悠久。

■ 分析解读 ////

本章紧接上章，进一步说明组织管理中的"无为"，本质上是要让组织的价值观念真正发挥指导作用。

为了阐明组织之道的作用，老子用天地之道做类比。人们虽然能观察到天地间万物的存在，并由万物的井然有序推断其背后必定有某种支配的力量，但那种被称为天地之道的支配力量，却又看不见、摸不着，虚无缥缈，而正是那高深莫测的天地之道，成为天地万物取之不尽、用之不竭的力量源泉。或许正是由于天地之道的强大作用，万物中极端的一面总会消失，相互间的纷争总要消解，不同类型的存在总能融洽，天地之间必然要归于一种稳定与平衡的状态。在这种状态下，天地之道则或隐或现。说其隐，指的是人们永远无法直接观察到它；说其现，指的是人们总是能在变化莫测却又归于平衡的万物互动中体会到它。这个或隐或现的天地之道，才是天地的本源，早在天地之前，就已经存在了。天地之道与天地、万物之间的关系，恰好映射着组织之道与组织及组织中的人和事之间的关系。因此，借助天地之道及其与天地、万物之间的关系，便可以更深入地理解组织之道及其与组织、组织中的人和事的关系。

任何组织中都有一群人从事一项或多项事业，而事业又可以进一步具体化为一系列相关的业务和任务。其实，早在组织得以建立、事业得以明确之前，人之为人的独特性及人与自然的独特关系就已经作为一种特定的社会文化传统存在了。这意味着，组织之道总是深深扎根在特定的社会文化传统之中，而超越于特定组织之上的社会文化传统，在某种意义上，扮演着类似于天地之道的角色，所以，要理解组织及其人和事的生生不息、可持续发展，前提便是对社会文化传统在某个组织中的具体表现，即组织之道的理解。组织之道就是先于组织而存在的价值观念。这种价值观念之于组织，就像天地之道之于万物，虽然看不见、摸不着，却又在纷繁复杂的组织事业、业务和任务之中起到了"挫其锐，解其纷，和其光，同其尘"的作用，最终让组织得以维持动态平衡。正是隐藏在组织中的人和事背后的价值观念的力量，让组织有了生机。毕竟组织是由人构成的，而人及其组织本质上都是一种源自特定社会文化传统的价值观念的存在。正因为有了文化的价值观念，特别是组织人共享的价值观念，人的组织才能区别于动物的群体而存在。人们虽然不能直接观察到这种像天地之道一样的价值观念，却可以借助个人和组织的行为及其所从事的各项事业、业务和任务而感受到价值观念的力量。

▌管理要义 ◢◢◢◢

做管理，不能只关注那些看得见的存在，诸如人和物化资源。在现实中，那些看得见的人的行为确实在改变着物化资源的形态，创造出新价值，但是，这种"有为"的背后，却有一种看不见的精神或思想在起作用。对此，只需要追问：如何才能更好地"有为"、持续地"有为"？更重要的是，如何才能让组织积极地"有为"而不只是个人或管理者盲目地"有为"？要回应这样的追问，就需要有一种精神或思想的力量，将组织中的人们凝聚在一起，以做成更大的事业。管理者尤其是最高管理者的"无为"，绝不意味着"无所作为"，而是要坚信精神或思想的力量，用思路来引领出路，以精神或思想的力量来凝聚和发挥物质的力量。为此，管理者必须首先思考这样三个基本问题：通常所说的精神或思想到底指的是什么？为什么说精神或思想才是组织中更为根本的力量源泉？怎样才能将精神或思想转化为行动？要回答这三个基本问题，管理者应该借助个人、团队和组织在从事特定事业中的具体行为表现，去研究和体会组织到底拥有什么样的文化价值观念。

《老子》第5章

天地不仁①，以万物为刍狗②；圣人不仁，以百姓为刍狗。天地之间，其犹橐籥③乎？虚而不屈④，动而愈出。多言数⑤穷，不如守中⑥。

字词注释

①不仁："仁"，这里是亲近、亲爱的意思。"不仁"，意指无所谓亲近与不亲近。

②刍狗："刍"，本义是拔草、割草，这里指"草做的"或"由草制作的"。"刍狗"，即用草制作的狗，用于祭神。

③橐籥：橐，指冶铁时用来鼓风的装置，类似于风箱；籥，一种管乐器，有三孔、六孔或七孔。"橐"与"籥"的相似之处是中间为空，故两字连用，隐喻为"虚空"。

④屈：这里是枯竭、竭尽的意思。

⑤数：这里是多次、屡次的意思。

⑥中：这里指内心，即指导思想或价值观念。

今文意译

天地对于万物，无所谓亲近还是不亲近，只不过将万物视为祭祀时用草做的狗罢了；理想化的最高组织管理者代表的是组织，对于组织成员，也无所谓亲近还是不亲近，就像天地视万物为用草做的狗一样来无差别地对待组织成员。天地间犹如风箱和管乐器的中空部分，虽然虚空，却不会枯竭，运动起来愈加生机勃勃。因此，理想化的最高组织管理者懂得，越是频繁地下指令，反而越容易遭致失败，还不如坚守内心的价值观念。

本章继续说明组织管理首先要立足于组织之道，而理想化的最高组织管理者则是组织之道的化身。具体地说，本章包含三层意思。

首先，组织像天地一样，天地承载着万物，而组织则承载着组织成员和各种各样的事务。天地要让万物自然成长，生生不息，就必须同等对待万物，不能厚此薄彼；同样，组织要可持续发展，基业长青，也必须同等对待组织成员和他们所从事的工作，不能有所偏袒。严格来说，组织的最高管理者是代表组织的，不能用个人好恶去面对组织成员，更不能在组织成员中形成亲近疏远的关系。这正是"天地不仁，以万物为刍狗；圣人不仁，以百姓为刍狗"的意义所在。这里的"刍狗"，是指祭祀时用的草狗，而不同的人或组织在祭祀时所制作的草狗，可能会有所不同；即使是同一个人或组织，上次祭祀和这次祭祀时所制作的草狗，可能也会有些许差异；但是，天地并不会在意这些草狗之间的差别，而是将它们同等看待，均视为一种对天地表达虔敬的方式。只要有了共同认知，表现形式反而不重要了。对于组织的最高管理者而言，虽然每个组织成员，每项具体事业、业务和任务，都是不一样的，但又都是组织不可分割的组成部分；也正因为有了这种多样化和差异化，组织才能获得可持续发展的生机和活力。因此，真正理解了组织扮演着类似于天地角色的理想化最高组织管理者，即"圣人"，当然也就能公平地对待所有组织成员和各种各样的事务。这时理想化的最高组织管理者已经不再是一种人格化的存在，而成了非人格化组织的代表。

其次，天地是如何做到如此包容的呢？相应地，组织及其最高管理者又如何才能做到像天地一样包容呢？天地之所以能做到包容，恰在于天地无私。天地不是万物，也不占有万物，只为万物提供成长的空间和机会。为了说明这一点，老子又用"橐籥"作比喻。"橐"是风箱，"籥"是管乐器，它们有一个共同特点，那就是中空。正因为中空，才能让气流自由畅行，产生源源不断的风和各种美妙的乐音。这便是"虚而不屈，动而愈出"的含义。"橐籥"之所以能做到这一点，也因为其本身并不是空气，而只是给空气提供了流动的空间和变化的可能。同样的道理，组织不等于组织成员，组织也不是各种事务，却为组织成员和各种事务提供了存在的空间和发展的可能性，因而，代表组织的最高管理者也必须立足于组织的这个根本特性而不是自己的私人欲求，去面对组织成员和各种事务。这样也就自然引申出了第三层含义，即最高管理者及其所代表的组织怎样才能公平地对待组织成员和各种事务呢？

最后，最高管理者必须回归组织的价值观念，只有在表面上看似比较虚空的价值观念之上，组织成员和各种事务才有可能获得公平对待。从这个意义上说，组织本身不同于组织成员和各种事务，本质上应该是一种观念的存在，而不单纯是一种看得见、摸得着的物化存在；只有在观念的基础上，一切物化存在才会具有共存的可能和价值。这正是人之为人、组织之为组织的独特之处。如果说动物本身便是一种物化存在的话，那么，人要超越动物，同时就必须也是一种观念的存在，正因为有了观念，才能赋予物化存在以意义，进而为物化存在创造出更大的发展空间和全新的价值。所以，当最高管理者理解了组织像天地一样，天地以虚空来承载万物、辅助万物成长，而组织要支撑人和事的发展，也必须立足于像天地之道一样的虚空，组织的虚空便是价值观念。真正能发挥作用的价值观念永远在人们心中。只有当组织的最高管理者首先在心中坚守住价值观念，才有可能让组织成员认同这样的价值观念。当然，这也是一个渐进过程，不可能在一朝一夕间完成。当组织的最高管理者真正成为这种价值观念的化身时，这种价值观念才会慢慢深入人心，以支撑组织中人的成长和事业的发展；否则，最高管理者如果单纯想依靠手里的权力、借助指挥命令来达到这样的目标，只能是"多言数穷"。如此看来，组织的最高管理者的确"不如守中"。

▌ 管理要义 ////

组织本质上是一种观念的存在。正是在观念面前，组织成员和各种事务才有可能得到公平的机会。组织的观念要发挥作用，就必须进入人们的内心；只有在心中的观念，才能通过行为方式生动地体现出来。要让组织的观念深入人心，管理者尤其是最高管理者，就必须致力于成为组织观念的化身，让人们能够在最高管理者的言行举止中清晰地观察和体会到这种观念。那些只是想说给别人听的观念，要在组织中切实发挥作用，几乎是不可能的。

《老子》第6章

谷神①不死，是谓玄牝②，玄牝之门，是谓天地根。绵绵若存，用之不勤③。

字词注释

①谷神："谷"，即山谷，这里隐喻为虚空；"神"，引申为变化莫测。"谷神"，指的是虚空的功能特征恰在于千变万化、难以把握。

②玄牝："玄"，这里是幽远的意思；"牝"，本义指雌性鸟兽，这里引申为母体。"玄牝"，指的是幽远、终极的根本，即万物之母的意思。

③勤：这里是枯竭、穷尽的意思。

今文意译

虚空的作用变化莫测、永不消失，就像是万物之母，万物由此而生，这也正是天地的根本所在。虚空本身绵延无尽，好像一种无形的存在，却又用之不竭。

分析解读

本章承接上章，继续用天地间的虚空特征作类比，说明组织作为一种观念存在的管理意义。

直观地看，或许正是因为天地间具有虚空的特征，万物才会在天地间生生不息。这便是"谷神不死，是谓玄牝，玄牝之门，是谓天地根"的含义所在。

在这里，老子借用"山谷"的形象，刻画出了天地间的虚空特征。在幽静深远的山谷之中，可能存在着各种各样想象不到的变化，称得上变化莫测、神奇万分；而且，这样的变化是没有穷尽的，任凭展开丰富联想，都难以穷尽山谷里可能出现的各种变化。因此，这种"不死"的"谷神"，也就成了天地间万物变化之母的典型象征。天地间这种虚空的特征，才是万物得以生生不息的根本所在。由此便不难理解老子用"绵绵若存，用之不勤"作为对天地间虚空特征的神奇妙用的形象表达。虚空总是绵延幽远、无穷无尽的，好像不存在，又好像存在。因为无形，虚空好像不存在；又因为各种有形的变化总是不断从中发生，虚空好像又存在。天地间这种玄妙的虚空特征，对于组织管理同样有所启示。

组织管理恐怕也只有立足于那看似虚空的观念，才能创造出发展的无限可能。在组织中，观念才是一切变化、创造和创新的真正源泉。组织管理必须立足于观念共识，激活每个组织成员的思想，让组织成为像天地一样的"谷神"，从而不断地孕育出各种变化来。

▌管理要义 ////

观念具有无限的创生性。思想正是在观念的前提下产生的。组织要实现基业长青，就必须在主动适应环境的过程中不断创生出各种有价值的新成果。为此，组织及其最高管理者就必须回归组织的观念本质。只有立足于观念，组织才能在看似无形的观念存在中激活人们的新思想，进而由新思想创造出新价值。人在观念和思想上是平等的。观念和思想只能借助其他的观念和思想来点燃。一个没有思想、更无观念坚守的最高管理者，是无法立足于观念来激发新思想的。由这样的最高管理者所代表的组织，也难以体现出作为一种观念而存在的特征。这样的组织想要实现创造和创新，只能是枉然。

《老子》第7章

天长地久。天地所以能长且久者，以其不自生^①，故能长生。是以圣人后其身而身先，外其身而身存。非以其无私邪？故能成其私。

字词注释

①不自生：这里指不为自己而生，或不为自己创生任何东西。

今文意译

天地是如此长久。天地之所以能这样长久，就是因为天地从来都不为自己而创生任何东西，所以才能长久地存在下去。这就是为什么理想化的最高组织管理者总是隐身幕后，却能为人们所认可，又总是置身度外，却能安然无恙的原因。这难道不是因为理想化的最高组织管理者无个人私利吗？正因为无个人私利，反而能成就他所代表的组织的共同利益。

分析解读

本章继续用天地来隐喻组织，进一步说明，组织要做到基业长青，就必须超越看得见的物质利益，尤其是组织的最高管理者，必须超越一己私利，才能成就组织的事业和共同利益。

人们创设组织，总想基业长青，代代相传。但是，如何才能做到呢？要回答这个问题，可以从天地得到某些启示。至少在人生可及的时间尺度内，甚至在人类可及的时间跨度内，天地是长久不变的。虽然天地间的万物有生有灭，但天地本身却如此长久地存在着；而且，正如第5章所讲的那样，天地之于万物，只有承载，没有偏袒。天地不会按照自己的意志去创生任何物或利益，只是任由万物自由生长。天地不把自己同某种物或利益纠缠在一起，反而得以超越特定的物或利益而长久存在下去。这难道不值得那些代表组织而又希望组织可持续发展的最高管理者认真思考和学习吗？

组织可以承载各种不同的人和事，而组织的事业也可以不断转型。但是，如果那些代表组织的最高管理者只是将自己等同于某一项事业乃至某一个具体的业务或任务，只是将自己的利益固化于特定的事业、业务和任务之上，那么，随着特定事业、业务和任务的生命周期不可避免地走向消亡，组织自然也会随之衰落。因此，最高管理者要让组织可持续发展，就必须超越具体的事业、业务和任务，效法天地，退居幕后，不在前台扮演某种具体业务或任务的代言人。最高管理者应该是组织的代言人，更应该是组织本身这项永恒事业的捍卫者，而不是某项具体业务和任务的代表，更不是某个部门、团队甚至是私人小圈子的保护伞。

从这个意义上说，最高管理者是组织这个用观念和规则创设的舞台的维系者。天地从来不把自己当成演员，只有万物才是演员，天地只是让各路演员得以展示自己的大舞台。演员可以此消彼长，你方唱罢他登场，但大舞台却永远在那里。同样，组织的最高管理者应该时刻关心的是组织这个大舞台，而不是自己想上台表演的一己私利。这正是"圣人后其身而身先，外其身而身存"的意义所在。组织的最高管理者没有自己的私利，却代表着组织更广大的利益相关者的共同利益或组织本身这项事业的根本利益；而只有当组织的最高管理者超越了一己私利，才能从根本上确保组织更广大的利益相关者的共同利益。这恰是老子用"非以其无私邪？故能成其私"所要表达的意思。

▋管理要义 ////

哪位最高管理者不希望自己的组织能够实现可持续发展？但是，在现实中，阻碍组织可持续发展的主要因素，却又往往是最高管理者自身。最高管理者常常忘记了自己所扮演的角色应该是组织的代表，而不是组织中某项具体业务或任务的执行者，以至于最高管理者日思夜想的只是某项具体业务或任务及由此带来的眼前利益，甚至都无暇认真思考组织本身的发展问题。这并不是说具体的业务或任务不重要，关键是组织中到底应该由谁来考虑并推动业务或任务的开展更合适。组织中其他各级管理者和专业人员必须对特定的业务和任务负责，而最高管理者的责任则是让组织这个舞台更适合不同类型的事业、业务和任务的成长。组织这个舞台是由看不见的价值观念和规则体系编制起来的。最高管理者应该成为组织的价值观念和规则体系的信奉者、践行者、捍卫者。

《老子》第8章

上善①若水。水善②利万物而不争，处众人之所恶③，故几④于道。居善地，心善渊，与⑤善仁，言善信，政⑥善治⑦，事善能，动善时。夫唯不争，故无尤⑧。

字词注释

①上善：这里是指最高意义上的共同利益。

②善：这里以及下面七个"善"字，都是善于、擅长的意思。

③恶：这里是讨厌、厌恶的意思。

④几：这里是几乎、差不多的意思。

⑤与：会意字，本义为赐予、给予。这里是交往的意思。

⑥政：此处王弼本为"正"字①，而傅奕本、范应元本均为"政"字②，虽然帛书甲乙本这句中都是"正"字，但高明认为，"作'政'字是，'正'字假

---

① ［魏］王弼著，楼宇烈校释：《王弼集校释》（上），中华书局1980年版，第20页。
② 分别参见［唐］傅奕：《道德经古本篇》，载［明］张宇初等编：《道藏》（第十一册），文物出版社、上海书店、天津古籍出版社1988年版，第482页；［宋］范应元：《宋本老子道德经》，国家图书馆出版社2017年版，第34页。

借为'政'"①。朱谦之经综合考证也说，"作'政'是也。《老子》书中'正''政'二字互见"②。据此，将此处的"正"字改为"政"字。"政"，即管理的意思。

⑦治：这里是治理、处理的意思。

⑧尤：这里是埋怨、责怪、怨恨的意思。

■ 今文意译 ////

最高意义上的共同利益就像水一样。水滋养万物，却不与万物相争，总是处在众所厌恶的卑下位置，所以，水的表现差不多能够反映出天地之道的特征。理想化的最高组织管理者能够做到：居处善于定位，思维善于深远，交往善于仁慈，说话善于守信用，做管理善于抓根本，做事善于用才能，行动善于选择时机。正因为理想化的最高组织管理者从来不与人相争，所以也就没有人会怨恨。

■ 分析解读 ////

本章承接上章，用水来做比喻，进一步说明最高管理者应该怎样做，才能让组织实现基业长青。

组织也是利益共同体，即"善"的集中体现。如果考虑到组织总是要融入社会之中，组织成员作为社会人，一定与社会中其他组织有着千丝万缕的联系，那么，组织就不仅仅是组织成员的共同利益的体现，也是更广大的社会利益相关者的共同利益的体现。这种更广大的社会利益相关者的共同利益，也就是老子所说的"上善"。这可以理解为组织中最高意义上的共同利益。对于组织而言，这种最高意义上的共同利益到底意味着什么呢？如果连这种最高意义上的共同利益意味着什么都想不明白、说不清楚，那么，追求和创造这种最高意义上的共同利益也就无从谈起了。但是，要想明白、说清楚这种最高意义上的共同利益，并不是一件容易的事。

---

① 高明：《帛书老子校注》（下），中华书局2020年版，第362页。
② 朱谦之：《老子校释》，中华书局2017年版，第34页。

老子在本章中首次提出"上善"概念，并认为这是组织之道所具有的理想状态。为了说清楚"上善"到底意味着什么，老子又用水来做比喻。在老子看来，水的特性能很好地反映"上善"的内涵及特征。水之于万物，只是滋养和帮助，本身并不与万物争夺利益；同样，组织所代表的共同利益，也是每个组织成员及利益相关者的利益，组织本身并没有特定的利益，只是帮助组织成员创造更大利益的平台。用更通俗的话说，组织是大家的，组织的利益就是大家的利益；组织好，大家都会好，组织不好，大家也都会受损。另外，水往低处流，水总是处在其他物化存在都不会待的卑下位置，并从低处来滋养生命；而组织作为组织成员及利益相关者创造共同利益的平台，也总是从下面托起组织成员和各项事业的发展，这恰是组织"处众人之所恶"的典型表现。当然，水也是有形之物，不可能是天地之道，更不可能是组织之道。只是因为水的特性能够帮助人们理解组织之道所具有的"上善"的理想状态，所以，老子才用水这种看得见的有形之物作类比，以便将"上善"的抽象内涵及特征说清楚。这也是老子为什么要说"故几于道"的原因。水差不多能够体现出"道"的理想状态。

理解了"上善若水"，那么，组织中最高管理者应该怎样做，才能让组织的"水性"得到充分体现呢？老子给出七个指导原则，即："居善地，心善渊，与善仁，言善信，政善治，事善能，动善时。"这七个原则前面都省略了一个共同主语，那就是老子意义上的"圣人"，即理想化的最高组织管理者。

第一个原则是"居善地"。这说的是最高管理者首先要明确自己在组织中的定位。这里的"善"和以下的"善"字，还可以做双重理解，既是名词"善"，作为组织的共同利益，又是动词"擅长"或"善于"；而这两者的关系也非常清楚，怎么才算"善于"呢？无论"善于"做什么，都必须有一个衡量标准，只有在特定的标准下，符合标准的要求，才能称得上"善于"。对于组织的最高管理者来说，"善于"做好管理的标准是什么？当然只能是名词"善"或共同利益。所以，当老子说"居善地"时，其隐含的意思即：以共同利益或"善"为尺度，去选择在组织中所处的位置，才能称得上善于做出自己的定位选择。当然，这里的"居""地"都不是具象的、空间意义上的定位，而是抽象的、职责意义上的角色定位。只有从最高意义上的共同利益或"上善"的尺度出发，组织的最高管理者才能找准自己在组织中的角色定位；而最高管理者的角色定位应该像水一样"处下"，也就是代表组织这个平台从下方来支撑组织成员和各项事业的发展。第7章所讲的"是以圣人后其身而身先，外其身而身存"，恰是对"居善地"的另外一种表达。只有当最高管理者找准了自己的定位，组织的定位才能清晰起来，毕竟最高管理者是代表组织的。更重要的是，也只有当组织和最高管理者的定位清楚了，其他各级管理者和一般组织成员才能找准各自的定位，从而让组织井然有序，和谐可持续发展；否则，连组织和最高管理者的定位都不清楚，其他各级管理者和一般组织成员的定位就会更加混乱。这样的组织又如何能走上发展的正轨呢？

第二个原则是"心善渊"。这里的"心"，指的是思维；"渊"，则象征深远。这句话的意思是：最高管理者要善于深远思考，从长计议，而不要被眼前的事务和利益蒙住了眼睛。毕竟"上善"是看不见、摸不着的，只能用思维去把握，而要用思维去把握最广大的共同利益，又必须有一个超越眼前和局部利益的立足点。没有更高的思维立足点，却又想让自己思考得更深远，那是不可能的。问题是，更高的思维立足点在哪里？只能是组织之道，而不可能是组织中具体的人和事。组织之道的本质是价值观念。最高管理者只有立足于特定的价值观念，才能"心善渊"。正所谓价值观念决定思维方式，思维方式决定道路选择。对组织的最高管理者而言，没有能为之坚守的价值观念这个更高的思维立足点，也就不可能做到"心善渊"；若没有"心善渊"，却又想用战略来引领发展，以追求"上善"为终极目标，那更是不可能的。这再次确认了第5章所讲的"多言数穷，不如守中"的深刻意义。

第三个原则是"与善仁"。最高管理者必然要有所"与"或"给予"，这涉及组织中不可或缺的激励问题。组织要实现可持续发展，没有组织成员乃至利益相关者付出努力是不行的，而要让人们付出，就必须先"给予"，这也让激励机制设计成为组织的重要基础工作。最高管理者不可能不关心激励问题，但如何激励或"给予"才符合组织的共同利益呢？最高管理者绝不能从个人好恶出发，运用组织资源来随意"给予"。这种随心所欲的激励，即便看上去很有爱心，很能体现最高管理者个人的"仁爱"，但并不符合组织的共同利益。最高管理者是组织的代表，必须从共同利益或"善"出发，超越个人好恶来激励或"给予"，才称得上是善于激励或"给予"；而从另外角度来看，这就是善于做到更高意义上的"仁"，也即"与善仁"。由此可见，老子并不是要否定"仁"，而是反对管理者尤其是最高管理者施予那种个人化之"仁"，更反对各级管理者为了私利去慷组织之慨，以施小恩小惠来收买人心的做法。所以，老子在第5章中才会说"圣人不仁，以百姓为刍狗"，这里的"不仁"，恰是不施予那种个人化之"仁"。但问题是，如何才能将个人化之"仁"与组织的"上善"之"仁"区别开来呢？很明显，最高管理者的"与善仁"，就是要用观念和规则来代替个人的好恶。能真正做到"与善仁"的最高管理者，一定会在实施具体激励或"给予"之前，先建立起基于组织的价值观念、又能反映内外部环境条件的激励机制，而在实施具体激励或"给予"工作中，又总是能让组织的价值观念和规则体系发挥作用，尽量避免受到各级管理者的个人意志的左右。

第四个原则是"言善信"。这里的"言"，特指最高管理者的言语行为，既包含正式命令和沟通，也包括非正式交流，而"信"则是信用的意思。最高管理者说话，当然要讲信用，正所谓一言九鼎。但问题是，最高管理者若只是从个人意志出发，随意言说，却又要用组织的资源和行动去兑现自己的信口开河，这难道也能称得上"言善信"吗？老子所说的"言善信"，绝不是指最高管理者必须一味地信守承诺，即便是那种完全个人化的、不切实际的、有损组织共同利益的承诺也要信守，这显然不能算是善于信守承诺或善于讲信用。最高管理者若要善于信守承诺，则必须时刻牢记自己在组织中的角色定位，以组织的共同利益为标准，来衡量自己的表达，让自己成为组织的代言人。这就是说，最高管理者只有立足于组织的共同利益之上讲信用，才符合"言善信"的要求。

第五个原则是"政善治"。这里的"政"，代表的是组织的管理事务。但是，组织中最高管理者所从事的管理工作，与其他各级管理者是不一样的。最高管理者不需要对具体的业务和任务负责，但必须确保组织这个平台得以建立、维持和良性运转。这种立足于组织本身的管理工作，也被称为组织治理。组织治理所涉及的核心问题是：组织到底是谁的组织，也即组织的资源和利益的归属及其持续创造的可能性。或者说，组织治理就是要解决组织赖以存在的合法性与合理性问题。这恰是最高管理者的职责所在，也是老子致力于思考和回答的根本问题。所以，老子这里说的"政善治"，便可以理解为"最高管理者在做管理上必须善于从事组织治理"。在老子看来，最高管理者善于治理组织的立足点，仍然是"上善"，而"上善"才是组织赖以存在的合法性来源。符合"上善"的目标，也就是符合组织之道，这样的组织治理才是"善治"，这样的最高管理者才称得上善于从事组织治理。那么，到底怎样做，才能达到"善治"呢？这便涉及组织治理的合理性问题，而合理性问题本质上则是一个效率问题。只有同时满足了合理性和合法性的要求，组织才有可能实现"善治"。其实，早在开篇第 1 章，老子便提出了最高管理者必须从事组织治理的要求。那就是说，最高管理者必须致力于明确并维持组织之道及相应的规则体系，组织治理是借助价值观念和规则体系实现的。组织治理之所以先于组织管理，并能为组织管理确立前提，便在于明确了组织中一切管理的价值观念和规则体系。对组织管理而言，若没有价值观念和规则体系，也就失去了管理权力的合法来源。最高管理者善于从事组织治理，也就意味着善于从价值观念和规则体系建设着手，去履行自己的职责，而不是像其他各级管理者那样关注资源和权力的运用，以完成具体的业务和任务为己任。正是最高管理者的"政善治"，为组织的其他管理工作和业务工作明确了前提，这也是老子在第 1 章所表达的核心理念的具体体现。

第六个原则是"事善能"。这里的"事"，是指组织中的各项业务和任务；"能"，则指的是这些业务和任务均由能胜任的人和团队去高效完成。这表明，组织的最高管理者善于识人用人，实现了"人职匹配"，让各项业务和任务得以成功开展。因此，"事善能"，绝不意味着最高管理者个人善于做各种事，具备完成各项业务和任务的全部才能。若果真如此，还需要组织和他人干什么？如果组织的最高管理者真是全才，什么都能做，那就既不需要组织治理，也没必要进行组织管理了。人们之所以要结成组织，组织中之所以要有分工协作，管理工作之所以必要，都是因为个人能力的局限性。只要是复杂事务，更不要说大事业了，都离不开高效的组织和管理。当然，最高管理者要真正做到"事善能"，前提仍是组织中的价值观念共识及立足于价值观念共识的规则体系建设。组织中的一切分工协作，本质上都是从价值观念共识出发，借助规则体系来实现的。从这个意义上说，"事善能"一定以"政善治"为前提；没有"政善治"，就无法做到"事善能"。

第七个原则是"动善时"。这里的"动"，指的是组织行动，而非最高管理者的个人行动；"时"，则是对恰当时机的把握。组织行动和个人行动一样，都离不开对时机的把握。只有在合适的机会窗口下，特定的行动才会有理想的结果。这便将组织与环境联系了起来。组织在环境中行动的时机选择问题是一个典型的战略管理问题，而组织的战略管理是让"事善能"得以实现的重要保证。组织的最高管理者当然要肩负起战略职责，但战略职责又不完全是最高管理者个人的事，还涉及各项业务和相关职能的战略选择，这又不可避免地同其他管理工作联系在一起。这表明，组织的战略管理同样是一个体系。若没有战略管理体系的支撑，只是依靠最高管理者个人来承担战略职责，想要做到"动善时"则是不可能的。因此，最高管理者要善于在组织行动中把握时机，就不能只是依靠个人的所谓远见卓识，而必须构建起组织的战略管理体系，利用体系的力量，调动各方的聪明才智，方能真正做到"动善时"。

理解了上述七个指导原则，便不难体会，最高管理者在组织中所起的作用的确像水一样，从选择自己的定位开始，就不能与组织成员及更广大的利益相关者争夺利益，而是要将最高意义上的组织共同利益，即"上善"，看成自己的根本利益所在。正因为最高管理者将"上善"看成自己的根本利益，不与各方争夺利益，也就不可能被各方所怨恨。这样一来，组织的和谐可持续发展便有了保证。这正是"夫唯不争，故无尤"的意义所在，也是第7章说"非以其无私邪？故能成其私"的深刻含义。

作为一个更为广大的利益共同体，组织总是深深嵌入在社会网络之中。从这个意义上说，不管是什么类型的组织，同时也是一个社会组织，必须为更广大的社会利益相关者创造共同利益。也就是说，组织本身的价值是由社会决定的，而非自说自话。因此，组织的各级管理者必须从价值观念和规则体系出发，超越一己私利，为自己和组织选准定位，不仅不能与组织成员及更广大的利益相关者争夺利益，还必须致力于同他们一起追求和创造更广泛且长远的共同利益。这样一来，管理者和组织才有可能真正融入社会发展之中，在不断为社会创造价值的同时实现自身的价值。

《老子》第9章

持而盈之①，不如其已②。揣而锐之③，不可长保。金玉满堂，莫之能守。富贵而骄，自遗其咎。功遂身退④，天之道。

字词注释

①持而盈之："持"，形声字，本义指用手拿着、握着，这里引申为掌握、治理；"盈"，会意字，本义指把器皿贮满，这里引申为满足、自满。"持而盈之"，意指最高管理者按照自己的意志去做管理，志得意满，自我感觉良好。

②已：这里是终止、停止的意思。

③揣而锐之：王弼本原文为"揣而棁之"，河上公本这句是"揣而锐之"①，而且，王弼本的注释也是"既揣末令尖，又锐之令利"②，根据高明的综合考证，

---

① 王卡点校：《老子道德经河上公章句》，中华书局1993年版，第32页。
② ［魏］王弼著，楼宇烈校释：《王弼集校释》（上），中华书局1980年版，第21页。

此句中应是"锐"字而非"梲"字①。据此,将王弼本的"梲"字改为"锐"字。在这句话里,"揣",是锤击、敲击的意思;"锐",形声字,本义指草尖,也指尖的兵器,这里引申为人的脑子快、反应敏捷。"揣而锐之",意指最高管理者刻意彰显自己的聪明才智,在组织中想要锋芒毕露。

④功遂身退:"遂",形声兼会意字,本义是逃亡的意思,这里引申为顺利做到、成就、成功;"退",会意字,本义指行走迟迟,这里引申为谦卑、推让、谦让。"功遂身退",意指最高管理者在组织取得成功后,要谦卑不居,自己并不执着于事功,而只是谋求组织的可持续发展。

▌今文意译 ////

最高管理者想按照自己的意志做管理,追求自我满足,还不如早早放弃这样的念头;这就像人们拿着已经装满东西的容器却还要再往里面装东西一样,是不可能的。最高管理者想让自己成为组织中最具聪明才智的人,也是不可能的;这就像人们要将东西锻造得异常锋利,便不可能长久保持。最高管理者如果只是追求个人的财富和地位,不仅守不住,还会因财富和地位而日益骄横,以至于让组织更快走向衰亡。最高管理者应该做的是,取得成功后却谦卑而不居功,这才符合组织之道。

▌分析解读 ////

本章紧接上章,从反面说明,如果最高管理者不能恪守"不争"原则,一定要与组织成员及利益相关者争个高下短长,那结果必然是"自遗其咎"。

在本章中,老子先举了两个很直观的例子。想象一下,一只水杯已经装满了水,若还要再向里面注水,结果会怎样?一件本已很锋利的兵器,还要再反复锻打,想让它更锐利,结果又会怎样?在这两种情况下,结果都只能是走向反面。满杯还要注水,只能溢出而损失;锋刃还要锻打,也只能毁坏而不保。

---

① 高明:《帛书老子校注》(下),中华书局 2020 年版,第 367—370 页。

由此引申到组织管理，便不难理解，组织的最高管理者已经代表组织了，他还想要什么呢？若再想去显示自己是组织中最具聪明才智的那个人，还要去刻意彰显自己所谓的了不起的成就，一方面只能说明最高管理者很不自信，另一方面也预示着物极必反的结果，最高管理者及其所代表的组织会因此而陷入可以想见的危机之中。

更进一步，老子又明确指出，"金玉满堂，莫之能守。富贵而骄，自遗其咎"。这里包含着两层意思：一是指最高管理者个人的追求，二是指组织及其成员的追求。

首先，从最高管理者个人的追求来看，如果最高管理者只是想借组织和他人的力量来追求个人财富，其结果必然是无法持续的。一旦人们认识到最高管理者的真实目的，谁还愿意为这样的组织尽心尽力？当人们感受到组织中利益分配不公平，就会有一种寻求公平分配的内在需要；这种需要既可能会降低人们的投入动机，也可能会导致人们选择离开这个组织，甚至可能让人们采取极端的方式以达到自我感觉的公平。不管是哪种可能性，最高管理者想要独享财富，都很难做到。即便最高管理者眼前能暂时做到"金玉满堂"，但要持续拥有，并实现增值，也是不可能的。这便是"金玉满堂，莫之能守"的意义所在。

更为严重的是，财富和地位的叠加效应，还会急速地腐蚀人。当最高管理者因组织中的地位而窃取了组织财富之后，便会在财富和地位的双重作用下发生心态的变化，"富贵而骄"也就成了这类最高管理者的宿命。最高管理者自满自傲的严重后果，总是会通过那种随心所欲的管理决策体现出来，最终让组织在一连串的错误决策中走向穷途末路。这便是"富贵而骄，自遗其咎"的深刻含义。

其次，从组织及其成员的追求来看，即使最高管理者不仅限于自己追求物质财富，还让其他管理者乃至整个组织都处在追求物质财富的氛围中，而无视最高意义上的共同利益，即"上善"，那同样会产生"金玉满堂，莫之能守。富贵而骄，自遗其咎"的后果。在这样的组织中，不仅是最高管理者，还包括其他各级管理者和一般组织成员，都热衷于追求物质财富的满足，那不断膨胀的欲望，不也一样会进入"持而盈之""揣而锐之"的状态吗？如此一来，即便整个组织暂时能达到"金玉满堂"的财富水平，但物质财富往往来得快、去得也快，其结果必然又是"金玉满堂，莫之能守""富贵而骄，自遗其咎"。只不过这种对物质财富追求的"上下同欲"，会让组织的兴衰周期大大缩短罢了。

为了避免上述情况出现，最高管理者必须遵循组织之道，将"上善"作为终极目标追求。这样的话，最高管理者才能做到"功遂身退"。组织在发展的道路上或许会取得各种各样的成功，也会创造出丰富的物质财富，但是，这些成功和财富都不过是追求终极目标中的阶段性成果，从"上善"这个终极目标的视角来看，并不值得骄傲。尤其是对于代表组织的最高管理者来说，一方面，达成这些阶段性成果依靠的是从事具体业务和任务的组织成员的直接贡献，最高管理者不应该据他人之功为己有；另一方面，阶段性成果对于终极目标"上善"来说确实也算不了什么，组织要实现基业长青，还有更长的路要走，最高管理者立足于终极目标和组织的可持续发展，自然会超越眼前的成功，将目光投向未来。因此，在老子看来，能做到"功遂身退"，才是"天之道"或像天地之道一样的组织之道对最高管理者的要求。老子在这里之所以要用"天之道"来表达组织之道，或许恰是为了用天地"不自生"且不与万物相争而达到了"天长地久"，来启示最高组织管理者，一定要从组织的具体事务和利益中超脱出来，既不与组织成员争夺事功和利益，又要辅助组织成员创造更大的事功和利益，以实现"上善"这个终极目标。

▌管理要义 ////

组织在发展过程中必定会取得一个又一个成功，否则，组织便无所谓发展，也侈谈追求终极目标。但问题是，当面对成功时，当资源和利益因成功而积累起来时，组织的高层管理团队如何看待成功及由此带来的利益，将变得极其重要。如果高层管理团队能从组织的终极目标和可持续发展的角度考虑问题，就有可能做到"功遂身退"。当然，这里的"身退"，并非指要从管理岗位上退下来，而是指从成功后被人为搭建起来的高台上脱身，也即不居功的意思。

二

《老子》第10章

载营魄抱一，能无离乎①？专气致柔，能婴儿乎②？涤除玄览，能无疵乎③？爱民治国，能无知④乎？天门开阖，能为雌乎⑤？明白四达，能无为乎？生之、畜之⑥，生而不有，为而不恃⑦，长而不宰，是谓玄德⑧。

字词注释

①载营魄抱一，能无离乎："载"，王弼本的注释为"犹处也"①，这里即处的意思；"营魄"，河上公本的注释为"魂魄"②，范应元本的注释也是"魂魄"③；"抱一"，即合一④。这句话的意思是：想要身心合一，能做到没有分离吗？

②专气致柔，能婴儿乎："专"，通"抟"，这里是圆的意思；"气"，象形字，甲骨文的"气"字，像天上云漂浮的形状，为三条长短不一的横线，本义指云气，这里可以引申为人的某种一致性状态。这句话的意思是：想让一致性圆融柔和，能做到像婴儿一样吗？

③涤除玄览，能无疵乎："览"，通"鉴"，即镜子的意思；"玄览"，即幽深的镜子，引申为心镜。这句话的意思是：想要洗涤心镜，能做到纤毫不染吗？

---

① ［魏］王弼著，楼宇烈校释：《王弼集校释》（上），中华书局1980年版，第22页。
② 王卡点校：《老子道德经河上公章句》，中华书局1993年版，第34页。
③ ［宋］范应元：《宋本老子道德经》，国家图书馆出版社2017年版，第37页。
④ 陈鼓应注译：《老子今注今译》，商务印书馆2003年版，第109页。

④知：这里是智慧、知识的意思。

⑤天门开阖，能为雌乎：王弼本原文为"天门开阖，能无雌乎"，但河上公本、傅奕本、范应元本及帛书乙本，这句中都是"为雌"①；而且，王弼本的注释中也说"言天门开阖能为雌乎？则物自宾而处自安矣"②，这表明王弼本原文中的"无"应是"为"之误。据此，将这句话中的"无"字改作"为"字。这句话中的"阖"，是关闭的意思；"天门开阖"，在这里比喻组织的兴衰，其中，"天门开"，意味着组织有了机会窗口，得以兴旺发展，而"天门阖"，则意味着组织失去了机会窗口，走向衰落消亡。这句话中的"雌"，则借喻为宁静安详。这句话的意思是：面对组织兴衰，能做到安然处之吗？

⑥生之、畜之："生"，这里是创生的意思；"畜"，这里是养育的意思。"生之、畜之"，则是用天地作类比，天地生养万物，而组织也创生和辅助各种事业成长，尤其是组织的创始人，正是组织事业的创生者和养育者。

⑦恃：形声字，本义指依赖，转指依仗，这里是凭借的意思。

⑧玄德："德"，会意字，由表示行走的双人旁、代表眼睛的部分和表示人的内心三部分组合而成，合起来指行得正，看得正，心要正。本义指（好的）品行。这里指最高管理者内心有道、行为循道的具体表现，也即"德行"。"玄"，这里是至、最的意思。"玄德"，也即"至德"，最高意义上的德行。

▌今文意译 ////

想要身心合一，能做到没有分离吗？想让一致性圆融柔和，能做到像婴儿一样吗？想要洗涤心镜，能做到纤毫不染吗？想要爱护人们、管好组织，能做到不使用知识和能力吗？面对组织兴衰，能做到安然处之吗？洞悉各方面的变

---

① 分别参见王卡点校：《老子道德经河上公章句》，中华书局 1993 年版，第 35 页；[唐]傅奕：《道德经古本篇》，载[明]张宇初等编：《道藏》（第十一册），文物出版社、上海书店、天津古籍出版社 1988 年版，第 482 页；[宋]范应元：《宋本老子道德经》，国家图书馆出版社 2017 年版，第 39 页；高明：《帛书老子校注》（下），中华书局 2020 年版，第 379 页。
② [魏]王弼著，楼宇烈校释：《王弼集校释》（上），中华书局 1980 年版，第 23 页。

化趋势，能做到无为吗？既创生又养育，创生却不据为己有，养育却不自恃有功，帮助却不加以主宰，这便是最高意义上的德行。

▌分析解读 ////

本章开始探讨组织的最高管理者如何遵循组织之道，实现组织的可持续发展。

在本章中，老子首先用类比的表达方式，提出了各种理想的状态及其与现实可能存在的反差，进而以天地设喻，强调指出，最高管理者到底怎样做才符合组织之道的要求。

老子先用人的存在状态做类比。人由身体和精神两方面构成，从理想状态来看，人的身体和精神应该是合一的。单就身体而言，理想的身体状态既是一个整体，又圆融、柔顺、通达，正所谓浑然一体；单就精神而言，理想的精神状态应是清澈透亮的，如同明镜，能照出各种事物，将其呈现得清楚明白、无歧义；两者完美结合，便是"载营魄抱一""专气致柔""涤除玄览"，也即身体和精神合一，身体圆融柔和，精神清澈明晰。但是，在现实中，人的存在真能达到这种理想状态吗？确实值得怀疑。所以，老子才会连发三个疑问："载营魄抱一，能无离乎？专气致柔，能婴儿乎？涤除玄览，能无疵乎？"将这三个疑问引申到组织管理上，那就必然产生这样的困惑："爱民治国，能无知乎？"这意味着，组织管理的理想状态，是让组织的价值观念和规则体系发挥作用，而最高管理者则保持"无为"；但在现实中，最高管理者不做"有为"的干预行吗？而要做"有为"的干预，没有专门的知识以及借知识的有效运用所形成的专有能力，可能吗？运用知识和能力来做管理，便是"以知"，那么，最高管理者要达到"爱民治国"的理想状态，不"以知"，是否可以呢？理想和现实的反差，的确是个难题。

在组织管理中，为什么会出现理想和现实的反差？老子着重从组织运行的环境出发来进行阐释。一方面，当环境中的机会和威胁出现时，最高管理者能无动于衷吗？另一方面，当最高管理者自认为已洞悉了环境中各方面的变化趋势，能不果断地采取行动吗？对于前一方面，老子的表达是"天门开阖，能为雌乎"。这里的"天门"，隐喻组织所处环境中的机会窗口，"天门开"，意味着机会来了；"天门阖"，则意味着机会消失了，同时也可能会有威胁相伴而来。面对"天门开阖"，也就是环境中的机会和威胁，最高管理者还能坐得住、守得静，即"为雌"吗？在老子看来，"雌"，便是"静""安详"的化身，而"为雌"，则是守静，处之泰然。

针对后一方面，老子的表达是"明白四达，能无为乎"。这里的"明白"，是运用知识和能力来洞悉外物的意思，也即具备洞察力，能透过现象看本质；而"四达"，则是这种洞察力所带来的对四面八方变化趋势的把握。作为组织代表的最高管理者，一旦自认为洞悉了各方面的变化趋势，还能坚守"无为"，不采取干预措施、不立刻行动吗？在现实中，那些自认为已经把握住环境变化趋势的最高管理者，必然会跃跃欲试，不把自己的意图和想法付诸实施，恐怕是心有未甘的。

接下来的问题是，在现实中，为什么最高管理者难以做到"天门开阖"却能"为雌"，"明白四达"而又"无为"呢？归根到底，恐怕是因为最高管理者总觉得这个组织是自己创设的，或者是由自己帮助发展起来的，自己当然有责任去继续推动其成长，而且自己也有权利拥有和主宰组织的发展成果。这似乎已经成了组织的最高管理者的本能反应。但是，在老子看来，这种本能反应，恰恰违背了作为组织代表的最高管理者所应具备的德行。这种德行便是组织之道在最高管理者角色上的具体表现，也可以称为最高管理者所应具备的组织公德。

为了说明最高管理者所应具备的组织公德的内涵及特征，老子还是运用天地与万物的关系做隐喻。当老子说"生之、畜之，生而不有，为而不恃，长而不宰"的时候，这句话的主语是双重的。第一重主语非常直观，那就是"天地"。与"天地"这个主语相关联，这句话中的"之"字，便指代"万物"。在第一重主语下，这句话所表达的就是天地与万物之间的关系，意思是，天地生育、培养万物，但天地不拥有万物，也不自恃对万物有生养之功而主宰万物，任由万物自然生长，从而造就了天地间万物的多样性和繁荣景象。这便体现了天地的"玄德"或最高意义上的德行。

这句话的第二重主语，则是指能代表组织的最高管理者。与最高管理者这个主语相关联，这句话中的"之"字，指的是组织中的人及事业、业务和任务。在第二重主语下，这句话所要表达的又是最高管理者与组织中人及事业、业务和任务之间的关系，意思是，最高管理者虽然创设了组织的事业，培育了各种业务和任务，但并没有将组织的事业据为己有，也不因自己培育了各种业务和任务而一定要主宰它们的发展。这样的最高管理者，就像天地一样，具备了"玄德"，也就是最高管理者所应该具备的最高意义上的组织公德。

老子这里所讲的"玄德"，虽然是一种最高管理者德行的理想境界，但只有先明确了理想化的参照系，才能更清楚地认识到现实中各类管理问题的症结到底在哪里。那么，这种理想化的参照系对于现实管理问题的启示又是什么？这涉及观念与现实的关系问题，将是下章要探讨的主题。

▌管理要义 ////

做管理，尤其是对于组织的最高管理者而言，不能没有理想。理想恰是照亮现实，让现实得以找到正确方向的参照系。或许只有在理想与现实的反差中，最高管理者才能找到组织发展的着力点，也才能赋予具体业务和任务以意义。当然，理想首先应该指向自己，也就是说，必须给自己找到一个值得仰望的理想参照系。最高管理者如果自己都没有对理想境界的执着追求，却想要给他人乃至组织找到理想境界作为参照系，大概率是不可能的。只有借助一个值得仰望的理想参照系，才有可能超越对组织的占有欲。毕竟最高管理者或多或少都有一种"我即组织""组织即我"的心结，而一旦有这个心结在，他们想不去干预组织日常运行都难，"无为而治"也只能是一个梦。要摆脱这种心结，克服干预冲动，恐怕只有借助对理想的仰望，来实现自我超越。有了仰望，才能超越。

《老子》第 11 章

三十辐①共一毂②，当其无，有车之用。埏埴③以为器，当其无，有器之用。凿户牖④以为室，当其无，有室之用。故有之以为利⑤，无之以为用。

字词注释

①辐：这里指车轮的辐条，用以连接车毂和车辋。

②毂：车轮中间车轴贯入处的圆木，装在车轮两侧的轴上，有插槽，以连接辐条。

③埏埴："埏"，指用来制作陶器的模子；"埴"，指用来制作陶器的黏土。"埏埴"，指用模子使黏土成型。

④户牖：即门和窗。

⑤利：会意字，由禾和刀两部分组成，刀是类似耒的农具。在甲骨文和金文中，刀旁有数点，表示犁出的土块，即犁地、耕地。这里引申为生产或努力所得。

今文意译

三十根辐条连接到车毂上，正因为车毂中间是空的，车子才能正常运行，从而发挥出车子应有的作用。用模具使黏土成型来制作陶器，正因为陶器中间是空的，陶器才能用来盛东西，从而发挥出陶器应有的作用。在造房子时，一定要留出门和窗，正因为门和窗都是空的，房子才能住人，从而发挥出房子应有的作用。所以，看得见的"有"，是人们付出努力所得到的结果，当然有价值；但正是那些看不见的"无"，让看得见的"有"的价值能够真正发挥出来。

▌分析解读 ////

本章承接上章，继续用类比的方式，来说明理想和现实的关系；而代表组织的最高管理者应该坚守理想，正因为有了好像看不见、摸不着又不够现实的理想，现实的行动及各种各样的创造和努力，才真正有了价值。

为了使理想这个看不见的、也可以说是"无"的参照系，与现实中的人和事、也可以说是"有"之间的关系清晰地呈现出来，老子再次使用了类比的表达方式。如果不使用简单明晰的类比，而只是使用抽象的概念推演，那原本就难以理解和把握的组织之道的理想境界，或许就真成了玄学冥想，又如何能付诸现实的组织管理实践呢？组织管理是一种实践。组织之道必定要融入组织管理实践，并通过组织管理实践体现出来。为了帮助人们理解组织管理实践中的组织之道，便可以借用其他更为具体、也更为人们所熟知的实践活动作为例子，以类比的方式来进行阐述。老子以这种极具创造性的类比表达方式的巧妙运用，打开了一个认知组织管理的全新视角。

老子在本章连续运用了三组类比，并基于这三组类比，得出"有之以为利，无之以为用"的结论。老子这里说的"有"，意指看得见、摸得着的现实存在；"无"，则是以观念形态存在的组织之道的理想境界或简称理想。

首先，老子用车轮中辐条、车毂及车毂中间的凹槽和空隙作类比。辐条和车毂是能工巧匠们付出艰辛努力制造出来的产品，看得见、摸得着，当然很有价值，因为它们不仅投入了实实在在的原材料或资源，而且还附加了能工巧匠们的劳动，必然是有价值的。但是，若仅有实实在在的辐条和车毂，而没有车毂上的凹槽和中间的空隙，或者说，干脆将车毂做成实心的，那看上去岂不是更实在了吗？但这样的话，辐条和车毂便无法组合成一只轮子，更不要说发挥车子的作用了。实际上，恰是因为一个车轮、一辆车子，总是有实、有虚，才能组合在一起，发挥整体效用；而且，从根本上看，正因为有了车毂上的空隙或"无"，辐条才能和车毂组合在一起，车子也才能正常运转起来，发挥作用。从这个意义上说，恰是虚或"无"，让实或"有"得以实现其价值；若没有这种虚或"无"，能工巧匠们再怎么努力地去造辐条和实心车毂，也都没有意义。

当然，现实中的能工巧匠们都深谙这个道理，不会造出实心的车毂来，也绝不会让车子只是实实在在的材料堆积。

其次，老子又用制作陶器作类比。陶器必然中空，不可能只是一块实心的泥疙瘩。陶器之所以能盛东西，发挥其应有的功用，不仅要靠陶器外壁的黏土，重要的是陶器要有中空。正是黏土与中空的结合，让陶器成为陶器；而且，让陶器发挥盛东西的作用的，恰是中间的中空，也就是"无"。因为有了这个"无"，才让陶工的努力和聪明才智有了价值。如果在制作陶器时，陶工的眼睛只是盯着那看得见、摸得着的黏土，只想着拥有更多黏土资源，那么，恐怕最多也不过是积累起了一个大大的黏土堆而已，根本无法制作出真正有用的陶器来。

最后，老子使用了建造房子作类比。要建造能住人的房子，当然要留出门和窗。门和窗看上去是空的，中间没有填满材料，而恰是门和窗的空，让房子成为房子，可以住人。若没有门和窗，恐怕连个天然洞穴都算不上，毕竟洞穴还有个洞口可以当作门。所以，即便是现实中那看得见、摸得着的房屋，也是虚实相间、"无""有"共存的；而且，从某种意义上说，正是虚和"无"，让实和"有"变得有价值。

基于现实中"无"与"有"之间关系的例子，再去设想理想与现实、观念与实在之间的关系，是否会更清晰一些呢？在理想与现实、观念与实在的关系上，老子绝不是要否定现实、实在的重要价值，而只是强调指出，恐怕正是因为有了理想、观念，才会将现实和实在的价值真正彰显出来。

老子在这里之所以要强调理想、观念的重要性，一方面是因为人们习惯上总会屈服于"眼见为实"，被那些看得见、摸得着的现实夺走了眼球，占据了全部注意力，而忽略了理想、观念的重要作用。可以想象得到，即便是面对一辆车子、一只陶器、一间房子，人们往往也只是关注那有形的材料和样式，而有几个人会去留意其中没有材料的虚空部分？同样，人们在看一幅画时，也只是关心画面上到底画的是什么，少有用心观察画面的留白处，也只有那些懂得鉴赏、有艺术眼光的人，才会从整体上观赏画面的"有"和"无"，所画与空白之间的配合关系。恐怕正是现实中人们对"有""无"认识上的这种偏颇，让老子不得不特别强调"无"的重要意义。面对现实中"有"与"无"之间关系的认知，人们尚且如此偏颇，更不要说在理想与现实、观念与实在之间做出选择了。

另一方面，老子一直关注的是代表组织的最高管理者，其角色定位和职责所系，更应留心于理想、观念，这样才能让整个组织的功能得以有效发挥。如果把组织比喻为一辆车、一只陶器、一间房子，那么，组织中各类物化资源和业务，便类似于那些看得见的材料或零部件；而这些有形的物化资源和业务之所以能发挥功能、创造价值，恰是因为有了无形的理想、观念及思维的创造性运用。组织成员所看到的往往只是组织中那些有形的部分，但最高管理者既要代表组织，又要面向未来，更要让组织面向未来发挥出持续创造更广大共同利益（即"上善"）的整体功能，因此，最高管理者就必须在组织的有形部分之外，真正理解和把握住那些无形的理想、观念及思维的价值。正是看似无形的理想、观念及思维，让组织有了明确的方向，并把那些有形的物化资源和业务组合起来，创造出更加美好的未来。

严格来说，组织的未来也是一种看不见的"无"，它是由组织创造出来的，而不是等着组织进入的某种现实的存在。不同组织的未来是不一样的，其根本原因恐怕不在于物化资源、业务和任务的不同。即使拥有类似的物化资源、业务和任务的组织，也会有不一样的未来。组织的未来之所以不同，关键在于组织使用物化资源去做业务、完成任务的理想、观念和思维方式的差别。这难道不正是老子所说的"故有之以为利，无之以为用"的深刻管理意义吗？

由此不难理解，老子在本章中使用现实的生动例子，恰在于表明，最高管理者的职责定位，就是要立足理想去把握现实，运用观念去统摄实在，通过"无"去创造"有"。这也是组织的生命力所在。在老子看来，理想、观念或"无"具有恒常性，而现实、实在或"有"总是处在不断变化和消亡之中；组织要实现基业长青，只有扎根于理想、观念或"无"，才是正道。这或许正是老子反复强调天地之道和组织之道的原因。

在组织管理中，资源和能力确实是获取竞争优势的重要基础。但是，有资源和能力是一回事，如何恰当地使用资源和能力又是另一回事。在现实中，面对一个组织，人们往往看到的是资源及其运用效果，进而又从这种看得见的效果去推断能力；却很少去关注组织中到底以什么样的理想和观念来赋予资源以意义，并按照怎样的价值原则来使用资源，到底要实现怎样的理想。人们甚至还会认为，关心这些虚无缥缈的理想和观念是迂腐的表现，对现实的组织绩效没有什么用。但是，不管别人怎么看，真正负责任的最高管理者及其管理团队，不能只把目光投向那看得见的资源，更不能用"成王败寇"式的简单化思维去以结果推断能力。最高管理者及其管理团队要对组织的未来负责，而未来首先就是以理想和观念的形式存在的。没有理想和观念，也就不会有未来。

《老子》第 12 章

五色①令人目盲，五音②令人耳聋，五味③令人口爽④，驰骋畋猎⑤令人心发狂，难得之货令人行妨⑥。是以圣人为腹不为目，故去彼取此。

字词注释

①五色：古时候人们对五种基本颜色的命名，即青、赤、白、黑、黄。这里泛指各种颜色。

②五音：古时候人们对五种基本音阶的命名，即宫、商、角、徵、羽。这里泛指各种声音。

③五味：古时候人们对五种基本味道的命名，即酸、苦、辛、咸、甘。这里泛指各种味道。

④爽：这里是有差错、犯过失的意思。

⑤畋猎："畋"，会意字，本义指打猎。"畋猎"，即打猎、狩猎。

⑥行妨："妨"，形声字，本义指损害、伤害、阻碍。"行妨"，意思是行为受到伤害。

▌今文意译 ////

各种颜色会让人眼花缭乱，各种声音会让人耳不及听，各种味道会破坏人的味觉，无节制地打猎会让人失去理智，稀缺的财货会让人产生不良行为。所以，理想化的最高组织管理者总是立足于人之为人的本质特征，而不被生物本能所左右，这样才能不受外界诱惑，做出正确的选择。

▌分析解读 ////

本章承接上章，进一步解释了人们为什么会只看到"有"，而忽略"无"，其原因正在于人们不自觉地受到以感官为代表的生物本能的左右。

由于颜色、声音、味道能对视觉、听觉、味觉等感觉器官产生刺激，人们便会本能地追求这些感官的满足，想追逐令视觉愉悦的颜色，想寻求美妙的音乐，想品尝各种美味。但是，一味地追求感官的满足，又会走向相反的方向，这不仅意味着人们会被外部刺激所左右，更重要的是，追求感官满足反而会让感官遭到破坏，乐极生悲。当人们过分追求缤纷的色彩时，各种各样的颜色会让人眼花缭乱，什么也看不清、看不见，就像突然间失明了一样；当人们拼命追逐美妙的声音和可口的味道时，五音交响、五味杂陈也会让人耳不能辨、口不能尝，就像一时间丧失了听觉和味觉一样。

更进一步，人们追求感官的满足，不过是生物本能的一种表现而已。生物本能也会驱使人们去追求其他欲望的满足，比如纵情于狩猎、热衷于财货。在纵情狩猎过程中，人们反而会迷失自我，丧失独立意识；在热衷财货时，人们同样会扭曲行为，妨害他人和组织。人们一旦被生物本能所左右，能看到的、能听到的、能感觉到的、能占有的，便只是物化存在，又如何能体会到超越这些"有"的"无"呢？体会不到"无"，也就认识不到是"无"让"有"变得更有价值，其结果当然要受到"无"的惩罚。人们之所以能拼命追求"五色""五音""五味""驰骋畋猎""难得之货"等这些它物之"有"，只是因为有"目""耳""口""心""行"等这样的自我之"有"；但是，当人们自认为用自我之"有"去追求它物之"有"就能得到满足时，就会不知不觉进入一种"无"的状态，即"目盲""耳聋""口爽""心发狂""行妨"。"目盲"是无视觉，"耳聋"是无听觉，"口爽"是无味觉，"心发狂"是无意识，"行妨"是无操行。以自我之"有"去追逐它物之"有"，反而陷入自身的根本之"无"。这难道还不足以给人们以警示？一味地以"有"逐"有"，到物极必反时，恐怕回头已晚。

如果一名普通组织成员只关注"有"，一切从看得见、摸得着的现实出发，拼命以"有"逐"有"，即便走向反面，受到惩罚，其影响范围也相当有限。但是，如果组织的最高管理者这样做，其影响的可是组织的兴衰和更大范围利益相关者的福祉。所以，老子才深刻地指出，"是以圣人为腹不为目，故去彼取此"。

老子讲"圣人为腹不为目"，意在说明，正因为理想化的最高组织管理者真正认识到一味地追求感官享受、物欲满足可能带来的严重后果，所以才要让一切行为从"腹"而不是"目"出发。值得注意的是，这里的"腹"的含义，正像第3章"虚其心，实其腹"中"腹"的含义一样，都是指人之为人的更根本的特征，而不能简单地将"腹"等同于"肚"这种生理器官。如果把"实其腹"或"为腹"，理解为填饱肚子，那岂不还是在满足生物本能的需要，又与"目"有什么本质区别？老子这里用"腹"，指的是人之为人更为根本的、厚重的特征。"腹"的本义便是"厚"，也即人的厚重基础。恰是这个作为人的根本特征的厚重基础，让人与动物区别开来，也让人能够超越生物本能。这或许正是老子在这里要用"腹"与"目"相对，强调"为腹不为目"的原因。

在老子看来，人之为人的根本特征，就在于人能理解和把握"道"，能立足于"无"，更加长远和全面地看待各种"有"。换句话说，只有人能立足于"无"来审视"有"，从理想和观念出发，赋予现实和实在以意义，并致力于改变现实、创造实在。因此，作为组织代表的最高管理者，要对组织及更大范围的利益相关者负责，就必须从人之为人的根本特征出发，立足于人之为人的厚重基础，以做出各种恰当的管理决策；而不要被外在诱惑迷住眼睛，更不能只是追求个人的感官享受和物欲满足，这恰是当时历史条件下周王朝和各诸侯国组织的最高管理者经常犯的严重错误，他们甚至将组织变成自己追求感官享受和物欲满足的手段，其结果必然是葬送了组织，当然也毁灭了自己。当老子在本章最后说"故去彼取此"时，指的就是最高管理者在做那些带有根本性的管理决策时，必须从人之为人的根本特征出发，以组织之道为价值前提来进行取舍。

▌ 管理要义 ////

最高管理者及其管理团队的决策，在组织中往往关系重大，绝不能没有价值前提。管理决策的价值前提本应植根于组织的价值观念之中，但是，当管理决策与组织的价值观念相脱节时，决策者便会有意无意地将价值前提建基于个体的生物本能之上，让管理决策受到趋乐避苦、趋利避害的本能欲求的左右。这样一来，最高管理者及其管理团队不仅会混淆个人角色与组织角色、个人欲求与组织追求，还会将个人凌驾于组织之上，把组织变成实现个人目标、满足个人欲求的工具。那些习惯于对组织和管理做工具化处理的管理者，只相信有形的现实和实在的力量，而无视理想和观念的影响。那些理解不了"有之以为利，无之以为用"的管理者，也不可能做到"为腹不为目""去彼取此"。那么，如何才能确保组织的最高管理者及其管理团队超越生物本能，以正确的价值观念来指导管理决策呢？这是老子致力于思考的问题，也是今天仍值得深思的问题。

《老子》第13章

宠辱若惊，贵大患若身①。何谓宠辱若惊？宠，为下得之若惊，失之若惊，是谓宠辱若惊。何谓贵大患若身？吾所以有大患者，为吾有身，及②吾无身，吾有何患！故贵以身为天下，若可寄③天下；爱以身为天下，若可托④天下。

字词注释

①宠辱若惊，贵大患若身："宠"，形声字，本义指崇高的地位，这里引申为荣耀、荣誉。"辱"，会意字，本义指羞耻、耻辱，这里是侮辱、辱没、埋没的意思。"贵大患若身"，在这里是倒装句，即"贵身若贵大患"，意思是看重个人利益，则在意祸患，也即害怕失去；"若"，在这里是"至""则"的意思；"贵"，形声字，本义指价格高，这里是动词，以……为贵、崇高、重视的意思；"身"，象形字，本义指人的躯体，这里引申为看得见的个人利益。这句话的意思是：获得荣耀或遭受辱没，都会惶恐不安，看重个人利益就会非常在意各种祸患。

②及：会意字，表示走在后面的人的手接触到了前面的人，这里指等到、到了。

③寄：这里是委托、委付的意思。

④讬：同"托"，这里是请别人代办，即交付、托付的意思。

▌今文意译 ▰▰▰

获得荣耀或遭受辱没，都会惶恐不安；看重个人利益，就会非常在意各种祸患。为什么说获得荣耀或遭受辱没，都会惶恐不安呢？荣耀来自外界，是别人给予的，得到会惶恐不安，失去则更惶恐不安，这就是常说的获得荣耀或遭受辱没，都会惶恐不安。为什么说看重个人利益，就会非常在意各种祸患呢？人们之所以会有各种祸患，就是因为人们有包括身体在内的个人利益，等到没有了个人利益，还会有什么祸患可言呢？所以，只有那些像重视个人利益一样来重视组织共同利益的人，才可以将组织托付给他；只有那些像爱护个人利益一样来爱护组织共同利益的人，才可以将组织交付给他。

▌分析解读 ▰▰▰

本章在上章讲个体意义上的"有"和"无"之间关系的基础上，继续说明个体与组织意义上的"有"和"无"的关系。

对于个体而言,感官享受和本能欲求都是针对"有"的,这让人们忘记了"无"及理想和观念的重要性,而要成为组织的最高管理者,则必须超越感官享受和本能欲求,从人之为人的本质特征出发,立足观念、追求理想。因此,作为组织的最高管理者,就不能仅仅考虑个体意义上的"有"和"无"之间的关系,还必须从个体与组织、局部与整体相对比的视角来看待"有"和"无"之间的关系。这正是本章的主题。

在个体与组织、局部与整体的对比中,个体是"有",其利益显而易见,最典型的便是身体,而个体所在的局部也是"有",终日目之所及、耳之所闻,皆能触达,都是看得见、摸得着的现实、实在或"有"。这种以身体为典型代表的"有",让人们产生了获得或失去个体利益和局部利益的宠辱感受及福祸情结。但是,人们对于组织这个整体的感受却完全不同,作为整体的组织看不见、摸不着,只能存在于观念之中。从这个意义上说,组织就是一种以观念形态存在的"无"。

但是,在现实中,人们看到的往往只是像自己的身体那样明显的局部利益,以此为基础,才有了"宠辱若惊,贵大患若身"这样的感觉。这种感觉虽然比上章所讲的感官刺激要隐晦和间接一些,但本质上仍是一种生物本能反应。即便在动物界中,同样可以观察到"宠辱若惊,贵大患若身"的现象。在获得或失去食物的时候,动物也会表现出惊喜或惶恐,这不过都是以身体为尺度的趋利避害的本能反应。由此便容易理解老子对"何谓宠辱若惊""何谓贵大患若身"两个设问句的回答了。

关于"何谓宠辱若惊",老子从正面直接予以说明。"宠""辱",不过是人们对个体利益,如财富、地位、名声等的得失,所产生的两种不同感受罢了,得到个体利益为"宠",失去则为"辱"。人们不管得到还是失去个体利益,都会惶恐不安。得到了,唯恐失去,终日惶惶;失去了,更是心惊肉跳,如何能安?人们的"宠""辱"感受,恰表明已受到外物的左右,而谁能控制外物,谁便可支配人们的"宠""辱"感受,所以,即便是"宠",也意味着那是由别人支配的恩赐,这便是"宠,为下得之若惊,失之若惊"的含义。

至于"何谓贵大患若身",老子则从反面间接予以说明。假设没有以身体为典型代表的个体利益，人们还会担心祸患发生吗？换句话说，"身"没有了，连祸患得以施加的对象都不存在了，祸患从何谈起？这就是老子用"吾所以有大患者，为吾有身，及吾无身，吾有何患"所要表达的意思。

值得注意的是，老子绝不是要否定"身"或由"身"所代表的典型的个体利益，而只是借此来阐明组织管理中"有"和"无"之间的关系。试想，如果组织中每个成员都只看到个体利益之"有"，终日处于"宠辱若惊，贵大患若身"的状态，这样的组织还能发挥出其应有的功能吗？老子曾在第11章中讲"有之以为利，无之以为用"，这意味着，组织要发挥应有的功能，除了每个组织成员的个体利益之"有"外，还必须关注组织整体利益之"无"；而且，正是组织整体利益之"无"，让每个组织成员的个体利益之"有"成为可能。但问题是，在组织中，谁应该首先看到、关注和把握组织的整体利益之"无"呢？当然是管理者，尤其是最高管理者。如果连组织的最高管理者都不去关心组织的整体利益之"无"，那么，组织能否存在都成问题，更不要说去创造更广大的共同利益，即"上善"了。

所以，老子最后才说，"故贵以身为天下，若可寄天下；爱以身为天下，若可讬天下"。这句话中的"天下"，是一个关于组织的隐喻，可以理解为一种更大范围的组织。"天下"只能存在于观念中，没有人能直接感受到"天下"。"天下"这种观念形态意义上的"无"，正好可以用来隐喻组织，而组织的共同利益，特别是最为广大的共同利益即"上善"，也只能存在于观念中，也是典型的观念形态意义上的"无"。由此可见，把组织看成像"天下"一样的观念形态之"无"，也就更容易为人们所理解了。

基于此，老子这句话的意思就是：只有那些像看重个体利益一样看重组织的共同利益的人，才能胜任最高管理者的岗位；只有那些像爱护个体利益一样爱护组织的共同利益的人，才能将组织托付给他。也就是说，只有当一个人像关注个体利益之"有"那样去关注看不见、摸不着、又不一定直接与自己利益相关的组织共同利益之"无"的时候，才表明这个人将理想和观念看得像现实和实在一样重要；而这样的人方能胜任最高管理岗位的要求。

在老子这句话中，"贵以身为天下""爱以身为天下"，也可以进一步引申理解为将个体利益完全融入组织的共同利益之中，以组织的共同利益作为自己的个体利益，从而让个体成为组织的化身和共同利益的代表。这恰是理想化的最高组织管理者的角色定位，也就是老子意义上的"圣人"的角色形象。至于现实中组织的最高管理者是否能达到这种理想状态，则是另外一个问题。只有先明确了理想状态，才更容易厘清关于组织、管理和管理者之间的内在逻辑关系，也才能借此看清现实组织管理中存在的不足，并探寻持续改善的方向。这正是老子管理思想的深刻之处。

▌ 管理要义 ////

任何人都具有个体利益诉求，这是一种天然权利。人要生存和发展，便不能没有资源和利益；同样，组织作为人的共同体，其存在和发展也一定离不开资源和利益。在个体与组织的关系中，个体总是看得见的、明确的，而组织却不容易把握。既然如此，那如何才能将个体与组织真正有机结合在一起呢？这就需要管理及能代表组织的管理者。没有管理者和管理的纽带桥梁作用，要想让个体与组织有机结合在一起是不可能的。但不容否认的是，管理者也是个体的存在，也具有个体利益诉求，如何才能保证管理者实现个体身份与组织身份的平衡呢？虽然组织成员也有双重身份的平衡问题，但组织成员的双重身份平衡通常由管理者来调整和保证，那么，管理者尤其是最高管理者的双重身份平衡又由谁来调整和保证呢？老子早就提出了这个带有根本性的管理问题，两千多年来人们一直在探索这个管理问题的解决之道。

《老子》第14章

视之不见名曰夷①，听之不闻名曰希②，搏③之不得名曰微④。此三者不可致诘⑤，故混而为一。其上不皦⑥，其下不昧⑦，绳绳⑧不可名，复归于无物，是谓无状之状，无物之象。是谓惚恍⑨。迎之不见其首，随之不见其后。执古之道，以御今之有，能知古始⑩，是谓道纪⑪。

字词注释

①夷：通"易"，这里是隐匿、无形的意思。

②希：通"稀"，这里是静、无声的意思。

③搏：形声字，本义指用搜索的方式捕捉，这里是摸索的意思。

④微：形声字，本义指隐行，即隐蔽出行，这里是隐蔽、不显露的意思。

⑤致诘："诘"，这里是追问、详问的意思。"致诘"，即进行详尽的探寻、追察。

⑥皦：形声字，本义指玉石的洁白，这里是明亮的意思。

⑦昧：形声字，本义指天快亮的时候，这里是暗、昏暗的意思。

⑧绳绳：这里是绵延不绝的意思。

⑨惚恍："惚"，指模糊、不清楚的样子；"恍"，也是指模糊、不清楚。"惚恍"，这里指一种难以表达的模糊感觉。

⑩古始：这里是起源的意思。

⑪纪：形声字，本义指为了缠束丝而区分出来的丝的端绪，这里是头绪、准则的意思。

今文意译

看不见的叫无形，听不到的叫无声，摸不着的叫无体。这三方面感受都无法再追究下去,所以是浑沌未分的。这种浑沌未分的状态,既不明亮,也不昏暗,绵延不绝,难以用语言表达,只能归结为一种没有任何物化存在的形式,这就是通常所说的没有形状的形状,没有物化存在的现象。这就是通常所说的那种难以表达的模糊感受。面对这种感受,无法理出头绪;追随这种感受,也得不出结论。只有把握住了一直以来的组织之道,才能够驾驭现今的各种物化存在,而能够理解各种物化存在的源起,才可以说是把握住组织之道的根本准则。

▌分析解读 ////

上章指出了最高管理者与组织融为一体的必要性,但由此便产生了一个不得不思考的问题,即最高管理者到底怎样做才算与组织融为一体?个体首先是一种实实在在的物化存在,至少从每个人都有"身"这个意义上说,个体总是以"有"的状态存在着;但组织却不像个体那样清晰可辨,尤其是组织的共同利益,更是一种观念形态意义上的"无"。既然如此,那么,最高管理者要与组织融为一体,也就意味着要把"有"与"无"整合在一起。怎样才能做到这一点?本章便致力于探索这个问题。

老子先从个体的直观感受出发,明确了人们的三种知觉感受性的极限状态,即"夷""希""微"。这三种状态分别对应着视觉、听觉和触觉。视觉的极限状态是看不见,即"夷";听觉的极限状态是听不到,即"希";触觉的极限状态是摸不着,即"微"。当人们面对这三种知觉感受性的极限状态时,看似来自三种感觉器官的不同感受,实则是同一的,根本没有办法再细究看不见的感受状态与听不到、摸不着的感受状态到底有什么分别。既然都是知觉的极限状态,那么,在极限状态上,不同感受便是浑然一体的,无法再做区分。对于那个处在知觉的极限状态上可能的对象来说,便无所谓明亮或昏暗。如果说有明亮或昏暗之分,恰表明可以看见,只是清晰度不同。相应地,也不能说洪亮或低沉、坚硬或柔软。一句话,不能用语言来表达。正是这种不能用语言表达的对象,构成了一种特定意义上的"无",也即"无状之状""无物之象"。但是,这种"无",绝不意味着什么也没有。果真什么也没有,也就无所谓去感受和表达了。感受不到、表达不出，并不等于什么也没有。所以，老子这里讲的"无状之状""无物之象"，仍是一种"状"和"象"，只不过并非人们通常所理解的、可以直观感受到的物化的"状"和"象"罢了。

对人们的直观感受来说，这种"无状之状""无物之象"的"惚恍"存在，是没有办法靠感觉器官来把握的，也即老子说的"迎之不见其首，随之不见其后"，再怎么靠近也看不出头绪，再怎么穷追也得不到结果。既然如此，那如何才能理解和把握这种"惚恍"的存在呢？恐怕也只有用思维。像"天下"和组织这种整体意义上的、非物化的存在，只能是一种观念，也只能用思维去理解和把握。人们只有运用思维，在观念意义上，才能理解和把握既是整体又有历史的组织；而且，正是关于组织及其历史的观念共识，形成了组织之道的理想境界。人们只有借助思维理解和把握了组织之道这个"无"，才能赋予组织中各种业务和物化资源之"有"以意义。这也许才是老子所关心的"无"与"有"之间的关系。当老子在第 11 章中用车子、陶器、房屋来举例说明"无"与"有"的关系时，其实已经暗示了"无"并非什么都没有，而只不过与"有"是两种不同性质的存在而已。像车毂的中空，并非什么都没有，而是有空气和连接在一起的辐条，只不过与车毂的材质不同罢了；再比如陶器的中间，也不是什么也没有，而是有与黏土材质不同的空气及可能盛进去的东西。引申开来便不难理解，老子意义上的"无"，并非物化的现实存在，而是一种观念的理想存在。面对物化的现实存在，人们可以用感官去触达，但面对观念的理想存在，感官难以触达，人们只能靠思维去理解和把握。虽然站在物化的现实存在立场上，观念的理想存在是"无"，看不见、听不到、摸不着，还难以用各种物化存在的名称来表达，但是，这种"无"却更为根本，至少从组织管理的角度来看，正是这种观念的理想存在之"无"，主导并创造着物化的现实存在之"有"。

基于这种"有"与"无"之间关系的理解，老子最后得出结论说，"执古之道，以御今之有，能知古始，是谓道纪"。这里的"道"，即组织之道，就是一种观念的理想存在之"无"，并且早已存在，有自身发展的历史，因此，需要最高管理者用思维去把握，而不能仅凭感官触达。最高管理者只有真正理解了这一点，才能将思维与组织之道、把个体与组织融为一体，充分驾驭现实组织中各类物化存在。为了用思维去把握组织之道，管理者必须进入历史，从组织中物化存在的源起处去理解观念的作用及其随着物化存在的演变而发生变化的历程。毕竟组织总是人创建的，在创业之初，由 0 到 1 的过程中更能清晰展现观念的影响；而等到组织已成型，观念早已融入各项具体业务和任务之中，要想再厘清观念反而不容易。这也是老子说"能知古始，是谓道纪"的意义所在。

回到"最高管理者怎样做才算与组织融为一体"的问题，老子的答案很明显，最高管理者要与组织融为一体，就必须让组织之道进入自己的思维，成为思维的内在准则。为此，最高管理者还必须从组织及各项事业的起源处追随历史，来理解、认同和践行组织之道的基本准则，并以此为价值前提来指导各类管理决策。这样一来，最高管理者的个体之"有"，才可能与组织共同利益之"无"整合在一起。

▌管理要义 ////

在组织管理中，人们总是希望管理者，尤其是最高管理者，能够立足于组织而不是个人和小群体来考虑问题、做出决策。这个愿望固然好，但实现却不易。管理者首先必须在思维上认同组织的价值观念，这样才有可能建立起对组织的价值观念的敬畏，并自觉地付诸实施；而管理者也只有自觉地践行组织的价值观念，才能成为组织的代表和代言人。毕竟个人与组织的联结首先表现为一种思维与观念的联结。不运用思维，便无法进入组织。从这个意义上说，管理工作本质上是一项运用思维去认同和创造观念的工作。

《老子》第 15 章

古之善为士①者，微妙玄通，深不可识②。夫唯不可识，故强为之容。豫③焉若冬涉川，犹④兮若畏四邻，俨兮其若客⑤，涣⑥兮若冰之将释，敦⑦兮其若朴⑧，旷⑨兮其若谷，混⑩兮其若浊。孰能浊以静之徐清？孰能安以久动之徐生？保此道者不欲盈⑪，夫唯不盈，故能蔽⑫不新成。

字词注释

①士：本义指能分析复杂现象、由博返约的人，这里指管理者。

②识：这里是认识、懂得的意思。

③豫：形声字，本义指"象之大者"，即大象。这里是犹豫、迟疑的意思。

④犹：这里是谨慎、小心的意思。

⑤俨兮其若客：王弼本这句为"俨兮其若容"①，但河上公本此句最后一个字是"客"，帛书甲乙本此处也是"客"字，郭店竹简本此处也为"客"字②。据此，将"容"字改为"客"字。"俨"，形声字，指昂首，是庄重、恭敬的意思。这句话的大意是：庄重恭敬，就像在正式场合做宾客。

⑥涣：这里是流散、消散、圆融的意思。

⑦敦：这里是敦厚、淳朴、厚道的意思。

⑧朴：形声字，本义指没有加工过的原木。这里即原木的意思。

⑨旷：形声字，本义指光明、明朗，这里是深远、广大的意思。

⑩混：形声字，本义指盛大的水流，这里是掺杂、混合、包容的意思。

⑪盈：这里是自满、满足的意思。

⑫蔽：形声字，本义指遮盖、障住，这里是隐蔽、掩藏的意思。

今文意译

自古以来，凡是善于做管理的人，都深奥精妙、幽远通达，深邃得难以认

---

① ［魏］王弼著，楼宇烈校释：《王弼集校释》（上），中华书局 1980 年版，第 33 页。
② 分别参见王卡点校：《老子道德经河上公章句》，中华书局 1993 年版，第 58 页；高明：《帛书老子校注》（下），中华书局 2020 年版，第 413 页；丁四新：《郭店楚竹书〈老子〉校注》，武汉大学出版社 2010 年版，第 51 页。

识。正因为难以认识，所以只能勉强加以形容。他们小心翼翼，就像冬天走过结冰的河面；时刻警惕，就像担心会四面受敌；庄重恭敬，就像在正式场合做宾客；随和圆融，就像冰将要融化那一刻；淳朴厚道，就像未曾雕琢过的原木；深远广大，就像幽静的山谷；豁达包容，就像混合了各种物质的盛大水流。有谁能做到在混乱动荡中保持宁静，慢慢理出头绪？又有谁能做到在沉寂稳定中发起变化，渐渐创出生机？那些坚守组织之道的管理者绝不会自满，正因为不自满，所以才能甘居幕后，不标新立异去刻意彰显个人的成就。

▌分析解读 ////

本章承接上章，进一步说明那些坚守组织之道、将自己融入组织的最高管理者，会有怎样的行为表现。

老子上来就讲"古之善为士者，微妙玄通，深不可识"。其中，"士"，原指能够化繁为简、由博返约的人，也就是通常所说的能够透过现象看本质的人。虽然这里说透过现象"看"本质，但这个"看"字，不过是一种隐喻，谁能用眼睛"看"到现象背后的本质？所谓"看"本质，不过是用"肉眼"的视觉功能来比喻"心眼"的思维功能罢了。人们之所以能做到化繁为简、由博返约、透过现象看本质，依靠的正是思维能力，而思维能力又恰是管理者尤其是最高管理者的岗位胜任力的核心要求。从这个意义上说，"士"，便可以理解为管理者的代名词。当老子讲"古之善为士者"时，指的便是自古以来那些善于做管理的人。或许正因为那些善于做管理的人都有强大的思维能力，这对一般人而言，的确不容易理解和把握，便产生了"微妙玄通，深不可识"的感觉。但是，思维与行为相互影响、密不可分；思维状态总会有相应的行为表现，而从行为表现也可以对思维状态做出推断。因此，接下来，老子便用类比的表达方式，从七个方面对"古之善为士者"的外在行为表现进行了刻画，以此来阐明其应有的内在思维状态。

第一，管理者尤其是最高管理者，当然要有责任意识。管理意味着责任。最高管理者必须对组织及更广泛的利益相关者负责，可谓责任重大。也许正是由于强烈的责任意识，管理者的行为才表现得愈加小心翼翼，犹如冬天里走过结冰的河面。这种做管理时如履薄冰的行为表现，正是管理责任意识的集中体现。所以，老子才说"豫焉若冬涉川"。

第二，管理工作的另一个突出特点，便是引领组织开创未来。管理者必须面向未来，用未来的思维指导现在的发展，但未来也充满了不确定性，这就要求管理者必须具有危机意识，时刻准备迎接各种挑战。其实，防患于未然的危机意识，又何尝不是管理责任意识的另外一种表现形式？有了这种源自强烈责任意识的危机意识，管理者又会时刻保持警觉，好像四周都隐藏着危险或敌人一样。这就是老子说"犹兮若畏四邻"的含义所在。

第三，管理不能没有权力，而权力的基础是各种资源，因此，做管理，必然要运用资源和权力。由于组织的资源和权力具有公共性，即便是最高管理者，也不能将组织的资源和权力完全据为己有，自以为是，随意处置。从这个意义上说，管理者在组织里扮演的是"客"的角色而非"主"的角色，应该时刻保持对组织的价值观念、规则体系、资源和权力的敬畏和遵从，就像客人面对主人的安排及各种作客的礼仪规范要保持敬畏和遵从一样。如果管理者在组织中反客为主，便容易自我感觉良好，挥霍组织资源，滥用组织权力。正因为如此，老子才深刻地指出，"俨兮其若客"。

第四，管理总是要面对人、物、事，但毋庸置疑的是，管理必须将面对人放在第一位。管理工作首先是与人相关的工作。在面对人时，管理者必须认识到每个人的优势和专长，让每个人的潜能得以充分发挥，这也是管理工作中"用人所长"的真谛。管理者要真正做到"用人所长"，就必须营造自由、宽松的氛围。这就要求管理者的行为具有洒脱、包容的特点，用老子的话说就是"涣兮若冰之将释"。冰在将要融化的时候，既是固体，又是液体，交融圆通，但本质上还是水。这象征着管理者既不拘泥于某种教条或刻板形式，也不要求人们一定怎样，却又有一种内在的准则和方向。

第五，管理者在面对人时，还必须坦诚相见。要营造坦诚的工作氛围，管理者首先要从自身做起，以自己的淳朴敦厚作风去影响他人。如果管理者喜好掩饰做作，华而不实，那么，组织上下必然会报喜不报忧，浮夸虚伪。因此，管理者需要有一种像未经雕琢的原木一样的行为作风，这是形成一种实事求是的组织氛围的根本所在。所以，老子说，"敦兮其若朴"。

第六，做管理，绝非一朝一夕的事。组织要实现可持续发展，管理便永远在路上。管理者绝不能因一时成功而自满自傲，必须时刻保持谦虚，才能接受各方面的意见和建议，不断反思和检讨组织管理的成败得失，以确保组织始终走在健康发展的道路上。这表明，管理者思维的深度和广度对于组织发展至关重要。对于这种深远宽广的思维方式所可能具有的行为表现，老子用幽幽山谷来作比喻，即"旷兮其若谷"。

第七，组织要实现可持续发展，一定离不开创造和创新。创造和创新的主体只能是人，也只能是那些既具有执着的信念和价值观坚守，又拥有独特知识和技能的人。正是那些具有独特性的人，也正是那些勇于做他人不做的事的人，才是组织中各种创造和创新的真正主体。因此，管理者在组织中必须包容各类具有独特性的人及各有特色的业务和任务，这就好比天地能承载万物，又如河流中除了水还有各种各样的其他物质，越是波澜壮阔的大江大河，越具有包容性，在盛大的水流之中，真可谓无所不包。所以，老子才形象地说，"混兮其若浊"。

在老子看来，具有上述行为表现的管理者，就是"古之善为士者"，而其思维则一定是"微妙玄通，深不可识"的。那么，具备了这种思维能力和行为表现的管理者，对于组织又会有什么影响呢？或者说，在"古之善为士者"的管理下，组织将有怎样的表现？对此，老子的回答是"孰能浊以静之徐清""孰能安以久动之徐出"。这两句话中的"孰"，都暗指的是"古之善为士者"，即那些具有上述七方面行为表现的管理者；而这两句话中的"浊""安"，分别指的是两类正好相反的环境条件。"浊"，代表的是动荡不安、急剧变化的环境条件。在这种环境条件下，人们往往会躁动不安，不知所措，要么就盲目行动，随波逐流，结果误入歧途；要么又墨守陈规，无视变化，结果被变化所淘汰；而真正具有透过现象看本质的思维能力的管理者，则能在急剧变化面前沉着冷静，以我为主，理出头绪，找准方向，开创未来。这便是"浊以静之徐清"。

"安"，则代表的是相对稳定，没有太多变化的环境条件。在这种环境条件下，人们往往又会安于现状，不思进取，要么自以为是，思维固化，结果在安逸中慢慢消磨了意志；要么自我折腾，别出心裁，结果在无谓的变革中浪费了时光；而那些真正具有透过现象看本质的思维能力的管理者，则能在相对安定的环境面前发现机会，适时发起变化，成为新发展方向的开创者，从而能够引领环境的变化发展，让组织成为环境变化发展的发动者而非追随者。这便是"安以久动之徐生"。

最后，老子用一句话对"古之善为士者"的根本特征进行了概括，那就是"保此道者不欲盈，夫唯不盈，故能蔽不新成"。意思是，"古之善为士者"就是深刻理解了组织之道的管理者，能够自觉地融入组织之道，并因此而认识到自身的渺小，真正做到"不欲盈"，也即不自满、不骄傲；能做到"不盈"的管理者，在管理行为上的表现就是"蔽不新成"。这里的"蔽"，即隐藏或退居幕后的意思。管理者尤其是最高管理者应该是组织成员和各项事业的辅助者，而不应该成为组织各类成果或事功的拥有者。其实，组织的各项事业都是由组织成员分工协作完成的，在各类成果或事功面前，管理者尤其是最高管理者要善于退居幕后，即第9章所讲的"功遂身退"。管理者退居幕后的更为深刻的意义还在于，管理者既不自作聪明，也不标新立异，更不想凸显自己是组织中最有能力的人，这样才能给各类组织成员充分发挥创造潜能留出更大空间。一般来说，由管理者提出来的新想法、新点子，组织成员只能执行；而管理者越是热衷于提出新想法、新点子，组织成员就越不可能有机会提出自己的新想法、新点子，毕竟执行都来不及，又如何去自由创造，最多也不过是创造性地迎合乃至阿谀管理者的所谓新想法、新点子罢了；这反过来又会激励管理者提出更多的新想法、新点子，由此循环强化，最终组织里就只剩下少数人乃至一个人在思考和创造，其他人只是被动地执行。这样的组织还会有可持续发展的活力吗？因此，深谙组织之道的管理者，会清醒认识自身的局限性，真正做到"不盈"，进而达到"蔽不新成"的管理境界。

▌管理要义 ◢◢◢◢

做管理，总是要面对主动与被动的选择困境。如果管理者太主动，被管理者就会变得被动。而感觉到被管理者很被动后，管理者就会更主动，结果管理者越主动，被管理者就越被动，管理者越有主人意识，被管理者就变得越像客人，以至于管理者总是抱怨被管理者太被动，没有主人意识，而被管理者却总觉得组织是管理者的组织，与自己没有太大关系。这种困境产生的根源在管理者。因为管理者往往太有主人意识了，反而把被管理者推到了客人的位置，自然就会变得被动起来。管理者必须清醒认识到，组织是所有利益相关者的共同体，不只是物化资源，也不仅仅是权力的载体，无法被任何人据为己有。严格来说，组织首先是一种存在于人们心中的价值观念，其次则是一整套与人们相伴的规则体系；组织永远是一种人们之间进行相互合作与分享的可能性，毕竟价值观念和规则体系也都只有在分享、理解、交流、互动中才会有意义。当管理者真正认识到组织本质上是一种价值观念和规则体系，并自觉融入其中，以分享和对话的心态来面对责任担负以及自己与组织成员的关系时，也就自然会从主动与被动的管理困境中解放出来。

《老子》第 16 章

致虚极，守静笃①，万物并作②，吾以观复③。夫物芸芸④，各复归其根。归根曰静，是谓复命⑤。复命曰常，知常曰明，不知常，妄作，凶。知常容，容乃公，公乃王⑥，王乃天，天乃道，道乃久。没身不殆。

字词注释

①笃：形声字，本义指马走得很平稳，这里是坚决、坚固的意思。

②作：会意字，本义指兴起、起立，这里是发生、兴起、产生的意思。

③复：形声字，本义是在曾经走过的路上行走，又指回来或回去。这里是返回、往复的意思。

④芸芸：这里指复杂多样的各种生物。

⑤命：这里指"天命"，也即万物的本性。

⑥王：这里泛指首领或组织中的最高管理者。

▍今文意译 ////

天地总是恪守虚、静的极致原则和笃定状态，这样万物才能生机勃勃，周而复始。天地间存在的各种生物，终究都要回归根本。回归根本便是宁静，也就是回归本性。万物回归本性是永恒法则，能够理解这种永恒法则，才可以称为有洞察力；假如不能理解这种永恒法则，就会任意妄为，带来灾祸。能够理解这种永恒法则，才能够包容；能够包容，才能够做到公正无私；能够做到公正无私，才能够做最高管理者；能够做最高管理者，才能够代表组织；能够代表组织，才能够融入组织之道；能够融入组织之道，才能够恒久存在。以这种方式做管理，才能够让组织实现可持续发展。

▍分析解读 ////

本章再次以天地和万物之间的关系做隐喻，进一步阐明上章最后所讲的"蔽不新成"的深刻含义，即：只有当最高管理者真正融入组织之道，才能让组织成员的创造潜能得到充分发挥、组织各项事业蓬勃发展。

老子上来先讲"致虚极，守静笃，万物并作，吾以观复"。这句话的主语也是双重的，第一重主语显然是"天地"。天地给人的直观感受便是"虚""静"，而在"天虚"和"地静"中间，万物却生机勃勃、周而复始。这句话还隐含了另外一个主语，那便是组织。组织像天地一样，承载着像万物一样的各项事业。如果组织也能做到像天地一样"虚""静"，那么，各项事业也就有可能像万物一样生生不息。但问题是，组织如何才能做到"虚""静"呢？要回答这个问题，就需要先把握住老子所说的"虚""静"到底意味着什么。

老子所讲的"虚"或"无"，主要是用来刻画观念的本质特征。相对于现实中物化形态的"实"或"有"，观念形态则表现为"虚"或"无"。基于此，"致虚极"隐含的意思就是，若从极端的角度来看，组织本质上就是一种"虚"或"无"的观念，而这种观念首先是通过规则或第1章所说的"名"体现出来的。相对于组织中的物化资源，作为资源配置方式的规则，又具有稳定性，这种稳定性则可以用"静"来刻画。也就是说，"守静笃"中的"静"，可以理解为规则的特性。因此，当老子说"致虚极，守静笃"的时候，其用意正在于告诫代表组织的最高管理者，既要追求观念，又要坚守规则，而且还要将两者做到极致和笃实的状态，这样才能让组织像天地承载万物一样支撑各项事业的蓬勃发展。

　　理解了老子所讲的"虚""静"分别代表观念和规则的特性，便容易理解为什么老子要说"静"是万物的根和命。在组织中，规则的作用主要是配置资源，以便让各项事业有合理的资源支撑，避免"巧妇难为无米之炊"的困境。正是从这个意义说，规则才是组织中各项事业赖以存在和发展的依据。组织中某项事业得以发展，并非由于个人意志；即便是最高管理者，也不能仅凭个人好恶就让某项事业发展起来。组织中各项事业必须在相对稳定的规则体系下获得其合法、合理、可行的依据。

　　为了说明这一点，老子又用万物作类比："夫物芸芸，各复归其根。归根曰静，是谓复命。复命曰常，知常曰明，不知常，妄作，凶。"这句话交织着两层含义。一是用万物作为设喻对象，二是以组织中各项事业作为实际所指。犹如天地间万物井然有序，组织中各项事业看似很纷杂，实则有秩序，而各项事业能各得其所的根本原因，恰在于组织的规则体系。正是规则体系，界定了各项事业的边界和性质。所以，回归组织的规则体系，也就是回归各项事业的根本特性。在组织中，规则与事业是一体两面的关系，规则反映出事业的本性，事业则体现出规则的作用，而规则和事业又都成为观念的载体。因此，正是看不见的观念，构成了组织得以存在和发展的永恒法则，即组织之道。立足于组织之道，便能很好地理解观念、规则和事业的三位一体关系。理解了这一点的最高管理者，才可能具有洞察力，即"明"，不仅能清醒地认识自己，也能深刻洞察环境变化；反之，理解不了这一点的最高管理者，便可能会自以为是、肆意妄为，既无视价值观念，又不尊重规则体系，这样必然会给组织带来灾难。

在老子看来，只有那些能从体现着观念的规则出发，配置资源、辅助事业发展的人，才适合承担最高管理者的职责，成为组织的代表和组织之道的代言人。这样的最高管理者才能让组织之道融入规则体系，并渗透到各项事业中，成为组织、规则和事业的灵魂，从而为组织基业长青埋下观念和规则的种子。即便在组织发展过程中有事业的转型和人员的更替，也包括最高管理者及各级管理者的更迭，但真正扎根于观念和规则的组织，便能培养起一代又一代组织人，孕育出一项又一项新事业，从而实现基业长青。这便是"知常容，容乃公，公乃王，王乃天，天乃道，道乃久。没身不殆"所要表达的意思。

在这句话中，"容"，体现为立足于观念和规则的包容性；也只有立足于观念和规则，才能真正做到"公"，即公正无私。一位具有包容性又能公正无私的管理者，才符合老子提出的那种最高管理者的理想类型。只有符合这种理想类型的管理者，才能代表组织，成为看不见的组织之道的化身，这就是"王乃天，天乃道"的含义。"天"，用来隐喻组织，而"道"，则指组织之道。既然组织本质上是一种观念的存在，那么，正是无形的观念或组织之道，才具有了恒久存在的可能性，而任何有形的物化资源，都会有自身不可避免的生命周期。如果组织只是依托于某项事业和具体的物化资源，那一定无法摆脱消亡的宿命。只有扎根于价值观念，又依靠规则体系，组织才能超越某项事业和具体的物化资源乃至最高管理者本身的生命周期，在有形的事业和物化资源乃至最高管理者的周期性转换中，实现可持续发展。这正是"没身不殆"的深意所在。

▌管理要义 ////

组织要实现可持续发展，组织的生命周期就必须超越个体人和具体事的生命周期。为此，组织就不能仅依靠个体人和具体事，而应该立足于价值观念和规则体系。看上去价值观念是"虚"，规则体系是"静"，但恰是"虚"孕育着"实"，正是"静"承载着"动"。"虚""静"绵延不绝，为各种人和事的成长提供了可能。问题是，如何才能让组织立足于价值观念之"虚"、规则体系之"静"呢？也只有借助管理和管理者。当管理者在做管理时能以"虚""静"为本，组织才有可能回归"虚""静"，成为支撑创造和创新的强大平台。

《老子》第17章

太上①，下知有之。其次，亲而誉之。其次，畏之。其次，侮之。信②不足，焉③有不信④焉。悠⑤兮其贵言。功成事遂，百姓皆谓我自然。

字词注释

①太上："太"，这里是最、极的意思。"太上"，即理想状态。

②信：会意字，在金文中是由人和口左右两部分构成，表示人所说的话应是真实的；又写作左言又心，表示言为心声，心口如一。在篆文中，则由人和言两部分组成，表示诚信。信的本义指言语真实，泛指不虚假。这里是诚信的意思。

③焉：这里是则、乃、于是的意思。

④信：这里是信任的意思。

⑤悠：形声字，本义为忧思，表示思念极深。这里是慎思的意思。

今文意译

理想状态的最高管理者，组织成员只是知道他的存在而已；次一级的最高管理者，组织成员则会亲近和赞美他；再次一级的最高管理者，组织成员会畏惧他；极差的最高管理者，组织成员则看不上他。之所以会出现这种极差的情况，就是因为最高管理者诚信不足，组织成员当然就不信任他了。理想状态的最高管理者总能慎思谨言。事业成功了，组织成员都认为这不过是自然而然的结果。

　　本章承接上章，以那种能够融入组织之道、成为组织代表的理想化最高组织管理者为参照系，分析了现实中可能存在的几种最高管理者的形象。

　　在理想状态下，既然最高管理者已成为组织的代表、组织之道的化身，那么，在组织中那个人格化的最高管理者反而被淡化了。对于组织成员来说，只知道有最高管理者这样的角色和岗位，至于最高管理者的个体特征、个人好恶，都与组织的具体实践没有直接关系。组织成员只需要认同组织之道、遵从组织的规则体系，发挥潜能，创造性地完成任务、履行职责即可，而不需要去刻意关注最高管理者本人。这便是"太上，下知有之"的理想状态。

　　在现实中，人们经常能看到有这样的最高管理者，他与组织成员打成一片，身先士卒，也非常关心人，深受组织成员的爱戴和赞誉。这往往成为现实中人们所景仰和期盼的一类最高管理者的鲜活形象。这类深受人们喜爱的最高管理者，同时也具有比较明显的个人特征，让管理体现出强烈的人格化风貌，在很大程度上，给组织烙上了鲜明的个人印记。也可以说是最高管理者与组织融为一体，但这样的融合，却是以个人特质为主，让组织更多受个人影响，变得人格化了。在这种情况下，一旦最高管理者易人，便会让组织随之发生根本改变，甚至有可能出现组织的生命周期无法超越个人职业生涯限制的情况。因此，相比于理想状态的最高管理者，现实中这类深受人们喜爱的最高管理者还不够理想，这也是老子用"其次，亲而誉之"来表达的原因。

　　现实中也不乏这样的最高管理者，他们只知道运用岗位职权，以权力的威慑力量来实施管理，完全无视组织成员首先是人而不是物的基本管理前提。人与人之间，除了基于物化资源这种硬实力的支配力量之外，还应该有一种相互的正向影响力，而那类只是热衷于运用资源和权力，一味地命令乃至惩罚的最高管理者，可能也表现出了某种非人格化特征，或许可以称为"铁面无私"，但这不过是组织的一个侧面的化身，即规则体系的化身罢了。正因为这类最高管理者成了规则体系的化身，组织成员预期自己一旦违反规则便会受到严厉惩罚，自然就会像畏惧规则一样畏惧这类最高管理者。虽然这类最高管理者在规则的执行上能做到非人格化，从而确保组织的正常运行和秩序，但是，充满畏惧的组织氛围在一定程度上也会扼杀组织成员的创造力，制约组织生生不息的发展活力。相比于理想状态，这类最高管理者处在更次一等的位置，即"其次，畏之"。

最差的状态可能是，组织成员对最高管理者极尽嘲弄、讽刺、挖苦之能事，已经不把最高管理者看成最高管理者，而是当成了发牢骚的对象。这表明组织已变得极度疏离，似乎马上就要解体。在这种情况下，最高管理者实际上早已不关心组织的发展，只是把组织当成满足自己私欲的工具；不仅组织之道荡然无存，即便是规则体系也形同虚设；上行下效，各级管理者都在拼命窃取组织资源和利益。对于一般组织成员来说，除了抱怨甚至谩骂之外，还能做什么？一旦组织中出现这类最高管理者，也就预示着组织将面临重大危机。在现实中，组织走向衰亡，并非只是环境变化造成的。环境变化只不过是外因，而外因总是通过内因影响组织的走向。即便在同样的环境变化面前，也还是有很多组织没有走向衰亡，甚至实现了逆势成长。说到底，组织的成败还是要从内部找原因。毋庸讳言，最高管理者是起着决定作用的组织成败的内因之一。当组织成员热衷于把最高管理者当成发泄怨气的对象时，恐怕就预示着组织内部已经出现严重问题了，这时若再遇到环境突变，组织很可能就会轰然倒塌。

但问题是，现实中为什么会出现"其次，侮之"这种极差的状态呢？老子给出的回答是"信不足，焉有不信焉"。这里的第一个"信"，指的是最高管理者的诚信；第二个"信"，则是组织成员对最高管理者和组织的信任。无论是最高管理者的诚信，还是组织成员的信任，对于组织和管理来说，都至关重要，甚至带有根本性。诚信和信任都涉及语言。诚信是从个体角度来讲的言与行、言与思之间的关系，并因自身的思言行一致而赢得他人信任，即"因诚而得信"。信任，则是从人与人之间关系视角来看，因某个人的言而相信这个人，进而愿意托付给他某种东西，即"因信而托付"。

基于管理者与被管理者之间关系的视角，便不难发现，组织首先是一种观念和规则的存在，而观念和规则原本应该存在于人们的心中和行动中，然后借助语言表达出来。但是，对最高管理者来说则正好相反，无论是创设组织还是发展组织，最高管理者要让别人参与到组织事业中来，承担特定业务、完成某项任务，都必须先用语言，包括口语和书面语来表达组织的价值观念和规则体系，先让人们相信，并参与到共同行动中来，再慢慢印证这样的表达是否与事实相一致。这就让信任成了维系组织和管理最为根本的纽带，一旦组织成员失去了对最高管理者及其管理团队的信任，组织便离散了，甚至有了解体的危险。组织本身不能表达，只能通过最高管理者和各级管理者进行表达。如果最高管理者没有诚信，所言非所思，所行非所言，言不由衷、言行不一，组织成员就会失去对最高管理者和组织的信任。因此，在老子看来，一旦最高管理者的"信不足"，即诚信不足，就必然产生组织成员的"不信"，即对最高管理者和组织的不信任，而若有了组织成员的"不信"，那就不管最高管理者再怎么言之凿凿、信誓旦旦地表白，都只能招来"侮之"，而不会改变组织的信任状况。毕竟失信的语言是无法用语言来挽回的，当组织成员对最高管理者失去信任之后，任凭最高管理者再怎么表白也无济于事。

在本章的最后，老子又回到理想状态，这是现实中的最高管理者必须仰望和敬畏的参照系。最高管理者要想追求并努力达到这种理想状态，必须时刻牢记"悠兮其贵言。功成事遂，百姓皆谓我自然"。这里的"悠"，即慎思，而"贵言"，则是谨言。最高管理者起码要做到"慎思谨言"，让组织的价值观念和规则体系通过切实的行动发挥作用，而不能只停留在口头和纸面的夸大其词上。最高管理者在自己的岗位职责履行上恪守组织的价值观念和规则体系，首先要让自己的管理行为成为价值观念和规则体系的载体，这要比最高管理者反复用语言强调价值观念和规则体系重要得多。当最高管理者在自己的岗位职责履行上切实贯彻了观念和规则，其他各级管理者及一般组织成员也会在各自的岗位职责履行中贯彻观念和规则。如此一来，组织的事业取得了成功，又是谁的功劳？当然是整个组织分工协作、各司其职的结果，说到底是组织的观念和规则深入人心，由内而外地把组织成员凝聚在一起，实现了整体大于部分之和的结果。这种成功岂不是自然而然、水到渠成的吗？既然如此，哪里还需要再去刻意赞美最高管理者的英明伟大。所以，老子才说："功成事遂，百姓皆谓我自然。"

▋ 管理要义 ◢◢◢◢

管理不能没有权力。在一定程度上说，管理也是权力的运用过程。但不应忘记的是，管理首先要面对人，必须发挥人的创造潜能。这意味着管理必须正向影响他人，以激活他人的潜能，包括潜在的德性和潜在的创造力，而两者又是交织在一起的，只有同时被影响和激发，才是一种正向的力量，否则，被激活的创造力很可能产生巨大的破坏作用。因此，管理必然具有两个不可分割的侧面：一是由权力带来的支配力量，二是由领导力产生的正向影响力量。尤其是组织的最高管理者，由于代表整个组织，更需要借助领导力来正向影响他人，运用权力来高效配置资源，以实现组织的整体大于部分之和的增益效果。

但是，在现实的组织管理中，领导力与权力却经常被割裂开来。管理者要么只是借助个体的人格化力量去正向影响他人，这就是"亲而誉之"型管理者；要么只会运用岗位职权，遵从规则，按章办事，这便是让人"畏之"型管理者；更糟糕的情况是，管理者既没有领导力，也不关心权力的合法合理运用，而只想着利用组织的资源和权力去满足一己私利，那只能是被人"侮之"型管理者。或许正是由于这种领导力与权力相割裂的现状，人们才倾向于把领导者与管理者区分开来。似乎管理者只知道运用权力，而领导者则要正向影响他人。把管理者与领导者区分开来，虽然有现实性，却并不合理。既然在组织管理中领导力与权力缺一不可，而且将两者以领导力为基础结合起来也不是没有可能性，那么，现实中两者的结合便只是一个程度大小，从而体现出不同风格的问题；更何况，那种"太上，下知有之"的理想状态，既明确又可期。

《老子》第18章

大道废①，有仁义；智慧出②，有大伪；六亲③不和，有孝慈；国家昏乱，有忠臣。

字词注释

①大道废："大道"，这里指组织之道。"废"，形声字，本义指房屋坍塌，这里是倒塌、崩毁的意思。"大道废"，意指组织之道已经在人们心中崩毁。严格来说，天地之道是不可能"废"的，任何人都不可能让天地之道崩毁；只有作为一种观念的组织之道，才有可能名存实"废"。

②智慧出："智慧"，这里指管理者个人的聪明才智。"智慧出"，指管理者热衷于使用个人的聪明才智，以算计之术来实施管理。

③六亲：指父、母、兄、弟、夫、妇。

今文意译

最高管理者心中已经没有了组织之道，才会在言辞上宣扬仁爱正义；最高管理者工于心计，各种带有欺骗性的策略才会在组织中大肆横行；在家庭组织中，当亲情关系出现问题时，便显示出孝行和慈爱的珍贵；在诸侯国组织中，当管理混乱不堪时，便能看出到底谁是忠臣。

分析解读

本章承接上章，从反面进一步说明，当组织的最高管理者与组织之道相背离之后，将会出现什么结果，由此更加凸显最高管理者在组织中所具有的导向作用。具体地说，本章包括三层含义。

第一，"大道废，有仁义"。这句话的主语可以理解为组织的最高管理者，其中的"大道"，特指组织之道。组织之道是一种观念，而这种观念要发挥作用，首先必须进入最高管理者的思维意识之中，成为其内在的坚定信念，进而才能由内而外地践行。因此，当老子说"大道废"时，便意味着组织之道已经在最高管理者心中崩毁了。组织之道只有存在于心中、成为坚定的信念才是"道"，若只是用口说出来、写在纸面上，便不再是真正意义上的"道"。一旦最高管理者心中的"道"崩塌了或压根未曾坚信过，而最高管理者又想继续维系自己的权力地位的合法性，也只能靠语言去表白自己多么具有仁爱之心和正义之行。虽然这样的语言既苍白又无力，但最高管理者往往还会坚持反复宣贯。这既是在说服别人，希望组织成员能有仁爱之心来关心组织和管理者的利益，还能有正义之行来为组织发展做出贡献；也是在为自己寻求心理慰藉，表明自己还在承担着营造充满"仁义"正能量组织氛围的责任。但现实情况往往是，最高管理者越是在语言文字上不断强调"仁义"，越说明组织早已在实践中远离了"仁义"。组织成员更相信最高管理者的所作所为，尤其是涉及关键的用人和投资决策，是否恪守了组织之道这个根本价值准则，而不会太在意最高管理者说得多么好听。这正是老子说"大道废，有仁义"的深刻寓意。

第二，"智慧出，有大伪"。这句话的主语仍是最高管理者，意思是，最高管理者自以为很聪明，总是想用各种看似有心机的策略性手段来做管理，其结果必然是聪明反被聪明误，越想用各种欺诈手段，也就越是会引发组织里各种各样、层出不穷的作伪行为，以至于整个组织氛围都是虚假的、表面化的、形式主义的，这便是老子所说的"大伪"。老子之所以用"大伪"这个词，意思是说整个组织都在作伪、欺诈，而且早已习以为常，不把作伪当成作伪，反而觉得这种想问题、说话、做事的方式是再正常不过的。这便是彻头彻尾地作伪，也即"大伪"。究其原因，恰在于最高管理者早已习惯了耍小聪明对待下属，用心机、套路、计谋来达到自己的目的。最高管理者如此，其他各级管理者便无不效仿；管理者如此，一般组织成员也只能如此，否则，在这样的组织中便会面临被剥夺生存机会的巨大风险。如此一来，组织就会退化为一个角斗场，从上到下都在为私利或小群体利益进行着明争暗斗。从根本上说，组织之所以会走到"大伪"这一步，源头还在于"大道废"。一旦组织的最高管理者心中失去了"道"，很快其他各级管理者和一般组织成员心中也不再会有"道"的认同，而当一个组织没有了"道"这个价值观念共识，人与人之间的关系自然就会退化成物与物之间的纯粹利益关系。组织成了丛林，不再是一种基于观念和规则的合作机制，人们除了比拼所谓聪明和谋略以抢夺利益之外，还能干什么呢？在有着骨肉亲情的家庭组织中，反目成仇都司空见惯，更不要说其他类型的组织了。

第三，老子举了两类组织出现"大伪"的典型例子，一类是家庭组织，另一类是诸侯国组织。在家庭组织中，当人与人之间的关系退化成纯粹的利益争夺关系时，自然就会"六亲不和"，父子、兄弟、夫妻，都有可能变成竞争对手，互相争斗，六亲不认。在这种情况下，人们虽然期盼那种基于"孝慈"关系的和谐，但又很难分辨是真"孝慈"还是假"孝慈"，孝行慈爱很可能也被当成了一种策略性手段，以表面上的"孝慈"来达到谋取私利的目的。越是期待"孝慈"，便越会弘扬"孝慈"；而越是口口声声讲"孝慈"，反倒越会引发人们的警惕。毕竟在"大伪"的氛围下，任何表现都有可能是具有欺诈性的策略。

在诸侯国组织中，作为最高管理者的国君，一旦在管理中失去了对组织之道的认同和践行，而只是在要个人聪明，想通过宣贯让别人相信组织之道，并利用别人的相信来谋求自己的私利，这样的诸侯国便会套路、欺诈、作伪横行，管理昏暗混乱。这时候的国君又开始期待"忠臣"出现，希望有人愿意为国君和诸侯国做出奉献。但在这种管理混乱、"大伪"横行的环境中，那些"忠臣"很可能只是打着"忠臣"的招牌，以更具欺骗性的方式接近国君、获得权力。对此，国君也不必抱怨没有"忠臣"，更不必悔恨看错了人、用错了人，始作俑者还是国君自己。"大伪"横行的诸侯国，必定有一个既昏聩又自作聪明的国君。

老子以家庭组织和诸侯国组织为例，更清晰地阐明了最高管理者恪守诚信、认同和践行组织之道，对于组织可持续发展的重要意义。这也是整个第二部分的核心主题。

组织之所以为组织，不仅是物质利益的共同体，更是以信念和价值观共识为基础的合作机制。这样的组织才能超越眼前的物质利益，追求和创造更为广大且长远的共同利益。严格来说，如果组织中没有信念和价值观这个纽带，人们甚至都无法界定那看不见、摸不着的整体利益和共同利益，最终只能关注可以拿到手的个体利益和小群体利益，结果则会肢解组织，让组织演变为利益争斗的丛林。

但问题是，如何才能让信念和价值观发挥纽带作用？关键还在于组织的信念和价值观能否真正进入最高管理者及其管理团队的心中。如果最高管理者都不能认同和践行组织的信念和价值观，却想让组织成员自觉地认同和践行，那唯一可行的途径便是所谓"宣贯"。热衷于"宣贯"的最高管理者，很容易让信念和价值观流于形式，最后不可避免地走到说一套、做一套的极端。一旦组织上下都在竞相说一套、做一套，劣币驱逐良币，还有谁会发自内心地认同和践行组织的信念和价值观？到头来最大的受害者反而是组织本身，因为已经没有人会真正关心组织了。

组织之不同于外部环境，就在于组织是信念和价值观共识基础上的利益共同体。如果组织中人与人之间关系退化成丛林或战场上的敌对关系，而个体只能靠计谋或套路来生存，那也就意味着组织要解体了。做管理，不是不能使用策略性手段，但一定要注意区分内外；否则，组织注定要消解于外部环境之中。

三

《老子》第 19 章

绝①圣②弃智，民利百倍；绝仁弃义，民复孝慈；绝巧③弃利④，盗贼无有。此三者，以为文⑤不足，故令有所属⑥，见素⑦抱朴⑧，少私寡欲。

字词注释

①绝：这里是断绝、隔断的意思。

②圣：这里指个人的才智高。

③巧：这里是技巧的意思。

④利：这里指私利、好处。

⑤文：这里指以言辞表达出来的形式。

⑥属：形声字，本义指连接、连续。这里是内心归属的意思。

⑦素：会意字，本义指未经加工的细密的本色丝织品。这里指未经修饰的本来面目。

⑧朴：这里是本真、质朴的意思。

今文意译

最高管理者放弃自作聪明，才更有利于组织成员的发展；最高管理者放弃口头仁义，组织成员才会在日常行为中自然体现出仁义；最高管理者放弃使用技巧去谋求私利，组织成员也就不会去窃取他人和组织的利益。最高管理者想用自作聪明、口头仁义、以技巧谋私利来做管理是不可能的，必须回到内心的组织之道这个根本归属上。为此，最高管理者就必须首先做到真诚和素朴，减少私欲追求。

■ 分析解读 ////

本章开始探讨最高管理者怎样做才能实现组织的可持续发展，具体地说，包括两层含义。

第一，最高管理者必须放弃三类不正确的做法，即"圣智""仁义""巧利"。值得注意的是，这里所说的"圣智""仁义"，都不是真正意义上的"圣智""仁义"。其中，"圣"，绝不是老子所讲的那种作为理想化最高组织管理者的"圣人"的意思，而只是自我标榜、自我感觉才智很高的意思；"智"，也是自作聪明之智，并不是真正意义上的智慧，更不是作为最高管理者所应该拥有的管理智慧；"仁义"，则同第18章提到的"大道废，有仁义"中的"仁义"一样，都是口头上、文字里的"仁义"，不过是一种工具或手段而已。当然，"巧利"，在这里也是一种工具或手段，即用技巧、谋略、私利来诱导人们，最终还是为实现最高管理者的个人目的服务。

当最高管理者热衷于使用这三类不正确的做法时，组织中必然出现"大伪"，家庭组织会"六亲不和"，诸侯国组织则会"国家昏乱"。这在第18章及上一部分里已经都解释得非常清楚了。因此，最高管理者要想做好管理，首先就必须放弃这三类不正确的做法。只有懂得放弃，才是迈向正确管理方向的开始。

在现实中，最高管理者总是会受到这三类做法的诱惑。有哪个最高管理者不自认为是整个组织里最有智慧、最有才干的人？又有哪个最高管理者不想让其他各级管理者和一般组织成员都讲"仁义"、追求共同利益？更有哪个最高管理者能禁得住使用技巧、谋略、私利去诱使人们做出贡献的冲动？究其根源，当一个人成了组织的最高管理者，便很可能会有意无意地感觉自己是组织中最为杰出的一员，自作"圣智"，自我感觉是"仁义"的化身，有权利要求他人讲仁爱、行正义，更相信自己总是技高一筹，能用技巧引导他人按照自己的意图行事。因此，那些真正明智的最高管理者，一定会眼睛向内，认识到自身的局限性，放弃所谓"圣智""仁义""巧利"，这样一来，反而能让每位组织成员的潜能都得到充分发挥，能让组织实现和谐可持续发展。这就是老子说的"绝圣弃智，民利百倍；绝仁弃义，民复孝慈；绝巧弃利，盗贼无有"。

需要注意的是，这里的"民利百倍"，不仅是指组织成员的个体物质利益，更是指在最高管理者不自以为是、自作聪明的前提下，组织成员的聪明才智反而能被充分激活，并借助组织的分工协作体系创造出更大的增益价值，这对比于最高管理者仅凭个人那点所谓聪明才智的价值贡献，岂不是"百倍"还不止吗？另外，"民复孝慈"指的是，当没有外部强加的那种口头"仁义"时，组织成员才有可能自发地涌现出"孝慈"之心和"孝慈"之行，那是人们自觉地认同和践行组织之道的必然结果，而不再是外力强制之下的策略性选择。至于"盗贼无有"中的"盗贼"，不仅是指狭义的偷窃行为或有偷窃行为的人，也是指广义的谋求私利、损害组织共同利益的行为或人。管理者以权谋私，就是典型的窃取组织共同利益的行为，也就成了广义的"盗贼"，因此，这里的"盗贼无有"指的是，当组织的最高管理者"绝巧弃利"，不用各种技巧和私利来诱使人们服务于其个人目的时，其他各级管理者和一般组织成员自然也就不会假公济私了。

第二，最高管理者之所以必须放弃这三类不正确的做法，根本原因在于，这三类做法都只是虚伪的表面形式，缺少内在真诚，而要让组织成员真正凝聚起来，就必须抛弃虚伪的表面形式，从对组织之道的真诚认同出发，让每位组织成员的内心"有所属"，这样才能凝心聚力，发挥出每位组织成员的聪明才智。严格来说，组织如果不能首先解决"凝心"问题，就不可能实现"聚力"。在老子看来，要解决"凝心"问题，也即让组织成员的内心"有所属"，关键还在于最高管理者自己的内心要先"有所属"。这也就意味着，最高管理者首先要认同和承诺于组织之道，并真诚地践行组织之道，超越个人的私利和欲望，这样才有可能让组织之道深入人心，由此实现组织的凝心聚力。这就是老子要求最高管理者必须"见素抱朴，少私寡欲"的原因。

在组织中，管理者必须以身作则、率先垂范。那么，对于组织的最高管理者而言，到底怎样做才称得上以身作则、率先垂范？或者说，最高管理者的以身作则、率先垂范到底意味着什么？难道是要求最高管理者去做一般组织成员都能做的事，并给他们做示范吗？果真如此，便有两个不恰当的前提：一是管理者与下属做着同样的事，极而言之，整个组织就是一个在工作上同质化的组织；二是面对同质化的工作，管理者一定是工作水平更高者，而最高管理者必定是整个组织中业务水平最高的人，因此，最高管理者要给所有组织成员做出表率、样板。换句话说，在组织中，最高管理者就代表了一种典范，其他各级管理者和一般组织成员都要按照最高管理者的样子做。基于这样的前提和推论，来理解最高管理者的以身作则、率先垂范，岂不是同老子讲的最高管理者要"绝圣弃智"相矛盾了吗？反过来说，根据老子讲的"绝圣弃智"的要求，最高管理者是否就没有必要以身作则、率先垂范了呢？

按照老子的"绝圣弃智"要求，最高管理者更要以身作则、率先垂范，只不过内涵有所不同罢了。根据老子的观点，组织犹如天地，承载着各种不同性质的业务，没有一个最高管理者能聪明到精通所有的业务，而且，最高管理者的职责定位也不是要去做那些具体的业务工作，所以，他们不可能在具体的业务工作上去给组织成员树典范。如果最高管理者不懂装懂，偏要自作聪明地在具体业务工作上指手画脚，反而会严重影响正常业务工作的开展。这也是老子要说"绝圣弃智，民利百倍"的原因。

最高管理者的职责定位在于维系整个组织的正常运转，而组织本质上是一种价值观念和规则体系的存在；只有当组织作为价值观念和规则体系得以确立起来之后，组织成员才可能认同和践行价值观念和规则体系，让各项具体业务能够顺利开展。从这个意义上说，最高管理者首先必须让组织的价值观念和规则体系进入自己的内心，并由内而外地在言行上体现出来，成为价值观念和规则体系的化身，这才是最高管理者"以身作则"的确切含义。最高管理者不可避免地要做出管理决策，特别是涉及人事和投资的重大决策，在决策过程中，组织的价值观念必须能够明确地体现出来，从而形成清晰可见的稳定管理决策风格，以引领组织成员在履行自己的岗位职责时自觉践行组织的价值观念，这才是最高管理者"率先垂范"的确切含义。

《老子》第 20 章

绝学①无忧。唯②之与阿③，相去几何？善之与恶，相去若何？人之所畏，不可不畏。荒④兮其未央⑤哉！众人熙熙⑥，如享太牢⑦，如春登台。我独泊⑧兮其未兆⑨，如婴儿之未孩⑩。傫傫⑪兮若无所归。众人皆有余，而我独若遗⑫。我愚人之心也哉！沌沌⑬兮！俗人昭昭⑭，我独昏昏；俗人察察⑮，我独闷闷⑯。澹⑰兮其若海，飂⑱兮若无止。众人皆有以⑲，而我独顽似鄙⑳。我独异于人，而贵食母㉑。

字词注释

①学：这里指所学的与特定业务相关的专业知识。

②唯：形声字，本义指答应声。这里引申为顺从的意思。

③阿：通"诃""呵"，斥责、责骂的意思。

④荒：这里是广大的意思。

⑤央：这里是尽、完了的意思。

⑥熙熙："熙"，这里是和乐、喜悦的意思。"熙熙"，指热闹欢乐的样子。

⑦太牢："牢"，供祭祀、宴饮用的牛、羊、猪等牲畜；牛、羊、猪齐全为太牢，只用羊、猪为少牢。"太牢"，这里可以引申为丰盛的宴席。

⑧泊：形声字，本义指浅水。这里是安静、恬静的意思。

⑨兆：这里是征兆、迹象的意思。

⑩孩：通"咳"，指小儿笑。

⑪儽儽：指颓丧的样子。

⑫遗：通"匮"，不足的意思。

⑬沌沌：指混浊不清的样子。

⑭昭昭："昭"，形声字，本义指太阳光明亮。"昭昭"，这里引申为明白、彰显的样子。

⑮察察：这里指精察明辨的样子。

⑯闷闷：这里是昏暗不明的意思。

⑰澹：形声字，本义是水波起伏的样子，这里引申为安静、恬淡。

⑱飂：这里指急风。

⑲有以："以"，这里是"用"的意思。"有以"，即有用。

⑳顽似鄙：王弼本的注释为"顽且鄙"①，而帛书甲乙本这里都用的是"以"字②，据刘笑敢、陈徽、高明综合各家考证，古"似""以"字通用，都有而、且的意思③。因此，"顽似鄙"，在这里意指愚笨且浅陋。

㉑贵食母："食"，这里是饲养、培养、培植的意思；"母"，隐喻为根本，即组织之道。"贵食母"，即注重培养、培植组织之道。

▌今文意译 ////

最高管理者放弃自己原本所学的业务知识，就不会对组织的各项事业及相关业务和任务的完成与否而忧心忡忡，这样就可以将更多时间和精力用到那些被人们忽视的地方。顺从的答应与斥责之声到底有多少区别？创造共同利益与损害共同利益的界限到底在哪里？人们都敬畏组织中的最高管理岗位，最高管理者本人也不能不敬畏最高管理岗位，因为那个代表整个组织的最高管理岗位所具有的职责实在是广大无边啊！当组织成员都热热闹闹，像参加盛大宴会、

---

① ［魏］王弼著，楼宇烈校释：《王弼集校释》（上），中华书局1980年版，第48页。

② 高明：《帛书老子校注》（下），中华书局2020年版，第460页。

③ 分别参见刘笑敢：《老子古今》（修订版）（上），中国社会科学出版社2006年版，第248页；陈徽：《老子新校释译》，上海古籍出版社2017年版，第129页；高明：《帛书老子校注》（下），中华书局2020年版，第461—462页。

上篇　道　091

像春天登高望远的时候，最高管理者反而要安静下来，不露痕迹地思考，像还不会笑的婴儿一样，怅然若失，好像没有归属感。组织成员都精于本职业务，唯独最高管理者好像缺乏相关知识和才干。这样的最高管理者给人感觉好像很愚笨，什么都不懂。组织成员都那样聪明能干，唯独最高管理者看上去昏聩无能；组织成员都那样精察明辨，唯独最高管理者一副暗然不明的样子。但是，最高管理者的恬静像大海一样具有包容性，这种超然又好像没有止境。当组织成员都各司其职，干着有用的事时，唯独最高管理者显得愚笨且浅陋。最高管理者的职责和组织成员是不一样的。最高管理者要注重培育组织之道。这才是组织赖以存在和发展的根本所在。

分析解读 ////

本章承接上章，进一步说明最高管理者怎样才能做到"见素抱朴，少私寡欲"。

本章有两个重要前提：一是最高管理者与其他各级管理者及一般组织成员的职责定位是不一样的，其根本区别在于，最高管理者要对整个组织负责，而其他各级管理者及一般组织成员只需对特定事业及相应的具体业务和任务负责；二是最高管理者的时间、精力、知识和能力都是有限的，若想切实履行好岗位职责，就必须聚焦和专注，将有限的时间、精力、知识和能力集中于组织本身，以有效支撑各项事业及相关业务和任务的顺利开展。

基于这两个前提，老子一开始便讲"绝学无忧"。这里的"学"，指的是最高管理者以往所学的各种业务知识或某个具体专业领域的知识。不能否认，最高管理者在走上组织的最高管理岗位之前，都或多或少学习并掌握了同某些具体业务相关的知识和技能。但是，如果最高管理者总是念念不忘已有的知识和技能，时刻惦记着自己所熟悉的业务的成败，动不动就要对之进行干预，一方面，会让最高管理者有限的时间和精力被分散，无法全力履行维系整个组织发展的职责；另一方面，当最高管理者过于关心具体业务和任务时，那些原本要对具体业务和任务负责的管理者及组织成员，就可能会关闭创造力，降低主动性，只等着执行最高管理者的指示，而且，那些从事其他业务和任务的人员，也会主动向最高管理者请示应该怎么做，更有甚者，人们拼命想跻身于最高管理者所熟悉和关心的业务中来，因为只有这样的业务在组织中才更为最高管理者所青睐，也才会有更多的资源和机会，若不进入这种主流业务，在组织中就会被边缘化。如此不断强化的结果，必然是最高管理者不得不对组织的各项业务都亲力亲为，否则，业务便难以有效运转；而最高管理者的时间、精力、能力是有限的，组织的业务种类越多，这种瓶颈就越突出。最高管理者不管如何勤奋努力乃至终日为各项业务奔波操劳，仍免不了心有余而力不足。在这种情况下，无论再怎么忧心忡忡，又有何益？从根本上说，最高管理者只有"绝学"，才能克服由自身的局限性给组织发展带来的最大瓶颈，真正做到"无忧"。所以，老子才点出本章的主题——"绝学无忧"。

如果说"绝学"指放弃那些与具体业务和任务相关的已有知识和技能，不去干涉组织中具体业务和任务的完成，那么最高管理者应该将自己有限的时间和精力用到哪里呢？在老子看来，最高管理者的职责关键在于两个方面：一是识人用人；二是立足于价值观念，确保组织的共同利益不受侵害。

当老子说"唯之与阿，相去几何"时，恰是在告诫最高管理者，必须学会区分人与人之间的那种微妙差别，关注和处理好与人有关的问题。这才是最高管理者的重要职责。至于具体业务和任务，只要用对了人，自然就无须忧虑了。

当老子说"善之与恶，相去若何"时，则讲的是，在日常管理实践和组织运行过程中，到底某种行为是有利于组织的共同利益还是有损于共同利益，也非常微妙，难以当下立判。很多管理决策，表面上或短期看有利于组织的共同利益，但长期看则很可能对共同利益有害。同样，那些在局部上有利的事，在全局上则不一定有利。这些微妙差异的判断都是关乎组织可持续发展的根本问题，显然是最高管理者义不容辞的责任，而其他管理者和一般组织成员由于岗位职责总是局限在某项具体业务和任务，很难对长远和全局进行把握。当然，要对"善之与恶"之间的微妙差异及其动态变化，做出恰当判断和选择，没有内在信念和价值尺度是不可能的。因此，这就要求最高管理者必须将组织之道内化于心。

明确了最高管理岗位的职责所系，便不难理解，最高管理者的工作看似不像组织中其他业务工作那么具体、明确，但难度非常大，更需要以虔敬的态度全力以赴，而不能期望轻松愉快、连玩带耍就可以完成。那样的话，岂不是任何一个人都可以胜任组织的最高管理岗位了吗？所以，老子才说，"人之所畏，不可不畏。荒兮其未央哉"。意思是，在组织中，有谁不敬畏最高管理岗位呢？这不仅意味着它有组织中最大的权力，更意味着它要对整个组织的可持续发展负责。因此，最高管理者本人也要像一般组织成员一样敬畏最高管理岗位，这个岗位并非天然属于谁，它是代表整个组织的一种非人格化观念象征和职责定位；而且，组织的未来有无限可能性，相应地，那个代表整个组织的最高管理岗位所具有的职责，也是开放的、广大无边的，即"荒兮其未央哉"。

　　既然最高管理者要以虔敬的心态去面对这个责任广大无边的岗位，那么，在组织中，承担这个岗位职责的人的行为表现，同一般组织成员自然是不一样的。一般组织成员由于岗位职责都比较明确，只要履行了职责，完成了任务，也就获得了一种相对自由的状态，可以去放松一下，享受生活，即"众人熙熙，如享太牢，如春登台"。但是，由于最高管理岗位的职责具有面向全局和未来的开放性、无边界性，在组织中，凡是不属于其他管理者及一般组织成员的职责，都可能属于最高管理岗位，这就让最高管理岗位具有了高度不确定性，不知什么时候就会有意外出现，因此，最高管理者必须时刻处在待命状态。这种面对高度不确定性的焦灼，恰是"我独泊兮其未兆，如婴儿之未孩。傫傫兮若无所归"要刻画的心理状态。最高管理者面向高度不确定的未来，一切都无从把握，不知道会出现什么意外，就像一个还不会笑的婴儿面对这个全新的大千世界，既充满了好奇，也充满了畏惧，还可能满是失望和沮丧，根本不知道下一个落脚点和归属在哪里。

　　另外，一般组织成员由于岗位职责都比较明确，完成工作所需要的知识和能力也相对具体一些，而履行职责后应得的收益也清晰可见。这给人的感觉是，只要能胜任特定的岗位工作，便显得绰绰有余、自由自在。但是，最高管理岗位所具有的开放性、无边界性、不确定性，决定了在位者的知识和能力永远是不充分的，根本不知道未来会在什么时候、什么地方发生什么意外情况，需要什么知识和能力去应对，这岂不是让最高管理者显得很愚笨且浅陋吗？所以，老子要说，"众人皆有余，而我独若遗。我愚人之心也哉！沌沌兮！俗人昭昭，我独昏昏；俗人察察，我独闷闷"。

值得注意的是，这句话中的"俗人"并不是贬义词，只是用来指那些在组织的分工协作体系下从事常规工作的人。他们完全能够胜任自己的岗位职责，在工作中充满自信，又有责任感，当然会表现得"昭昭""察察"。也正因为组织拥有这样一些有能力和责任感的普通成员，才能让日常的各项业务和任务得以顺利开展。在这句话里，老子是用第一人称"我"，来暗指组织的最高管理者。最高管理者之所以会感到"昏昏""闷闷"，就是因为未来充满了不确定性，自己时刻处在看不清前路的焦虑之中。不过，从另一角度来看，正是由于未来充满不确定性，也带来了各种机遇，为组织的创造和创新提供了可能，这让最高管理者看到希望，满怀激情。这又是最高管理岗位的独特之处，即"澹兮其若海，飂兮若无止"。

最后，从功能上看，组织中的每一个具体工作岗位都容易看到眼前的成效或业绩。也就是说，只要从事特定的业务和任务，那么，在特定的周期里，总能有成果体现出来，哪怕是阶段性成果，也是一种对组织的贡献。但是，最高管理岗位直接可见的、可衡量的贡献又是什么呢？在特定的业务和任务周期里，似乎看不到最高管理岗位的贡献。比方说，每个年度的组织绩效，不过是各个事业单元、业务部门、任务团队乃至各个岗位的绩效的汇总，相应地，每个事业单元、业务部门、任务团队乃至工作岗位，都可以在组织绩效中找到自己所占的份额，而最高管理岗位的绩效所占的份额在哪里？表面上看，最高管理者似乎游手好闲，只会耍嘴皮子，什么具体事务也不做，既顽笨又鄙陋；但实际上，正是最高管理者作为组织的代表及价值观念和规则体系的化身，将组织的各项事业、业务和任务承载了起来。最高管理岗位所维系的是那个更为根本的、涉及组织赖以存在的核心特征，即价值观念和规则体系的职责。这个职责的履行，不像具体业务和任务的绩效达成那么明确具体、可量化，但又正是那看不见的价值观念及相应的规则体系，让那看得见的绩效达成变为可能。这正是第11章所讲的"有之以为利，无之以为用"。组织总是"无""有"相间、"利""用"兼具的。所以，老子最后总结道，"众人皆有以，而我独顽似鄙。我独异于人，而贵食母"。

▋ 管理要义 ///

组织是一个分工协作体系，而首先必须明确的是最高管理者与其他管理者及一般组织成员的分工。最高管理者并非组织中各项事业及相应的业务和任务的承担者，不能期望最高管理者拥有涉及组织的所有事业、业务乃至任务的知识、能力和洞见。即便最高管理者原本从事过某项具体业务，并表现出很高的业务水准，但是，一旦承担了最高管理岗位职责，就必须放弃对所熟悉业务的偏好。这是组织中最高管理岗位职责的必然要求。

最高管理岗位区别于组织中其他岗位的最大特点，便在于面向未来、面向不确定性、面向例外的开放性，而这种开放性之所以可能，又在于组织本质上是一种观念和规则的存在。当最高管理者真正将组织的价值观念和规则体系内化于心、外显于言行时，一方面，自然就能代表组织，将各项事业、业务和任务有机结合起来；另一方面，也有可能引领组织面向未来，时刻准备进入新的事业或业务领域，为组织的可持续发展找到新的生长点，这可以说是组织中最具挑战性的工作。

《老子》第21章

孔德①之容，惟道是从。道之为物，惟恍惟惚。惚兮恍兮，其中有象；恍兮惚兮，其中有物。窈②兮冥③兮，其中有精④；其精甚真，其中有信⑤。自古及今，其名不去，以阅⑥众甫⑦。吾何以知众甫之状哉？以此⑧。

字词注释

①孔德："孔"，这里是很、甚、大的意思。"孔德"，即"大德"。

②窈：这里是幽深、深远的意思。

③冥：这里是昏暗的意思。

④精：帛书甲乙本这里都作"请"字，根据高明的详细考证，这里的"精"和"请"，都可以通作"情"[①]，是实情、情况、情态的意思。

⑤信：这里是凭据、信物的意思。

⑥阅：这里是汇总的意思。

⑦甫：会意字，指"可以作为父亲"的意思，本义是古代加在男子名字后面的美称，也称"父"。这里是"父"的意思，引申为不同业务的源头。

⑧此：在这里指代"道"及其作用，即"自古及今，其名不去，以阅众甫"这句话所表达的意思。

今文意译 ////

大德的行为表现，便是只遵循组织之道。组织之道作为一种存在，是模糊难辨的。尽管模糊难辨，也还是有迹象可循，有物化表现形式。即便组织之道幽深昏暗，也还是一种实际存在，而且这种实际存在非常真切，会借助各种信号传递出来，供人们所理解和把握。从古到今，只要有组织存在，就必然有组织之道；从根本上说，正是组织之道，将组织中各种不同的人和事整合在一起。人们何以能够理解组织中各种不同的人和事的存在呢？就是因为有组织之道。

分析解读 ////

本章在上章基础上进一步说明，组织的最高管理者为什么必须承担以"贵食母"为核心的独特职责。

---

① 高明：《帛书老子校注》（下），中华书局 2020 年版，第 467—469 页。

老子先点明了本章的主题，即"孔德之容，惟道是从"。这里的"德"，并不是指个人私德，而是专指作为组织的一员所必须具备的那种与岗位职责相联系的组织公德。最高管理者所应具备的组织公德，当然也是组织中要求最高的，所以称为"孔德"，也即"大德"。那么，这个最高意义上的组织公德或"孔德"的核心内涵又是什么呢？一句话概括，即"惟道是从"。意思是，必须时刻遵循组织之道，让自己的管理行为成为组织之道的载体。或者说，最高管理者的管理行为必须与组织之道融为一体。这样一来，最高管理者的管理行为才能称为有"道"的行为，即"孔德"的具体行为表现。

更进一步，为什么说最高管理者一定要"惟道是从"呢？要回答这个问题，又涉及对组织之道的定位、性质及作用的理解。这便与第14章的内容联系了起来。所以，为了说明组织之道的定位、性质及作用，老子再次使用了"恍""惚"，来阐明组织之道的性质。要理解老子在这里对组织之道的说明，既可以联系前面第14章的内容，也可以进行组织之道与天地之道的启发性对比。当老子说"道之为物，惟恍惟惚。惚兮恍兮，其中有象；恍兮惚兮，其中有物"的时候，并不意味着"道"是一种物化存在，而是在用与"物"对比的方式，来说明"道"之存在的特殊性。

这里的"道"，既可以理解为天地之道，也可以理解为组织之道，而天地之道不过是帮助人们更好地理解组织之道的隐喻对象，都是一种观念形态的存在。即便是天地之道，有谁能够直接用肉眼看到它？还不是只能用思维去体会和感悟它，并努力用语言去表征它？只不过以观念形态存在的"道"，由于看不见、摸不着，又很难用清晰明确的语词来表达，不得不用类比的表达方式来启发思考罢了。所以，老子这里说"道之为物"，只不过是在用物化存在来打比方，用以表明"道"的存在具有不可直观性，丝毫没有暗示"道"是一种物化存在的意思。尽管"道"并非物化形态的存在，而是一种观念形态的存在，但是，这种观念形态的存在又总是通过物化形态的存在表现出来。犹如天地之道总是在万物的存在中体现出来，并以万物的生机盎然昭示出天地之道的伟大和无所不在；组织之道也是借助组织中各种各样的人和事体现出来，并在组织的各项事业、业务和任务的具体实践中展示出组织之道的伟大功能。这便是"惚兮恍兮，其中有象；恍兮惚兮，其中有物"所要表达的意思。不管是"惚兮恍兮"还是"恍兮惚兮"，说的都是天地之道和组织之道的模糊不清，很难用语言直接进行描述，只能借助这种类比，让人们自己去体会和感悟。尽管如此，这种难以表达的天地之道和组织之道又总是要通过物化存在的有形迹象体现出来，显示自身。天地之道不会离开万物，组织之道也不会离开组织中具体的人和事。

反之亦然，真正的组织人和组织事业也离不开组织之道，就好像万物不能脱离天地之道一样。所以，老子又说，"窈兮冥兮，其中有精；其精甚真，其中有信"。这里的"窈""冥"，意指幽深、遥远，内含着一种时间尺度，意思是组织的发展就像天地的演化一样，都不能没有历史，但历史并不是空洞的绝对时间之流，历史和时间不过是各种事态延续和展开的一种形式罢了。在历史和时间进程中，必然交织着各种各样的事业形态和业务样态，组织正是在组织人所从事的各项事业、业务和任务中创造了真切的历史，这才可以称为组织的历史。也只有借助组织之道，才能更深刻地理解和把握组织的历史以及组织人和组织事业。所以，老子才着重强调"其精甚真，其中有信"。这里的"精"，通"情"，是人和事存在的实情、现状的意思。这意味着组织人和组织事业如此真切，有据可查，由组织之道这条红线贯穿起来，构成了组织的历史，成为真正有意义的存在。否则，何谓"真"？那些零散的物化存在，何以自动地结成组织？所谓凭据又从何谈起？这都不能没有内在的价值尺度或标准。只有在特定的标准之下，"真""信"才成为可能。

基于空间和时间两个维度上对"道"与"物"、"无"与"有"之间关系的阐明，老子深刻地指出，"自古及今，其名不去，以阅众甫"。意思是，自古以来，"道"便不可能离开"物"而存在；反过来，各种"物"的源起，也因"道"而变得可以理解，并能有机整合在一起。天地间的万物是这样，组织中各种不同的人和事也是如此。没有天地之道，万物何以生机勃勃、秩序井然？没有组织之道，各项事业何以在分工协作体系下持续发展、兴旺发达？对于组织而言，没有价值观念的指导，便难以合理且合法地设计用以配置资源的规则体系；没有规则体系下资源的有效配置，就不可能实现资源的价值，更不可能赢得竞争优势、开创出新事业。所以，组织才是一种价值观念和规则体系的存在。

有了价值观念和规则体系，人和资源才能相结合，其中包括人与人的结合、资源与资源的结合、人与资源的结合，而这种结合，既是以特定规则下的岗位职责即分工为基础的，又是以不同岗位之间的内在联系即合作为基础的。所谓分工与合作，便是在规则确立的"名"（或岗位职责）基础上的"阅"，即合作、整合、汇总，从而将各种各样的业务和任务整合在一个组织之中，这正是"其名不去，以阅众甫"所要表达的意思。当然，这层含义又可以借助天地和万物之间关系的隐喻更形象地表达出来。万物之所以能在复杂生态系统和生物链的分工协作中各安其位、各得其利，也正是因为有天地之道或亿万年演化而来的自然法则，这种自然法则赋予了各种生物以应有的生态位及其相互作用关系，这正是天地万物之间的"其名不去，以阅众甫"。借此来看组织之道与组织中人和事的关系，便再清楚不过了。

最后，老子用一个醒目的设问句来总结全章，也回答了最高管理者为什么要"惟道是从"。老子说，"吾何以知众甫之状哉？以此"。这意味着，对于组织之所以能有今天各项事业欣欣向荣的状态，最高管理者必须有清醒的认识；否则，便极其容易自以为是，将组织的一切成功都归于自己。最高管理者要想深刻理解"众甫"，即各项事业得以发展的根本原因，只有借助组织之道。原因很简单，没有组织人，就无法创造性地完成组织的事业、业务和任务。但是，如果没有组织之道，又如何能培养出组织人？尤其是从历史的角度来看，组织人是一种非人格化存在，是一代代传承下来的组织之道的集中体现。组织之道只能通过组织人来弘扬和传承，而组织人又需要借助组织之道来培养；那么，将一般意义上的社会人与组织之道凝聚在一起的纽带桥梁是什么？当然是管理者尤其是最高管理者及其管理实践。从这个意义上说，最高管理者应该是在源头处认同并弘扬组织之道的人，这也就是本章的主题——"孔德之容，惟道是从"的真正内涵所在。基于这样的理解，老子最后说的"以此"，就具有了双重含义：一重含义是，"此"即"道"；另一重含义则是，将最高管理者视为"道"的化身，指的是真正能够做到"孔德之容，惟道是从"的最高管理者。把这两重含义融合在一起，或许才可以"知众甫之状"。这也正是组织的最高管理者必须"贵食母"的深刻原因。

▌管理要义 ////

组织不能没有组织人。离开了组织人，便没有组织，而组织人本质上是一个非人格化的概念，是组织的价值观念和规则体系在角色行为上的集中体现。正是组织人让组织具有活力，能持续不断地创造价值。但问题是，组织人从何而来？谁应该是第一批组织人？组织人来自于认同和践行组织的价值观念的社会人，而最高管理者及其管理团队应该是第一批组织人。

当然，组织和组织人都不是在真空里存在的，必须融入特定社会文化传统之中。这意味着组织同时又是社会组织，组织人同时也是社会人，两者不能出现根本冲突。否则，组织和组织人便难以在社会情境中存在和发展。这对于最高管理者及其管理团队作为第一批组织人的定位，提出了极高的要求。

《老子》第 22 章

曲①则全②，枉③则直，洼④则盈，敝⑤则新，少则得，多则惑。是以圣人抱一⑥，为天下式⑦。不自见故明；不自是故彰；不自伐⑧故有功；不自矜⑨故长。夫唯不争，故天下莫能与之争。古之所谓曲则全者，岂虚言哉！诚⑩全而归之。

▌字词注释

①曲：象形字，本义指弯曲，可以引申为隐秘处、偏僻处。这里是偏僻、局部的意思。

②全：会意字，本义指质地纯的玉，这里是完备、完整、齐全的意思。

③枉：形声字，本义指木不正直，这里是弯曲、不直的意思。

④洼：形声字，本义指深池，这里指小土坑、低凹积水处。

⑤敝：形声字，本义是破旧、破烂的意思，这里即指破旧、破败。

⑥抱一："一"，在这里指代"道"。"抱一"，即"执道"，坚守"道"的意思。

⑦式：形声字，本义指法式，这里是标准、榜样的意思。

⑧伐：会意字，本义指击刺、砍杀，这里是炫耀、自夸、夸耀的意思。

⑨矜：形声字，本义指矛的柄，后假借表示自夸、自大。这里是骄傲、得意、自我夸耀的意思。

⑩诚：形声字，本义指真实不欺，与伪、诈相对，这里是真诚、诚实的意思。

▌今文意译 ////

局部可以代表整体，弯曲可以变得正直，低洼可以得到充盈，破败可以获得新生，匮乏可以变成丰富，丰富则会产生困惑。所以，理想化的最高组织管理者会坚守组织之道，为整个组织确立起发展的内在准则。这样才能做到不拘泥所见，故有洞察力；不自以为是，故能让思想得到彰显；不自我夸耀，故能成就功业；不骄傲自大，故能持续进步。正因为理想化的最高组织管理者不与其他组织成员相争，所以，整个组织便没有谁会与他相争。古话说局部可以代表整体，难道是一句空话吗？只有那些真诚的最高管理者才能真正代表整个组织，而人们也自然愿意归属于这样的组织。

▌分析解读 ////

本章继续阐明最高管理者所承担的独特管理职责。具体来说，本章包括三层含义。

首先，老子再次用类比的表达方式，深刻揭示了最高管理者的特殊职责定位。在现实世界里，人们经常观察到各种事物的动态转化现象，老子在这里列举了六种转化，即"曲则全，枉则直，洼则盈，敝则新，少则得，多则惑"。如果立足于万物的视角，并给予好坏判断的话，那么，前五种都是在向好的方向转化，而第六种则是由"多"带来的"惑"，可能会进一步转向"少"。但是，如果超越万物，立足于天地视角，再来看万物的这种动态转化，则无所谓好坏。看上去前五种都是在向更丰富的方向转化，而一旦达到了"多"，又必然会"惑"，进而转化为"少"；这样便又会重新进入到前五种转化状态之中，开启新一轮动态转化的循环。天地间万物的生生不息，永远处在这样循环往复的动态转化之中。立足于天地视角，万物循环往复的动态转化，也就无所谓好坏了。这正是第 5 章所说的"天地不仁，以万物为刍狗"的另外一层含义。

理解了万物动态转化的恒常性及所采取的观察视角的重要性，再类比到组织及其与各种业务之间的关系，便容易理解老子紧接着说"是以圣人抱一，为天下式"的意义。这里的"圣人"，仍指理想化的最高组织管理者；"一"，指的是"道"，可以理解为以天地之道隐喻组织之道；"天下"，则类比于整个组织。在老子看来，理想化的最高组织管理者一定会从各种具体业务和任务中超脱出来，坚守组织之道，让组织得以摆脱特定业务和任务的束缚，实现可持续发展。

其次，当最高管理者能坚守组织之道，作为整个组织的代表，为整个组织发展确立起内在准则时，自然也就有可能做到"不自见故明；不自是故彰；不自伐故有功；不自矜故长"。最高管理者如果立足于组织而不是某项具体的事业、业务和任务，那么，组织中各个事业单元、业务部门和任务团队所见、所识及他们所取得的成功，也就成了整个组织的所见、所识、所得，而既然最高管理者是代表整个组织的，那整个组织的所见、所识、所得，当然也就是最高管理者的所见、所识、所得。这样一来，最高管理者自然就具有了超越个体局限性的深刻洞察力和丰富想象力，当然也就不需要自我夸耀多么伟大，组织的成功和可持续发展早已说明了一切。

由此可见，现实中那些时不时要自我炫耀的最高管理者，必定是与组织相割裂的，总想让人们知道自己对组织的贡献有多么大。殊不知，越是这么做，反而越让人清楚地认识到这样的最高管理者离组织有多么远，境界有多么低，只知道与一般组织成员争夺功绩，而这背后则是争夺利益，不过是想借此表明他对组织的贡献比一般组织成员大，因而拿得更多是合理的。那些热衷于同一般组织成员争夺功绩、争夺利益的最高管理者，根本就没有代表整个组织的意识，完全站在了个人和小群体的私利上，无法满足最高管理岗位的职责要求。所以，老子才深刻地指出，"夫唯不争，故天下莫能与之争"。这里的"天下"，仍隐喻组织。最高管理者既然代表整个组织，不与组织成员争夺功绩和利益，那么，组织中又有谁会与代表组织的最高管理者相争呢？

最后，最高管理者本身也只是个体的局部存在，又如何能代表作为整体的组织呢？这确实是对最高管理者的巨大挑战。对此，老子说道，"古之所谓曲则全者，岂虚言哉"。意思是，古人所言"局部能够代表整体"，难道是一句空话？这表明，早在老子所处时代以前，人们就已经认识到"局部能够代表整体"，即"曲则全"。但到底怎样才能做到"曲则全"呢？严格来说，真正意义上的整体或"全"，只能是一种理想状态，存在于观念形态中，只能无限逼近，却无法直观地把握。这就如同"全"这个字，原本的意思就是指没有任何杂质的纯玉。现实中不可能存在没有任何杂质的玉。这种纯玉只能在理想中以观念形态存在，作为认识现实的一种参照系。同样，作为整体或"全"的组织，也只能是一种观念形态的存在，而观念只能存在于人们的心中。当心中有了某种观念，并真诚地认同和践行这种观念，这样的人自然就成了这种作为整体的观念的化身，便能代表整体，其他人则会由此直观地理解和把握住这种作为整体的观念，从而认同和践行于这种观念所代表的整体。也正因为越来越多的人由于认同和践行这种观念，而参与到这种观念所代表的整体的创造之中，这项整体的事业才能实现可持续发展。这就是老子说"诚全而归之"的意义所在。

老子这句话的深刻启示在于，理想化的最高组织管理者一定会认识到自身作为个体局部存在之"曲"，进而真诚地认同和践行组织价值观念作为整体存在之"全"；这才有可能"以诚致全"，吸引更多人加入到组织这项整体的事业中，即"归之"，从而以价值观念来为组织这项整体事业的可持续发展奠基。老子这里所讲的"诚全"，正是"曲则全"的内在机制。最高管理者只有做到"诚全"，才能实现"曲则全"，成就组织这个整体。

▌管理要义 ////

最高管理者及其管理团队是代表整个组织的。这看起来似乎天经地义，但是，在现实的组织管理中，最高管理者及其管理团队要成为被人们所认可的整个组织的代表，确实不是一件容易的事。以往人们多从管理决策权所涉及的范围大小和责任归属上来努力破局，但更为根本的解决之道恐怕还在于价值观念的认同和践行。最高管理者及其管理团队必须切实认识到组织作为整体只能以观念形态存在，只有融入组织的价值观念，并在管理决策中由内而外地践行这种价值观念，才有可能成为被人们所认可的整个组织的代表。

《老子》第 23 章

希言自然①。故飘风②不终朝,骤雨不终日。孰为此者？天地。天地尚不能久，而况于人乎？故从事而道者同于道，得者同于得，失者同于失。同于得者，道亦得之；同于失者，道亦失之。③信不足，焉有不信焉。

▌字词注释

①希言自然："希"，这里是少、罕的意思；"言"，这里是命令的意思；"自然"，这里是自然而然的意思，可引申为符合组织之道的要求。这句话的主语可以理解为"最高管理者"，意思是：组织的最高管理者少发号施令是符合组织之道的。

②飘风：这里是旋风、暴风的意思。

③故从事而道者同于道，得者同于得，失者同于失。同于得者，道亦得之；同于失者，道亦失之：这两句出自帛书甲乙本①。王弼本原文为"故从事于道者，道者同于道，德者同于德，失者同于失。同于道者，道亦乐得之；同于德者，

---

① 高明：《帛书老子校注》（下），中华书局 2020 年版，第 489—490 页。

德亦乐得之；同于失者，失亦乐得之"①。根据高明对帛书甲乙本的校注及刘笑敢、陈徽的综合引证②，帛书甲乙本的表述更为简明，较少歧义，也更符合管理要义。据此，采用帛书甲乙本的表述。

▌今文意译 ////

最高管理者少发号施令是符合组织之道要求的。所以，暴风不会刮一个早上，骤雨也不会下一整天。是谁兴起了暴风骤雨？当然是天地。天地兴起的暴风骤雨都不能持久，更何况是人呢？因此，那些恪守组织之道的最高管理者，便与组织之道融为一体，与组织之道共得失、同进退。也就是说，那些与组织之道融为一体的最高管理者所获得的，也就是组织所获得的，而其所损失的，也就是组织所损失的。最高管理者缺乏诚信，人们又怎么会信任他和组织呢？

▌分析解读 ////

本章承接上章，继续阐明最高管理者真诚地融入组织之道的重要性。

老子一开始便点出了本章的主题，即"希言自然"。虽然最高管理者在组织中拥有最大的权力，似乎可以按照自己的意志来发号施令，但是，他必须清醒认识到自身的局限性，而且要超越自身的局限性，像上章所讲的那样"不自见故明；不自是故彰"。这意味着，最高管理者少发号施令，反而能更充分地调动其他组织成员的聪明才智，为组织发展做出贡献；而其他组织成员的贡献，也是作为整个组织代表的最高管理者的贡献。

为了进一步说明"希言自然"，老子再次使用类比的表达方式，举了"暴风骤雨"的例子。狂风暴雨不利于万物生长，但这种极端的气象条件总是暂时的，转眼就会风止雨歇，所以人们才会说"飘风不终朝，骤雨不终日"。在天地之间，

---

① ［魏］王弼著，楼宇烈校释：《王弼集校释》（上），中华书局 1980 年版，第 58 页。
② 分别参见高明：《帛书老子校注》（下），中华书局 2020 年版，第 489—490 页；刘笑敢：《老子古今》（修订版）（上），中国社会科学出版社 2006 年版，第 271—272 页；陈徽：《老子新校释译》，上海古籍出版社 2017 年版，第 146—147 页。

这种例外的气象条件都不可能长久，更何况组织中最高管理者要凭个人意志发号施令了。例外总归是例外，例行才是常态。天地与万物是如此，组织与事业也一样。如果最高管理者认识不到这一点，总想通过发号施令来人为地制造例外，不仅无法长久发挥作用，还会因违背组织之道和事业发展规律而严重阻碍组织发展。

当然，老子这里并没有说最高管理者只要遵循组织之道，就一定能保证组织一帆风顺。组织发展有得失、有波折是必然的，但是，从长远和全局来看，那些遵循组织之道而发展的组织，其所得必定会超过所失，这也是人们常说的"可持续发展"的真正含义。所以，老子才说，"故从事而道者同于道，得者同于得，失者同于失。同于得者，道亦得之；同于失者，道亦失之"。

在这两句话中，"从事而道者"，指的是遵"道"而行的最高管理者。最高管理者做到了遵"道"而行，也就意味着与"道"融为一体，即"从事而道者同于道"。这样的最高管理者便能与"道"同得失，也就是"得者同于得，失者同于失"。由于最高管理者代表着整个组织，当最高管理者与"道"融为一体时，也就能使组织与"道"同得失，即"同于得者，道亦得之；同于失者，道亦失之"。这意味着，最高管理者若能真诚地认同和践行组织之道，便不再有自己的私利，真正做到与组织同得失；也只有当最高管理者与组织同得失时，才能证明他真诚地与组织之道融为一体。如此一来，组织的其他各级管理者和一般组织成员才有可能逐渐融入组织，以主人翁意识和行为贡献于组织发展，这时也就不需要最高管理者不断发号施令了。这种"希言自然"的管理境界，正好与上章结尾所讲的"诚全而归之"相呼应。没有最高管理者的"诚全而归之"，也就不可能做到"希言自然"；反之，做不到"希言自然"，恰说明还没有达到"诚全而归之"。因此，老子在本章再次说出了"信不足，焉有不信焉"。

老子在这里之所以要再次说这句话，是为了说明为什么现实中最高管理者很少能达到"希言自然"这种管理境界。在现实的组织管理中，最高管理者往往热衷于发号施令，而且还会反复解释之所以要发号施令，都是为了组织发展，为了组织成员的福祉。这种不断地发号施令和表白解释，恰表明最高管理者不诚信，不仅没有真诚地认同和践行组织之道，还打着组织的共同利益的旗号来谋求一己私利，把组织当成了实现个人私利的工具。因为最高管理者若真的做到了上章所讲的"抱一，为天下式"，自然就能"不自见故明；不自是故彰；不自伐故有功；不自矜故长"，何劳不断发号施令，又何须极力自我表白？组织成员的眼睛是雪亮的，自然能从这种表白中解读出"信不足"的实质内涵。既然最高管理者"信不足"，那组织成员也只能"有不信"了。

▌管理要义 ////

在组织管理中，管理者的个人利益与组织的共同利益之间的关系问题，的确是一个根本性的管理问题。两者理应保持一致，至少应相互兼容而不相互冲突。但是，要在现实中实现两者兼容却非易事。特别是对于组织的最高管理者来说，个人利益与组织的共同利益之间的关系，更是一把双刃剑。在现实中，既有可能出现以组织的共同利益来兼容个人利益，甚至在必要时牺牲个人利益的情况；也有可能出现以个人利益来兼容组织的共同利益，甚至常常以牺牲组织的共同利益为代价来谋求个人利益的情况。很多时候这两种情况并不容易区分。要确保第一种情况并且避免第二种情况，历来是组织管理的头等大事。

《老子》第 24 章

企^①者不立，跨^②者不行，自见者不明，自是者不彰，自伐者无功，自矜者不长。其在道也，曰余食赘行^③。物或恶之，故有道者不处。

字词注释

①企：会意字，表示举踵遥望的意思，本义指踮起脚跟，这里即踮起脚后跟的意思。

②跨：形声兼会意字，表示分开两条腿，以便越过，这里即跳过、越过的意思。

③余食赘行："余食"，即剩饭；"赘"，指长在皮肤上的肿瘤，即赘疣；"行"，通"形"；"赘行"，即赘疣的形状。

今文意译

踮起脚跟站不久，跨着步子走不远，自我表现便没有洞察力，自以为是就无法想明白，自我夸耀则难以成就功业，骄傲自大不可能持续进步。从组织之道的视角看，这些行为表现就像剩饭赘疣一样，都是丑恶之事，所以，那些认真恪守组织之道的最高管理者不屑于这样做。

分析解读

本章在于说明，非正常的状态难以持续，最高管理者必须与组织之道保持一致，才能确保组织可持续发展。

老子再次用日常生活经验作类比，"企者不立，跨者不行"。为了远眺或拿高处的东西，偶尔踮起脚跟是可以的，但要一直踮着脚跟站立，则是不可能的；同样，跨步前行，偶尔为之也是可以的，但要一直跨着步子走路，也是不可能的。踮着脚跟和跨着步子，都是非正常状态。由此引申到组织管理上，组织之道及相应的规则体系，都是维持组织及其事业正常运转的基本前提，而组织要实现可持续发展，必须保持正常秩序。在组织中，虽然偶尔也会打破常规，但必须尽快回归正常状态；否则，组织就会失去秩序，连正常运行都不可能，又谈何可持续发展。组织的最高管理者遵循组织之道，就是要维护组织的正常秩序，为各项事业、业务和任务的开展创造良好的支撑条件。如果最高管理者认识不到这一点，总想以个人意志去加速组织发展，其结果反而会让组织失去正常秩序。

所以，老子才紧接着说，"自见者不明，自是者不彰，自伐者无功，自矜者不长"。这句话的主语是最高管理者，而这句话的否定表达则出现在第22章，即"不自见故明；不自是故彰；不自伐故有功；不自矜故长"。最高管理者之所以能做到这一点，是因为"抱一，为天下式"。相反，如果总想凭借个人的力量让组织快速、超常发展，那就像为了看得远而"企"，为了走得快而"跨"一样，结果必然是"企者不立""跨者不行"。最高管理者想凭借一己之力加速组织发展，那也不过只是一种"自见""自是""自伐""自矜"而已，结果必然是"不明""不彰""无功""不长"。从组织之道的视角来看，最高管理者的这些行为都是多余的，是对组织正常秩序和正常发展的典型干扰行为，即老子所说的"其在道也，曰余食赘行"。

在这句话里，老子又使用了一个形象的类比。无论是残羹剩饭，即"余食"，还是皮肤上长出的肉瘤，即"赘行"，都被人们所厌恶。以此类推，在组织中，当一切都在正常运行，最高管理者突发奇想，一定要别人按自己的意志折腾出点所谓新名堂，结果正常的运行秩序被扰乱，人们不得不面对这个没有实际意义的额外负担，这种由最高管理者突发奇想搞出的所谓新名堂，难道不正像"余食赘行"一样让人讨厌吗？那些深谙组织之道并认真遵行的最高管理者是不会这样做的。所以，老子最后才说，"故有道者不处"。为什么"有道者"坚决不做"余食赘行"之事呢？这可以从下章找到答案。

▌管理要义 ////

价值观念和规则体系反映了组织的共同利益，而组织的共同利益又是由价值观念和规则体系来保证的，不应该以任何个人的意志为转移。为此，就必须建立一种让组织的利益相关者得以对话、交流以达成观念共识的机制，而组织的最高管理者及其管理团队，只不过是这种机制及其产生和完善之观念的认同者、承诺者、践行者、维护者而已。这样一来，最高管理者及其管理团队才能真正与组织的价值观念和规则体系融为一体，也才有可能从根本上超越"自见""自是""自伐""自矜"，从而体现出组织的"明""彰""功""长"。

《老子》第25章

有物①混成，先天地生，寂兮寥②兮，独立不改，周行而不殆③，可以为天下母。吾不知其名，字之曰道，强为之名曰大④。大曰逝⑤，逝曰远⑥，远曰反⑦。故道大，天大，地大，王亦大。域⑧中有四大，而王居其一焉。人法⑨地，地法天，天法道，道法自然。

字词注释

①物：这里指一种抽象的存在形式，非实指某个具体的物或万物。这种用法，就像第21章讲"道之为物"中的"物"一样。

②寥：形声字，本义是空虚，这里指空洞无形。

③殆：通"怠"，懈怠、懒惰的意思。

④大：这里是广大无边的意思。

⑤逝：这里是离开、远去的意思。

⑥远：这里指时间长久。

⑦反：通"返"，乃返回的意思。

⑧域：形声字，本义指"邦"，这里可以引申为一般意义上的组织。

⑨法：这里指按照一定标准去做，即效法、学习的意思。

今文意译

有一种混然自成的存在，比天地还要早，既无声又无形，独立存在，恒久不变，循环往复，永不停息，可以作为天下万物的根本。我不知其名，只好称之为道，勉强可以说它广大无边。正因为它广大无边，在空间上就没有尽头；也正因为在空间上没有尽头，在时间上同样就悠久长远；如此悠久长远，便往复运行没有止境。所以，道是广大无边的，天是广大无边的，地是广大无边的，最高管理者也应该是广大无边的。任何组织都要依赖这四种广大无边而存在，最高管理者也是这四种广大无边之一。人和组织要效法天地，天地则效法道，而道却是自己使自己成为那个样子。

分析解读 ////

本章使用类比的表达方式，阐明了组织之道的性质及功能，也回答了为什么组织的最高管理者要遵道而行。

本章是用天地之道来隐喻组织之道，其中所着力刻画的"道"，一语双关，既指天地之道，也指组织之道。这样便容易理解本章最后得出的结论，即组织的最高管理者要善于向天地学习，借助天地之道，来认识组织之道对于组织发展的根基作用。

首先，如果立足于天地之道来理解本章的内容，那么，无论是从演化视角还是从逻辑视角来看，天地之道都先于天地本身而存在。直观地说，天地本身是一种物化的存在，如大地和天空，但是，天地之道却应该是一种非物化的存在，自成一体，才有可能作为天地及万物的源头。老子或许正是通过对天地万物的观察，做出了这样的猜想，即"有物混成，先天地生，寂兮寥兮，独立不改，周行而不殆，可以为天下母"。这里的"物"，并非实指某种物化的存在，而仅指一种与普通物化存在不一样的存在形式，混然自成，不需要借助他者而存在，比天地的起源还要早。这种特殊的存在形式是寂静无声、空洞无形的，无法用听觉和视觉去感受；还是"独立不改"的，无须他者相伴，一直也不改变，保持原来的样子，这实际上便是"真"的原义；也是"周行而不殆"的，始终在往复运动，从不停歇，这也是动态的一致性或同一性。在老子看来，天地之道的本质特征就是"真""诚"，正因为如此，天地之道才成为天地及万物的总根源，即"可以为天下母"。

天地之道难以表达，在老子看来，也只能勉强使用"道"这个名字。如果要用一个字来刻画"道"的特征，那也只能是"大"这个字。"大"，不仅有空间属性，即"逝"，还有时间属性，即"远"，也有运动属性，即"反"。虽然老子是按先后顺序来表达的，即"大曰逝，逝曰远，远曰反"，但实际上"逝""远""反"，不过都是在对"大"这个"道"的属性所做的细化展开论述而已，三者总是交织在一起的，空间、时间和运动属性不可分割。

其次，老子努力刻画天地之道的特性，意在启发人们思考组织之道。关于这一点，老子说得很明确："故道大，天大，地大，王亦大。域中有四大，而王居其一焉。"在这里，老子把天地之道、天地与最高管理者并列，暗示着组织与天地、组织之道与天地之道的同构性，以及最高管理者所扮演的重要角色。可以想象，一个组织在创建之初，可能既没有物理空间，也没有明确的事业或业务，甚至连组织的名称都没有；但是，如果某个人想创建一个组织、创办一项事业，却必须先有一种观念，即便这种观念刚开始是朦胧的，也必须有一个初始的想法，这样才能慢慢清晰起来，最终变成观念并付诸行动，去说服他人、获取资源，创建一个组织、创出一番事业。实际上，组织的创建过程，也就是一个从观念到行动，由行动而有组织，由组织而成就事业的过程。这与老子所刻画的从天地之道到天地万物的形成过程完全吻合。

当一种观念在萌发、孕育、形成的时候，不就是"有物混成，先天地生，寂兮寥兮，独立不改，周行而不殆"吗？虽然观念还不是实物，人们无法直接看到它、触摸到它，却可以在思维中追寻它、体会它，跟着它"独立不改，周行而不殆"。凡是有过广义的创业经历的人，必定都能深刻体会到老子所讲的这种观念孕育过程的鲜明特征，即"大"。正因为在观念孕育时没有具体实物形态的束缚，人们反而能展开丰富的联想，既可以想象这种观念在空间上的影响、在时间上的传承及在动态上的变化，也可以想象由这种观念所激发的人和事的种种可能状态。这正体现了作为观念形态的组织之道与天地之道的同构性。老子以天地之道来隐喻组织之道，进而让组织的最高管理者有所敬畏、也有所遵循的做法，对于解决当时历史条件下普遍存在的组织中权力过于集中、得不到有效约束的管理现实问题，是非常有见地和启发意义的。

也是从天地之道这个隐喻出发，老子得出了这样的结论："人法地，地法天，天法道，道法自然。"虽然老子仍用一种有先后顺序的表达方式，但实际上，这句话里只有三个层次的内涵，即人法天地，天地法道，道法自然。这里的"人"，是泛指而不是特指，也可以理解为人的组织。天地之间的"人"，并非孤立的原子式存在，总是存在于特定的组织之中，每个人都有自己在某个特定组织中明确的角色定位。即便到了今天，要想象一个不属于任何组织的孤立的个体人，也是困难的。像老子本人，就不是一个孤立的存在，而是扮演着周王朝的"守藏室之史"的角色。所以，可以想象，当老子讲天地间的"人"的时候，说的应该就是人的组织，而且，无论在当时还是现在，组织的状态直接影响甚至决定着人的生存状态。努力改变某个人，不一定能由此改变一个组织；但如果能改变一个组织，确实可以改变相当一部分人的存在状态。当然，要改善组织，一定要从关键处入手。在老子看来，那个改善组织的关键入手处，便是组织之道与最高管理者的结合，一定要让最高管理者真诚地认同和践行组织之道。所以，老子说人法天地，也就是组织要效法天地，即组织应与天地同构，而组织本质上是观念的存在，组织观念的首先体现者应该是最高管理者，这也就意味着，组织的最高管理者要效法天地，像天地遵从天地之道一样，去遵循组织之道，自然而然地实施组织管理，而不要任意妄为，以个人的意志代替组织之道。正是由于组织之道与天地之道是同构的，最高管理者敬畏天地之道，也就必须敬畏组织之道；遵循天地之道，也就必须遵循组织之道。在当时的历史条件下，这不失为约束组织的最高管理者的一种重要机制。毕竟当时人们对天地都保持着敬畏之心。

▌管理要义 ////

组织并非诞生于物化的资源，而是诞生于恰当的观念。这或许是人的组织区别于动物群体的一个根本特征。组织不是给定的或天然存在的。从演化视角来看，天然存在的只能是靠血缘纽带联系在一起的生物种群或动物群体，而人之所以能够创造出超越血缘纽带的更强大的合作机制，即组织，关键在于形成了合作共赢的观念。当然，这种观念又总是扎根在某种特定的社会文化传统及相关事业的抽象化界定之中。特定的社会文化传统赋予了这种合作共赢观念以价值前提，而相关事业的抽象化界定则赋予了这种合作共赢观念以事实根据；价值前提创造出关于共享意义的渴望，事实根据创造出关于共同利益的预期，两者结合便产生了合作共赢的观念。这种观念既有吸引力，又有可行性，便能将人们联系在一起，为创建一个组织付出努力。

在观念付诸行动的过程中，当事人对这种观念的真诚认同、承诺和践行至关重要。这在很大程度上也是领导力的集中体现。直观地说，领导力就是一个人在从观念到行动的执行过程中所产生的正向人际影响力。领导力是作为一种观念形态的组织得以存在的重要支柱。如果没有领导力，作为观念形态的组织就不可能有吸引力。正是拥有领导力的人，让组织的观念鲜活起来，影响和吸引他人认同和践行这种观念，运用资源，创造价值，发展组织。虽然观念也会改变，但观念的价值却会在变化中不断得到强化。组织作为一种强有力的合作机制，正是依靠观念及其所派生出来的规则来维系和发展的。所以，面对任何组织的管理，最高管理者及其管理团队都必须具有历史思维，善于回到观念的原点处，追根溯源，理解组织赖以存在和发展的根基及其性质。

《老子》第 26 章

重为轻根，静为躁①君②，是以圣人终日行不离辎重③。虽有荣观④，燕⑤处超然，奈何万乘之主⑥，而以身轻天下？轻则失本，躁则失君。

字词注释

①躁：形声字，本义指快速、飞速，这里是不安静、不冷静的意思。

②君：这里是主宰的意思。

③辎重：原指军中载运粮食给养的车，这里引申为组织的根本所在。

④荣观："荣"，这里是华丽、华美的意思；"观"，这里指宫殿。"荣观"，即豪华的宫殿。

⑤燕：这里是舒适、安闲的意思。

⑥万乘之主：春秋时期，诸侯国的主要军事装备是战车，战车的数量可以体现国家大小、国力强弱，有万辆战车的诸侯国当然是大国，因此，"万乘之主"，也就是大诸侯国的国君，这里可以引申为大组织的最高管理者。

▌今文意译 ////

重是轻的根本，静是动的主宰，所以，理想化的最高组织管理者的每日行止，都不离组织的根本。虽然也有豪华的宫殿，但理想化的最高组织管理者却能超然面对、恬淡处之。为什么大组织的最高管理者却要以个人意志轻率地管理组织呢？轻率就会失去根本，浮躁则会失去主宰。

▌分析解读 ////

本章进一步阐述组织之道才是做管理的根本，最高管理者不能只是盯住那些看得见的物化资源，更不应为物化资源所左右，以至于轻举妄动。

老子仍用日常生活的例子，启发人们思考组织管理问题。直观地看，地上的重物总是牢牢贴着地面，安静不动，而很轻的物体却不然，一有风吹，便飞扬起来，浮在空中，躁动不安，无所依归。进一步分析，物体之间的相互作用要受质量的影响，质量大的物体有更强的引力场或影响力，而那些质量小的物体则会受到质量大的物体的强引力场作用，进入质量大的物体的引力场，比如月亮要绕着地球转，成为地球的一颗卫星。由此，也许比较容易理解老子所说的"重为轻根"。另外，也正因为质量小的物体要进入质量大的物体的强引力场，那么，从相对运动的角度看，质量大的物体是静止的，而质量小的物体则处在运动状态，就像在地球引力场中，地球是相对静止的，而受地球引力作用的物体则处在运动之中，好像被地球所主宰一样。这样或许就容易理解老子所说的"静为躁君"。

在老子看来，"重为轻根，静为躁君"蕴藏着深刻的管理道理。从组织本质上是一种观念的存在来看，组织中必定存在不同观念的相互影响，而组织要凝聚成一个组织，就必须有一种更为强大的观念力量，扮演强大的观念引力场的角色，将各种不同的观念吸引到这个强大的观念引力场中。显然，扮演组织中强大观念引力场角色的无疑是组织之道。组织之道应该是组织中各种观念的根本所在，而最高管理者要代表组织并维系组织的存在和发展，就必须坚守组织之道，努力成为组织之道的化身，这样才能让组织之道的引力场不断强化，持续发挥正向的吸引力。这正是老子说"是以圣人终日行不离辎重"的要义。

这里的"圣人"，仍指理想化的最高组织管理者；"终日行"，则指所做的各种日常管理决策行为；而"辎重"，是用载运给养粮草的军车，来隐喻组织之道这个组织及其事业赖以发展的根本。所谓"兵马未动，粮草先行"，行军打仗，粮草给养很重要，直接关系到军心和战斗力，没有哪个将军会忽视粮草给养这个根本所在。同样，对于最高管理者而言，组织之道虽然看不见、摸不着，但对于组织及其事业的发展来说，甚至要比粮草给养这些有形的物化资源更重要。所以，理想化的最高组织管理者在做日常管理决策时，一刻也不会离开组织之道这个作为核心价值准则的根本决定力量。人们可能会说，这里的"辎重"，也可以理解为实指一种关键的物化资源，就像行军打仗中粮草给养这种关键物化资源所实际扮演的角色一样。

这可以从两方面进行探讨。首先，所谓关键的物化资源，必须有一种认定标准，也即如何评价一种物化资源，又如何界定什么才算关键。这便涉及价值准则或观念的问题。即便在军队组织中，人们之所以看重粮草给养，也是因为从军队组织特有的功能定位和环境特征中抽象出更为根本的观念，进而在特定观念下才能赋予粮草给养以关键资源价值。关于军队组织的特殊性，老子后续还会进一步阐述。

其次，老子紧接着明确指出，"虽有荣观，燕处超然，奈何万乘之主，而以身轻天下"。在这句话里，"荣观"，是看得见的华丽宫殿，用以指代那些看得见的物化资源，而"燕处超然"的意思，便是要超越这些看得见的物质资源，更为关注组织之道，这才是组织的根本所在。如果组织的最高管理者看不到这一点，只是追求物化资源，尤其是用物质资源来满足个人欲望，则必然走向"奈何万乘之主，而以身轻天下"的结果。这里的"万乘之主"，指的便是大组织的最高管理者，而"天下"，仍指代组织。老子用这个反问句所要表达的意思就是，现实中大组织的最高管理者不应该只是以个人欲望来衡量物化资源，仅凭个人意志轻率地做组织管理。对于一个组织来说，即便从物化资源的角度看，最高管理者个人的力量对比整个组织来说，也是微不足道的，以此作为做管理的立足点，岂不是太轻浮了？其结果必然是"轻则失本，躁则失君"。这样不仅管理做不好，连组织赖以生存和发展的根本都会失去。在老子所处的时代，那些"以身轻天下"的诸侯国国君丧权辱国的例子俯拾皆是。

▌ 管理要义 ▰▰▰▰

做管理，立足点非常重要。失去了立足点，也就失去了管理决策的内在价值准则。做管理的立足点必须厚重，要深深扎根在特定的社会文化传统中，这样才能让管理决策有牢固的价值前提。如果做管理的立足点只是管理者个人趋乐避苦的本能或所在小群体的利益，那这个立足点就太轻浮了，如何能经受得住各种内外部环境力量冲击的考验？做管理切忌轻浮，必须厚重。这一点说起来容易，做起来却难。原因就在于，这要求管理者必须找到厚重的管理立足点，而这个厚重的管理立足点，只能在经由历史检验、有着强大观念引力场的社会文化传统中找寻。这对于管理者来说，不能不说是一个巨大的挑战。

《老子》第 27 章

善①行无辙迹②，善言无瑕谪③，善数不用筹策④，善闭无关楗⑤而不可开，善结无绳约⑥而不可解。是以圣人常善救人，故无弃人；常善救物，故无弃物，是谓袭明⑦。故善人⑧者，不善人之师；不善人者，善人之资⑨。不贵其师，不爱其资，虽智大迷，是谓要妙⑩。

字词注释

①善：这里是善于、擅长的意思。

②辙迹：指车轮碾过后留下的轨迹，也可以引申为痕迹。

③瑕谪：这里是缺点、毛病、不足的意思。

④筹策：这里指计数用的工具。

⑤关楗：这里指关门的门闩。

⑥绳约：这里指绳索。

⑦袭明："袭"，这里是继承、沿袭的意思。"袭明"，指遵循组织之道而具有的洞察力。

⑧善人：这里指那些追求和创造共同利益的人。

⑨资：这里是资助、供给、帮助的意思。

⑩要妙：这里指精要深奥的道理。

今文意译

善于行走者，没有痕迹；善于说话者，没有瑕疵；善于计算者，不用工具；善于关闭者，不用门闩别人也打不开；善于捆扎者，不用绳索别人也解不开。所以，理想化的最高组织管理者总是善于同他人一起工作，能做到人尽其才；也总是善于利用各种物化资源，能做到物尽其用。这就是所说的洞察力。那些致力于追求共同利益的人，恰是那些尚未参与到追求共同利益中来的人的学习榜样；而那些尚未参与到追求共同利益中来的人，又是那些致力于追求共同利益的人的帮助对象。最高管理者若既不能尊重那些可以作为榜样的人，又不能爱护那些可以作为帮助对象的人，即便看上去挺聪明，也会迷失管理方向。这才是做管理的要义所在。

本章在上章基础上，进一步举例说明组织的最高管理者"终日行不离辎重"到底意味着什么，以及应该怎样做。

当老子上来便说"善行无辙迹，善言无瑕谪，善数不用筹策，善闭无关楗而不可开，善结无绳约而不可解"的时候，人们可能首先联想到现实中那些拥有特殊技能的人，如所谓练就"轻功"的人，可以行走无痕，而那些使用语言达到极高境界的人，可能从来都不会说错话；同样，那些心算高手及魔术师，似乎也都能做到"善数不用筹策""善闭无关楗而不可开""善结无绳约而不可解"。一旦做这样的联想，人们似乎就会去想如何才能练成这些神奇技能。但是，再转念想想，现实中果真存在这些神奇技能吗？比如，是否真有踏雪无痕的"轻功"，是否有人真能从来不说错话？这些恐怕只不过是人们的一种美好愿望或丰富想象而已，只能存在于理想中。既然如此，那老子使用这五个带有鲜明理想色彩的例子，不过是在用另外一种类比的表达方式，来启迪人们深入思考管理中那看不见的思维的作用，毕竟任何理想都只是思维的产物。

或许只有在思维中，才会出现"善行无辙迹"的情况。当人们说"思路"时，实际上是隐喻思维在行走，又有谁能看得见、摸得着这种思维的运行？同样，"善言无瑕谪"，如果只是思维的内在言说，或曰"心声"，又有谁能听得到，从而发现毛病并进行指责？因为这里的"瑕谪"与"辙迹"一样，都是从他人的视角或外在观察者的角度发现的痕迹、错误。另外，对于"善数""善闭""善结"，如果从思维的角度去理解，也会豁然开朗。"善数"，指的是心算。"善闭"，则意味着关上了心扉，而"善结"，也可以理解为心结。这些思维或内心的活动，别人确实难以直接观察和把握，因而，在别人的视角看来，才有了所谓"不用筹策""无关楗而不可开""无绳约而不可解"的情况。或许只有立足于思维或内心，才有可能参透老子用这五个带有理想化色彩的例子所设下的迷局。可以说，老子所举的这五个例子就好像一个谜面，用五句话打一样东西，让人猜，而谜底就是思维。一旦揭开了思维这个谜底，老子话锋一转，直指理想化的最高组织管理者就是靠思维来做管理的。

老子说，"是以圣人常善救人，故无弃人；常善救物，故无弃物，是谓袭明"。这里的"圣人"，仍指理想化的最高组织管理者，而这里的"救人""救物"，并非"拯救人""拯救物"的意思，而是指善于发现人和物的价值，能做到人尽其才、物尽其用。但问题是，人和物的价值以什么为标准来衡量，这个标准又源自哪里？联系前面的谜语，便容易理解，这个标准只能是观念，也即组织之道，而不是看得见的物化或量化标准。若按照物化或量化标准来衡量，则一定有长短、轻重、高低、大小的区别，总能发现"弃人""弃物"。但是，如果从组织之道出发，在以观念形态存在的理想情况下，每个人、每种物，都能体现出自身的价值，尤其是从动态变化的角度来看，人和物都处在动态的转化之中，各种可能性都会出现，关键在于改变人的思维，建立起追求共同利益的正确观念。一旦思维改变了，建立起正确的观念，任何人和物都会变得有价值。所以，理想化的最高组织管理者总能恪守组织之道，做到"无弃人""无弃物"，而"无弃物"的前提是"无弃人"，因为只有人能发现物的价值，进而用物创造出更大的价值。这意味着，理想化的最高组织管理者不仅"善救人"和"善救物"，更能认识到"善救人"是"善救物"的前提。这进一步表明，理想化的最高组织管理者必然具有"袭明"。这里的"袭明"，并非指视觉，而是指思维的洞察力。简单地说，"袭明"，即"心明"。理想化的最高组织管理者之所以能"心明"，就在于恪守组织之道，超越个人好恶。"心明"的具体表现，便是"无弃人""无弃物"，而根本还在于"无弃人"。

但是，最高管理者所能接触的人总是有限的，特别是对于大组织而言，如果仅是靠最高管理者个人，又如何能确保整个组织做到"无弃人""无弃物"？这就要求最高管理者从组织之道出发，让追求和创造共同利益的观念深入人心。由此可能会出现两类人：一是已经认同了这种观念，致力于追求和创造共同利益的人；二是尚未认识到这一点，还没有全身心投入其中的人。前者应该成为后者的榜样，以营造良好的组织氛围；而后者则是前者帮助的对象，应充分发挥后者的主动性。这样一来，整个组织才有可能做到"无弃人"；否则，如果既不能尊重前者，也不知道关心后者，组织的所谓"无弃人"，也只能是一句漂亮的说辞。所以，老子才说，"故善人者，不善人之师；不善人者，善人之资。不贵其师，不爱其资，虽智大迷，是谓要妙"。管理的"要妙"，正是建立在从思维开始，引领组织成员追求和创造共同利益，发挥每个人的潜能之上的。从这个意义上说，"袭明"与"要妙"，具有内在的相通性，都是说要在思维或"心"上面下功夫。

▌ 管理要义 ◢◢◢◢

如果说做管理的立足点是组织的价值观念，那么，做管理的着力点则是思维。管理能力本质上是一种思维能力，就是要以组织的价值观念为内在准则，运用管理者的思维去影响他人的思维，最终将人们的思维凝聚到组织的共同利益这个大方向上去。所谓凝心聚力，只有"凝心"才能"聚力"。"凝心"，就是要将人们的思维整合起来，而思维更容易受到思维的影响。管理者的思维能力直接决定着组织的"凝心"水平和强度。正是从这个意义上说，管理者必须具备很强的思维能力，才能胜任"凝心"工作，进而借"聚力"，创造出更广大的共同利益。所以才会说做管理的着力点在思维。只有从思维出发做管理，管理者才能真正激活他人的思维潜能，让组织迸发出强大的活力。毕竟，人的潜能在心而不在身。

《老子》第 28 章

知其雄①，守其雌②，为天下谿③。为天下谿，常德不离，复归于婴儿④。知其白⑤，守其黑，为天下式⑥。为天下式，常德不忒⑦，复归于无极⑧。知其荣，守其辱，为天下谷。为天下谷，常德乃足，复归于朴⑨。朴散则为器⑩，圣人用之则为官长⑪。故大制⑫不割⑬。

字词注释

①雄：这里隐喻刚强、冲动。

②雌：这里隐喻柔和、安静。

③谿：形声字，本义指山谷中没有汇入江河的小水流，这里隐喻柔和、包容。

④婴儿：这里隐喻在事物的源头处孕育着各种可能性。

⑤白：这里是明亮的意思。

⑥式：这里是标准、榜样的意思。

⑦忒：形声字，本义指变更，这里是差错的意思。

⑧无极：这里指无穷、无尽。

⑨朴：这里隐喻本真、质朴。

⑩朴散则为器：原指将原木加工为各种器皿，这里隐喻以组织之道为指导，设置规则体系及各种管理岗位。

⑪官长：即各种管理岗位上的管理者。

⑫大制："制"，会意字，本义指用刀修剪枝杈，这里是制度、体制的意思。"大制"，指完整的制度。

⑬割：形声字，本义指割裂、切断，这里是割裂、不完整的意思。

▌今文意译 ////

最高管理者深刻理解了组织发展需要进取、要有竞争力，而自己却坚守柔和、具有包容性，像山间溪流一样成为组织发展的幕后支持者。正因为最高管理者成为组织发展的幕后支持者，才让组织所倡导的德行没有偏离，也让组织发展像婴儿一样具有无限可能性。最高管理者深刻理解了组织成员需要有各种机会和光明的前途，而自己却宁愿忍受那种没有机遇的默默无闻，成为组织中不求名利的榜样。正因为最高管理者成为组织中不求名利的榜样，才让组织所倡导的德行不出差错，也让组织成员的无尽潜能得到充分发挥。最高管理者深刻理解了组织其他管理者对成功所带来的荣耀的渴望，而自己却宁愿扛起组织各种失败的耻辱,像幽深的山谷一样来包容组织其他管理者可能犯的各种错误。正因为最高管理者能像幽深的山谷一样包容其他管理者无意所犯的错误,才能让组织所倡导的德行充分彰显,也让组织所有成员都认同和践行组织之道。当组织之道真正成为组织各级管理岗位上选人、用人及做管理的根本指导思想时,理想化的最高组织管理者只需要充分发挥这些岗位上的管理者的聪明才智就可以了。所以,完整的组织制度,正因为有了一以贯之的组织之道作为指导思想,才不会被割裂。

▌ 分析解读 ////

本章从最高管理者与组织发展之间关系的角度,进一步阐述上章所揭示的管理要义或"要妙"。具体地说,本章包括层层递进的三重含义。

第一,从组织事业发展与最高管理者之间关系的角度,最高管理者必须深刻地认识到,组织事业要发展,一定要积极进取,形成独特的竞争优势,才能在不断变化、激烈竞争的环境中求生存、谋发展;但是,组织事业发展所需要的进取精神及不断增强的竞争力,却并不等于最高管理者本人及最高管理岗位的职责本身必须具有进取性和竞争性,毕竟组织事业发展的特性与最高管理者的个人特性及最高管理岗位的特征是不一样的。最高管理者所承担的岗位职责只能是支撑组织事业发展,而不能代替组织事业发展。组织事业发展的真正主体,是拥有各种不同专长背景的组织成员,而最高管理者不过是组织成员不断进取、推动组织事业发展的坚强后盾和助推器罢了。从这个意义上说,最高管理者的角色特征与组织事业的发展特征,正好构成一种相反相成、反差互补的关系,即:组织事业要不断进取,形成竞争力,而最高管理者则要有柔性,善于包容。

在组织事业发展中,多元探索、反复尝试、错误失败都很正常,特别是在极度不确定的环境下,正因为不确定,人们无法利用常规知识和信息来确定事业的边界、新兴事业的发展方向和可能生长点到底在哪里。在这种情况下,最好的方式或许就是探索试错,甚至随机游走。此时如果最高管理者锐意进取,亲自指挥某个方向的探索,由于最高管理岗位的特殊性,人们自然就会向这个方向靠拢，而在极度不确定的条件下，最高管理者也是无知的，他所指挥的方向与其他组织成员自发探索的方向，在成功的可能性上并没有本质区别，但如果人们都倾向于靠拢最高管理者亲自指挥的方向，无论成功与否，对组织事业的发展来说都是不利的。如果失败了，由于该方向上的巨大投入，组织事业发展可能会面临难以承受的损失；即便成功了，组织也会更加依赖最高管理者，这不仅意味着要颂扬其英明，而且还容易导致组织的权力更集中，思维更固化，未来在最高管理者指明的方向上进行探索会更加被强化，这不仅会限制组织事业发展的空间，也将大大增加未来失败的风险。

所以，在组织事业发展上，固然要进取，当然要探索，但这并不必然意味着最高管理者个人要进取，个人去探索。在多数情况下，最高管理岗位设计的合理性，恰在于让最高管理者支撑其他组织成员在组织事业发展上的进取和探索。这种相反相成的机制设计，正体现出老子以形象的类比所表达出来的管理要义，即"知其雄，守其雌，为天下谿。为天下谿，常德不离，复归于婴儿"。这里的"雄"和"雌"所具有的相反特征，正好象征着组织事业发展所需要的一种对冲机制。最高管理者要善于"守雌"，以夯实组织事业发展的根基。这样才有可能像山间的小溪流一样，成为山中各种生命得以孕育的母体；也才能让组织事业的发展像婴儿一样，具有各种可能性。另外，这里的"常德"，指的是组织中一直倡导的组织人所应具备的"德行"，也即组织的公德。道之"在人为德"，组织之道深入组织人的心中，便是组织的公德，也即"常德"。只有当最高管理者愿意像山间的溪流一样来支撑组织事业发展的时候，其他组织成员才能走上组织事业发展的前台，自觉地认识到自己的组织人的身份认同和角色责任，进而以主人翁意识来不断探索组织事业发展的各种可能方向。这正是"常德不离，复归于婴儿"所要表达的深意。

第二，从一般组织成员发展与最高管理者之间关系的角度，最高管理者必须切实地认识到，要让一般组织成员具有主人翁意识、能够自觉担当起组织事业发展的主体角色，就必须给组织成员以更多发展的机会。从根本上说，组织成员发展是组织事业发展的有机组成部分。没有组织成员的发展，就不可能有组织事业的发展，而没有组织事业的发展，组织成员的发展也将失去平台。但问题是，如何才能在组织中营造有利于组织成员发展的良好氛围呢？关键在于让每位组织成员对个人的未来发展充满希望，在组织中能够看到光明的前途，让自我成长与组织发展融为一体。为此，最高管理者反而要善于退居幕后，自己忍受默默无闻，而把更多成长和发展的机会留给一般组织成员。如果最高管理者总是去和一般组织成员争夺发展机会，那么，组织成员必然会失去在组织中成长的希望。这样的组织要想激活每位组织成员的潜能，并焕发出可持续发展的生机，恐怕只能是不切实际的愿望和口号。所以，老子才使用白天和黑夜的形象对比，深刻地指出，最高管理者要"知其白，守其黑，为天下式。为天下式，常德不忒，复归于无极"。这里的"白"，代表的是明亮的白天，隐喻光明的前途和各种发展机会；"黑"，则代表昏暗的黑夜，隐喻默默无闻和没有发展机会；"天下"，仍指代组织；而"无极"，则暗示着无尽的潜能。这句话的意思是，在白天的时候，什么都容易看清楚，人们很少会有莫名的恐惧，这象征着人们在组织中能看清未来的发展，有良好预期，也充满希望；但是，在夜晚，伸手不见五指，人们会对四周充满莫名的恐惧，这象征着人们在组织中不清楚下一步自己会怎样，对自我发展无从掌握。最高管理者如果能深刻理解这一点，就会自觉地承担来自环境不确定性的挑战，努力在组织中营造确定的氛围，让组织成员像在白天一样看清自己未来成长的可能空间。

更具体地说，最高管理者要能耐得住寂寞，以默默无闻的努力，在幕后为一般组织成员创造出更多、更光明的发展前途。即便组织内部的成长机会确实是有限的，不可能让每位组织成员都获得机会，但是，那些一时没有得到机会的组织成员，当看到最高管理者都一直坚守着默默无闻时，自然也就不会有怨言了。这又与老子在第 17 章中所提出的"太上，下知有之"的理想状态呼应了起来。如果最高管理者真能做到"知其白，守其黑，为天下式"，那么，组织平时所弘扬的公德，也即"常德"，就不再是一句空话，组织成员自然愿意认同和践行组织公德，将自己的潜能发挥出来，贡献于组织事业的发展。这正是"为天下式，常德不忒，复归于无极"的意义所在。

第三，从其他各级管理者发展与最高管理者之间关系的角度，最高管理者必须清醒地认识到，管理者的职业发展是建立在绩效责任的履行和不断取得成功所带来的荣誉的基础之上的。管理岗位区别于其他专业工作岗位的重要特征，就是要承担整体绩效责任。管理者必须对所在团队、部门的整体绩效负责，而一般专业工作岗位虽然也要做出绩效贡献，却不必对团队、部门的整体绩效负责。严格来说，正是组织中的各级管理岗位成为各层次整体绩效的真正承担者；反过来看，也恰是管理岗位所负责的不同层次的整体绩效，决定了管理者的职业成功和晋升发展的可能性。所以，对于那些职业管理者来说，成功的荣耀是建立在绩效创造的基础上，而他们在职业市场中的价值也取决于由绩效带来的声誉。从这个意义上说，职业管理者自然就会追求那些直接关乎职业发展前景的职业声誉。

但是，作为委托人意义上的最高管理者，则与那些代理人意义上的职业管理者不一样。最高管理者更关心的是组织本身的可持续发展，因为他们不需要到职业管理者市场中去寻求发展，他们的价值已融入组织的价值之中，自我的发展就是组织的发展。在老子所处的时代，各诸侯国国君并不需要到其他诸侯国找工作，但在诸侯国中从事职业管理工作的大臣，却经常拥有在不同诸侯国任职的经历。所以，像诸侯国国君那样的最高管理者，必须将自己的岗位职责定位与其他各级管理者的岗位职责定位区别开来，并能理解这些职业管理者对成功和荣誉的渴望，不与他们争夺成功带来的荣誉，反而对他们在探索中的失败持宽容态度，甚至将失败的责任承担过来。毕竟职业管理者是最高管理者聘用的。如果最高管理者能做到虚怀若谷，宽容失败，主动担责，也会鼓励职业管理者以主人翁意识，为组织发展主动谋划、积极探索，而不是时刻围着最高管理者转，各类重要决策都得由最高管理者亲自来做。

在现实中，如果职业管理者需要事事向最高管理者请示后才能定夺，那么，问题不在于职业管理者没有融入组织，而是最高管理者没有摆正自己与职业管理者的关系，总担心职业管理者抢了自己的荣誉和权威，习惯于将成功揽到自己名下，将失败推给职业管理者。如此一来，各级管理者便不会为组织管理承担风险，而最高管理者平时弘扬的组织公德也只能是一纸空文。所以，老子才说，"知其荣，守其辱，为天下谷。为天下谷，常德乃足，复归于朴。朴散则为器，圣人用之则为官长。故大制不割"。老子用"山谷"的幽深和虚空作为隐喻，暗示最高管理者只有将荣誉归于其他各级管理者，将失败带来的耻辱自己承担起来，才能让其他各级管理者愿意认同和践行组织公德，融入组织，像最高管理者那样自觉地成为组织之道的载体。这里的"朴"，象征的是那个没有走样的组织之道。当其他各级管理者都自觉地承担起弘扬组织之道的责任时，组织之道作为组织的根本指导思想，才能真正发挥作用。脱离了其他各级管理者的管理实践，组织之道及基于组织之道设计出来的规则体系都只能是停留在口头和纸面的形式而已。明智的最高管理者固然要以组织之道为指导思想设计出规则体系，但更重要的是，必须通过认同和践行组织之道的各级管理者，才能将组织之道和规则体系付诸实施。从这个意义上说，组织之道、规则体系和管理者必须融为一体，不可分割，才是一个有生命力的管理体制。这也是"大制不割"的管理要义所在。

▌管理要义 ////

让组织实现可持续发展，是管理的永恒主题。组织的可持续发展又是由组织的事业发展、员工发展和管理发展共同构成的体系。事业发展是组织可持续发展的直接体现。谈到组织发展时，人们首先想到的就是用各项事业发展的指标来衡量组织发展。没有可持续发展的事业定位，组织发展便失去了意义。但是，事业永远是由人来创造的，没有那些拥有各种专长并融入组织之中的组织人，要实现事业发展是不可能的。因此，员工发展与事业发展相互推动、密不可分。员工在事业发展中实现自我成长和职业发展；反过来，借助员工的自我成长和职业发展，组织事业才能上升到更高的境界，也才有可能不断实现新事业的创建和旧事业的升级。在事业和员工的双重发展背后，又是管理发展。如果组织的管理不能领先发展，组织的事业发展和员工发展便会受到严重制约。从根本上说，组织的管理发展才是组织发展的根本所在。

四

《老子》第29章

将欲取天下①而为②之,吾见其不得已③。天下神器④,不可为也。为者败之,执者失之。故物或行⑤或随⑥,或歔⑦或吹⑧,或强或羸⑨,或培⑩或隳⑪。是以圣人去甚⑫,去奢⑬,去泰⑭。

字词注释

①取天下:"取",会意字,其甲骨文由耳和又(手)组合而成,指拿着左耳记功,本义为获得,这里是取得、获取的意思。根据吴澄的注释,"取天下,谓使天下悦而归己也。为,谓作为。取天下者,德盛而人自归之尔。苟若有所作为,则是欲用智力以强服天下,岂能得天下之归己哉?"①朱谦之也认为,"取天下者,谓得民心也"②。因此,本章的"取天下"及后面第48章和第57章中的"取天下",都可以理解为"赢得信任"的意思,而"赢得信任"是管理好组织的前提。

②为:即作为,指要实现自己的意志或目的。

③已:通"矣",用在句末,相当于"了"。

④神器:比喻人心或基于观念认同的信任,具有深不可测的性质。

⑤行:这里是运行的意思,可引申为快速或主动。

---

① [元]吴澄撰,黄曙辉点校:《道德真经吴澄注》,华东师范大学出版社2010年版,第41页。
② 朱谦之:《老子校释》,中华书局2017年版,第240页。

⑥随：这里是跟从的意思，可引申为缓慢或被动。

⑦歔：这里指用鼻孔呼气，可引申为舒缓。

⑧吹：这里指用嘴吹气，可引申为急躁。

⑨羸：这里是瘦弱的意思。

⑩培：王弼本此处为"挫"字[①]，但傅奕本、范应元本以及帛书乙本此处均是"培"字[②]，而根据陈徽的引证，此处当为"培"字，意思是培植、生长[③]。据此，将王弼本此处的"挫"字改为"培"字。

⑪隳：这里是崩毁、毁坏的意思。

⑫甚：会意字，本义指异常安乐，这里即享乐的意思。

⑬奢：形声字，本义指张大，这里是过度的意思。

⑭泰：形声字，本义指滑溜，这里是骄纵、傲慢的意思。

▌今文意译 ///

最高管理者想把组织成员的信任乃至整个组织都用作实现个人意志的工具，那是不可能的。组织本质上是人们心中的观念共识，具有神圣性，不可能用作实现个人意志的工具。要把组织作为实现个人意志的工具，一定会失败，而要把组织据为己有，更是不可能。正像天地间的万物各有特点一样，组织中的人和事也千差万别，有的主动，有的被动，有的缓慢，有的急迫，有的强势，有的弱势，有的在成长，有的在衰落。所以，理想化的最高组织管理者一定会去除那些追求享乐、好走极端、傲慢骄纵的个人欲求，这样才不会把组织作为实现个人意志的工具。

① ［魏］王弼著，楼宇烈校释：《王弼集校释》（上），中华书局 1980 年版，第 77 页。

② 分别参见［唐］傅奕：《道德经古本篇》，载［明］张宇初等编：《道藏》（第十一册），文物出版社、上海书店、天津古籍出版社 1988 年版，第 484 页；［宋］范应元：《宋本老子道德经》，国家图书馆出版社 2017 年版，第 123 页；高明：《帛书老子校注》（下），中华书局 2020 年版，第 532 页。

③ 陈徽：《老子新校释译》，上海古籍出版社 2017 年版，第 177 页。

▌分析解读 ◢◢◢◢

本章开始讲最高管理者与组织管理之间的关系，并着重阐明最高管理者在摆正自己与组织发展之间的关系后，应如何履行管理职责。

作为委托人的最高管理者，对于组织很容易产生这样的误判，即把组织看作私人物品，任意使用，以满足个人的欲求、体现个人的意志、实现个人的目标。所以，老子开章明义："将欲取天下而为之，吾见其不得已。"这里的"天下"，仍是隐喻组织。"取天下而为之"，即把组织成员的信任乃至整个组织都用作实现个人目标的工具；"为之"，也就是做某件事，实现某个目标，而这里的主语则是最高管理者。也就是说，最高管理者想"取天下而为之"，想用组织来为自己服务，实现自己的目标，体现个人的意志。这表明，最高管理者已将组织视同私人物品了。老子认为，最高管理者这样做是不可能成功的，即"吾见其不得已"。为什么呢？老子的回答是："天下神器，不可为也。为者败之，执者失之。"

老子一直用"天下"来隐喻组织，而且，老子眼中的组织并非物化资源的集聚，而是人们在思维或心中达成的共识，也即一种共同观念。只有当观念不仅存于个人心中，而且成为人们心中的共识，进而基于观念认同达成了信任时，组织才能真正存在；否则，没有观念共识和信任的一群人并不能称为一个组织，实际上与动物群体没有本质区别。正因为组织作为一种观念存在于人们的心中，而人心很难推测和把握，正所谓"人心难测"，所以，老子才用"神器"来形容。"神"，意味着高深莫测。《易传·系辞上》说，"阴阳不测之谓神"①，而王弼对"神器"的注释则是："神，无形无方也；器，合成也。无形以合，故谓之神器也。"② 由此可见，"天下神器"，或许可以理解为从人心和信任的角度来看待组织。组织之在人心，是无法人为地去操纵和把握的，更不可能作为最高管理者实现个人意志的工具。如果最高管理者不顾组织所具有的神圣性，硬要将组织作为实现个人意志的工具，那么，结果必然是"为者败之，执

---

① 陈鼓应、赵建伟注译：《周易今注今译》，商务印书馆 2016 年版，第 598 页。
② ［魏］王弼著，楼宇烈校释：《王弼集校释》（上），中华书局 1980 年版，第 77 页。

者失之"。

既然组织本质上是一种观念的存在，最高管理者就必须与他人达成观念共识。为此，最高管理者首先要尊重人和事的多样性及差异性，不能将个人意志强加到不同的人和事上去。这也是最高管理者履行岗位职责的出发点。

为了阐明这一点，老子再次使用了类比的表达方式。当老子说"故物或行或随，或歔或吹，或强或羸，或培或隳"的时候，也就是在用天地间万物各有特点，不能强求一律，来类比组织中的人和事都各不相同，最高管理者不可能按照个人意志强求一致。最高管理者必须像天地尊重万物特性那样，尊重组织中人和事的独特性，实现人和事的恰当匹配，才能创造出更广大的共同利益。这也是第27章讲"无弃人""无弃物"的前提所在。在真正做到了人尽其才、物尽其用的组织中，每个人都成为主体，是目标本身，而不是实现最高管理者个人目标的工具。这样才能从根本上保证每位组织成员的主体性和主人翁意识，这也是组织作为一种观念共识的集中体现。

最高管理者要真正做到尊重人和事的多样性及差异性，不把个人意志强加到不同的人和事上去，就必须从自我做起，扼制自己的生物本能及实现个人意志的冲动。这就是老子所说的"是以圣人去甚，去奢，去泰"。"甚""奢""泰"的根源，都在于生物本能所产生的欲望。如果最高管理者完全受生物本能的支配，那一定会拼命追求享乐，而追求享乐是无止境的，正所谓"欲壑难填"。这里的"甚"，即追求享乐；而拼命追求享乐，便会不断提高享乐的阈值，以至于达到"奢"，即过度；一旦处在过度的极端状态，便会失去理智，一个拥有最高权力的人若失去理智，就很容易进入"有权就是任性"的放纵、骄横状态，即"泰"；这又会进一步激发生物本能的各种欲望，更加肆无忌惮地追求享乐，从而堕入恶性循环。这种由最高管理者的"甚""奢""泰"的恶性循环，导致诸侯国组织蜕变成国君满足私欲的工具，最终灭亡的案例，在老子所处的时代可谓屡见不鲜。

因此，在老子看来，最高管理者要尊重组织中人和事的多样性、差异化及自主性，就必须先扼制住自己想把组织作为实现个人意志的工具的冲动，也就是必须做到"去甚""去奢""去泰"。当然，在现实中，要让作为委托人而不是代理人的最高管理者做到这一点，并不是一件容易的事，毕竟在当时的历史条件下，最高管理者拥有绝对权力，而权力会腐蚀人，更会放大人的生物本能。这也是老子说"是以圣人去甚，去奢，去泰"的原因。或许老子早已深刻地认识到，要让现实中的最高管理者做到这"三去"太难了，恐怕只有作为最高管理者的理想类型的"圣人"才行。

▌管理要义 ////

　　管理者尤其是最高管理者，因为拥有权力，会不自觉地产生一种冲动，想把他人、业务甚至整个组织，都当成实现个人抱负的工具。这种把人和事工具化的倾向，在组织管理中普遍存在。管理者还会为这样做找到理由，说这是为了组织事业的发展。在这个冠冕堂皇的理由背后，大多是管理者的个人意志或曰"抱负""雄心"在作祟。很可能在某一个时间点、某一项具体业务上，管理者的个人抱负恰好与组织的事业发展相吻合，这也是管理者赖以实现个人抱负的难得机遇，在管理者借此实现个人抱负的过程中，组织中有很多人可能被"牺牲"掉了，也有很多更具价值的业务和发展方向可能被舍弃掉了，才由此成就了管理者的个人荣耀。但是，如果从长期来看，从组织赖以存在和发展的根基在于价值观念认同来看，这种单纯由管理者的个人抱负所带来的快速成长，对于组织可持续发展来说未必是福音。

《老子》第 30 章

　　以道佐①人主②者，不以兵③强④天下，其事好还⑤。师之所处⑥，荆棘生焉。大军之后，必有凶年。善有果⑦而已，不敢以取强。果而勿矜，果而勿伐，果而勿骄，果而不得已，果而勿强。物壮⑧则老⑨，是谓不道，不道早已⑩。

①佐：这里是帮助的意思。

②人主：这里指组织的最高管理者。

③兵：本义指作战用的武器，这里隐喻那种建立在硬实力如武力基础上的权力或强制力。

④强：这里是强迫的意思。

⑤其事好还：意指用强制力对待别人，别人也会还以强制力。这也是作用力等于反作用力的典型表现。

⑥师之所处："师"，这里指军队。"师之所处"，指代战争。

⑦果：这里指达到结果、实现目标。

⑧壮：本义指大，这里指人为地刻意使用硬实力来显示强大，或一味地去强化硬实力、刻意做大。

⑨老：这里是衰竭、衰败的意思。

⑩已：这里是停止、终结的意思。

今文意译

那些真正依靠组织之道的帮助来实施管理的最高管理者，不会动辄使用像武力这样的硬实力，去让组织成员或其他组织服从自己的意志，因为这样做必定会有报应。这就像战争必然导致田园荒芜，荆棘丛生，大战过后一定会经历荒年一样。理解了这一点的最高管理者，即便为了实现共同利益而不得不动用硬实力，也只是达到目标就行，不敢逞强斗狠。即使达到了目标，也不得意、不自夸、不骄傲，只是把动用硬实力达到目标看作不得已而为之，不能因此而自以为强大，更不能无所顾忌地使用硬实力。天地间的任何事物，只要刻意做大，就会加速衰败，因为这不符合天地之道；而只要不符合天地之道，便会很快终结。

▌分析解读 ////

本章承接上章，继续说明最高管理者不能将个人意志强加于人。

在现实中，最高管理者之所以会将个人意志强加于人，包括内部组织成员和外部合作者或竞争者，一个非常重要的原因是最高管理者拥有权力，而权力总是建立在物化资源基础之上。典型的如武力和财力，这也被称为硬实力。最高管理者因拥有建基于硬实力之上的权力，而且，当自己的硬实力明显在同时期的组织间处于领先地位，也就是显得很有竞争优势的时候，往往就会沾沾自喜，甚至忘乎所以，动辄就要使用硬实力去强行贯彻个人意志，无论是对内部组织成员还是对外部其他组织，好像用硬实力说话更管用，也更有效率，很快便可以实现自己的意图和目标。殊不知，硬实力的危害极其巨大。任何事物有利必有弊，而硬实力之弊却很容易被忽视。

所以，老子在本章一开始便讲，"以道佐人主者，不以兵强天下，其事好还"。这里的"人主"，即组织的最高管理者，而"以道佐人主者"，指的是那些认同和践行"道"的最高管理者，也就是得到了"道"的辅佐的最高管理者。这表明，那些"有道"或"得道"的最高管理者，绝不会使用诸如武力这样的硬实力去强迫别人，因为他们懂得强力必有强力来回应，使用硬实力去强迫别人服从自己的意志，别人也定会用硬实力来反抗，或早或迟，报应总要来。在老子所处的时代，诸侯国组织之间的战争所带来的严重后果，早已为人们所熟知，即"师之所处，荆棘生焉。大军之后，必有凶年"。这种看似比较极端的战争后果，其实在组织内部管理中也会发生。当最高管理者习惯于用硬实力对组织成员实施高压式管理时，虽然不一定会马上遭到强力反抗，但组织成员会用消极怠工的方式进行回应，其影响慢慢会在组织绩效上体现出来，这难道不是一场没有硝烟的组织内部战争吗？

正因为如此，那些"不以兵强天下"的最高管理者，不是不要硬实力，也不是从来不使用硬实力，而是深刻理解硬实力可能具有的负面效应，知道怎样正确地运用硬实力。当老子说"善有果而已，不敢以取强"的时候，意思就是，使用硬实力的根本目标是实现共同利益，即"善"，而绝不是为了最高管理者的一己私利，更不是为了最高管理者个人争颜面、逞强好胜。换句话说，硬实力不过是组织得以追求和创造最广大共同利益、实现可持续发展的保证罢了，绝不是最高管理者用以实现个人目标、体现个人意志的工具。这又与上章讲"将欲取天下而为之，吾见其不得已"呼应了起来。所以，"善有果而已"，说的就是最高管理者使用硬实力的一个根本原则，即为了共同利益而不得不使用硬实力，一旦达到了预期结果，也就可以了，切不可恃强凌弱，而"不敢以取强"，说的就是这个道理。

最高管理者如果恪守了"善有果而已"这个使用硬实力的根本原则，那么，即便不得已为了共同利益而动用硬实力，也一定能将共同利益与个人意志区分开来，不以个人意志来左右硬实力的使用，从而做到"果而勿矜，果而勿伐，果而勿骄，果而不得已，果而勿强"。这实际上就是上章讲"圣人去甚，去奢，去泰"的必然结果。最高管理者只有扼制住了自我膨胀的"甚""奢""泰"，才能立足于组织之道和共同利益来使用硬实力；而且，更重要的是，最高管理者还能从组织可持续发展的角度来看待硬实力，避免"物壮则老"的情况出现。

对天地间万物来说，凡是非自然的所谓"强大"，都难以长久。组织也一样。组织没有经过积累过程，却要用非正常手段去人为做大，看似有了硬实力，而最高管理者又被这种表面强大所迷惑，热衷于频繁使用这种硬实力，那岂不是在加速组织的衰亡？最高管理者为了一己私利，把组织"做得"看上去很强大，结果外强中干，很快化为乌有的例子，自古至今，比比皆是。所以，老子最后才深刻地总结道："物壮则老，是谓不道，不道早已。"

这里的"壮"，指的是人为做大、做强的意思，也即非正常发展的结果，而"老"，则意味着快速衰亡。壮亦速，老亦速。之所以如此，就是因为"壮"乃非自然、不正常，即"不道"，也就是不符合"道"，而这种"不道"，必定要"早已"或"早亡"。因此，"不道早已"，也就意味着，任何非自然总要回归自然、任何不正常总要回归正常。这恰体现了"道"的力量。

组织的硬实力是一把双刃剑，既是组织可持续发展的重要保证，又有可能损害组织可持续发展的真正根基，即人心。这就对管理者恰当运用硬实力提出了严峻挑战。管理者确实可以使用组织的硬实力，但若使用不当，甚至滥用，那将给组织带来巨大危害。管理者如何才能恰当地使用组织的硬实力，这的确是一个非常复杂的问题。但是，有一个底线是不能逾越的，那便是管理者绝不能用个人利益代替组织的共同利益来主导组织硬实力的使用，绝不能将组织的硬实力变成体现个人意志的工具。在这个底线之上，组织硬实力的使用还有一个非常重要的原则，那便是"适可而止"。这意味着，硬实力的使用只是服务于组织的共同利益，一旦达成预期，就要适可而止。

《老子》第31章

夫佳兵①者，不祥②之器。物或恶之，故有道者不处。君子③居则贵左④，用兵则贵右。兵者，不祥之器，非君子之器。不得已而用之，恬淡⑤为上，胜而不美。而美之者，是乐杀人。夫乐杀人者，则不可以得志于天下矣。吉事尚左，凶⑥事尚右。偏将军居左，上将军居右，言以丧礼处之。杀人之众，以哀悲泣⑦之。战胜，以丧礼处之。

字词注释

①佳兵：这里指好兵器。

②祥：形声字，本义指福、吉祥，这里指好兆头。

③君子：这里可理解为与君王相对的、作为代理人的管理者。

④贵左：即以左手边为上、为尊贵的意思。

⑤恬淡："恬"，形声字，本义表示安和、安静，这里是安适、清静的意思。

"恬淡"，即内心平和、坦然处之。

　　⑥凶：本义指险恶之地，这里指丧事。

　　⑦泣：在这里有两种解释：一是指哭泣；二是根据郭店竹简本写作"位"、帛书甲乙本写作"立"，被认为应是"莅"字，即面对、对待的意思[①]。这里遵从后一种解释，作对待讲。

▌今文意译 ////

　　再好的兵器，也是不祥之物。由于它会伤人伤物，人们都嫌弃它，所以，遵循组织之道的人不会轻易使用它。管理者平时以左手边为尊位，但携带兵器时则以右手边为尊位。因为兵器通常是佩戴在左边的，又不是吉祥之物，所以不应该是管理者所看重的东西。万不得已要使用兵器，一定要内心平和，处之坦然，不要因获胜而自我感觉良好。那些自我感觉良好的人，就是喜欢杀戮的人。凡是喜欢杀戮的人，都不适合做管理者。按照惯例，吉事都是以左边为尊位，丧事则以右边为尊位。打仗时，作为下级的偏将军在左边，而作为上级的上将军却在右边，这表明是在用办理丧事的礼节对待打仗。打仗时必定会有伤亡，要以哀痛的心情看待伤亡。即便取得了战争的胜利，也要以办丧礼的心情来面对胜利。

▌分析解读 ////

　　本章在上章的基础上，进一步通过具体事例来说明管理者应如何对待硬实力。

　　在老子所处的时代，对于诸侯国这类组织而言，硬实力的典型代表就是军事力量。要理解军事力量对于一个诸侯国的双刃剑意义，也可以借助兵器之于

---

① 　分别参见丁四新：《郭店楚竹书〈老子〉校注》，武汉大学出版社 2010 年版，第 393 页；高明：《帛书老子校注》（下），中华书局 2020 年版，第 554—557 页；陈徽：《老子新校释译》，上海古籍出版社 2017 年版，第 189 页。

个人的双刃剑意义来类比。对于个人而言，兵器既可以防身，也可能引来祸患。且不说逞勇斗狠可能给人带来的灾祸，即便平时携带兵器，也可能误伤人或物。所以，兵器之于人，并非吉祥之物。同样，军事力量之于诸侯国，也并不是只有好处、没有坏处的竞争优势。特别是在当时的历史条件下，诸侯国养兵、用兵的代价是非常大的。

正因为兵器之于个人，军事力量之于诸侯国，永远是一把双刃剑，这就对管理者应如何对待并正确使用类似的硬实力，提出了更高的要求。老子先举了理想化的一般组织管理者，即"君子"，应该怎样对待兵器的例子，接着又讲了诸侯国应该怎样对待战争的例子，而这两个例子的背后，则蕴藏着更深刻的管理含义，那就是作为诸侯国最高管理者的国君，到底应该选择什么样的管理者，其中包括一般组织管理者，即"君子"，以及军事组织的管理者，即"将军"。

老子先讲作为一般组织管理者的"君子"应如何对待兵器。在当时的历史条件下，人们随身携带刀剑防身是很常见的。然而老子说："夫佳兵者，不祥之器。物或恶之，故有道者不处。"这里的"佳兵"，可以理解为上好的兵器。在老子看来，再好的兵器也不是吉祥之物，都有可能伤人、伤物，那些深谙天地之道和组织之道的管理者，即便不得不携带兵器，也一定会以正确的态度和方法来看待兵器、使用兵器。那就是说，"君子居则贵左，用兵则贵右。兵者，不祥之器，非君子之器"。按照当时的礼仪规范，管理者平时接人待物，处理事情，都以左边为尊位，但是若携带兵器，无论刀或剑，一般都会佩戴在左边，因为大多数人是右利手，刀剑佩戴在左边比较方便，而一旦左边佩戴了刀剑，由于兵器乃"不祥之器"，再以左手边为尊位就不恰当了，这才要改右手边为尊位。这也表明，对于管理者而言，携带兵器并非正常状态。在大多数管理情境中，管理者是不应携带兵器的，或许只有在非正常的战时，管理者才会携带兵器。这正说明"兵者，不祥之器，非君子之器"。

当然，老子这里并不是说管理者一定要远离兵器或绝对不能使用兵器，而只是要表明，管理者对待兵器应该持一种什么样的态度。所以，老子接下来才会说，"不得已而用之，恬淡为上，胜而不美。而美之者，是乐杀人。夫乐杀人者,则不可以得志于天下矣"。这句话隐含的意思是,管理者不得已要使用兵器时,便意味着要为捍卫组织的共同利益而进入战斗状态了,这时一定要"恬淡为上",内心平静淡然地面对"用兵"之事,而不能有狂热之感,更不能以"用兵"为乐事。在老子看来,凡是热衷于"用兵",为胜利而欣喜若狂者,大都是骨子里喜欢杀戮的人,这种人便从根本上背离了天地好生之道及组织辅助人和事成长发展之道,完全不适合当管理者。老子这里所说的"不可以得志于天下",就可以理解为不适合在组织中做管理者,哪怕是军事组织的管理者,也不应该"乐杀人"。

老子最后还专门讲了军事组织的管理者对于战争所应具有的正确态度。老子说:"吉事尚左,凶事尚右。偏将军居左,上将军居右,言以丧礼处之。杀人之众,以哀悲泣之。战胜,以丧礼处之。"这意味着,要以丧事的礼节来对待战争,而且,也只有在行军打仗时,作为军中主帅的上将军才要居右位,作为军中副将或裨将的偏将军反而居左位,这表明了将战争视为"凶事"的一种惯常态度。另外,只要有战事,便必然有伤亡。面对伤亡,无论是己方还是敌方的伤亡,作为军事组织的管理者,都应报以悲伤态度,哪怕打了胜仗,也要以丧礼的心态来面对。这才体现出军事组织管理者所应具有的尊重生命的态度,而这种对生命的尊重,恰是天地之道和组织之道的真谛。

其实,老子这里讲作为一般组织管理者的"君子",以及作为军事组织管理者的"将军",面对"用兵"这种使用硬实力的态度和做法,还有更深一层含义,那便是作为委托人和最高管理者的诸侯国国君,到底应该选择什么样的代理人意义上的管理者,即"君子"和"将军",才能让组织的日常管理真正遵循组织之道。毕竟组织中硬实力的使用者,大多数情况下是代理人意义上的管理者,而不是作为委托人的最高管理者。如果最高管理者不能识别和任用那些认同组织之道、能正确对待硬实力的管理者,那么,即便是最高管理者想要遵循组织之道,但在日常管理中要防止其他管理者对硬实力的滥用,监督成本也将非常高昂,甚至不可能。所以,老子才借助生动的事例来告诫最高管理者,组织之道除了要进入自己的内心之外,还要用于识别和选择各级管理者。无论是一般组织的管理者,还是军事组织的管理者,都应该首先认同组织之道,而组织之道像天地之道一样具有尊重生命、辅助成长的根本特征。背离了组织之道的这个根本特征，做管理必定会出现偏颇。

▌管理要义 ▰▰▰▰

组织的价值观念之所以能够融入各项组织实践之中，关键在于深入人心，而价值观念要深入人心，则取决于组织的各级管理者。组织的价值观念首先应该用于选择各级管理者。只有当各级管理者都发自内心地真诚地认同和践行组织的价值观念，这种价值观念才能通过各级管理者的管理行为，自然而然地进入其他组织成员的内心及工作行为中，最终通过组织的产品和服务体现出来。这就让组织的产品和服务真正成了价值观念的衍生品。没有认同和践行组织的价值观念的组织人，就不可能拥有承载着组织的价值观念的独特产品和服务。这中间最为重要的环节便是管理者。如果组织中不存在承载着组织的价值观念的管理行为，就不会有承载着组织的价值观念的日常工作行为，更不会有承载着组织的价值观念的独特产品和服务。

《老子》第 32 章

道常无名，朴①虽小，天下莫能臣②也。侯王若能守之，万物将自宾③。天地相合以降甘露，民莫之令而自均④。始制有名⑤，名亦既有，夫亦将知止⑥。知止可以不殆。譬道之在天下，犹川谷⑦之于江海。

▌字词注释

①朴：这里指质朴的原初状态，用以隐喻"道"。

②臣：这里是"以之为臣"的意思，即强制使……作为工具。

③宾：这里是服从的意思。

④均：形声兼会意字，本义为均匀，这里是调和、调节的意思。

⑤始制有名："制"，这里指创设体制、制订规则；"名"，这里指各种岗位名分，尤其是指管理岗位职责。"始制有名"，即开始制订规则、设立各种管理岗位。

⑥止：象形字，甲骨文中的"止"像人脚，本义指脚，引申为停止之处或立足点。这里隐喻体制或规则的立足点，即创设体制或规则的指导思想。

⑦川谷：指各种小河、小溪。

▌今文意译 ////

组织之道本身并不是制度规则，也不能归类于特定的岗位名称，虽然这种作为原初观念形态存在的组织之道，微小而没有强制力，但整个组织中没有谁可以把它作为工具去随意使用。组织的最高管理者如果能够坚守组织之道，各项事业自然就能服从组织之道而顺利开展。就像天地相配合以风调雨顺来滋养万物生长一样，组织的最高管理者只要能坚守组织之道，不必下命令，各项事业也能自行调节。这是因为组织从创立制度规则开始，就有了各种管理岗位，而既然有各种管理岗位，就必须具有为各级管理者所理解和遵循的指导思想，那便是组织之道。只有当各级管理岗位上的管理者都能理解和遵循作为一切行动立足点的组织之道，组织的事业发展才会没有危险。组织中各项事业对于组织之道的依赖，就像百川归于江海一样。

▌分析解读 ////

本章进一步阐明，组织之道正像天地之道支撑万物生长一样，支撑着各项组织事业的发展，因此，代表组织的最高管理者绝不能将组织之道变为实现个人意志的工具。

老子说"道常无名，朴虽小，天下莫能臣也"，意思是，组织之道与规则体系不同，并不对岗位职责进行明确界定，好像没有强制力和约束力，看上去很软弱，但是，组织之道却能够深入人心，由内而外地影响人，产生巨大力量，以至于组织中任何人都不可能把组织之道视为工具。那种想把组织之道作为实现个人意志的工具的做法，会从根本上破坏组织的认同，涣散人心，让组织发展面临巨大危机，到头来又必定要受到组织之道的严厉惩罚。最高管理者如果能深刻认识到这一点，做管理就会完全不一样。这就是老子说"侯王若能守之，万物将自宾。天地相合以降甘露，民莫之令而自均"的深刻寓意。这句话一语双关，再次将组织之道与天地之道作类比，启发人们思考组织之道的作用。

在天地之间，万物生长和繁衍并不需要天地干预，而天地也只是相互配合，降下有利于万物生长的"甘露"。类似的，在组织中，各项事业有序发展，组织成员不断成长，也不需要最高管理者整日耳提面命。但是，如果说"天地相合以降甘露"是人们都能直观感受到的现象，那么，在组织中又如何才能做到"民莫之令而自均"呢？这恐怕又离不开组织的规则体系。也就是说，要让组织之道融入人和事之中，还需要借助规则体系设计。只有当组织之道成为规则体系设计的指导思想而进入各个岗位职责之中，这种渗透着组织之道的规则体系才能直接影响人们的行为，进而通过行为及其结果，将组织之道真正体现出来。这便是老子所说的"始制有名，名亦既有，夫亦将知止。知止可以不殆"。

在这句话里，"始制有名"，指的是，组织的规则体系确立起部门、团队、岗位的职责及其相互关系，而那些具体的部门、团队、岗位便是规则体系的重要节点，也就是"名"。每个部门、团队、岗位都有一个具体名称，名称的背后则意味着责权利。不同部门、团队、岗位的责权利及其相互关系，并非个人意志的体现，而是能够反映组织的共同利益的一整套价值观念，这就是组织之道。哪怕是作为委托人的最高管理者，也不能将个人意志强加到部门、团队、岗位的责权利及其关系之上。正是作为共享价值观念的组织之道，让组织的规则体系设计，也让各个部门、团队、岗位的责权利及其相互关系有了一定之规。如果没有组织之道这个统一的指导思想，那么，即便有规则，也只能是没有灵魂的碎片化一纸空文，形同虚设，组织还是一盘散沙。

正是在这个意义上，老子才说"譬道之在天下，犹川谷之于江海"。意思是，组织之道对于组织而言，就像江海之于百川一样。恰是江海，让那些看似毫不相干的小河、小溪都有了共同的归宿。因此，江海之于川谷，就在于给川谷以"所止"，川谷知止于江海。类似地，组织之道对于组织的规则体系和各项事业而言，也是赋予了一种"所止"或立足点。这才能让组织中的部门、团队、岗位有了内在的一定之规，而这些部门、团队、岗位也像川谷归于江海一样，同归于组织之道。这难道不正是组织的最高管理者必须坚守组织之道的根本原因吗？由此也集中体现出本章的核心主题，即"侯王若能守之，万物将自宾"。

▌管理要义 ////

　　组织管理不能只是依靠价值观念和人心，还离不开规则体系。但是，规则体系与价值观念并非相互独立的存在，更不是相互冲突的两张皮，而应该是一体两面的关系。价值观念是设计规则体系的指导思想，而规则体系则是价值观念得以融入组织行为及组织的产品和服务之中的可行途径。造成规则体系与价值观念相互割裂的根本原因，在相当程度上，是因为管理者将规则体系与价值观念都做了工具化处理。

《老子》第33章

　　知人者智，自知者明。胜人者有力，自胜者强①。知足②者富③，强④行者有志，不失其所者久，死而不亡者寿。

字词注释

　　①强：这里指内心强大，也可以引申为软实力而非硬实力强大。

　　②足：这里指脚，引申为立足点，同上章的"止"含义相近。

　　③富：形声字，本义指完备，这里引申为精神富足。

　　④强：这里是竭力、尽力的意思。

▌今文意译 ////

能认识他人，说明有才智；能认识自己，才有洞察力。能战胜他人，说明有硬实力；能战胜自己，才是内心强大。只有理解了思维的立足点，精神才能富足；能竭力前行，必定有明确的志向；不失去自己的定位，才能保持长久；虽死犹生，才是真正的长寿。

▌分析解读 ////

本章讲最高管理者首先要从认识自己、战胜自己入手，来履行管理职责，为此就必须找准管理的立足点和终极目标。

可以将本章的主语视为组织的最高管理者。对于最高管理者来说，识人、用人是首要职责，因而，老子说"知人者智"。这意味着，最高管理者能够认识和理解他人，也就说明具有了才智这种基本的岗位胜任力。但是，即便"知人"对于最高管理者的岗位胜任力来说很重要，也还是远远不够的。因为这里的"知人"，还只是从组织中人职匹配的角度去考虑问题，即具备什么才能的人适合做什么岗位的事，而没有从人之为人的更高层次去全面、完整地理解人。对于最高管理者来说，只有全方位而不是单向度地理解人，才能超越特定岗位的狭义才能要求，给人以更全面发展的机会，从而真正激活人的潜能，让人和组织得到同步成长。为此，最高管理者必须站在人之为人的共同特征的角度来理解人。这就要求最高管理者必须学会眼睛向内，首先认识自己，并透过对自己的深刻解剖，达到对人之为人的共同特征的理解，再立足于人的共通性这个更高的视角，来认识和理解他人。如此才会拥有更深远的洞察力，即"明"。这便是"知人者智，自知者明"的道理所在。

最高管理者除了识人、用人之外，不可避免地还要下命令、做指示，这往往意味着硬实力的使用。特别是在外部竞争环境中，硬实力也是竞争优势的重要来源之一。所以，老子才说"胜人者有力"。但是，对于最高管理者而言，真正的挑战或许不是如何运用硬实力战胜他人，而是如何运用思维的力量战胜自己的各种源自生物本能的欲望。即便是对于作为委托人的最高管理者来说，组织也不是私人物品，不能模糊了组织中的公私边界。最高管理者只有战胜了自己的生物本能，才能真正做到内心强大、公私分明。这恰是"自胜者强"的深刻管理内涵。

更进一步，最高管理者要做到"自知者明""自胜者强"，就必须在思维或心上面下工夫。思维的正确运用，离不开内在价值准则，这就是"道"。正是"道"，构成了思维的立足点或心的归宿。当老子说"知足者富，强行者有志"时，就是在用"足"和"志"，来表达思维的立足点和终极目标追求。这里的"足"，即"止"，代表思维的立足点，而"志"，也就是思维要追求的终极目标。立足点和终极目标两极相通，都内含着组织之道。有了立足点，思维才能得以有效运用，并在不断运用中变得强大，实现内在的精神富足，持续追求终极目标；也正因为有了终极目标的牵引，思维才能找准定位，不迷失，执着前行，有效积累；更重要的是，有了作为思维立足点和终极目标追求的组织之道，才能让组织人的培养成为可能，在一代又一代组织人的共同努力之下，最高管理者虽然在不断更迭，但组织之道和组织却得到传承，实现可持续发展。这就是"不失其所者久，死而不亡者寿"的管理意义所在。

当然，本章的主语也可以理解为一般组织成员和整个组织。如果组织中大部分成员都能做到"自知者明""自胜者强"，并能从"知足""有志""不失其所"上去持续努力，组织当然也就会"久"和"寿"。那些能实现基业长青的组织，也就意味着组织的生命周期远远超越了个体生命周期。在老子看来，组织要达到这样的"久"和"寿"，关键就在于组织之道的传承；用组织之道去熏陶和培养一代又一代的组织人，再由一代又一代的组织人继承、发扬、光大组织之道，持续开创出全新而有生命力的组织事业。当组织进入这种良性循环的发展轨道，自然也就能实现基业长青，达到"久"和"寿"。不过，组织要进入这种良性循环的发展轨道，关键还在于最高管理者自身首先要从"知足""有志""不失其所"上去下工夫。

管理要义

做管理，思维先于权力。管理者不能让思维去追逐权力，而应该先找到思维的立足点，明确终极目标追求。这样一来，管理者的思维运用才会有内在的一定之规，培养起正确的思维方式。管理者有了正确的思维方式，再来使用权力，才能从内部确保权力不被滥用。没有正确的思维方式，只是寄希望于外部有一套关于权力如何运用的详细规则，以此来保证管理者不走样地使用权力，即便能做到，也会把管理工作变成机器也能做的例行工作。这实际上已经不再是管理工作了。管理工作的特点，恰是要针对例外，而管理工作中的权力运用，本质上是一种自由裁量权。只要做管理，就必然存在无法规则化的自由裁量空间。在这种没有外在规则可循的情况下，内在的思维方式就会起决定性作用。正确的思维方式才是做好管理工作的前提。

《老子》第34章

大道氾①兮，其可左右②。万物恃之而生而不始③，功成不名有，衣④养万物而不为主。常无欲，可名于小；万物归焉而不为主，可名为大。是以圣人能成其大也⑤，以其终不自为大，故能成其大。

字词注释

①氾：通"泛"，广泛、宽泛，无所不在的意思。

②左右：这里指方位，意思是可左、可右，无所不到。

③始：王弼本此处用的是"辞"字①。像第2章"万物作焉而不辞"一句中的"辞"字应为"始"字一样，根据陈徽的综合考证，这里的"辞"字，也

---

① ［魏］王弼著，楼宇烈校释：《王弼集校释》（上），中华书局1980年版，第86页。

应为"始"字，即起源、起始的意思①。据此，将王弼本此处的"辞"字改为"始"字。

④衣：这里是覆盖的意思。

⑤是以圣人能成其大也：王弼本没有这句话，但傅奕本、吴澄本均有这句话，而帛书甲乙本也有类似的表述②，据此增添此句。

▌今文意译 ////

　　组织之道像天地之道一样，广泛存在，无所不及。万物虽有赖于天地之道而产生，却并不知晓这个起源，而天地之道有如此丰功伟业，也从不自我夸耀，仍在默默滋养着万物，却从不自认为是万物的主宰。天地之道没有自己明确的意图，看似很渺小，但万物又都自愿地归附于天地之道，这又让天地之道看上去很伟大。正是由此得到启示，理想化的最高组织管理者便能够成就组织之道的伟大，因为他从不认为自己有多么伟大，所以反而能成就组织之道的伟大。

▌分析解读 ////

　　本章再次使用组织之道与天地之道做类比，进一步阐明组织之道的性质及最高管理者所应扮演的角色，从而揭示出"死而不亡者寿"的深刻内涵。

　　"大道氾兮，其可左右"，说的是天地之道具有无处不在、无所不至的特点。正因为如此，天地间的万物才因之而生，却又并不知晓这个根源，好像万物是自然而然产生的，不需要刻意感恩于谁一样；而天地之道虽然有创生万物的伟大功业，却也从不自我表彰，仍在默默滋养着万物，并不自认为是万物的主宰。这就是老子反复阐述的天地之道与万物之间的关系。

　　老子在本章再次阐明天地之道与万物之间的关系，是为了进一步引申出这样的观点，即"常无欲，可名于小；万物归焉而不为主，可名为大"。这句话

---

①　陈徽：《老子新校释译》，上海古籍出版社2017年版，第200页。

②　分别参见[唐]傅奕：《道德经古本篇》，载[明]张宇初等编：《道藏》（第十一册），文物出版社、上海书店、天津古籍出版社1988年版，第485页；[元]吴澄撰，黄曙辉点校：《道德真经吴澄注》，华东师范大学出版社2010年版，第49页；高明：《帛书老子校注》（下），中华书局2020年版，第579页。

包含了两个观察视角及两个完全不同的结论：一是"小"，二是"大"。

如果从天地之道本身的视角来看，天地之道并没有明确的意图和欲求，一定要去做什么，即"常无欲"，那么，似乎可以得出结论认为，天地之道是极其渺小的，以至于万物都感觉不到其存在。但是，如果从万物的角度来看，却又不得不承认，万物无不归附于天地之道，天地间没有哪种存在物能够像天地之道那样无所不在，由此又可以得出结论：天地之道是如此伟大，以至于没有哪种存在物不受其影响。虽然"大""小"都是就天地之道而言，但因视角不同而结论完全不一样。说天地之道"小"，那是从天地之道自身的视角来看的，这恰表明天地之道从不自言伟大，正好印证了前面说的"功成不名有，衣养万物而不为主"；说天地之道"大"，那是从万物的视角来看的，这恰表明万物自然地归附于天地之道，只有如此，才是真正的伟大，即自言"小"，实则"大"。

以此类推，再来看代表组织的最高管理者到底应该怎样做，也就很清楚了。所以，老子说，"是以圣人能成其大也，以其终不自为大，故能成其大"。这里的"圣人"，仍指理想化的最高组织管理者。理想化的最高组织管理者也是组织之道的化身，会像天地之道那样，从不自以为"大"，反而能像天地之道让万物归附一样，让组织中的人和事都因组织之道而得以成长和发展，这才是真正意义上的"大"。当然，老子这里所说的"大"，并不是最高管理者个人之"大"，而是组织之道和组织之"大"。这才是真正具有广泛性和永恒性的伟大。组织之道的伟大就在于组织本身的影响之广泛和恒久，这正是上章所讲的"不失其所者久，死而不亡者寿"的含义。

但是，最高管理者如果认识不到自己必须融入组织，成为组织之道的化身，而是总想凌驾于组织之上，把组织变成实现个人伟大的工具，其结果必然适得其反，不仅自己无法伟大，也会连带着让组织随自己一起变得渺小。因个人而伟大的组织，也一定会因个人而渺小。只有那些超越了个人的伟大，奠基于伟大的组织之道上的组织，才能真正走向伟大。这才是老子说"以其终不自为大，故能成其大"的意义所在。但遗憾的是，老子这句话经常被人们从策略性手段的角度去理解，认为这是管理者应该采取的一种韬光养晦、保持低调的策略。

其实，老子只是用天地之道做类比，启发最高管理者去体会如何才能成就一个真正伟大的组织。如果说这里有策略的成分，那是否意味着天地之道也是天地所使用的一种策略呢？这再次表明，管理者的真诚，对于组织的健康发展来说，实在是太重要了。

▌ 管理要义 ////

组织从来都不想伟大，但伟大的组织确实存在，那不是自封的，而是被历史选择出来的，更是被组织中一代又一代默默无闻的组织成员，当然也包括管理者创造出来的。组织作为一种观念的存在，根本不需要自我宣称伟大，也不可能去借任何媒介标榜自己伟大，组织在人们心中，为人们所认可，自然就会伟大。但不容否认的是，在现实中，有太多人想变得伟大，恨不能一夜之间就声名鹊起。尤其是管理者，无不梦想着成为名垂青史的伟大管理者。但又有几人遂了自己的心愿？这确实值得管理者深思。管理就是责任。管理这个职业首先意味着奉献。管理者或许只有在奉献自我、成就组织的持续努力过程中，因组织的伟大而被历史记住，成为后人心目中的伟大管理者。

《老子》第 35 章

执大象①，天下往②；往而不害，安③平太。乐与饵④，过客止。道之出口，淡乎其无味，视之不足⑤见，听之不足闻，用之不足既⑥。

字词注释

①大象："象"，即形象，"大象"，即大到无形象可言，这里隐喻天地之道。

②往：这里是归向的意思，既指天地间万物归向天地之道，也隐喻组织中的人和事归向组织之道。

③安：这里是于是、乃、则的意思。

④饵：形声字，本义指用米粉做成的饼，这里引申为食物的意思。

⑤足：这里是足够、能够的意思。

⑥既：会意字，甲骨文和金文中像一个人跪坐在食物前却扭头不看的样子，表示吃饱了，因此，本义为已吃完饭。这里是尽、终结的意思。

▌ 今文意译 ▰▰▰

就像天地之道让万物归向一样，组织之道也是人心所向；万物归向天地之道不会被伤害，于是便能达到和谐安康，人心归向组织之道也不会被伤害，同样能达到和谐安康。动听的音乐和美味的食物，能引得行人止步，天地之道和组织之道表达出来，却是淡而无味，想看也看不见，想听也听不到，想用也用不着。

▌ 分析解读 ▰▰▰

本章在上章基础上进一步说明，组织之道像天地之道一样大而无形，影响广而无边，不可能成为最高管理者实现个人意志的工具。

上章讲到"大"，而本章则用"大象"来比喻天地之道和组织之道。也就是说，组织之道犹如天地之道，是无象之象，故称"大象"。既然没有谁能看得见、摸得着这种无象之象，又谈何"执大象"呢？但是，这里的"执"，并非用"手"或有形的工具去"执"，而是用思维或心去执着地追求。正因为万物都必然受天地之道的影响，自然地归向于天地之道，对天地之道而言，才会出现"执大象，天下往"。这句话对组织之道同样适用。只要组织的最高管理者执着地追求和遵循组织之道，自然而然地，组织中的人和事，甚至组织外的人们都会心生向往，因为正像万物追随天地之道不仅无害，反而"平太"一样，人们追随组织之道也无害且"平太"。

必须强调指出的是，人们心生向往，并愿意追随的是组织之道而非最高管理者个人，更不是因最高管理者设置了什么诱人的奖励措施，把人们吸引过来，也不是因一时的宣传鼓动，让人们心生希望而来。组织之道是组织存在和发展的内在根据，是人们的共同利益所在，而这种共同利益由人们内心切实感受到并自觉认同的观念所决定，并不是能被外在力量或言辞打动的。因此，老子明确指出："乐与饵，过客止。道之出口，淡乎其无味，视之不足见，听之不足闻，用之不足既。"这就排除了一切功利考量，让组织之道回归观念的力量。

如果只是出于眼前的功利原因，人们才追随组织之道，那么，很有可能像"乐与饵"让"过客"止步一样，一旦音乐和美食消失了，人们也就会离开。但是，组织之道正像天地之道一样，其影响并不在于眼前功利效果多么强大。如果从功利效果来看，组织之道好像没有什么用处，说出来也是平淡无奇，想看却看不见，想听还听不到，想用又无从下手，很难满足人们当下的功利需要。既然如此，那么，这样的组织之道何以能成为组织存在和发展的根基，必须为最高管理者所认同和践行呢？这恰是后面两章将要回答的重要问题，也是上篇在结束前必须做出回答的根本问题。

▌管理要义 ////

如果说组织本质上是一种观念的存在，那也就意味着，组织是由那些具有内在价值观念坚守的人所构成，而每位组织成员都成了组织的价值观念的真正载体，也即人本身就是以价值观念为核心的一种文化存在。这时若把组织文化作为一种管理工具，就会有严重问题。因为这涉及人能否成为工具或手段的问题。

在现实中，当人们说"文化管理"的时候，实际上已经有意无意地将以价值观念为核心的组织文化当成了一种工具。这种工具意义上的组织文化，早已被物化为类似于动听的音乐和美味的食物了，以此来吸引人们为实现其他目标如利润增长服务。

工具化的组织文化并非真正的组织文化，而建基于工具化的组织文化之上的组织，只不过是物化资源的积聚而已，即便是组织成员，也已退化成一种特殊的物化资源。在这样的组织中，人变为手段，不再是目标。这样的组织还能称为真正意义上的人的共同体吗？这的确是一个值得深思的管理问题。

《老子》第36章

将欲歙①之，必固②张之；将欲弱之，必固强之；将欲废之，必固兴之；将欲夺③之，必固与之，是谓微明④。柔弱胜刚强。鱼不可脱于渊⑤，国之利器⑥不可以示人。

字词注释

①歙：通"胁"，缩、收的意思。

②固：形声字，本义指四周密闭，没有缝隙，这里是必定、一定的意思。

③夺：会意字，指鸟从手上飞去，本义为失去，这里即失去的意思。

④微明：这里指事物发展变化的微妙征兆。

⑤渊：这里是深潭、深池的意思。

⑥利器：这里隐喻组织的硬实力。

今文意译

对于万物而言，将要收缩，必定先张开；将要衰弱，必定先强盛；将要覆灭，必定先兴旺；将要失去，必定先得到。这就是事物发展变化的微妙征兆。柔弱总会超越刚强。所以，就像鱼不能脱离深潭一样，组织的硬实力也不能随意向人炫耀。

分析解读

本章首先从有形事物的发展变化特点出发，说明无形之道与有形之物是不一样的，最高管理者不能仅看到有形之物，只想借有形之物达到功利目标，那样必定会走向反面。

老子列举了现实中对立面相互转化的四种现象，即"将欲歙之，必固张之；将欲弱之，必固强之；将欲废之，必固兴之；将欲夺之，必固与之"。值得注意的是，人们习惯于将这些关于对立面相互转化的描述理解为策略性手段，似乎老子这里讲的是最高管理者应该使用什么样的策略以达到自己的目的，尤其是当面对其他各级管理者的时候。这种有关"治人之术"的引申，可能是对这段话的误读。要避免误读，恐怕关键在于，不要给这段话加上诸如"侯王"或最高管理者这样的主语，同样也不能加上"道"这个主语。无论是天地之道还是组织之道，都不会刻意去做诸如"将欲歙之，必固张之"这样的事。关于这一点，老子在前面已讲得很清楚，"道"不仅会一视同仁地对待万物，而且绝不会去干预万物的自然成长过程。

老子这段话的主语既不是"侯王"或最高管理者，也不是"道"，而是万物本身。万物并非处于静止状态，总是处在动态变化之中。在老子看来，万物动态变化的特征就是对立面转化。凡是看得见、摸得着的有形物化存在，无时无刻不处在向对立面的转化过程之中。联系上章的内容便不难理解，老子讲这段话的深意恰是，组织的最高管理者如果只是功利化地盯住那些有形的物化存在，力图仅凭硬实力去做大做强，就一定摆脱不了这种对立面转化的铁律。强大之后必然是衰败。因此，那些真正明智的最高管理者，便不会去人为地做大做强，更不会去刻意炫耀自己的硬实力。

老子这段话里频繁出现的"将欲"，可以简单地理解为某种事物将要怎样，也即其发展变化的下一个阶段会是什么，必定会先有某些征兆，而那个指代比较模糊的"之"，则可以理解为某种事物自身，也即自己使自己怎样，这恰是老子一贯主张的"自然"，即自然而然，自己使自己成为那种状态。基于此，"将欲歙之，必固张之"，说的就是，事物的发展将要进入收缩阶段，前期征兆一定是张开。"将欲弱之，必固强之"，则讲的是，事物的发展将要进入衰弱阶段，前期征兆反而可能是强盛。"将欲废之，必固兴之"，其中的"废"，并非由于外部力量所导致的"被废弃"，而是事物自身的覆灭、衰败；事物的发展将要进入覆灭、衰败阶段，前期征兆却是兴旺、红火。"将欲夺之，必固与之"，其中的"夺""与"，也不是来自外部力量的刻意使然。"夺"的本义是失去。任何事物要生长，都必须从环境中获得生存空间和资源，而当事物的发展将要进入与环境不匹配、要失去生存空间和资源的阶段，前期征兆恰是与环境相适应、得到生存空间和资源。这意味着，对任何事物的发展变化来说，有失必有得，有得必有失。这并非有什么外部力量在刻意施为，而是任何事物发展都无法逃脱的对立面转化铁律使然。因此，老子在说完这段话后总结道，"是谓微明"。这里的"微明"，直白地说，就是一种或隐或现的光亮，意指那种微妙的、不宜为人们所察觉的事物发展变化的征兆。

本章所说的"微明"，与第16章、第22章、第33章所讲的"明"以及第27章所讲的"袭明"，其含义有比较大的区别。当把"明"与"智"相对时，说的是主体的自我把握、自我理解，这是一种内化之明，即"心明"，是专属于人的；相应的，"袭明"，则是立足于"道"的传承而对事物发展变化趋势的洞察力，可以说是对"微明"的主动把握，是对事物发展变化趋势的洞见。从这个意义上说，"微明""明""袭明"是内在地联系在一起的。"微明"是作为客体的事物发展变化的征兆，而"明"和"袭明"则是作为主体的人的自我认知和洞察力。

最后，老子概括出"柔弱胜刚强"的结论。这里的"胜"，并不是"胜过""战胜"的意思，而是超过、超越的意思，也就是说，从动态变化的角度来看，柔弱总有一天会超越刚强。联系上面所讲的对立面转化，便不难理解，任何事物都处在动态变化之中，不可能一直强，也不可能永远弱，柔弱和刚强作为对立面，总要相互转化。因此，组织的最高管理者千万不要太过迷信那看得见的强大硬实力。硬实力固然重要，但硬实力的背后是物化资源，一定摆脱不了对立面转化的铁律；同样，最高管理者也不应无视那些尚处在边缘化地位的看似弱小的存在，今天的弱小很可能就是明天的强大。对立面的转化，时刻都在发生着。强大预示着衰弱，而衰弱则预示着强大。这就要求最高管理者时刻保持警觉，要像"鱼不可脱于渊"那样，不要刻意去炫耀组织的硬实力，那恰是走向没落的不祥兆头。

组织的发展不能没有硬实力，但管理者也不能过于迷信硬实力，更不能刻意炫耀硬实力。必须牢记的是，硬实力总是建立在物化资源之上，而所有物化存在都无法逃脱对立面转化的命运。今天强大的硬实力，在已发生变化的环境中，很可能会成为明天发展的最大障碍。这也被称为"竞争力陷阱"。管理者如果将组织的发展完全寄托于硬实力，确实很难摆脱"竞争力陷阱"。要避免跌入"竞争力陷阱"，组织就必须同步发展软实力。软实力是一种由扎根于特定社会文化传统的价值观念所产生的广泛且长远的影响力，也是一种观念的力量。从根本上说，正因为软实力是一种观念形态而非物化形态的存在，才具有了进入人心、激活潜能、实现创造的无限可能性。

《老子》第 37 章

道常无为而无不为，侯王若能守之，万物将自化①。化而欲作②，吾将镇③之以无名之朴④。无名之朴，夫亦将无欲。不欲以⑤静，天下将自定。

字词注释

①化：这里是造化、化育的意思。

②作：这里是有所作为的意思。

③镇：形声字，本义指在大范围内压，这里是使安定、平定的意思。

④无名之朴：这里指"道"，即组织之道和天地之道。

⑤以：这里是连词，表示承接递进，更、又、而且的意思。

■ 今文意译 ////

组织之道像天地之道一样，并不刻意要去做什么，但结果却能让组织事业像天地间万物那样生机无限，最高管理者如果能够坚守这种信念，组织事业就会像天地间万物一样自然而然地化育生长。一旦看到组织事业蓬勃发展，最高管理者可能会不由自主地想有所作为，以谋求组织事业的更快发展，这时就必须用组织之道来平复个人意志的冲动。组织之道能让最高管理者超越个人的生物本能，扼制住想要人为推进组织事业发展以彰显个人英明伟大的冲动。当最高管理者扼制住个人想有所作为的冲动，组织的其他各级管理者和一般组织成员才能自主地发挥他们的聪明才智，实现组织事业的可持续发展。

▌分析解读 ////

本章与上章互补。上章讲以物化资源为基础的硬实力总免不了要向对立面转化，这就给组织的可持续发展带来了巨大挑战，而本章则阐明最高管理者如何才能立足于组织之道，在不同类型物化资源的动态转化中，实现组织的可持续发展。

在天地之间，虽然某种具体事物总免不了要向对立面转化，无法摆脱衰亡的命运，但是，如果从万物整体的角度来看，在个体的此消彼长、相互对冲的动态转化中，作为整体的万物，却永远处在生机勃勃的状态。一种事物凋零、消失了，又有一种新事物诞生、成长起来，而天地间的万物永远是那么繁荣昌盛。试想，如果天地之道只是关注某种事物，天地间也只有这一种事物存在和发展，那结果又会怎样？伴随着这种事物不可避免地走向衰亡，天地和天地之道也将走向"死寂"。这再次说明，天地和天地之道绝不会刻意关注某种具体事物，更不会强力促进某种具体事物的成长和发展，这样反而能够让各种事物自然而然地产生和发展，天地间永葆生机盎然。这就是老子开宗明义地讲"道常无为而无不为"的深刻含义。

老子这句话也是一语双关，既在讲天地之道，也在隐喻组织之道。组织之于各项事业、业务和任务的关系，正像天地之于万物的关系一样。如果代表组织的最高管理者能从天地与万物之间的关系获得启示，就会做到不去刻意关注某项具体事业、业务和任务的发展，而是让相应的组织单元、部门、团队自发地开展工作。这样也就有可能在组织中产生犹如天地间各种事物此消彼长而万物总体生机盎然的局面。反之，最高管理者只关注组织中某一项事业、业务或任务，不断将资源投入其中，看上去组织发展很快红火起来，很有竞争力，但是，随着这项事业、业务或任务的衰落，组织也会很快衰落。这样的例子在现实中屡见不鲜。所以，老子才明确指出，"侯王若能守之，万物将自化"。这里的"侯王"，就是当时历史条件下各诸侯国组织的最高管理者，他们如果能像天地那样不以个人意志刻意作为，结果也一定会让组织事业发展像天地间万物一样生机勃勃。

现实中的最高管理者即便被视为组织之道的化身，也还是有"身"。只要有"身"，生物本能和个人意志便会时不时地冒出来。特别是当最高管理者看到组织中的某项事业、某个部门或团队有很好的发展势头，能为提升组织竞争力做出巨大贡献时，便会忍不住去添柴加油，想让这项事业更兴旺、让这个部门或团队的贡献更大。但是，最高管理者越是要人为地堆积资源做大这项事业、做强这个部门或团队，往往越会加快向对立面转化的进程，既加速了其衰亡，也让组织因锁定其中而同步走向衰落。因此，那些心怀组织之道的最高管理者，心中就会有一个声音在提醒他，务必保持镇静，不要被某项事业、某个部门或团队眼前的辉煌所迷惑，要从组织的全局和长远出发考虑问题，让各项事业、各个部门和团队自主地实现创新发展，扼制住以个人意志去人为加速发展的诱惑。这就是老子所说的"化而欲作，吾将镇之以无名之朴。无名之朴，夫亦将无欲。不欲以静，天下将自定"。

在老子这句话中，"吾"，代表组织之道，也可以理解为心怀组织之道的最高管理者的那个"本真"的自我，而这个"本真"的自我总是要面对那个由生物本能之"身"所产生的各种意志、欲望、偏好、意图等。正因为现实中的最高管理者有此"身"，也就免不了会时不时有一种想作为的冲动，特别是当看到某项事业有大发展的前景时，这种冲动会更强烈，这时那个代表组织之道的"本真"之"吾"就会提醒最高管理者，并用组织之道所代表的组织共同利益来平复其个人意志的冲动。如此一来，当最高管理者保持平静，而让组织之道和组织的规则体系发挥作用时，组织中各项事业才能自发有序发展，新事业也才有机会不断涌现出来，从而让组织保持一种整体上的生机活力。这便是老子说"天下将自定"的深刻寓意。其中，"天下"既指天地间万物，更用来隐喻组织。当组织的最高管理者不刻意去干预事业发展时，在不同类型事业的交替自发成长中，整个组织反而有可能实现可持续发展。这也意味着，最高管理者必须超越对硬实力的执着，才能实现"不欲以静，天下将自定"。

必须强调的是，最高管理者超越硬实力，绝不是说组织可以不要硬实力，而是要让硬实力扎根于组织的不同事业的动态转化发展之中。这主要不是最高管理者的责任，而是组织中不同的事业单元、业务部门、任务团队的责任。要让这些不同的事业单元、业务部门、任务团队在此消彼长、对冲变化过程中，能牢固地凝聚在一起，支撑组织整体的可持续发展，又离不开组织之道这个内在的观念共识赋予各项事业、业务和任务的精神价值。最高管理者的首要责任，是代表和维护组织之道这个内在的观念共识。要切实担当起这个首要职责，最高管理者必须发自内心地认同和践行组织之道。这便回答了第35章所提出的问题，即组织之道看不见、听不到、用不着，何以能成为组织存在和发展的根基，必须为最高管理者所认同和践行？

▌管理要义 ////

组织中各项事业和业务的自主创新，是组织实现可持续发展的真正动力。创新对于组织的可持续发展固然非常重要，但是，创新并不是组织的最高管理者的直接职责；而且，从某种意义上说，最高管理者还应该有意回避和远离创新。原因很简单，不存在抽象意义上的创新，组织中所有创新都深深扎根在特定的事业、业务乃至任务中。最高管理者的职责不在于如何做好某项具体事业、业务或任务，而在于如何为组织的不同事业、业务和任务的自主发展及健康成长创造条件、提供支持。只有当最高管理者对于各种类型的创新都既不偏好也不干涉时，组织才有可能变成一个真正意义上的创新生态系统，在各项事业、业务和任务中不断自发地涌现出创新。尤其是那些带有根本性、突破性的创新，往往是来自于一些当下看似边缘的领域；也只有在创新生态系统中，这些边缘领域的创新才有可能慢慢成长起来，演变为组织未来发展的新方向和竞争优势的新来源。所以，组织可持续发展的真正动力，并不是那种由最高管理者主导的创新，而是来自组织的不同事业、不同领域中此消彼长、自生自发的创新。

下篇 德

五

《老子》第38章

上德不德①，是以有德；下德不失德②，是以无德。上德无为而无以为③，下德为之而有以为。上仁④为之而无以为，上义⑤为之而有以为，上礼⑥为之而莫之应，则攘臂而扔之⑦。故失道而后德，失德而后仁，失仁而后义，失义而后礼。夫礼者，忠信之薄而乱之首。前识⑧者，道之华⑨而愚之始。是以大丈夫⑩处其厚，不居其薄；处其实，不居其华。故去彼取此。

字词注释

①上德不德："上德"，指真正意义上的"德"，即"道"在心中，由内而外的自然体现；"不德"，指不刻意强调和表现"德"。这句话的意思是：真正有德行的人，从不刻意强调和表现德行。

②下德不失德："下德"，指口头上的"德"，也即反复强调"德"之人；"不失德"，指一刻不停地强调和表现"德"。这句话的意思是：那些天天讲德行的人，总是在刻意强调和表现德行。

③无以为：是无所执着、无所偏向的意思。

④上仁：这里指一种非正式的行为规范，用以调整人与人之间的关系。

⑤上义：这里指一种非正式的行为规范，用以调整人与物之间的关系。

⑥上礼：这里指一种具有明确的外在行为要求的正式行为规范。

⑦攘臂而扔之：意思是撸袖出臂、强制人们遵从正式行为规范。

⑧前识：即"前知"，有预知未来之意。

⑨道之华："华"，指表面上的、华而不实。"道之华"，即"道"的表面形式、末梢或细枝末节的意思。

⑩大丈夫：这里指真正意义上的管理者。

今文意译

真正有德行的人，从不刻意强调和表现德行，所以才真正有德行；那些天天讲德行的人，总是在刻意强调和表现德行，反而不会有德行。真正有德行的人既不刻意作为，也不执着偏颇。那些天天讲德行的人却总是刻意而为，又免不了执着偏颇。真正内在的仁爱准则，虽然也有明确的行为要求，但并不执着偏颇；真正内在的正义准则，既有明确的行为要求，也有清晰的指向性；真正外在的礼仪规范，具有明确的行为要求，如果不遵守，还会受惩罚。所以，一旦失去了对组织之道的内在认同和践行，就只能不断地强调德行，也不得不建立起像仁爱与正义这样的内在准则及礼仪这样的外在行为规范。作为外在行为规范的礼仪，如果单纯依靠它，便会导致行为外在化，从而让内在准则失去意义，让尽己尽责、诚实守信这些由内而外的职业操守越来越薄弱，最终成为组织动荡的根源。所谓预见未来，不过是组织之道的虚华表象而已，人们若执着于此，则会变得更加愚蠢。所以，真正的管理者一定要立足于组织之道这个坚实基础，而不流连于浅薄的表象。管理者必须舍弃对外在表象的执着而选择对组织之道的坚守。

分析解读

"道"之在人为德。从本章开始，老子着重阐明组织之道如何才能真正与组织成员相结合，融入组织的日常工作实践之中。本章区分了组织之道在组织管理中的几种典型表现形式。

首先，老子将真正意义上的德与表面形式上的德，做了严格区分。真正意义上的德，被称为"上德"，而表面形式上的德，则被称为"下德"。"上德"

与组织之道同体两面，是人们发自内心对组织之道认同和践行之后的自然表现。具备"上德"的人，从不刻意而为，却又总能将行为自然而然地导向组织最广大的共同利益，所以，行为才没有明显的偏向性，与组织之道的要求完全一致，这便是"上德无为而无以为"。从某种意义上说，"上德"，也是组织公德的典型表现，即全心全意、自然而然地从组织最广大的共同利益出发来思考和行动。但是，具有"下德"的人却不一样，总想刻意有所作为，努力表现得很有德行，反而带有鲜明的功利色彩和偏向性，这便是"下德为之而有以为"。老子关于"上德"与"下德"的区分，具有非常深刻的管理启发意义。

其次，老子还进一步阐述了内在价值观念与外在行为规范的不同管理定位。既然"上德"是人们关于组织之道的一种坚定信念，即认同和践行组织之道的自然行为表现，那么，从理想状态看，只要组织成员具备"上德"，自然就会知道什么重要、什么不重要，什么应该做、什么不应该做，什么有价值、什么没有价值，也即形成一种明确的内在价值观念。但是，在现实中，像信念这种极度内隐的知识或心理状态是很难被确认的，由信念自动派生出相应价值观念或价值准则的过程，不仅会因人而易，而且存在巨大的不确定性。尤其是考虑到"下德"在现实中普遍存在，也就容易理解，几乎没有一个组织不明确强调价值观念和行为规范，特别是对于那些掌握着巨大自由裁量权的管理者，强化内在价值观念和外在行为规范是极其普遍的现象，也是组织管理中不可忽视的文化体系建设的重要内容。在这里，老子对当时各诸侯国普遍倡导的"仁""义""礼"进行了分析说明。

在老子所处的时代背景下，"仁"与"义"是非常重要的两种互补的价值观念。"仁"，侧重于人与人之间的关系；而"义"，则侧重于人与物之间的关系。这两种价值观念都是内在的认同和承诺，不能仅仅停留在纸面和口头。相应的，"礼"，是一种外在的行为规范，对看得见的行为有一定强制性的要求，若有违背，则会受到相应惩罚。

明确了"仁""义"是内在的互补价值观念，"礼"是外在的行为规范，便容易理解接下来老子对三者的清晰定位，即"上仁为之而无以为，上义为之而有以为，上礼为之而莫之应，则攘臂而扔之"。真正意义上的"仁"作为一种内在的价值观念，具有明确的价值导向作用，强调的是以爱为核心的人与人之间的关系，这也可以说是一种"有为"，即"为之"，具有明确的价值准则的定位。但是，"仁"这种价值观念又是对所有人的要求，并不局限于某个特定人群，具有一视同仁的普遍性，因而是"无以为"，即无所偏向。这就是老子说"上仁为之而无以为"的意义所在。

真正意义上的"义"，同样作为一种内在的价值观念，其特点却略有不同。用老子的话说即"上义为之而有以为"。也就是说，"上义"涉及人与物之间的关系，具有明确的利益导向性或区分性。至少对于那些掌握权力的管理者来说，"上义"作为内在价值准则的要求是更为明确具体的。组织管理必然涉及公正分配的问题，而公正分配则首先是对那些拥有权力的管理者的基本要求。从这个意义上说，公正分配有着鲜明的指向性，首先指向的是管理者群体，而且，职位越高，"上义"的要求就会越强。在这一点上，"上仁"与"上义"有所不同。"上仁"是关乎人与人之间关系的价值准则，对所有人而言都是一样的，组织中每个成员都处在同其他成员的互动关系之中，人们都应该建立起关心其他成员的切身利益，进而关心组织最广大的共同利益的基本价值准则。但是，"上义"主要是处理人与物质资源之间关系的价值准则，组织中建基于物化资源之上的权力分布是不对称的，管理者比一般组织成员支配物化资源的权力要大得多，而职位越高的管理者，支配物化资源的权力也就越大，相应地，职位更高的管理者直至最高管理者，"上义"的要求当然也就会更高，这就体现出了"上义"的明确指向性。严格来说，"上义"是一种责任，而组织中不同性质岗位的责任是不一样的，这便是"有以为"的含义，即具有某种指向性或倾向性。

真正意义上的"礼"，即"上礼"，针对外显的行为表现，具有明确的规范要求，若违反，还会受到惩罚。这与"上仁"和"上义"明显不同。对于作为内在价值观念的"上仁"和"上义"，人们很难直接进行观察，也就难以在短期内做出违背与否的判断，惩罚便无从谈起；但是，对于针对外显行为表现的"上礼"则不然，人们可以直接观察一个人的行为表现，从而判断其行为是否与规范相吻合，惩罚也就容易有针对性。"上礼"的作用固然立竿见影，负面效应也显而易见。符合"上礼"规范的只是行为，人们心中是否认同就不得而知了。如果将"上礼"与"上仁""上义"割裂开来，或许就容易在组织中出现表里不一的情况。所以，老子才说，"故失道而后德，失德而后仁，失仁而后义，失义而后礼"。

老子在这里虽然用的是先后顺序的表达方式，但实际用意则在于表明，一旦组织中从最高管理者到各级管理者以至一般组织成员都丧失了对组织之道的信念，那么，"上德"或组织公德，就会退化为一种口头上的"德"，即"下德"。这时组织中越是频繁地强调"德"，越表明这种被强调的"德"已不再是一种关于组织之道的坚定信念，而只不过是一种漂亮的标语口号罢了。如此一来，"仁""义"也就不可能成为一种真正意义上的内在价值观念，必然会像"德"一样流于表面形式，因为价值观念和信念是一体的，严格来说，价值观念就是由信念派生出来的，失去了信念，又如何期望价值观念还能发挥作用？这时能剩下来的，恐怕仅有针对外在行为的"礼"了。这也只是因为"礼"针对行为，具有一定的惩罚作用，人们尚有所顾忌，但循"礼"的行为，已不再是基于信念和价值观念的认同，只是为循"礼"而循"礼"。其结果必然是老子所说的"夫礼者，忠信之薄而乱之首"。既然人们已失去了内心的信念和价值观念认同，只是因怕被惩罚而在表面上遵循"礼"，那么，人们不仅会因内心失去认同、无所依托而迷失方向，更会因只看重那些强制力量而达到迷信的程度，于是也就会对号称能预知未来的神秘力量心生向往，即老子所说的"前识者，道之华而愚之始"。

所以，真正有效的管理应该从根源处入手，而不能只盯住表现出来的行为本身，更不能只是喊漂亮口号。管理的根源处，恰在于人的思维或"心"。要做好管理，管理者必须先在自己的内心培植起关于组织之道的信念根基，并建立起内在的价值观念认同，然后才有可能由内而外地去影响他人，逐渐确立起组织的价值观念共识，赋予组织的行为规范和规则体系以活的灵魂。这正是老子最后说"是以大丈夫处其厚，不居其薄；处其实，不居其华。故去彼取此"的深刻管理寓意。其中，"大丈夫"，指的就是真正意义上的管理者；"厚""实""此"，说的都是管理的根源处，即心中的"道"和"德"；而"薄""华""彼"，则均指管理的表面形式而言，即嘴里的"道"和"德"以及虚伪做作的行为表现。

▌管理要义 ////

对组织管理而言，文化与业务的确有着完全不同的表现形式。文化是无形的，业务是有形的。有形的业务往往为人们所关注，而无形的文化在很多人看来不过是喊喊口号、写写标语、做做活动而已。这种认识已从根本上扭曲了文化与业务的关系。文化不仅是一种价值观念体系，还会通过人们的行为直接体现出来，并借助有价值观念认同的人的行为进入组织的产品和服务中去。这种由内而外地表达出来的文化，才是真正有生命力的文化，而那些只是写在纸上、说在嘴边的所谓文化，严格来说，并不能称为文化。从这个意义上说，组织文化是由第一价值观或信念及由此派生出来的其他价值观念，再加上行为规范和具体衍生品所构成的体系。任何割裂这个文化体系，只是从一个侧面来看的所谓文化，都已经不再是真正意义上的组织文化了。

作为整体的组织文化，其根源在于管理者和组织成员对第一价值观的坚定信念，进而由信念派生出相应的价值观念认同，又由价值观念认同决定了在特定情境中的行为选择及其创造物。组织文化的主体只能是人，而人之为人的独特性也正在于文化。如果将组织的价值观念视为"道"，即组织之道，那么，承载着组织之道的主体便是具备组织公德的人，也即有"德"的组织人。组织之道在组织人的特定组织行为中的体现，也就是具备组织公德的行为或"德行"。"德行"是信念、价值观、行为和衍生品的一体化。这意味着，德之关键在行，而德之根本在道。从组织管理的角度来看，管理者的管理立足点，便是首先要培养自己的"德行"。

《老子》第 39 章

　　昔之得一①者，天得一以清，地得一以宁，神得一以灵，谷得一以盈，万物得一以生，侯王得一以为天下贞②。其致③之。天无以清将恐裂，地无以宁将恐废，神无以灵将恐歇，谷无以盈将恐竭，万物无以生将恐灭，侯王无以贵高将恐蹶④。故贵以贱为本，高以下为基。是以侯王自谓孤寡不穀⑤。此非以贱为本邪？非乎？故致数舆⑥无舆。不欲琭琭⑦如玉，珞珞⑧如石。

字词注释

　　①一：这里既是原初、开始的意思，又是一体、整体的意思，指的是在原初状态下，任何事物都是一个整体的存在，未曾割裂。

　　②贞：本义指卜问、占卜，这里是正的意思。

　　③致：这里是达到、到达的意思，可引申为推论、得到。

　　④蹶：这里是受挫折、失败的意思。

　　⑤穀：这里是善良的意思。

　　⑥舆：通"誉"，赞誉的意思。

　　⑦琭琭："琭"，玉名。"琭琭"，指玉石华美高贵的样子。

　　⑧珞珞：指石头很坚硬的样子。

今文意译

　　在本源处，任何存在都是完整一体的。上天作为完整一体的存在，才能保持清明；大地作为完整一体的存在，才能保持安宁；诸神各自作为完整一体的存在，才能保持灵验；河谷作为完整一体的存在，才能保持充盈；万物各自作为完整一体的存在，才能持续生长；最高管理者作为完整一体的存在，才能让组织保持正确的方向。由此也许可以得出这样的结论：上天若不能保持清明，恐怕就意味着将要分裂；大地若不能保持安宁，恐怕就意味着将要崩塌；诸神若不能保持灵验，恐怕就意味着将要消失；河谷若不能保持充盈，恐怕就意味着将要干涸；万物若不能持续生长，恐怕就意味着将要灭亡；最高管理者若不能保持组织的正确方向，就得不到别人的尊重，恐怕就意味着将要垮台。所以，贵要以贱为根本，高总是建立在下的基础上。这就是最高管理者要自称"孤""寡""不穀"的原因。这不是要以贱为根本吗？不是吗？所以，越是想得到更多荣誉，反而越没有荣誉。作为最高管理者，不要想着如美玉般高贵华丽，而要像石头那样朴实坚硬。

▌ 分析解读 ////

本章在上章基础上进一步阐明，保持完整一体或一致性对于做管理的重要性，尤其是对最高管理者而言，一致性更是保持组织和谐可持续发展的根本所在。如果说上章是从观念体系的一致性出发，阐述了信念、价值观念、行为规范的完整一体或一致性问题，那么，本章则从最高管理者如何在组织管理上保持完整一体或一致性讲起。

老子首先使用类比的表达方式，以天地万物设喻，引发人们思考组织管理上的完整一体或一致性问题。从本源上看，任何存在都是自我同一的完整一体存在。无论是天地万物，还是人们想象中的诸神，正是由于在本源处的完整一体或一致性，决定了自身存在的本质特征。也可以这样说，任何存在的本质特征，只有在源头处的完整一体或一致性状态中，才能够清晰地表现出来。上天的清明、大地的安宁、诸神的灵验、河谷的充盈、万物的生长，都充分体现了各种存在本身是其所是、自身同一的那种完整一体或一致性。老子举天地万物的例子，不过是要引导人们去思考组织管理的本质特征是什么，以及这种特征在什么前提下才能清晰地体现出来。

在老子看来，组织管理的本质特征应该是正或"贞"，这既是组织规则体系之正，也是组织存在和发展之正。组织管理所应有的正的本质特征，恰是上章所讲的组织之道或价值观念的完整一体或一致性的集中体现。也可以说是组织之道的完整一体或一致性，从根本上保证了组织管理的正。而组织管理的正，首先就要在最高管理者的管理行为中体现出来，那就是"侯王得一以为天下贞"。这就像上天的完整一体存在表现为"清"，大地的完整一体存在表现为"宁"，诸神的完整一体存在表现为"灵"，河谷的完整一体存在表现为"盈"，万物各自的完整一体存在表现为"生"一样。老子这里所说的"一"，既反映了时间上的源起或起始点，又体现为空间上的自我一体化，是不再分裂为各个部分的浑然一体的完整存在。这实际上就是老子所讲的"道"的内涵，既指天地之道，也是组织之道。

反过来看，如果某种存在的本质特征消失了，那么，这种存在的完整一体或一致性也就解体了，同时预示着这种存在将要消亡。所以，老子又说："其致之。天无以清将恐裂，地无以宁将恐废，神无以灵将恐歇，谷无以盈将恐竭，万物无以生将恐灭，侯王无以贵高将恐蹶。"老子讲这几句话的落脚点还是最高管理者，即"侯王"，其用意很清楚，只是要用天地万物诸神作为隐喻，来阐明最高管理者代表组织实施管理的本质特征及其合法性基础到底在哪里。前面讲组织管理的本质特征是正或"贞"，而"贞"又是建立在组织的完整一体基础上的，那么，组织的完整一体到底意味着什么？

既然组织首先是一种观念的存在，而组织的价值观念必须深入人心才有意义，那么，代表组织的最高管理者要想"得一"，即保持组织的完整一体或一致性，就必须从价值观念的共识确立入手。这意味着，组织的完整一体，首先是观念上的完整一体，也即上章所讲的"上德""上仁""上义""上礼"的完整一体或一致性。所以，最高管理者必须以组织成员的内心认同为组织管理合法性的基础。这就是说，组织管理之正或"贞"的衡量尺度永远在人们的心中；只有当人们从内心认同组织和最高管理者之正或"贞"，最高管理者才能为人们所心悦诚服，组织管理也才具有了合法性。老子所说的"侯王得一以为天下贞"与"侯王无以贵高将恐蹶"中的"贞"和"贵高"本质上是一样的。"贞"，是人们对最高管理者及其管理之正的发自内心的认可，而绝不是最高管理者自以为"贞"或自我标榜之"贞"。"贵高",并非指最高管理者在组织中的层级地位"贵高",而是指人们从内心认可和尊重最高管理者,最高管理者在人们心中的形象"贵高",原因还是最高管理者的做管理之"贞"。如果最高管理者在人们心中的认可和尊重消失了,只剩下用物化资源和权力建立起来的层级地位,那恐怕也就预示着失败快要到来了。这才是"侯王无以贵高将恐蹶"的意义所在。

老子最后得出结论:"故贵以贱为本,高以下为基。是以侯王自谓孤寡不毂。"这说的是,最高管理者要获得人们发自内心的认可和尊重,即"贵",就必须从岗位职责所要求的基础工作做起。最高管理者代表组织,其岗位职责的基础工作便在于辅助和支撑组织各项事业、业务和任务的开展,而组织各项事业、业务和任务的主要承担者是一般组织成员,因此,最高管理者要像后勤保障者乃至仆人一样,让一般组织成员无后顾之忧,投身于组织各项事业、业务和任务中去。最高管理者所从事的这种类似后勤保障者甚至仆人的基础工作,看上去不是有些低下、有些卑微吗?这或许正是老子讲"贵以贱为本,高以下为基"的管理要义。其实,万物之所以生机勃勃,不正是因为天地一直在做着这类辅助和支持的基础工作吗?代表组织的最高管理者只有效法天地,才能让组织的各项事业兴旺发达。所以,老子才连用两个反问句,突出强调了这一点:"此非以贱为本邪?""非乎?"

当然,最高管理者如果只是口头上称"孤"道"寡",表面上放低身段,而实际上仍是高高在上、一言九鼎,总想打着组织的旗号、以广大组织成员的名义,将个人意志强加给他人,其结果必然难偿所愿。组织成员的眼睛是雪亮的。人们很容易在最高管理者的实际行为表现中看出端倪。最高管理者一旦言行不一,说得再好听也无济于事,还是摆脱不了"侯王无以贵高将恐蹶"的宿命。所以,最高管理者千万不要以为只是嘴上说说"孤寡不毂",就真能在现实中达到"贵以贱为本,高以下为基"了。要真正做到这一点,最高管理者就必须认同和践行组织之道,在组织管理中甘做铺路石,切实辅助和支持组织各项事业发展,而不要总想让聚光灯照向自己,把一切荣誉都加到自己头上。那样的话,只会"致数舆无舆"。也就是说,最高管理者看上去头衔、荣誉很多,但如果这些头衔、荣誉不是代表人们发自内心的认可和尊重，只不过是用资源和权力交换来的表面形式，那么，这样的头衔、荣誉越多，负面效应越大，反而不如没有头衔、荣誉。所以，那些脚踏实地做管理，以自己的切实努力而支撑起组织事业发展的最高管理者，一定是"不欲琭琭如玉"，只愿"珞珞如石"。这也是老子对最高管理者的忠告。

▌管理要义 ▟▟▟▟

组织是一个整体，组织管理也是一个整体，但不管是组织还是组织管理，作为整体意义上的存在，都只能在人们的心中。没有人可以直接看到或触摸到整体意义上的组织和管理。即便是组织和管理在时间维度上的长期发展，也同样只能存在于人们的心中。这就要求管理者尤其是最高管理者，必须心中装着组织和管理的整体，并用自己的言行恰当地传达出关于整体组织和管理的一致性的信号，这样才有可能让整体意义上的组织和管理进入一般组织成员的心中。

从这个意义说，一般组织成员是通过各级管理者来认识、理解和认同整体意义上的组织和管理。甚至可以说，各级管理者在一般组织成员眼里，就是组织、部门、团队及其管理的整体性的代表。一般组织成员对整体组织的认同和尊重，也就是对各级管理者的认同和尊重。反过来，一般组织成员对各级管理者的不认同和不尊重，实际上也就是对组织整体性的不认同和不尊重。因此，管理者要让组织成员有整体意识和长远意识，首先自己就要具备这样的意识，并立足于组织的整体和长远的共同利益做出管理决策。这才是组织之正和管理之正的核心内涵。

组织不能不正，管理更不能不正。正乃组织的整体性和长远性发展的根基所在。组织之正、管理之正，都离不开管理者之正。管理者之正，起始于摆正管理者个人与组织之间的关系。管理者绝不能把组织的资源和权力变成一种换取个人名利的手段。一旦管理者置身于组织之上，将组织当成攀爬个人名利的阶梯，那么，管理者说得再动听，也无法打动别人，更无法让人们发自内心地认同和尊重管理者和组织。

所以，管理者要摆正个人与组织之间的关系，必须牢记：组织在先，管理者在后；组织在上，管理者在下；没有组织，就没有管理者。恰是这种管理者与组织之间的正确关系，从根本上保证了管理者成为组织发展的强有力支撑，也让组织成员通过管理者和管理发自内心地认同、尊重并贡献于整体意义上的组织及其可持续发展。

《老子》第 40 章

反①者，道之动；弱②者，道之用。天下万物生于有，有生于无。

字词注释

①反：在这里有双重含义：一是相背或颠倒，有相反的意思；二是通"返"，有返回的意思。

②弱：会意字，表示柔软细小的东西，不能独立直立，这里有双重含义：一是弱小乃至无形，二是发挥作用的势力不强。

▌今文意译 ////

组织之道的变化像天地之道一样，与物化资源的变化正好相反，总是要返回自身；组织之道发挥作用的方式，也像天地之道一样，看上去间接而弱小。组织中各项事业也像天地间万物一样，看似来自于有形的物化资源的投入，但这些有形的物化资源之所以能聚集在一起并创设出一项事业，却是因为作为无形观念的组织之道在起作用。

▌分析解读 ////

本章意在说明，正是作为无形的观念存在的组织之道，让组织中各项有形的事业发展成为可能。

无形的组织之道与有形的组织事业，其变化方式正好相反。第36章曾明确指出，凡是有形的物化资源的变化，必定无法摆脱对立面转化的铁律。但是，无形的观念变化则不然，总是要回到观念自身。借助反思，观念得以生生不息。相对于物化资源而言，正确的观念具有普遍性和永恒性。观念发挥作用的方式也不同于物化资源。观念要发挥作用，总是先进入人心，再借助认同观念的人的行为去整合与改变物化资源，体现出观念的力量。

表面上看，观念发挥作用的方式是间接而弱小的，不像物化资源那么直接而强大，但是，观念一旦深入人心，借助人的创造行为作用于物化资源，却能产生巨大的力量，甚至能从根本上改变物化资源的形态。所以，老子才说，"天下万物生于有，有生于无"。这里的"天下"，仍隐喻组织，而"万物"，则隐喻组织中的各项事业。直观地看，组织中的各项事业之所以能产生并不断发展壮大，都是因为有物化资源的投入，即"天下万物生于有"。但是，细究起来，特定的物化资源为什么会以某种方式集聚，并投向特定事业，关键还在于人所坚信的某种特定观念。当管理者形成了配置物化资源的特定观念，并和他人一起在这种观念的指导下，以特定的方式方法去积聚和使用物化资源的时候，一项全新的事业才能被创设出来。这恰是老子说"有生于无"的典型表现。

甚至可以不夸张地说，管理工作，尤其是最高管理者的工作，本质上就是"无中生有"。具体地说，最高管理者必须致力于将组织之道内化于心，并使之进入其他各级管理者和一般组织成员心中；只有立足于组织之道这种根本性的价值观念，各级管理者和一般组织成员才有可能去选择和创设各个专门领域中的具体专业观念；再借助这些具体专业观念，创造出各种各样的事业、业务、任务原型；最终通过相关物化资源的直接投入，来实现各项具体事业、业务、任务的创建和发展。这难道不正是一个组织中各项事业得以诞生和发展的"无中生有"的过程吗？做管理，一定要观念先行。最高管理者更是如此。这也是老子反复强化的管理要义。

做管理的核心要义是观念先行。没有正确的观念，就不可能正确地做事，更不可能做正确的事。以往在管理工作上有一个很大的误区，认为做管理就是要务实，要实实在在地做事，不要虚头巴脑地空谈。但是，不尚空谈并不等于不要观念，更不等于可以不要正确的观念。正确的观念虽然不是谈出来的，而是用心思考、坚信和实践的结果；但不能否认，谈也不可或缺，尤其是平等的对话。没有平等对话，个人的思考和探索难免偏颇。实际上，管理中很多正确观念并非来自管理者当下的独自创造，而是早已存在于人类漫长管理实践所积累起来的丰富思想宝库之中。管理者关键是要善于学习，以平等心态与历史上各个时期、各类组织的杰出管理者们进行跨时空的对话，并发自内心地认同和践行那些已被历史检验过的正确管理观念。

《老子》第41章

上士①闻道，勤而行之；中士闻道，若存若亡②；下士闻道，大笑之，不笑不足以为道。故建③言有之：明道若昧④，进道若退，夷⑤道若纇⑥。上德若谷，大白若辱⑦，广德若不足，建⑧德若偷⑨，质真若渝⑩。大方无隅，大器晚成，大音希⑪声，大象无形。道隐无名，夫唯道善贷且成⑫。

字词注释

①上士："士"，本义指能分析复杂现象、由博返约的人，这里泛指管理者。"上士"，即善于理解组织之道的管理者。

②亡：通"无"，没有。这里引申为不明白的意思。

③建：会意字，本义指建立典章法度，这里指建议、建言。

④昧：这里是暗、昏暗的意思。

⑤夷：这里是平、平坦的意思。

⑥纇：原指丝上的结，这里引申为不平、崎岖的意思。

⑦辱：这里是黑、垢浊的意思。

⑧建：通"健"，强壮而有力气，引申为积极向上。

⑨偷：这里是苟且、只顾眼前、得过且过的意思。

⑩渝：形声字，本义指变污浊，这里是违背的意思。

⑪希：这里是少、罕见的意思。

⑫善贷且成："贷"，形声字，本义为施予、给予，这里是给予的意思；"成"，这里是实现、完成的意思。"善贷且成"，意指善于给予帮助并使其价值得以实现。

今文意译

那些真正能够理解组织之道的管理者，自然会勤勉地践行组织之道；那些处于中间状态的管理者，对于组织之道，总是好像能明白又好像不明白；而那些完全不能够理解组织之道的管理者，则会极尽嘲弄之能事。组织之道被那些不能够理解的管理者嘲弄是正常的；没有这种嘲弄，还不足以称得上组织之道。所以，管理者才需要谨记这些建议：原本明确的组织之道，反而好像很隐晦；原本导人向上的组织之道，反而好像是在促人退步；原本平坦的组织之道，反而好像很崎岖。真正意义的德行，反而好像深不可测；明明白白的德行，反而好像蒙上黑垢；广大无边的德行，反而好像很有局限；积极进取的德行，反而好像惰怠苟且；质朴纯真的初心，反而好像容易违背。方形大到一定程度，也就无法看到棱角；最有价值的器物，总是很晚才能做成；声音大到一定程度，便无法听到；形象大到一定程度，则无法见到。组织之道也一样，虽难以给出明确界定，但只有这种组织之道，才更善于辅助各项组织事业的持续发展。

分析解读

本章是对上章内容的进一步展开。

既然组织之道是一种价值观念，而且表面上看总是与现实世界的物化资源有着相反的运动变化特点，这就给人们认识和理解组织之道带来了一定的挑战，并不是所有人都能真正理解其内涵。因此，最高管理者在选择各级管理者时就必须立足于组织之道，善于做出识别和判断，才有可能选择出真正理解组织之道的管理者。严格来说，组织之道是选择管理者的最重要的标准。只有那些真正理解和认同组织之道的管理者，才能让组织之道融入各项事业之中。对于最高管理者来说，选择那些理解和认同组织之道的各级管理者，是不可推卸的职责。

老子区分出三类管理者：一是能够真正理解组织之道的管理者，称为"上士"；二是根本无法理解组织之道的管理者，称为"下士"；三是处于中间状态的管理者，称为"中士"。对于"上士"而言，既然真正理解了组织之道，便会主动践行。组织选择了这类管理者，事业发展就会有保障，但现实中"上士"并不多见。"下士"，则代表完全不能理解组织之道的另一个极端。"下士"不仅不理解组织之道，还会嘲笑组织之道虚妄不切实际，乃至还打着务实的旗号大肆贬低组织之道。"下士"所代表的正是现实中那些完全陷于经验感受、拘泥于物化资源的管理者。这类迷信"眼见为实"的管理者大肆嘲笑组织之道再正常不过了。如果他们不嘲笑组织之道，反而不能体现出组织之道之不同于现实物化资源的独特性。当然，现实中大多数管理者处于"上士"与"下士"之间，对组织之道懵懵懂懂，似乎明白又似乎不明白，经过努力学习和思考，可能会慢慢明白；但若固守经验，就会越来越不明白。这类管理者就是老子所说的"中士"。

对于"上士"，无须建言提醒，他们自会认同和践行组织之道，尽到管理职责；而对于"下士"，再怎么建言提醒也无济于事，因为他们已经完全固化于实用功利的思维方式，不可能接受无形的观念来主导自己的行动。但是，对于处在中间状态的大量"中士"而言，他们尚处在"若存若亡"的状态，急需要给予必要的建言、提醒、教育和培养，这样才有可能帮助他们成为"上士"。否则，他们极有可能受"下士"的影响，不自觉地降身于"下士"之中。当组织的管理者群体中充斥着大量"下士"时，一种实用功利、只顾眼前的氛围就会形成。

在这种氛围下，那些处于中间状态的"中士"则会很快退化为"下士"。到那时，即便最高管理者有心去推动组织之道融入组织成员和组织事业，也一定会心有余而力不足。

所以，老子接下来的建议就有了双重含义：一是提醒处于中间状态的"中士"，组织之道及体现组织之道的组织公德，其特征和表现常常是反直观的，千万不要拘泥于直观感受来认识和理解组织之道，那样必定会陷入误区而不能自拔；二是告诫最高管理者，应如何识别那些真正理解了组织之道的管理者，而真正理解了组织之道的表现，一定是自觉践行组织之道、具备组织公德或"上德"。

"故建言有之：明道若昧，进道若退，夷道若纇。上德若谷，大白若辱，广德若不足，建德若偷，质真若渝。大方无隅，大器晚成，大音希声，大象无形。道隐无名，夫唯道善贷且成。"这段话包括三层含义。

第一，揭示了组织之道的反常识表现，提醒人们不要被表面假象所误导。这便是"明道若昧，进道若退，夷道若纇"所要表达的意思。在现实中，人们总认为晦暗、后退、崎岖不顺所代表的是不好的状态，身处其中就会丧失信心，失去前进动力。但是，作为观念形态存在的组织之道，正是由于其抽象性高、普遍性强的特点，才能让人们的思维得以有更高的立足点，看得更广更远；同时也由于其远离现实某个具体情境，让人们一时无法同特定事务联系起来，在面对具体问题时又好像晦暗不明一样。这不正是"明道若昧"吗？

要立足于组织之道、实现组织的可持续发展，可能会要求人们超越部分眼前看得见的利益，甚至放弃一些短期利益，这对于某个具体的事业单元、业务部门、任务团队来说，很可能表现为一种损失或退步，但这对于组织整体和长远的发展来说，却又是必须经受的考验。这不正是"进道若退"吗？

同样，那条通向未来、清晰明确的组织发展道路，也只能是从组织之道派生出来的观念。没有谁能用肉眼直接看到组织未来的发展道路。关于组织发展道路的观念，说说好像都能明白，但真正落实起来却并不容易，总会崎岖不顺、磕磕绊绊，原因不仅有资源利益的考量，更有思维定式的局限，这不正是"夷道若纇"吗？这里的"纇"，并非实指丝上的结，而是暗示心中的结或思维上的结。毕竟组织之道是要用思维去理解和把握的观念。看上去组织之道是思维可行的平坦大路，但走上去却并不顺畅，原因就是思维已受到经验的束缚。

第二，揭示了组织公德的反常识表现，提醒人们不要混淆组织公德与个人私德。组织之道在人们行为上的体现便是组织公德，而组织公德与个人私德有所不同，甚至还可能相互冲突。组织在一定程度上属于公共领域，对组织人的行为要求，与私人领域对自然人的行为要求并不一样，当人们习惯于从个人私德角度来看待组织公德时，就会有很多误解。所以，老子才说，"上德若谷，大白若辱，广德若不足，建德若偷，质真若渝"。这里的"上德"，即第38章所讲的真正意义上的组织公德。"上德"好像很空，没有什么具体内容，因为它是作为观念存在的组织之道对个人行为的一般要求，带有很强的原则性，并不像岗位职责那样明确具体，但恰是这种看似虚空若谷的原则性要求，才让组织人在各种无章可循的突发事件和例外情境中有了可行的内在坚守，不至于迷失方向。尤其是对那些拥有巨大自由裁量权，主要负责应对例外情形的管理者来说，正是这种看似虚空的组织公德，让他们能够在组织规则体系和岗位职责的空白处心怀准则、游刃有余。试想，当管理者在规则体系和岗位职责的空白处，面对例外，立足于他人不一定能认识得到、理解得了的组织之道，做出了符合组织公德要求的决策选择，而这种选择不一定能为他人所认可，甚至会受到他人的指责，而管理者又有口难辩，因为对于那些不理解的人来说，解释是无用的，反而可能会被认为"越抹越黑"。在这种情况下，那些恪守组织之道、有着公德行为的管理者，难道不是在替组织背黑锅吗？这正是"大白若辱"的典型例证。

公德涵盖的领域和范围都非常广泛，抽象性和原则性也很强。相应的，公德的具体要求的内容丰富度就会相对低一些，那么，立足于某个具体领域或情境，便容易发现公德的要求不够充分，无法直接指导具体领域或情境下的应用。这会让人们觉得有些公德行为好像并不到位、不够具体明确，尤其是从私德的视角来看，好像那些恪守组织之道、有着公德行为的管理者显得不近人情，在个人私德上似有不足。所以，老子才深刻指出，"广德若不足"。

另外，由于人的时间、精力、能力等局限性，那些奉献于组织之道和组织事业的管理者，很可能在私人领域的事务上有所舍弃，甚至不拘小节，于是那些完全站在私德立场上来审视和评判管理者的人，就会觉得这些具有公德行为的管理者在私德上表现得很惰怠，得过且过，消极应付。这不正是"建德若偷"吗？

在现实中，经常会出现这种情况，恪守组织之道、具有公德的管理者，虽然已与他人约好某个时间去处理某件个人事情，但由于要临时应对一个突发的组织事件而不得不爽约，若从私德角度来看，也可以认为是不信守承诺。再比如，组织中有很多关键信息虽然涉及某个与管理者有私人关系的成员，但从组织公德出发，管理者面对其询问，也只能搪塞甚至不得不以善意的谎言来应付。若从私德角度来看，这又会给人一种不诚实的感觉。这些或许都是"质真若渝"的典型表现。"质真"与否，关键看在什么标准或准则下做出判断。在不同的标准或准则下，往往会得出完全不同的结论。对大多数人而言，更熟悉的可能是私德标准或准则，而对于来自组织之道的公德标准或准则，反倒难以理解。

第三，告诫组织的最高管理者，应如何识别那些真正理解组织之道、具备公德的人。对于最高管理者来说，识人确实是一个很大的挑战，尤其是要识别"德"而不是"才"，更是难上加难。当然，即便只是说清楚如何识别出那些具备公德的人，同样也是一件不容易的事。所以，老子又不得不用举例子、打比方的表达方式。当老子说"大方无隅，大器晚成，大音希声，大象无形"的时候，便是用现实生活中可感受、可理解的例子，来阐明识人的问题。

一般来说，方形必有棱角，但是，当方形大到一定程度，以至于远远超过人的身体的尺度时，置身其中是无法直接看到角度或边角在哪里的。同样，越是大或贵重的器皿，越需要时间来打磨，当其他小器皿早就做好时，大或贵重的器皿恐怕还只是完成了一个很小的局部，让人没有成就感。但时间积累到了，其价值则不是那些小器皿能比肩的。听觉和视觉的感受也一样，当声音大到超过某个阈值后，人们便无法听到，而形象大到远超视域后，人们也不再能看见。

基于这四种情形的类比，老子要告诫最高管理者的是，千万不能只凭借感觉经验去认识和理解组织之道及具备公德的人。对此，老子进一步总结说："道隐无名，夫唯道善贷且成。"

这里的"名"，是界定或明确给予衡量与定位的意思，而"道"则是难以给出明确界定的。界定就是一种限定。组织的规则体系及相应的岗位名称，都是一种界定，是对物化资源的配置和使用及岗位责权利边界的明确规定。正是这些明确规定，确保了组织日常运行的秩序和例行工作的开展。但是，这样的明确规定也会限制组织在新事业、新方向上的探索及对各种内外部例外的应对。这时又需要有超越这种规则体系及其限定的组织之道及认同和践行组织之道、具备公德的管理者，运用自由裁量权来支撑探索和应对例外。正是拥有公德的管理者，才能超越"名"的限定，为组织发展谋求新的可能性，让组织在变化了的环境中表现出充分的柔性。从这个意义说，组织之道和具备公德的管理者，才是善始善终地辅助和推动组织各项事业得以创设和发展的关键所在，也即"夫唯道善贷且成"。

▌管理要义 ////

组织的价值观念要真正发挥作用，的确离不开管理者的身体力行。价值观念也可以视为一种独特的标准体系，但这种标准体系却是内隐的和原则性的，而且，主要用于选择管理者、约束管理者。组织中管理岗位的自由裁量空间远大于一般工作岗位。岗位的自由裁量空间越大，也就意味着各种工作职责越难以清晰界定。既然工作职责无法借助外在规则来清晰界定，那就更需要当事人立足于内在准则做出判断和选择。所以，选择那些认同和践行组织的价值观念的人担任管理岗位就变得极其重要。但问题是，如何判断一个人是否真正理解、认同和践行价值观念呢？如果只是从日常的惯例化工作行为去判断，由于日常的惯例化工作行为基本上都与规则体系及岗位职责相关，那就很难辨别哪些仅是遵从规则的行为，哪些才是基于价值观念认同和承诺的行为。如果只是听一个人对价值观念的言语表达，那就会有更大的不确定性，毕竟言语上的认同和承诺成本太低，变化太快。

要想比较清晰地辨别出那些基于价值观念认同和承诺的行为，恐怕只能在例外和特殊的情境下，也即通过一些反常态、反常规、反常识的特殊事例，来体察当事人的言行表现。正是这些特殊事例，才有可能触及一个人的底线原则，即价值观念。大多数日常的惯例化工作情境，对大多数人来说，都能在底线原则之上很轻松地应对；而一旦逼近底线原则，应对起来就不那么简单了。

《老子》第42章

道生一，一生二，二生三，三生万物。万物负①阴而抱②阳，冲③气④以为和。人之所恶，唯孤寡不穀，而王公以为称⑤。故物，或损之而益，或益之而损。人之所教，我亦教之。强梁⑥者不得其死，吾将以为教父⑦。

字词注释

①负：会意字，本义为凭仗、仗恃，这里是依靠、凭借的意思。

②抱：这里是怀抱、面向的意思。

③冲：原写作"沖"，表示水的涌动，这里是激荡、交互影响的意思。

④气：这里可引申为绵延不绝的一致性。

⑤称：这里是称谓、称号的意思。

⑥强梁："梁"，本义指跨水的桥梁，多用于指桥梁或房梁。"强梁"，在这里隐喻依仗硬实力表现得过于强硬、专横。

⑦教父：这里引申为管理宗旨。

今文意译

组织之道作为一种观念，在源头处产生于一个人的思维之中，慢慢影响更多人，进而在这种观念指导下去开创组织的各项事业。这个过程犹如天地间万物的创生。万物总是由阴阳交织而成，组织的各项事业也是在不同观念的交流中发展，并在保持不同观念的一致性的前提下达到更高层次的和谐。人们所厌恶的，可能莫过于孤、寡、不穀，但最高管理者却以此作为自己的称谓，原因就在于，观念形态作为一切组织事业的肇始，总是从个体的思维中孤独地产生。作为物化存在的具体事业则不同，有时会因损失而获得收益，有时又会因收益而遭受损失。这也是对立面转化的基本法则。人们都已认识到这个法则，而最高管理者不仅要认识到这个法则，还要将之贯彻到组织管理的全过程之中。那些过度依仗硬实力的组织是难以保持长久生命力的，这才是值得牢记的管理宗旨。

▌ 分析解读 ////

本章承接上一章，进一步阐明组织之道何以能做到"善贷且成"。具体地说，老子从三个方面进行了阐述。

首先，组织之道是组织各项事业的肇始。事业是由人创立的，甚至连承载各项事业的组织也来自于人的创造。那么，组织和事业又是如何由人创造出来的呢？当然要先从观念开始。试想，组织中的各项事业，特别是那些不同于其他组织，甚至原本在世界上就不曾出现过的全新事业，到底是从哪里开始的呢？只能起始于人的观念。没有全新的观念，就不可能有全新的事业。新观念又从哪里来？这就要追溯到某个最早提出这种新观念的人。当然，人们也许会继续追问，这个人的新观念是从哪里来的？这是另外一个问题，即新观念的产生问题，而不再是新事业的产生问题了。关于新观念的产生，完全可以有不同的方式，可能是吸收借鉴前人或他人的各种观念或思想，也可能是实践的促发，还可能是观念和实践的交互作用，更可能是不知所踪的联想或灵光闪现。但是，不管新观念由什么样的途径产生，都不能否认的是，新观念总要先从某个人的头脑中涌现出来，即便是在与他人对话中产生的新观念，也总是先来自某个人的头脑。退一步说，即使对话中的人们确实同时想到了某个新观念，那个新观念的源头也是来自每个人的头脑中，只是在表达出来之后，才会有所谓个体之间的共鸣、互动、强化。

对于新事业的产生来说，只有当某个新观念诞生之后，才有可能影响更多人，特别是那些拥有物化资源及知识和能力的人，进而在这些人的共同努力下，这种新观念才能借助分工协作的实践，变成一项组织的事业。在这个从观念到事业的转化过程中，观念通过进入从事这项事业的人们的内心，贯穿在整个过程之中指导和规范着事业的走向。如果将源头处的这种非物质化的新观念视作"无"或虚无，而将各项事业及其结果视作"有"，那就很容易理解，老子在本章中不过是在进一步明确阐述第40章提出的"有生于无"的内在逻辑。在第40章中，老子虽然提出"有生于无"，但并没有解释"有"何以生于"无"。在本章中，老子具体地说明，从作为"无"的观念何以逐渐产生出作为"有"的组织各项事业，即"道生一，一生二，二生三，三生万物。万物负阴而抱阳，冲气以为和"。

老子仍用类比的表达方式，一语双关，既指天地之道如何创生万物，又指组织之道何以创造出各种各样的组织事业。老子这里所说的"道"，可以理解为"无"或0，而"一"则代表"有"的开始，那么，"道生一"，则意味着从"无"到"有"或从0到1；相应地，"一生二，二生三，三生万物"，则意味着从1到多的过程。在老子看来，万物的产生是一个从0到1，再从1到多的过程，而组织及其事业的诞生和发展也莫不如是。犹如万物总是阴阳交织，阴中有阳，阳中有阴，组织及其事业也无不是观念交织的产物，只不过总会有一种占主导的观念，赋予组织及其事业以某种质的规定性，从而涌现出自身的一致性或同一性。这个新组织、新事业的涌现过程，既是不同观念的交织和新观念的涌现，也是观念和物化资源的相互转化，同时还是物质资源的再创造，正所谓"万物负阴而抱阳，冲气以为和"。其中，"负阴而抱阳"，说的就是不同观念及其与各类物化资源的交织互动，而"冲气以为和"，则是指涌现出一种新质的自身一致性或同一性，从而在更高层次上达到与其他观念、其他组织、其他事业的和谐共处状态。这意味着，任何新组织、新事业的诞生和发展都不是孤立的，必须融入已有的内外部环境之中，不仅自身要达到一种"和"的内在一致性状态，而且还必须与其他已有组织及事业和谐共处。这样的话，新组织、新事业才能比较稳定地存在和发展。

其次，任何组织和事业都离不开分工协作。正是在这种分工协作的体系中，每位组织成员才找到了自己的归属、定位及发展空间，因此，没有人愿意被孤立于这个分工协作的体系之外，更不愿意同组织的共同利益割裂开来，那就如同被组织抛弃一样。但是，不应忘记的是，组织中由分工协作来完成的现有事业，在源头处却是少数人甚至个别人的新观念创造的结果。离开了少数人甚至个别人的创造和创新，组织及其事业就不可能生机勃勃。如果没有人愿意做孤独的创新者，那么，组织赖以生存的有生机活力的新观念之源就会干涸。这就要求组织的最高管理者必须鼓励和支持人们勇于成为孤独的创新者。当然，这并不是让最高管理者自己成为这样的创新者，而是让他们立足于组织之道，传递一种勇于成为孤独创新者的信号，营造一个鼓励和推动创新的氛围。这就是老子所说的"人之所恶，唯孤寡不穀，而王公以为称"。

这句话中的"王公"，指当时条件下的最高管理者，他们自称"孤寡不穀"，从今天的视角来看，似乎具有象征意义，能传递出一种信号：最高管理者并不惧怕成为孤独的创新者，甘愿成为那个从 0 到 1 或"道生一"的巨大风险承担者，与那些愿意创造新观念的人站在一起。可以说，任何一个组织的创立过程，都会有一个从 0 到 1 或"道生一"的起源处。在新组织创立的起源处，最高管理者本人便是孤独的创新者或"孤寡不穀"的典型代表。随着组织的发展，虽然继任的最高管理者并没有亲历组织的创立过程，但一方面通过回顾历史，另一方面也借助组织中新事业、新业务的不断创设，那些继任的最高管理者也不难感同身受地体会到从 0 到 1 或"道生一"所需要的勇气和可能面临的巨大挑战。

最后，最高管理者如果只是关注于眼前看得见的功利结果，斤斤计较，却忽视观念的力量，无视以物化资源为基础的硬实力所具有的对立面转化的周期性特点，那必然会出现严重的非预期后果。所以，老子才重申，"故物，或损之而益，或益之而损。人之所教，我亦教人。强梁者不得其死，吾将以为教父"。这里的"物"，既指万物，也隐喻以物质资源为基础的硬实力。对于任何有形的物化存在来说，"损之而益""益之而损"都是正常的，这就是对立面转化的铁律。从另外的角度看，现有事业不断遭受挫折和损失，反而可能会逼着组织去另辟蹊径，探索新事业发展的可能，绝处逢生；反之，现有事业的不断进步及巨大收益，也有可能让组织形成路径依赖甚至于锁定其中，在变化了的环境面前遭遇难以挽回的巨大损失。

最高管理者一旦转换了视角和分析单位，由某项具体事业上升到组织这个更高的立足点，看问题就会更全面。但是，作为组织的代表，最高管理者不仅要自己认识到立足于组织、转换视角的重要性，而且还要让身处各项事业第一线的各级管理者也都能认识到这一点才行。这便是"人之所教，我亦教之"所要表达的意思。这意味着，最高管理者和各级管理者都必须回归组织之道，站在组织整体的角度来看待各项事业、业务和任务，超越单纯依仗硬实力的思维方式，实现从 0 到 1 或"道生一"的持续创造和创新，这样才能在根源处赋予组织以生机活力；否则，必然是"强梁者不得其死"，也就是说，组织只是完成了一次从 0 到 1 或"道生一"的新事业创立，接下来便只注重那个看得见的从 1 到多的利益收获过程，看上去在不断做大做强事业，拥有越来越强大的硬实力，但实际上却因路径依赖而无法逃脱对立面转化的铁律，最终让组织无法超越特定事业本身的生命周期而过早衰亡。这才是组织的最高管理者必须牢记的管理要义，老子称之为"教父"，即管理的核心指导思想，其本质还是要回归组织之道，让组织得以源源不断地实现从 0 到 1 或"道生一"的带有根本性的创造和创新。

▍管理要义 ////

对于拥有多项事业的组织来说，管理者不可避免地要面对不同事业从 0 到 1 及从 1 到多的相互交织、权衡、选择的挑战。虽然某项事业在从 1 到多的发展过程中也需要不断创新，但从 1 到多的过程中的创新，与一项新事业从 0 到

1 的创新有本质区别。在从 0 到 1 开创一项新事业的过程中，不仅要面对新观念的挑战，更要面对让他人接受这种新观念的挑战。这既是一个新观念的推广过程，也是一个新观念的成长过程。如何在组织的价值观念这个观念平台之上，让各项事业领域中不同具体观念得以涌现、交流、成长，并与人、资源相结合，最终创生出全新的事业及其成果，这的确是任何一个组织都不可回避的、根本性的挑战。

现实的情况却是，组织要赢得竞争优势，就不能不做大做强现有事业，但组织如果只注重现有事业，未来的可持续发展又会受到制约。组织的可持续发展既离不开现有事业，更依赖于不断创立新事业，而新事业的创立首先需要新观念的创造。但问题是，新观念只有在适宜的温床上才能被孕育出来，若没有一种鼓励新观念不断创造的氛围，而只是口头上鼓励创新，也只能沦为空谈。这就对组织的最高管理者及其管理团队提出了更高的要求。

严格来说，组织的最高管理者及其管理团队的重要责任之一，就是面向未来，辅助各种新观念的创造。既然组织中现有各项事业都已经通过分工协作体系得以有序展开，那么，最高管理者及其管理团队的职责，一方面是立足于现在，辅助现有各项事业达成绩效目标；另一方面则是面向未来，确保新事业得以适应环境需要而涌现出来。后者对于最高管理者及其管理团队的挑战更大，因为相比现有事业的绩效目标达成来说，新观念的创造和新事业的创立，并无明确的方向和可行的路径，需要以更大的勇气来承担未知的探索风险。

《老子》第43章

天下之至柔，驰骋①天下之至坚，无有入无间②，吾是以知无为之有益。不言之教，无为之益，天下希及③之。

字词注释

①驰骋：原指驱赶马快跑，这里引申为驾驭、统领的意思。

②无间：这里是无缝隙、无间隙的意思。

③希及："希"，是少、罕见的意思；"及"，是达到、到达的意思。"希及"，即很少达到。

▌今文意译 ////

组织之道是组织中最柔弱的一种存在，却可以驾驭最强大的硬实力，那看似虚无的观念，却可以无所不入，因此，最高管理者必须认识到观念的力量以及不凭借硬实力去刻意作为的有益之处。不去刻意宣贯，反而可能更有效果；不去刻意作为，反而可能更有益处。尽管如此，现实中组织的最高管理者却很少能做到这一点。

▌分析解读 ////

本章在上章基础上，进一步说明，组织的最高管理者应如何保证组织之道的作用能充分发挥出来。

上一章最后明确指出，"强梁者不得其死，吾将以为教父"。意在告诫最高管理者，千万不要迷信硬实力，更不能以为只要拥有资源和权力，就可以为所欲为；那样的话，一定会让组织的生命周期大大缩短。在老子看来，最高管理者不能过分依赖硬实力去强制他人必须做什么，而应该立足于组织之道来引导或"教"人们自发地融入组织、做出贡献。如何"教"，便是本章要重点阐述的内容。

"教"，必须立足于组织之道，让组织之道深入人心，自动进入各项事业之中，从而有效发挥管理的教育功能。为了说明这一点，老子再次使用类比的表达方式，以"天下"来类比组织，用"至柔"来比喻犹如天地之道的组织之道。这里之所以要称组织之道为"至柔"，或许是因为组织之道作为一种价值观念，与那些具有专业或技术内涵的特定观念相比，看似没有直接的用处，无法直接解决某个具体的现实问题。但是，组织之道这种更具有抽象性和普遍性的价值观念，却拥有更强的柔性和穿透力，可以左右乃至改变其他的物化存在以及具有专业或技术内涵的特定观念存在。组织之道之所以能做到这一点，关键在于组织之道能深入人心，为人们所认同和践行。通过人的创造和创新行为，哪怕再坚硬的物化存在以及其他具有专业或技术内涵的观念，也可能发生改变，被打上组织之道的烙印。这正是老子用"天下之至柔，驰骋天下之至坚，无有入无间"所要表达的意思。

在这里，最重要的一环就是让组织之道深入人心。观念只有进入人们心中，为人们所认同和践行，才能同各种物化资源相结合，创造更大的价值。在组织中，各项事业无不是在拥有正确观念的人们的共同努力下，才得以创立和发展的。但是，要想让组织之道深入人心，只是寄希望于用硬实力来强制压服，或用语言来刻意说教，都是不可能的，甚至适得其反。最高管理者过分依赖强制和说教，很可能让人口服心不服，更有可能塑造出说一套、做一套的两面人。所以，老子才以第一人称感叹道，"吾是以知无为之有益"。这里的"吾"，隐喻理想化的最高组织管理者。

但遗憾的是，在组织之道如何深入人心这个问题上，现实中的最高管理者似乎并没有理解"不言之教""无为之益"，以至于"天下希及之"。之所以会这样，一个非常重要的原因可能是，组织的最高管理者很容易被资源和权力蒙住眼睛，一心只想着用硬实力去贯彻自己的意志，很少再关心组织之道，连自己心中都没有组织之道,又如何能让组织之道进入他人心中呢?难怪也只能剩下"言教"和"有为"了。

▋ 管理要义 ////

　　人之为人,确实会因观念而产生出物化资源所不具备的创造力;组织之为组织,也确实会因观念而产生出动物群体所无法企及的整体大于部分之和的增益效果。但是,观念要发挥作用,就必须进入人的内心,为人所认同和践行,也必须成为组织的共识和行动。观念进入人心的过程,并不是一个外在强加的过程。无论是用基于硬实力的权力强制式强加,还是用基于语言技巧的宣贯说服式强加,都难以达到让观念进入人心的效果。要让某种观念进入人们的内心,只能通过拥有这种观念的人的行为感召。要让组织的价值观念深入人心,只能通过管理者身体力行这种价值观念所形成的感召力量。所谓观念的力量,永远是借助那些认同和践行这种观念的人的行动体现出来的。

《老子》第 44 章

　　名与身①孰亲?身与货孰多②?得与亡③孰病④?是故甚爱⑤必大费⑥,多藏⑦必厚亡。知足不辱,知止不殆,可以长久。

字词注释

　　①身:这里指生命。

　　②多:本义指数量多,这里引申为重的意思。

　　③亡:这里是丢失、失去的意思。

　　④病:这里是担心、忧虑的意思。

　　⑤爱:这里是舍不得、吝啬的意思。

⑥费：这里是损耗、耗费的意思。

⑦藏：这里是储存、储藏的意思。

▌今文意译 ////

职位与生命哪个更可亲？生命与财富哪个更重要？得到与失去哪个更让人担心？所以，过分吝啬必定带来巨大耗费，储藏越多则损失越大。最高管理者只有认清了内在价值定位，才不会被羞辱；也只有明确了终极目标追求，才不会有危险。基于此，组织才可能实现可持续发展。

▌分析解读 ////

本章进一步回答上一章提出的问题，即现实中为什么最高管理者很难理解和做到"不言之教""无为之益"。

老子上来先用三个设问句，点明现实中人们经常纠结的三个问题，即"名与身孰亲""身与货孰多""得与亡孰病"。这里的"名"，可以理解为组织中的"名位"或"职位"，而"身"，则指代生命。当人们不惜一切代价去追逐"名位"时，便可以用"名与身孰亲"去扪心自问；当人们拼上性命去谋求财富时，也可以自问一句"身与货孰多"；而当人们在追名逐利过程中患得患失的时候，又可以再仔细想想"得与亡孰病"。对于组织的最高管理者来说，如果无法摆脱这三个问题所代表的选择困境，那结果或许只能是"甚爱必大费，多藏必厚亡"。也就是说，要保住既得利益，必须付出成本，而且，拥有得越多，维持这些拥有的成本也就越高，而更大的耗费还在于拥有者的时间和精力，这显然是比物质成本更大的代价，尤其是对最高管理者而言，最稀缺的恰是时间和精力。这正是"甚爱必大费"的深刻寓意。另外，在追名逐利的过程中，积得越多、陷得越深，风险也就越大，一旦哪一天内外部环境发生根本改变，积累和储存得越多，损失反而越大。"多藏必厚亡"，在现实中屡见不鲜。

由此似乎不难理解，最高管理者之所以无法认识到"不言之教""无为之益"，很大程度上是因为只纠结于那些看得见的眼前收益，完全忘记了组织到底要追求什么。缺乏清晰的组织定位和终极目标追求，最高管理者只能被看得见的硬实力所迷惑，不断追求那些基于硬实力的所谓"话语权""强制权"。似乎有了"话语权"，也就有了可以教育别人的资格，便想将自己的意志强加给别人；有了"强制权"，又总想指挥命令别人，想通过别人来实现自己的意图。如此一来，又怎么可能做到"不言之教""无为之益"？

在老子看来，最高管理者要摆脱"名与身孰亲""身与货孰多""得与亡孰病"的纠结，就必须做到"知足不辱，知止不殆"。其中，"足"和"止"的含义相近，都有立足点、定位、终极目标的意思。两极相通，对人和组织作为一种独特存在的定位，是与如何实现个人和组织的终极目标一致的。只有明确了人之为人、组织之为组织的独特性，才不会迷惑，更不会因模糊了人与物的边界而带来耻辱。这便是"知足不辱"的意义所在。最高管理者只有立足于人与物、人的组织与动物群体的本质区别之上，再去做人、发展组织，才不会蒙受混同于物的耻辱或羞辱。同样，在做人、发展组织的过程中，最高管理者只有追求符合人和组织的独特性的终极目标，才能做得更坚实、走得更稳健，而不会遭到危险，这便是"知止不殆"的意义。这里的"止"，也可以理解为终极目标。而由此派生出组织的价值观念，指导着组织的日常行为，从而实现长治久安，即"可以长久"。最高管理者只有回归组织之道，做到"知足""知止"，才能借助"不言之教"培养出一代又一代的组织人来继承组织的事业，借助"无为之益"来激发组织人的潜在创造力，实现组织的可持续发展。

当然，人们也可能会从个体意义上的"知道满足""知道适可而止"来理解老子所讲的"知足""知止"，但这里要再追问一句，一个人如何才能做到"知道满足"和"知道适可而止"呢？如果只是立足于人的生物本能，贪得无厌，又怎么可能知道满足？在生物本能的驱动之下，又怎么可能适可而止？一个人要真正做到老子所讲的"知足""知止"，就必须首先超越生物本能，让人之为人的独特性成为自我的主宰，这样才能为生物本能设置界限，有了界限才能"知足"；这样也才能有超越的终极目标追求及由此派生出来的价值准则，有了价值准则才能"知止"。若没有界限、没有价值准则，又何以判断是否满足、是否适可？

从根本上说，个体与组织在"足""止"的方式上是相通的，都离不开定位和终极目标追求。个体与组织都是建立在人之为人的独特性之上的。组织首先是由人而不是物构成的。由人构成的组织必然是以人之为人的观念共识为基础的，这也是组织本质上是一种观念存在的原因，而这种观念首先又是关乎人和组织的独特性及其对终极目标的坚定信念，以及由此派生出来的价值观念。这才是老子一直强调的组织之道的真正内涵所在。

▌管理要义 ◢◢◢◢

管理者必须承担绩效责任，但是，由于绩效责任往往又与管理者的个人利益挂钩，这就容易导致管理者不顾一切追求任期内的绩效，反而从整体和长远来看损害了组织的共同利益。这种情况在组织管理中普遍存在。考虑到知识与信息的非对称性，要在管理实践中解决这个问题并不容易。即便有职业管理者市场作为一种外部竞争压力和信号传递机制，但由于竞争压力和信号传递总是滞后的，对当期的职业管理者来说，其约束毕竟有限。在这种情况下，可能还有另外一种选择，那就是在绩效之上建立更高层次的基本原则，也即组织的价值观念，而这种价值观念首先用来选择管理者，进而要求管理者通过自己的身体力行去传承这种价值观念。这实际上就相当于在管理者必须承担的绩效责任之上再增加文化责任，并用文化责任来统领绩效责任，把绩效看成文化的一种表现形式，而不只是一系列数字；让那些有文化的管理者去创造绩效，而不是让那些创造数字的人成为管理者。

《老子》第45章

大成若缺①，其用不弊②；大盈若冲③，其用不穷。大直若屈④，大巧若拙，大辩若讷⑤。躁⑥胜寒，静胜热，清静为天下正。

字词注释

①缺：形声字，本义指陶器残缺、不完整，这里是残缺、残破的意思。

②弊：这里是弊端、害处的意思。

③冲：这里通"盅"，指空虚的样子。

④屈：这里是屈服、屈从的意思。

⑤讷：形声字，本义指说话困难、反应迟钝，这里是语言迟钝、不善于讲话的意思。

⑥躁：这里是快速运动的意思。

今文意译

最完整的德行及其带来的巨大成功好似也有欠缺，但其作用却不会衰竭；最充实的终极目标好似很虚空，但其作用却不会穷尽。这就像最正直的却好似常屈服，最灵巧的却好似很笨拙，最卓越的辩才却好似很迟钝一样。快速运动可以战胜寒冷，安静则能战胜炎热，清静无为是组织管理的正确方式。

分析解读

本章对上章最后提出的"知足不辱，知止不殆，可以长久"做进一步说明。

如果将"知足不辱"中的"足"理解为定位或立足点，而组织之道关于人和组织的核心理念是人之为人、区别于物的独特性，即立足于"道"的德性，那么，这样的德性定位或立足点，就是最高管理者要取得组织成功的真正基础。如果能让人和组织的独特性得以充分彰显，就是组织管理的最大成功。所以，老子在本章中将这样的定位或立足点及由此而取得的组织成功，称为"大成"。这意味着，在老子看来，组织最大的成功在于实现人的全部潜在可能性。倘若仅从物化指标来看，追求组织最大的成功或"大成"，不一定能满足当下可见的指标要求，似乎显得有缺失；但是，如果从组织长远发展来看，追求"大成"，才能不违背人性，让组织管理有正确导向。这也是"大成若缺，其用不弊"的管理含义所在。

同样，如果将"知止不殆"中的"止"理解为组织的终极目标，也即第8章所讲的"上善"，那么，这样的目标看上去很虚空，因为最高意义上的共同利益，既看不见，也摸不着，又如何能付诸实施？尤其是这种共同利益远远超越了管理者的个体利益，更让人觉得不切实际。但正是这个看似虚空的终极目标，却能产生不竭的内在动力，引领着组织的所有成员执着地朝向那个终极目标前进。这才是组织赖以发展的取之不竭、用之不尽的动力源泉。这也正是"大盈若冲，其用不穷"的深刻管理内涵。

为了说明将组织管理的立足点和终极目标建立在组织之道这种观念上所可能产生的现实影响，老子还专门举了现实中人们很容易感受到的例子。老子说"大直若屈，大巧若拙，大辩若讷"，意在提醒人们注意，在可感知的经验世界中，随处可见两极相通、正反转化的现象，比如，"直"与"屈"、"巧"与"拙"、"辩"与"讷"，看似相反的状态，很容易辨别，但是，若达到极端，则要认真观察，才能发现其本质。比如固守道德准则的人，在不触及其底线时，往往一副随和圆融、很好说话的样子。同样，最高水平的"巧"，在普通人看来可能会成为"拙"，因为任何技艺一旦达到最高层次，普通人确实难以理解，反而可能认为水平很低。对最雄辩者来说，很多问题根本就不值得辩驳，当然也就会闭口不言了。

由这三个例子引申开来，便不难理解，那些拥有更高的立足点和终极目标追求的最高管理者，自然就会有更高意义上的"直""巧""辩"，这在普通人看来很可能就是"屈""拙""讷"，而表现出"屈""拙""讷"的最高管理者，恰意味着一种更高层次上的包容性。最高管理者的这种包容性，则有助于其他管理者和一般组织成员充分发挥自己的聪明才智。这便体现了"清静为天下正"的管理指导原则。

老子接着用"躁胜寒，静胜热"来形象地说明这一管理指导原则。人们或许都知道，寒冷时要运动，以动御寒，而炎热时要安静，以静止热。这恐怕不需要谁来教导，只要进入特定的环境之中，人们自然就会知道该怎么做。由此类推到组织管理，组织成员真的需要管理者耳提面命在什么条件下应该怎么做吗？实际上，只要组织成员有了内在共识，一旦面对特定环境条件，也就自然知道应该怎么做。管理者尤其是最高管理者的职责，关键在于培养组织成员的内在共识，让组织的定位和终极目标追求深入人心，至于在某个具体环境条件下到底应该怎么做，组织成员凭借这种内在共识和自己专有的知识及能力，自然会做出恰当判断，采取妥当行动。

所以，从最高管理者及其所代表的组织的视角来看，"清静"也就是不要刻意作为，更不要试图将个人的意志强加到组织成员头上，这才是做管理的根本原则。当老子说"清静为天下正"的时候，"天下"仍可用来隐喻组织。"天下"的正常状态是"清静"，而组织的正常状态也应该是"清静"。组织只有处在"清静"的状态，才有可能让组织成员充分发挥聪明才智，创造性地推动各项事业可持续成长；而且，最高管理者也只有恪守了"清静为天下正"的管理指导原则，才有可能达到第43章所讲的"不言之教""无为之益"的管理境界，进而实现第44章所说的"不辱""不殆""可以长久"的目标。

▌管理要义 ////

做管理，首先要考虑如何做正确的事，然后才是如何正确地做事。但无论是做正确的事还是正确地做事，都离不开据以判断正确与否的标准。这个标准从源头上说来自观念，没有正确的观念，就没有正确的标准，更无从判断事务本身及方法的正确与否。正确的观念扎根在每个人心中，关乎人之为人的独特性的坚定信念，而这样的信念及由此派生出来的价值观念，若从现实角度来看，可能都在某种程度上具有理想性，甚至不切实际，但正是这些看似理想化的、不切实际的观念，才是人们得以不断改变现实的可行参照系和有效标准的真正来源。

以物理学科为例，在现实条件下如何能直接找到理想的质点、理想的刚体、理想的气体、理想的流体，又如何能直接观察到原子结构的理想模型？但正是这些用理想化的物理学观念和数学方法表达出来的概念模型，帮助人们更深入地理解物理现实，并在不断改变物理现实的过程中发挥着重要作用。同样，在面对管理现实和组织现实时，如果没有诸如"大成""大盈""大直""大巧""大辩"这些理性化的观念作为参照系，人们又如何能发现管理和组织现实中可能存在的不足并致力于改变它们？人们如果不能首先确立一种观念，并在观念中追寻理想，现实就很难改变，恐怕直到今天还生活在一种类似于动物群体的原始状态中，不可能创设出专属于人的组织和管理。人之所以离动物越来越远，组织和管理之所以能不断自我完善，都是因为有基于观念的理想状态作为参照系。的确，如果只是立足现实来看这些理想化的参照系，当然会觉得有缺失、太虚空；但是，如果真正理解了管理中理想与现实之间的互动关系，就容易体会到做管理必须观念先行的深刻意义。这恐怕正是只有在人的组织中才会有管理的原因，而在动物群体中只能有支配。支配仅看效果，能达到支配的效果，满足支配者的本能需要，便是成功的支配，引申开来就是"成王败寇"。但是，管理却必须有超越单纯看得见的物化效果的正确的评价标准，那只能来自于"人同此心，心同此理"的观念；即便这种观念暂时没有达成什么看得见的物化效果，人们也会矢志不渝地追求，这才需要领导力，这才是真正的管理。

《老子》第46章

天下有道，却①走马以粪②；天下无道，戎马生于郊③。祸莫大于不知足，咎莫大于欲得，故知足之足，常足矣。

字词注释

①却：这里是退、还的意思。

②粪：施肥，这里隐喻为耕田。

③郊：城外、野外，这里隐喻为战场。

今文意译 ////

遵循组织之道，即便像战马这样的硬实力，也可以用于像耕田这样的组织发展的基础工作；不遵循组织之道，势必陷入恶性竞争，就像连年征战，连怀孕的母马也不得不上战场，导致小马都出生在战场上。组织管理上的最大祸患来自于没有理解和确立内在定位，最大过错则在于拼命追求物化资源和硬实力。所以，理解内在定位的那种定位，才是一种值得保持的定位。

分析解读 ////

本章对上章所讲的"清静为天下正"做出进一步阐述。

老子讲"清静"和"无为"，并不是要最高管理者什么都不做，只在那里悠闲自在地消耗时光，无所事事，而是要最高管理者必须立足于像天地之道一样的组织之道，执着追求组织的终极目标。也就是说，最高管理者的岗位职责主要不在于从事具体事业、业务和任务，而在于认同、践行和维系组织之道，让组织成为"有道"的组织，确保组织管理秉持组织之道。一句话，最高管理者必须与组织之道同在、同行，而不是去直接干预组织的具体事务。这才是"清静为天下正"这个管理指导原则的本义所在。

正因为如此，老子在本章才明确指出，"天下有道，却走马以粪；天下无道，戎马生于郊"。其中，"天下有道"，意味着最高管理者真正恪守了"清静为天下正"的管理指导原则，让组织的管理工作及各项事业发展都遵循组织之道，各得其所，秩序井然，没有必要卷入同其他组织的恶性竞争之中，特别是当大多数组织都能遵循组织之道，找到自己的内在定位时，也就不需要依仗硬实力去侵占其他组织的物化资源了。在老子所处的时代，组织间恶性竞争的典型表现，恐怕就是诸侯国之间的战争。如果"天下有道"，诸侯国之间的战争就不会发生，而用于战争的硬实力或物化资源，如战马，则可以用于像耕田这样的组织基础活动，有效地增加物化资源收益，改善民生。这恰是"清静为天下正"的集中体现。

相反，最高管理者如果不能恪守"清静为天下正"的管理指导原则，千方百计想在短时间内快速获得更多物化资源，以充实自己的硬实力，就极有可能卷入组织间的恶性竞争。这在当时便表现为诸侯国之间的连年征战，本想依仗硬实力、通过战争来快速发展，结果却是大量物化资源被消耗，甚至连战马都不敷使用，怀孕的母马也要上战场，导致小马出生在战场上。越是想快速获取物质资源、加速硬实力建设，结果却越是不断消耗物化资源，在硬实力建设上竹篮打水一场空。

为什么会出现这种得不偿失的情况呢？在老子看来，原因恰在于最高管理者没有认清组织的内在定位，根本不理解组织到底是一种什么性质的存在。组织到底是物质资源和硬实力的积聚，还是有着独特性的人的共同体，这才是最高管理者必须认清的组织的内在定位问题。老子把关于组织内在定位的认识称为"知足"。这里的"足"，正像第44章所讲的一样，是指内在的立足点或定位。最高管理者"不知足"，也就意味着，最高管理者没有真正理解组织的内在定位，不是从组织之道这种本质上是观念存在的视角去理解组织意味着什么，也没有从人之为人的独特性去认识组织作为人的共同体的本质特征。这样一来，最高管理者就会向外求，以看得见、摸得着的物化资源作为组织存在的基础，拼命获得更多物化资源，而为了快速获得物化资源，便极有可能卷入争夺物化资源的恶性竞争。恐怕最为快速地获取物化资源的方式，就是不劳而获地抢夺其他组织的物化资源，其结果便会让更多组织卷入物化资源争夺中来，从而走向连年征战的恶性循环。所以，老子才说，"祸莫大于不知足，咎莫大于欲得"。

这里的"祸"和"咎"，既指由于自己的错误认识和选择带来的祸患，又指被动卷入其中所不可避免的灾祸。追根溯源，这种主动和被动双重意义上的"祸""咎"，都是由最高管理者的"不知足"和"欲得"带来的。值得注意的是，老子这里所讲的"知足"或"不知足"，并不是通常意义上的知道满足或不知道满足的意思。那种从"满足"角度所理解的"知足"或"不知足"，仅局限在源自生物本能的欲望上，而问题是，人们如何才能让这种欲望得到满足。因此，即便从"满足"角度来理解"知足"，也必须有超越生物本能的立足点，只有在更高的立足点上，才能调节源自生物本能的欲望，让其处在适度的状态。如果没有超越生物本能的更高立足点，身处欲望的漩涡之中，只能是"欲得"或想得到更多，以至于欲壑难填。正是从这个意义上说，老子讲的"知足"或"不知足"，是针对能否认识到具有这样更高的内在定位或立足点而言的，不只是从知道满足与否上去说的。

理解了这一点，便容易明白，老子进一步说"故知足之足，常足矣"，意在表明，"知足"中的"足"，是一种带有永恒性的"足"，而不像欲望的满足那样随情境变动。那么，老子所说的"常足"，到底指的是什么呢？联系第44章所提到的"足""止"，可以认为，这里的"常足"，正是指人之为人、组织之为组织的独特属性，而这个独特属性也就是老子反复讲的"道"。对于个人而言，这个"道"，便意味着"德"，或更准确地说（对于组织人），就是"上德"。对于组织而言，这个"道"，也就是像天地之道一样的组织之道。只有找准了"上德"这个人之为人的内在定位，最高管理者才能真正做到"清静为天下正"；也只有找准了组织之道这个组织之为组织的内在定位，组织才能成为有"道"的组织。这样的最高管理者和组织，自然就不会迷失自我和组织发展方向，不会错把生物本能当成自我的内在立足点，也不会错把获取物化资源和硬实力当成组织发展的根基。

管理要义 ////

组织如何才能成为一个有"道"的组织？前提是管理者尤其是最高管理者先有"道"。这里的"道"，实际上指的是一种融入社会文化传统之中的、既具有社会性又具有独特性的组织文化，而组织文化便是由信念派生出来的价值观和行为规范。组织的信念、价值观和行为规范到底存在于何处？只能首先存在于管理者尤其是最高管理者心中。这也就构成了组织的内在定位。组织的内在定位，实际上指的就是信念、价值观在管理者和一般组织成员心中的确立，进而通过独特的行为风格体现出来。

以往人们谈论组织定位，习惯于将着眼点放在组织的外部，如市场定位或区域定位，而对于这样的外部定位，又经常从建基于物化资源之上的硬实力去考虑问题。组织的外部定位固然重要，但是，管理者若仅着眼于外部定位，很容易将组织目标设定短期化，忽视组织的终极目标追求，甚至认为终极目标是虚的、讲给别人听的故事，只有物化资源和硬实力才是实的、赢得竞争优势的基础。管理者以这样的思维方式看问题、做管理，很容易将人、组织看成像物化资源一样的工具，不过是为实现短期量化目标服务的，而这种短期量化目标又只是管理者尤其是最高管理者个人意志的体现。如此一来，被工具化了的人和组织，便不可能有"道"。丧失了"道"、没有了内在价值观念定位的组织，也就失去了可持续发展的根基,只能随着物化资源和硬实力的周期波动而兴衰。

六

《老子》第 47 章

不出户，知天下；不窥牖，见天道。其出弥^①远，其知弥少。是以圣人不行而知，不见而名^②，不为而成。

字词注释

①弥：这里是愈、更加的意思。

②名：这里是命名的意思，可以引申为制订规则、确立岗位职责。

今文意译

不用走出房门，便能理解组织之道；正像不必向窗外看，就能理解天地之道一样。向外走得越远，对组织之道的理解反而会越少。正因为如此，理想化的最高组织管理者不必向外走，就能达到对组织之道的深刻理解；不用亲眼见，就能制定合理的规则体系；不直接干预，就能让组织各项事业成功。

分析解读

本章开始重点讲最高管理者应如何认识、理解和践行组织之道。

组织之道作为组织赖以存在和发展的根基，本质上是一种观念，而观念只能存在于人们心中，去向外物求观念，无异于缘木求鱼。实际上，不仅组织之道是一种观念，即便天地之道，也并不直接存在于外物本身，更不在冥冥之中，同样需要人们用心去建立起一种观念。更直白地说，谁能在观察星空时直接窥见天地之道？即便从今天的天体物理学角度看，人们也不是在观察天体运行中直接发现了天体运动规律，更不是先到月球、火星等天体上面触摸感受之后才建立起相关的理论模型。这些天体运动规律正像老子说的"天道"一样，本质上不过是人们关于自然的一种特定观念，存在于人们的思维或"心"及其表现形式——知识之中，而不是外界的物体之上。说人们像出门捡回一件东西那样捡到了这种"天道"，只能是天方夜谭。

所以，老子在本章开头才会说，"不出户，知天下；不窥牖，见天道"。这里的"天下"，隐喻组织和组织之道，而"天道"，既指天地之道，也暗示着组织之道。"不出户，知天下"的内涵非常清楚。"天下"首先是一种观念，而不是一个具象的存在。有谁能够直接观察和感受到"天下"？即便走出房门，又有谁能遍观"天下"？对于"天下"，试图用感官经验去直接观察和认识是不可能的，只能运用思维或心去抽象地理解和把握。

组织像"天下"一样，无法直接观察和认识。在老子所处的时代，即便有些诸侯国组织的地盘并不大，但地盘或地理空间真的就等同于一个诸侯国组织吗？地理空间固然是一个组织的重要组成部分，但并不能等同于一个组织，更不能被视为一个组织的本质特征，即一个组织区别于动物群体及其他组织的独特属性。对于组织，人们如果不是运用思维去寻求理解和把握，而只是想运用感官到外部去观察和认识，恐怕就像通过窗户向外看就想认识"天地之道"一样不可能。基于此，老子紧接着说，"其出弥远，其知弥少"。这是向外求"道"的必然结果，而那些真正明智的最高管理者则能做到"不行而知，不见而名，不为而成"。这句话包括三层含义。

首先，"不行而知"，指的是最高管理者不需要刻意向外去寻找组织之道，组织之道就在人们心中的价值观念认同上，因此，最高管理者所要做的是，首先在自己心中建立起对组织之道的认同，并切实贯彻到自己的管理行为中。

其次，最高管理者的管理行为主要体现在制定规则上，而制定规则必须有指导思想，那个用于指导规则制定的一以贯之的指导思想就是组织之道；而且，在组织之道指导下所制定的规则应该是面向未来的，不能等到事已发生，才以"事后诸葛亮"的方式制定规则。虽然规则会随着内外部环境条件的变化而调整，但这绝不意味着规则制定必须等到事发之后。所以，老子才说"不见而名"。这里的"见"，便是亲眼看到；而"名"，则是命名，可以引申为包括界定各类岗位职责在内的规则制定。"不见而名"意味着，不必等到看见各种事已发生才去制定规则，那样就会失去规则所具有的激励和约束作用。问题是，事情尚未发生，又如何能前瞻性地制定规则？这既需要有一以贯之的原则，即组织之道的指引，也需要一种前瞻性的战略思维。最高管理者之所以能具有这样的战略思维，也是因为有更高的战略立足点，即组织之道，这也就是上一章所说的"知足之足，常足矣"。从这个意义上说，最高管理者若没有"不行而知"、对于组织之道的深入理解，就难以达到"不见而名"及对于规则的前瞻性制定。

最后，组织中还存在各项事业，只有脚踏实地去做具体事务，才能推动各项事业发展，不断取得成功。但是，承担各项事业、做具体事务的主体，并不是组织的最高管理者，而是各级管理者及拥有专业知识和技能的组织成员。最高管理者只有通过组织之道和规则体系，将各级管理者及组织成员的创造潜能发挥出来，才能做到"不为而成"。这里的"不为"，指的是最高管理者在具体事务上"不为"，即不直接干预组织的具体事务。组织中只要有关于组织之道的共识，有合理可行的规则体系，不需要最高管理者亲力亲为，反而能让各项事业做得更好，取得更大的成功。

需要特别强调指出的是，本章主要讲的是最高管理者的岗位职责在于对组织之道的认识、理解和践行，这才有了"不行""不见""不为"的要求。至于组织中其他管理者和一般组织成员，不一定非要遵循这"三不"的要求，关键看所在岗位职责的具体要求是什么。组织中不同岗位职责的具体要求是不一样的，切忌一刀切式地要求所有岗位都必须怎样。这也是老子这里专门强调"是以圣人不行而知，不见而名，不为而成"的原因。这里的"圣人"，还是指理想化的最高组织管理者。

另外，即便对于最高管理者来说，也只是在认识和理解组织之道的基础上，要眼睛向内，发自内心地认同并承诺于组织之道，而不是说最高管理者在认识和理解其他一切对象上，如组织的各项事业，也只要眼睛向内就可以了。最高管理者"不为"或不干预具体事务，丝毫不等于完全可以不用去认识和理解组织的相关事业。最高管理者要去认识和理解组织的相关事业，特别是一些技术性比较强的专业领域，当然必须遵循事业或专业领域本身的特点，去认真观察、了解、认识和体会，甚至离不开到现场进行"走动管理"，但这是另一种不同的学习方法，与老子所说的对于组织之道的认识和理解方式并不矛盾。

▌管理要义 ////

组织中不同岗位的职责特点是不一样的。就管理岗位而言，越是高层岗位，则越强调文化和战略的职责；越是基层岗位，则越突出运营和操作的职责。关于这两类管理岗位的职责特点，可以分别用两个字来概括，那就是"虚"和"实"。越是高层管理岗位，职责中"虚"的成分越多；越是基层管理岗位，职责中"实"的成分越多。

关于"虚"和"实"，人们习惯于从看得见、摸得着、可量化指标的角度来理解。这是一种典型的物化立足点，也往往是基层管理岗位或其他专业技术岗位的立足点。基于这种物化立足点，甚至会有一种要将高层管理岗位做"实"的倾向。特别是考虑到大多数高层管理者都是从基层做上去的，虽已身处高层，但他们的思维和行为习惯却还停留在基层管理岗位的工作模式中；更重要的或许是，他们之所以能不断晋升，也正是因为这种工作模式的成功。这可以称为个人职业生涯中的"成功陷阱"。只不过这种"成功陷阱"的负面效应，不一定体现在管理者个人身上，反倒会体现在组织的内在定位及文化和战略的作用发挥上。

当身陷基层成功经验的高层管理者要把高层管理岗位做"实"时，他们大多会频繁出现在业务工作一线，用自己过往的成功经验来看似指导、实则干预现在的基层业务工作。且不说高层管理者过往的成功经验是否还能适用于现在，只需要想一想，高层管理者如此热衷于亲身示范，基层管理者和业务人员还有创造和创新的可能吗？这样的组织恐怕更容易走向路径固化和模式僵化。其实，高层管理者"务虚"，恰为组织的柔性和变化提供了可能，让其他管理者和业务人员得以创造性地"务实"。因为高层管理者所务之"虚"，恰是组织的观念之基——文化，也是组织面向未来不断创造和创新的可能空间——战略。若没有了文化和战略之"虚"，组织又怎么会有事业、业务和任务上的可持续之"实"？

《老子》第48章

为学日益①，为道日损②。损之又损，以至于无为，无为而无不为。取天下③常以无事，及④其有事，不足以取天下。

字词注释

①益：这里是增加的意思。

②损：这里是减少的意思。

③取天下："取"，据河上公本的注释："取，治也"①，但是，刘笑敢、陈徽经综合考证认为，"取"字无"治"义，这里的"取"不应作"治"讲②，而"取天下"，正如第29章中的"取天下"一样，都是"得民心"、赢得信任的意思。

④及：这里是等到、到了的意思。

▍今文意译 ////

学习和应用各种专业知识，都要经历一个逐渐积累增加的过程，而理解和

---

① 王卡点校：《老子道德经河上公章句》，中华书局1993年版，第186页。
② 分别参见刘笑敢：《老子古今》（修订版）（上），中国社会科学出版社2006年版，第484—485页；陈徽：《老子新校释译》，上海古籍出版社2017年版，第271页。

践行组织之道，则是一个不断减少个人成见的过程。当最高管理者把个人成见减少再减少，最终不刻意作为的时候，才能达到自己不刻意作为而组织却能无所不为的境界。最高管理者要赢得人们的信任、管理好组织，就必须遵循这种不刻意作为的原则，若想刻意作为，便不可能赢得人们的信任、管理好组织。

▌ 分析解读 ////

本章承接上章，进一步阐明理解和践行组织之道的独特方式。

在组织情境中，人们经常会混淆两类学习，即关于专业知识的学习和关于组织之道的学习。组织不能没有具体事业，而要做好事业，则离不开相关专业知识的学习。在专业知识的学习上，人们必须遵循从无到有、由少到多的积累过程。刚开始，人们并不了解某种专业知识，也不会做某项具体工作，这就需要从头学起，只有不断积累了专业知识，并在做具体工作中通过运用专业知识慢慢形成了专业能力，才会胜任特定专业岗位的工作。对于那些从事专业工作的组织成员来说，"为学日益"并不难理解。任何人若不经历这样一个逐渐积累的过程，想一夜之间便具备专业知识和能力是不可能的。

或许正是因为人们都熟悉这个"为学日益"的过程，反而很容易形成思维定式，包括最高管理者在内，都会以为理解和践行组织之道，即"为道"的过程，也是同样的。但实际上，组织之道与专业知识的性质完全不同，专业知识可能是从外部获得的，而组织之道则存在于每个人心中，只不过有些人意识到了，有些人还没有意识到罢了。

组织由人构成，而组织之道源自人之为人的独特性。可以说，组织之道是人之为人的独特性在组织层次上的集中反映，是组织中人们的价值观念共识。因此，当人们说认同和理解组织之道时，并不是去认同和理解一个外在的对象，也不是要认同和理解别人告诉自己的观念，而是由他人践行组织之道所激活的自己心中对组织之道的认同及深刻体验。哪怕是再伟大的管理者，哪怕拥有再强的硬实力，也不能将一种观念从外部强加给别人。人们即便晕于光环或慑于权势而一时服从于某个观念，但如果不是因为心中早已有的潜在的关于人性和组织的信念被激活，这种对某个观念的被动服从，很快便会因时因地而发生改变。这并不是人们对一个观念的真正认同和理解，更不要说由内而外地践行了。

但是，由于日常的感觉经验积累以及不可避免地受生物本能的影响，人们心中原本有的关于人性和组织的潜在信念往往被成见所遮蔽，以至于自己平时都浑然不知还有这样的信念和价值观存在，直到在内外部条件契合下被激发，才开始逐渐摆脱成见的束缚，层层拨开成见的迷雾，慢慢回归心中原本就有的信念和价值观。这个过程正是老子所说的"为道日损"，也即去掉那些在生物本能的驱使下由感觉经验积累起来的成见。特别是对于组织的最高管理者来说，这些成见往往是非常个体化的，以至于让最高管理者完全忘记了自己所要代表的是组织，一心只想着将组织和他人变成实现个人意志的工具。这就更要求最高管理者必须以正确的方式来理解和践行组织之道。

正因为如此，老子才明确指出，"为学日益，为道日损"。意思是说，组织之道的体悟方式与专业知识的学习方法是不一样的，千万不可混淆。这表明，"为学日益"与"为道日损"这两句话是并列关系，陈述了"为学"和"为道"的不同特征；不能将这两句话理解为因果关系，即因为"为学日益"，所以就会"为道日损"，或者反过来，要"为道"，就不能"为学"。实际上，"为道"与"为学"并不必然相冲突。一个有"道"的组织就一定没有独立的事业吗？一个有"道"的管理者和专业人员就一定不能"为学"吗？这显然是不可想象的。没有独立事业的组织不可能有生存的空间；而"为道"不"为学"的人也难以胜任管理岗位和专业岗位的职责要求。组织的最高管理者即便不必自己去做具体事务，也应该通过一定程度的"为学"来理解相关事业和业务，否则，又如何能真正认识其他管理者和组织成员所从事工作的价值所在？

当然，最高管理者的岗位职责主要在于"为道"，所以才需要眼睛向内，努力做到"损之又损，以至于无为，无为而无不为"。最高管理者的"损之又损，以至于无为"的过程，既是一个"为道"的过程，也是一个自我修养的过程。最高管理者通过自我修养，超越生物本能，立足于人之为人的独特性，摆脱成见束缚，以达到与组织之道同在的境界。这就是最高管理者的"无为"境界，也即不去刻意作为，不将个人意志强加给他人和组织，不把他人和组织视为实现个人目标的工具。但是，最高管理者不以个人意志而刻意作为，并不等于组织也不作为；恰恰相反，只有当最高管理者不刻意作为时，才能让各级管理者和组织成员发挥聪明才智，为各项事业的发展做贡献，实现更大的组织作为。这正是"无为而无不为"的深刻管理寓意。

立足于"为道"的独特方式及对最高管理者"为道"的特殊要求，老子最后总结说，"取天下常以无事，及其有事，不足以取天下"。这里的"取天下"，正像第 29 章中讲的"取天下"一样，也是赢得信任、做好管理的意思；"天下"，仍隐喻组织；"无事"，即"无为"；而"有事"，则意味着"有为"。老子这句话说得很明白，最高管理者要赢得信任、管理好组织，就必须保持"无为"，不要总想按照个人意志，将组织当成工具，刻意折腾出点事、闹出点声响，以实现个人目标，那样只能毁掉组织可持续发展的根基。因为变成工具的组织除了物质资源，不可能再有深入人心的组织之道，最多不过只是一纸空文、几句口号而已。这种已经沦为一纸空文、几句口号的组织之道，当然不可能成为组织可持续发展的根基。最高管理者既有可能培植出组织可持续发展的根基，也有可能毁掉组织可持续发展的根基，关键看其在"为道"上如何做。

▌管理要义 ////

组织的高层管理者当然要"务虚"，但"务虚"并不比"务实"轻松，甚至要比"务实"付出更大的努力。究其原因，"务实"是一个"为学"的过程，日积月累，进步看得见；而"务虚"却是一个"为道"的过程，要求当事人必须眼睛向内，自我变革，剥掉成见，发现心中那个关于人之为人、组织之为组织的独特性的信念。这样一个本质上是自我修养的"务虚"过程，远比一般"务实"中的专业学习和应用艰难得多，以至于很多高层管理者会借口工作忙、要"务实"来刻意回避。一旦高层管理者习惯于用"务实"来回避"务虚"，那么可想而知，组织中其他管理者和一般组织成员也就更不会"务虚"了。从根本上说，这就意味着组织的价值观念已不可能深入人心，相应地，规则体系也不一定能充分发挥作用，否则又怎么会烦劳高层管理者整天处在"有事""有为"状态？当一个组织的价值观念和规则体系都不能真正发挥作用，而只能依靠高层管理者的积极"有为"来推动组织运行的时候，这对组织的可持续发展来说是福音还是诅咒，也就未可知了。

《老子》第49章

　　圣人无常心，以百姓心为心。善者，吾①善之；不善者，吾亦善之，德②善。信者，吾信之；不信者，吾亦信之，德信。圣人在天下歙歙③，为天下浑④其心。百姓皆注其耳目⑤，圣人皆孩⑥之。

字词注释

①吾：指代"圣人"，即理想化的最高组织管理者。

②德：这里通"得"，获得、得到的意思。

③歙歙：这里是收缩的意思，隐喻为扼制自己的欲求、收敛自己的意志。

④浑：这里是混合的意思，隐喻为达成共识。

⑤百姓皆注其耳目：这句话在王弼本中没有出现，但在释文中却有这样的说明，即"百姓各皆注其耳目焉，吾皆孩之而已"①，而且，河上公本、严遵本、傅奕本、范应元本及帛书甲乙本均有这句话②，据此补上。在这句话中，"注"，意指专注；"耳目"，则指代以专业知识和技能为基础的聪明才智，正所谓"耳

---

①　[魏]王弼著，楼宇烈校释：《王弼集校释》（上），中华书局1980年版，第130页。

②　分别参见王卡点校：《老子道德经河上公章句》，中华书局1993年版，第189页；[汉]严遵著，王德有译注：《老子指归译注》，商务印书馆2004年版，第112页；[唐]傅奕：《道德经古本篇》，载[明]张宇初等编：《道藏》（第十一册），文物出版社、上海书店、天津古籍出版社1988年版，第486页；[宋]范应元：《宋本老子道德经》，国家图书馆出版社2017年版，第195页；高明：《帛书老子校注》（上），中华书局2020年版，第86页。

聪目明"。这句话的大意是：一般组织成员的岗位职责决定了他们必须专注地运用自己的聪明才智。

⑥孩：通"阂"，闭合、关闭的意思，隐喻为向内追求。

▌今文意译 ////

理想化的最高组织管理者没有自己固有的成见和利益诉求，而是以组织最广大的利益相关者的共同利益为自己心中理想。那些追求共同利益的人，理想化的最高组织管理者和他们一起追求共同利益；那些追求个人利益的人，理想化的最高组织管理者也要想办法引导他们追求共同利益，这样才能真正实现共同利益。那些诚信的人，理想化的最高组织管理者会信任他们；那些不够诚信的人，理想化的最高组织管理者则相信他们会改变，这样才能真正建立起信任的氛围。理想化的最高组织管理者在组织中总能扼制自己的欲求，努力让组织之道成为人们的共识。一般组织成员的岗位职责决定了他们必须专注地运用自己的聪明才智，而理想化的最高组织管理者则眼睛向内，努力修养自身，肩负起践行组织之道的职责。

▌分析解读 ////

本章进一步解说上章提出的"取天下常以无事，及其有事，不足以取天下"。

作为整体组织代表的最高管理者，其岗位职责主要在于践行组织之道，也就是让组织之道具体化、明确化，并融入组织各项事业和日常工作中。从理想状态来看，最高管理者不应该有独立于组织的个体利益和个人意志，组织的共同利益就是最高管理者的利益，组织之道便是最高管理者的思维立足点。但是，反过来却不成立，不能说最高管理者的个人意志就是组织之道的体现，更不能说最高管理者的个体利益便是组织的共同利益。也就是说，老子强调的是最高管理者要融入组织、服务于组织，而不是要让组织服务于最高管理者、成为实现最高管理者个人意志的工具。由于组织是由内外部广大的利益相关者构成，最高管理者要融入组织、服务于组织，就必须坚守能体现最广大的利益相关者的共同利益（即"上善"）的组织之道，以组织最广大的利益相关者心中所思所想所求，作为自己心中的所思所想所求，让组织真正成为每个利益相关者的心之所属、身之所系。这就是老子所说的"圣人无常心，以百姓心为心"。

这里的"圣人"，仍指的是理想化的最高组织管理者；"常心"，则是指个人心中固有的成见，这种成见往往来自生物本能的欲望和实现个体利益的意志；"百姓"，指的是组织最广大的利益相关者群体。对于理想化的最高组织管理者来说，心中时刻装着的是组织之道及其所代表的组织共同利益，这也就是"以百姓心为心"。那么，具体地说，理想化的最高组织管理者到底应该怎样做呢？老子认为，"善者，吾善之；不善者，吾亦善之，德善。信者，吾信之；不信者，吾亦信之，德信"。

要理解老子这段话，可以从"善"与"信"入手。在第8章中，老子已将"善"视为组织之道的核心内涵，也可以看作组织和最高管理者必须致力于追求的终极目标。这种意义上的"善"，也就是"上善"，即最广大的共同利益，而"善者"，则是那些追求共同利益的人。对于"善者"，"吾"，即老子所说的理想化的最高组织管理者，当然要和他们一起追求共同利益，这是组织的立足之根本。但不可否认的是，组织中并不是每个成员都能同步认识到"善"的价值，也不是每个成员都能马上理解共同利益与自己密不可分的关系。实际上，作为共同利益的"善"，是由组织整体利益和每位利益相关者的个体利益一起构成的，共同利益并不简单地等同于组织整体利益。虽然看上去管理者群体的利益与组织整体利益的关系更为密切一些，但管理者尤其是最高管理者，却不能只关心组织整体利益而忽视甚至无视利益相关者的个体利益。这不仅是因为组织整体利益永远是由每位利益相关者参与创造的，没有个体利益的实现，就不可能有组织整体利益的创造；更是因为每位利益相关者的个体利益本身就是组织的共同利益不可分割的组成部分，在组织的共同利益之中，每位利益相关者的个体利益所占的份额加起来不仅要超过整体利益，更是整体利益和共同利益得以实现的真正基础。作为整体组织的代表，管理者尤其是最高管理者代表的是共同利益而非整体利益，而且，组织之道也是组织的共同利益而不仅是整体利益的集中体现。也正因为如此，老子才要强调"圣人无常心，以百姓心为心"。

理解了组织共同利益的内涵及基础便不难看到，对于组织的利益相关者来说，他们追求个体利益，只要不损害组织的整体利益及他人的个体利益，实际上就是在创造共同利益。这些人虽然表面上看好像在追求个体利益，是"不善者"，但能够洞察到组织之道和共同利益的深刻内涵的最高管理者，自然就能够理解、宽容和尊重组织成员对于个体利益的合理追求，并确保这种对个体利益的追求不损害组织的整体利益和他人利益。其中便有一个引导的问题，而这个引导的核心要义，在于不逾越合理的界限，即是否损害了组织的整体利益和他人利益。

最高管理者的职责之一正是要认识和把握这个合理的界限，并把这种认知传递给各级管理者，从而在组织中建立起内在价值准则，让人们都能认识到自己行为的界限。这样才能确保组织的利益相关者都在做着有助于共同利益创造的工作，而不是通过损害组织的整体利益和他人利益来谋求自己的个体利益。由于各级管理者都拥有自由裁量权，如果没有这种内在价值准则，并由此形成良好的组织氛围和监督机制，反而更容易滥用职权，以损害组织的整体利益和组织成员的个体利益为代价来追求自己的个体利益。因此，当老子说"不善者，吾亦善之，德善"的时候，也就意味着，最高管理者必须引导那些"不善者"不要逾越合理的边界，从而确保组织的共同利益不受损害，这样才能形成追求共同利益的良好机制和氛围。

组织中信任氛围的形成，也是最高管理者义不容辞的责任。信任氛围恰表明组织有共享的观念和共同的利益，而要形成这样的信任氛围，关键在于最高管理者是否信任各级管理者和一般组织成员。也就是说，最高管理者要赢得别人的信任，首先要信任别人。信任是相互的，单方面的信任有可能暂时建立，但很难保持，而且一旦破裂，甚至比原本没有信任更糟糕。所以，老子才说"信者，吾信之；不信者，吾亦信之，德信"。对于那些公认的有诚信的人，最高管理者当然要信任，但即便是对那些看似没有诚信的人，最高管理者也要相信他们会改变。毕竟每个人原本都是内在自我同一而讲诚信的，之所以现在看上去没有诚信，一定是因为某些情境因素导致了这种暂时的变化。既然是情境因素造成的，而最高管理者的主要职责之一又是负责营造良好的组织氛围，用氛围去影响人、改变人，那么，坚信人之为人本质上都是自我同一而有诚信的最高管理者，对于那些看似没有诚信的人，当然也要相信他们一定会发生改变，回归原本那个诚信的自我。这样做或许在短期内会付出一些代价，但对于营造组织的信任氛围这个更广泛且长远的"收益"来说，则是完全值得的。

在"德善""德信"的组织中，也即有了追求共同利益的良好信任氛围的组织中，最高管理者必定是扼制住了自己的欲求，完全融入组织和组织之道中，也即"圣人在天下歙歙，为天下浑其心"。这里的"天下"，仍隐喻组织，而"歙歙"，则意味着内敛，扼制了自己的欲求。这说的是，最高管理者不能张扬个人意志、刻意而为，只需要认同和践行组织之道，让组织之道成为最广大的利益相关者的观念共识，即"浑其心"。在这种情况下，每位利益相关者都能找准自己在共同利益中的定位，在相互信任的氛围中将自己的潜能充分发挥出来，通过分工协作来创造更广大的共同利益，这便是老子用"百姓皆注其耳目"所要表达的意思。

这里的"注"，即专注的意思，而"耳目"，则代表通过专业训练所获得的各方面知识和能力。当每位利益相关者都能专注地运用自己的知识和能力，通过分工协作来创造更广大的共同利益时，最高管理者应该做什么呢？这时最高管理者更要扼制住自己想去干预的冲动，眼睛向内，坚守组织之道，让自己的言行真正成为组织之道的载体。这就是老子说"圣人皆孩之"的深意所在。

这里的"孩"，通"阂"，是关闭、隔绝的意思，而"之"则指代上句中的"耳目"，代表最高管理者自己的聪明才智，俗话说耳聪目明，"耳目"也可以用来暗指聪明。这句话的意思是，最高管理者反而要有意关闭自己的所谓聪明才智，尤其是要善于保持与组织中各项具体事务的距离感，以此扼制自己为炫耀聪明才智而去干预具体事务的冲动。这样才有可能激活各位利益相关者的潜能，让组织的各项事业生机勃勃。

组织的可持续发展一定离不开内外部利益相关者的共同努力。虽然人们因共享的观念和共同的利益而与特定组织联结在一起，但是，管理者却不能因此而强求每位利益相关者都必须怎样。做管理，"求大同存小异"是基本要求。所谓大同，指的是核心价值观念和根本利益诉求是一致的；而所谓小异，则指的是各自的知识背景、专长定位、具体利益关注点可能是不一样的。管理者虽代表组织，但自身也有着不同的知识背景、专长定位和利益关切。这意味着，管理者只有做到了将心比心、进入他心，才能符合"求大同存小异"这个做管理的基本要求。为此，管理者必须具有包容意识，不能强求一致，更不能要求人们以牺牲个体利益为代价，去追求所谓组织的整体利益。

实际上，合理的个体利益和整体利益都是组织的共同利益的组成部分。管理者必须确保追求共同利益，而不单纯是整体利益，当然更不是某些人的个体利益；同时还要建立彼此信任的良好氛围。这样一来，广大的利益相关者通过分工协作来追求共同利益才有可能。组织之所以能建立起良好的信任氛围，前提是已建立起共享的观念和共同的利益，管理者充分信任各位利益相关者。只有当利益相关者切实感受到被信任，才有可能信任管理者和组织。这时组织才可能做到"凝心聚力"，持续追求和创造更广大的共同利益。

《老子》第 50 章

出生入死。生①之徒②十有三，死③之徒十有三。人之生生④动⑤之死地，亦十有三。夫何故？以其生生之厚。盖闻善摄生⑥者，陆行不遇兕⑦虎，入军不被甲兵，兕无所投其角，虎无所措其爪，兵无所容其刃。夫何故？以其无死地。

字词注释

①生：这里指生存的时间长，即寿命长。

②徒：这里是同一类别的意思。

③死：这里指寿命短。

④生生：王弼本这句话中只有一个"生"字，原文为"人之生动之死地"[①]，但傅奕本、范应元本及帛书甲乙本此句中均为"生生"[②]，联系上下文，疑似缺失了一个"生"字，故补上。"生生"，意指过分注重养生，刻意要追求长寿。

⑤动：这里是行动、妄动的意思。

⑥摄生："摄"，整理的意思。"摄生"，即养生。

⑦兕：指犀牛一类的野兽。

▌今文意译 ////

　　人从出生到死亡的生命周期各有不同。长寿者大概占十分之三，短寿者大概占十分之三，还有那些过分注重养生反而因此陷入绝境，导致寿命终结的，大概也占十分之三。为什么会这样呢？因为他们太过注重养生，刻意追求长寿。听说真正善于养生的人，在路上走，不会遇到犀牛老虎等猛兽；在作战时，也不会为兵器所伤。对于这些人，犀牛没有办法使用尖角，老虎没有办法使用利爪，兵器更是无法展示锋刃。为什么会这样呢？因为他们根本就没有面临绝境啊。

▌分析解读 ////

　　本章以个体的生命周期长短设喻，类比说明组织之道对于组织生存和发展

① ［魏］王弼著，楼宇烈校释：《王弼集校释》（上），中华书局 1980 年版，第 134 页。

② 分别参见［唐］傅奕：《道德经古本篇》，载［明］张宇初等编：《道藏》（第十一册），文物出版社、上海书店、天津古籍出版社 1988 年版，第 486 页；［宋］范应元：《宋本老子道德经》，国家图书馆出版社 2017 年版，第 201 页；高明：《帛书老子校注》（上），中华书局 2020 年版，第 89 页。

所具有的基础作用。

个体的生命具有周期性。任何生命都无法避免生老病死。如果将组织也视为一种有生命的存在，同样会有周期性。那么，要让组织的生命周期超过个体的生命周期，实现可持续发展，到底应该怎样做呢？这是那些肩负着组织可持续发展责任的最高管理者必须认真思考的问题。老子以类比方式，启发最高管理者从个体生命周期来思考这个问题。

个体的生命周期长短各有不同。一般而言，长寿者或许能占到十分之三，短寿者大概也占到十分之三，其他的人可能处在中间状态。但在现实中，至少是在老子对当时情况的观察来看，短寿命的人远远超过了十分之三，甚至可能达到百分之六十，那么，另外百分之三十的短寿者又是什么原因造成的呢？老子认为，那是因为有相当一部分人并没有认识到生命的周期性，刻意去养生，人为地延长寿命，反而将自己过早地置于死地。过分注重养生，一心想要长寿，反倒适得其反，过早终结生命，这种情况恐怕也能占到十分之三，再加上本来自然状态下短寿的百分之三十，岂不是百分之六十即大部分人都成了短寿者？这种严酷的现实启示人们，养生不得其法，反会害生。组织也一样。最高管理者一心要组织强大，还想能千秋万代，但结果却早早葬送了组织。这种事在老子所处的时代，可谓层出不穷。

既然如此，最高管理者到底应该怎样做，才能让组织真正实现可持续发展呢？老子继续以养生做类比说，"盖闻善摄生者，陆行不遇兕虎，入军不被甲兵，兕无所投其角，虎无所措其爪，兵无所容其刃。夫何故？以其无死地"。老子这里用的是"盖闻"或听说而非实指，值得深思。在现实中，人们真能做到在陆地上行走从来不遇到猛兽，在军中打仗从来不被兵器所伤，让猛兽施展不了尖角利爪，让兵器不能展示其锋刃吗？要做到这样，恐怕只有从来不出门，即便参加军队也从来不作战。毕竟在老子所处的那个时代，只要出门，遇到野兽恐怕是经常的；只要参加军队，哪有不打仗的，要打仗，能不能为兵器所伤，便不由个人决定了。所以，要想让猛兽无所措其角爪，要想让刀兵无法伤害自己，也只有不出门。而不出门真的是"养生"的最佳方法吗？显然不是。老子虽然讲"无为"，但绝不是让最高管理者足不出户，畏缩不前。老子这里所说的"善摄生"，只能从人之为人的本质特性出发去理解。

人之"生"或人的存在，与动物之"生"或动物的存在，虽然都具有生命周期，但其本质区别显然不在具有生命周期的身体，而在精神或思想。人之为人、区别于一般的生命存在，关键在于人有精神或思想。因而，从精神或思想的角度来"养生"，则更能体现出"养生"的本质特征。如果一个人的精神或思想能真正融入像天地之道一样的组织之道中，那就能做到"天长地久"，完全超越个体生命周期的局限。从精神或思想的角度来理解老子所讲的"善摄生"，就会豁然开朗。对于精神或思想而言，岂不正是"陆行不遇兕虎，入军不被甲兵，兕无所投其角，虎无所措其爪，兵无所容其刃"？尤其是当原本个体化的精神或思想融入像天地之道的组织之道中，为更多人所共享、所践行的时候，这种精神或思想不仅会超越个体的生命周期传承下去，还能够不受任何所谓"死地"或绝境的局限。所以，老子才使用了这样的设问句——"夫何故？以其无死地"。意思是说，对于精神或思想的存在来说，压根儿就没有通常人们认为的那种所谓"死地"或绝境，又何必担心这种精神或思想的存在不能长寿呢？

个体如此，组织也一样。组织本质上是一种观念存在，那正是人们在精神或思想上所达成的观念共识。只要一代又一代的组织人能够认同和践行这种观念共识，组织的生命周期也就能超越个体的生命周期，实现基业长青。因此，最高管理者要让组织"善摄生"，就必须认识到组织之道才是组织得以生存和发展的真正根基，并发自内心地认同和践行组织之道，以此来培养组织人，传承组织事业；否则，最高管理者若只是盯着看得见的物化资源和硬实力，患得患失、谨小慎微、裹足不前，其结果可能恰如个体养生一样，越是刻意养生，越会更早地面临"死地"或绝境。

▌管理要义 ////

做管理确实要从长计议，但更重要的是，首先必须明确到底要计议什么。管理者如果只是盯住看得见、摸得着的物化资源进行计议和谋划，无论如何也摆脱不了物化资源本身的周期性。管理上的从长计议是一种超越的思维方式，也被称为战略思维。战略思维的本质在于从具体的物化资源中超脱出来，用价值观念赋予物化资源及其运用以独特意义，进而通过意义来计议和谋划物质资源的配置，以实现更具超越性的终极目标。组织要想健康成长，必须先有健康的价值观念，并为管理者所认同和践行。组织的价值观念健康，组织才具备健康成长的文化基因。

《老子》第 51 章

道生之，德畜①之，物形之，势②成之。是以万物莫不尊道而贵德。道之尊，德之贵，夫莫之命而常自然。故道生之，德畜之：长之、育之，亭③之、毒④之，养之、覆⑤之。生而不有，为而不恃，长而不宰，是谓玄德。

字词注释

①畜：这里是蓄养、养育的意思。

②势：这里指环境变化的趋势、态势。

③亭：形声字，本义指人们安定的场所，后特指古代设在路旁供行人食宿的处所，这里可引申为定。

④毒：这里通"笃"，意为平稳、安定。

⑤覆：这里是遮盖、掩蔽的意思，可引申为保护。

今文意译

就像天地间万物的诞生是源自天地之道一样，组织中各项事业的产生和发展也源自组织之道，又离不开具备组织公德的组织成员的努力，还要靠物化资源的投入，最后得益于环境条件的匹配。所以，组织中各项事业如同天地间万物，莫不依赖于组织之道和组织公德。组织之道和组织公德之所以受到这般尊崇，并不是因为谁的命令，而是组织事业产生和发展的自然要求。所以，组织中各项事业的产生和发展源自组织之道，又离不开具备组织公德的组织成员的努力，具体地说就是：创设事业、培育事业、安定事业、发展事业、滋养事业、保护事业。代表组织的最高管理者帮助创立了特定事业，却不据为己有；支持事业取得绩效，却不自恃己功；让事业可持续成长，却不强制主宰。这才是最高意义上的组织公德的典型表现。

▍分析解读 ////

在上一章的基础上，本章进一步阐述组织如何确保各项事业实现健康可持续发展。

本章表面上是在讲天地之道与万物之间的关系，而话外之音却是在说组织之道与组织事业的关系，这当中又隐含着对最高管理者的警示意蕴。

老子首先说："道生之，德畜之，物形之，势成之。是以万物莫不尊道而贵德。"这句话虽然直接说的是天地之道与万物的关系，其中的四个"之"，都指代万物，但是，"道"生万物，"德"畜万物，万物因而得以成形，并在与环境条件的匹配中成长，也完全可以类比引申到组织上来。组织中的各项事业，尤其是组织创立之初的那项事业，首先来自创始人所拥有的观念，而这个观念又扎根在创始人所坚信的源自社会文化传统的核心价值观念之中。也就是说，关于特定事业的观念，无法脱离关于人和社会的观念而单独存在，要成立一个组织去做特定事业，就必须有原初的组织观念或组织之道及其所支撑的关于特定事业的具体观念，这是组织及其事业赖以产生和发展的真正源头。完全没有任何观念，人们只因纯粹的眼前利益而走到一起来做事，要么不可能，要么就与动物群体没有本质区别。

所以，当老子说"道生之，德畜之，物形之，势成之"的时候，更深层次的含义在于说明，既然是人的组织在做事业，就必须满足四个基本条件：一是价值观念，即组织之道；二是认同和践行组织之道的人，即那些将组织之道内化于心、具备组织公德的管理者和组织成员，尤其是最高管理者，这些人也可以称为志同道合者；三是一定数量或规模的物化资源，正所谓"巧妇难为无米之炊"，要做事业，仅有组织之道和具备公德的人是不够的，还必须拥有相应的物化资源，这样才能让事业由观念形态转变为有形的实物形态，进而创造价值；四是环境条件的匹配所带来的机遇，严格来说，组织各项事业的价值并不完全局限在组织内部，在很大程度上是由社会环境决定的，如果没有社会的现实需求，即使从无形的观念变成了有形的实物，组织事业也难以开花结果、创造价值。这也是人们常说"时势造英雄"的原因。个人英雄如此，组织英雄也一样，都离不开"时势"的配合所带来的机遇。这便是老子总结出来的组织事业产生、发展、取得成功的四个基本条件。

在老子看来，这四个基本条件中最重要的当然是源头处的"道"和"德"，也就是组织之道这种带有原创性的观念及坚信这种观念的人。离开了"道"和"德"，"物"和"势"便失去了灵魂、活力和意义。只有在那些拥有正确观念的人们的创造性活动之中，"物"和"势"才能成为特定事业产生、发展、取得成功的有利条件，从而变得有意义。不仅如此，就连各项事业赖以产生和发展的组织平台，也不过是拥有正确的观念共识的人们的共同体。所以，要想在组织这个平台上成就各项事业，却又不从组织之道和组织公德入手，那便是典型的舍本逐末。老子说"是以万物莫不尊道而贵德"的深刻管理寓意恰在于此。

当然，在组织及其事业的产生和发展过程中，组织之道和组织公德之所以受到尊崇，并不是谁强制命令的结果，而是组织及其事业本身的自然状态、必然要求，也即老子所说的"道之尊，德之贵，夫莫之命而常自然"。这里的"常自然"，也就是组织的正常且自然的状态。在这种状态下，各种关于新事业的新观念在组织这个平台上得以孕育、成长，不断开花结果，此起彼伏，从而让组织本身能够超越任何一项具体事业而长盛不衰。

为了进一步解释"常自然"，老子又说，"故道生之，德畜之：长之、育之、亭之、毒之、养之、覆之"。老子这里着重强调的是组织事业得以产生和发展的基础条件，即"道"和"德"，这句话中的六个"之"，均指代的是各项不同的事业。这句话要表达的意思是，组织中各项事业此起彼伏地交替成长，犹如天地间万物的繁荣发展。需要注意的是，这句话是专讲"道"和"德"这两个基本条件的基础作用，而且是重点说明这两个基本条件对各项事业的支撑，从而让组织发展超越了对某项特定事业的依赖，得以真正实现可持续发展。这也与上一章最后所讲的组织"善摄生"的内容呼应了起来。正因为组织各项事业赖以产生和发展的基础条件是作为精神或思想存在的"道"和"德"，而这些是各种外部力量无法伤害的，所以，恪守"道"和"德"才是组织实现可持续发展的根本保证。

另外，在这句话中，"长""育"，突出的是"生"的阶段。也就是说，在孕育一项新事业时，重点在于"长之""育之"。

"亭""毒"，则强调的是"为"的阶段。也就是说，在新事业不断成长的时候，重点在于"亭之""毒之"，即让其有一个稳定成长的环境，不要过度干扰，更不要揠苗助长、想过早收获。

"养""覆"，主要体现在"长"的阶段。也就是说，新事业要开花结果、有所收获了，这时更需要"养之""覆之"，要稳定、呵护，而不能只是一味地收割，以至于事业过早消亡。这种竭泽而渔、杀鸡取卵的方式，不仅不利于处在开花结果阶段的事业实现可持续成长，而且还会传递出一种不良信号，让其他新事业的诞生受到负面影响。毕竟那些准备在组织中创设新事业的人或团队，会以现有事业在不同阶段上的实际发展状况来预期一项新事业将会有怎样的命运。

因此，一个真正形成了"道生之""德畜之"这样良好的支撑平台和信任氛围的组织，一定会在各项新事业的诞生阶段"长之""育之"，在各项新事业的成长期"亭之""毒之"，在各项新事业的收获期又能做到"养之""覆之"。这样，不仅一项新事业可以有更长的生命周期，而且也会鼓励人们在组织中进一步开创各种新事业。

在"道生之""德畜之"以辅助各项事业产生和发展的过程中，最高管理者及各级管理者应该怎么做？老子给出的建议是："生而不有，为而不恃，长而不宰。"也就是说，最高管理者及各级管理者在新事业的孕育诞生阶段，即"生"的阶段，虽然起到关键的辅助作用，却不能将之据为己有；在新事业的成长阶段，即"为"的阶段，虽然要努力帮助新事业成长，却不能自恃己功；在新事业的收获阶段，即"长"的阶段，虽然要促使新事业得以创造更大业绩，却不能干涉主宰。

由于管理者拥有资源和权力，如果每当新事业诞生、发展和取得成绩之后，管理者都利用自己所掌握的资源和权力去干预，并试图据为己有，哪怕只有一次这样的经历，其他组织成员便不再会有意愿去原创性地贡献新思想、创立新事业。组织中仅凭管理者尤其是最高管理者个人的知识和能力，又能产生多少新思想、诞生多少新事业？其结果只能是组织的新事业越来越少，组织发展不得不依赖于有限的几项已成熟的事业，前景会越来越黯淡。这岂不是正好应验了上章所讲的"以其生生之厚"的结果，即管理者越是刻意而为，越是想展示自己的能力，越是拼命去延长组织寿命，反而越会让组织早夭。所以，老子认为那些真正做到了"生而不有，为而不恃，长而不宰"的管理者，也就是具备了"玄德"的管理者，才有可能让组织实现可持续发展。这里的"玄德"，就是组织中最高意义上的"德行"，其具体行为表现也就是"生而不有，为而不恃，长而不宰"。

▎管理要义 ////

组织要实现可持续发展，靠的是新事业的不断涌现，而让新事业得以不断涌现出来的真正基础不在于物化资源，而在于有着正确的观念共识的组织人。所有新事业的原初形态无一例外都是一种观念，而观念只能从观念中被创设出来。人们看到的往往只是观念的物化形式及其可能带来的物化收益，却忽略了其背后的观念孕育、成长、竞争和物化过程。但是，对于管理者来说，绝不能无视观念的基础作用。因为管理者的岗位职责之一，便在于立足组织的观念共识，辅助各种不同观念的产生和发展，这才是组织实现可持续发展的真正源泉。

《老子》第52章

　　天下有始，以为天下母。既得其母，以知其子；既知其子，复守①其母，没身不殆。塞其兑②，闭其门，终身不勤③。开其兑，济④其事，终身不救⑤。见小曰明，守⑥柔曰强。用其光，复归其明，无遗⑦身殃，是为习常⑧。

字词注释

①守：这里是遵守、保持的意思。

②兑：这里指孔穴，隐喻人的生物本能及其欲望。

③勤：这里是穷尽、枯竭的意思。

④济：这里是帮助、救助的意思。

⑤救：这里是救助、援助的意思。

⑥守：这里是守护、保护的意思。

⑦遗：这里是遗留、留下的意思。

⑧习常："习"，通"袭"，继承、沿袭。"习常"，即"袭常"，指需要继承的常"道"。

今文意译

　　组织像天地一样有起源，这才是组织的根本所在。只有理解和把握住组织的根本，才能进一步理解和把握组织的各项事业；也只有理解和把握了组织的各项事业，再来坚守组织的根本，才能让组织持续发展，没有危险。最高管理者如果能扼制住源自生物本能的个人欲求，屏蔽住想要自我张扬的各种路径，那么就会有用之不竭的资源；反之，如果受源自生物本能的个人欲求左右，总想干预组织的各项事业，结果会永远都不可救药。最高管理者能觉察各种新思想的微小苗头，才能称得上有洞察力；能保护那些处于边缘的柔弱的新事业，才能称得上有强大的影响力。最高管理者要善于运用自己的影响力，又必须依靠洞察力，才不会让自己的影响力走向极端，这样就不会给组织发展留下隐患，这也就意味着最高管理者必须遵循组织之道。

▌分析解读 ////

本章承接上章，进一步说明最高管理者到底应该怎样做管理。具体地说，本章包括三层含义。

首先，告诫最高管理者必须认清组织与事业之间的本末关系。在本章，老子仍是用"天下"来隐喻组织，而用"母""子"来比喻"本""末"，即"母"喻"本"，"子"喻"末"。老子早已反复申明，任何组织在起源处都是组织之道这种观念，因此，这里所说的"母"或"本"，就是指组织之道。正如天地之道是天地万物的本源一样，组织之道也是组织及各项事业的本源。只有在本源处真正理解和把握了组织之道和组织存在的性质，才能更好地理解和把握组织的各项事业。反过来，也只有理解和把握住组织的各项事业，才能让组织之道落到实处，融入各项事业之中，而不只是停留在纸面和口头上。这样的组织在发展上才可持续，也才没有更大的内在风险，特别是在最高管理者更迭的时候。在老子所处的时代，组织中权力非常集中，如果没有组织之道的保证，最高管理者的更替往往会让组织发展面临危机。所以，老子才会说，"天下有始，以为天下母。既得其母，以知其子；既知其子，复守其母，没身不殆"。隐含的意思是，组织虽然也有起始，但并不一定要随着最高管理者的更替而终结；即便最高管理者"没身"，组织也可以"不殆"。这就像天地一样，虽然有起始，却并不随着万物的更替而终结。

其次，提醒最高管理者不要将自己的意志强加给组织，更不能试图给组织打上个人的烙印，而应该时刻坚守和遵循组织之道，让组织各项事业生生不息，自发成长。当老子说"塞其兑，闭其门，终身不勤。开其兑，济其事，终身不救"的时候，其中的四个"其"，均指组织的最高管理者，意思是，最高管理者要扼制住个人欲望和意志的膨胀。这里的"兑"，指人的耳目口鼻等孔窍，隐喻人的生物本能及其产生的欲望，而"门"，则指这些欲望得以发挥作用的途径，例如，通过指挥命令去干预组织中相关事业等，都是最高管理者实现个人意志、满足个体欲望的典型方式。所谓"塞其兑，闭其门，终身不勤"，说的就是，最高管理者如果能扼制住个人的欲望和意志，不试图运用权力刻意而为、干预组织的各项事业，反而会在任职期间有用之不竭的力量，这也正是老子反复强调的"无为而无不为"。反之，如果最高管理者"开其兑，济其事"，即任由个人的欲望和意志膨胀，总想去干预组织的各项事业，结果就会一事无成。原因很简单，最高管理者仅凭一己之力，就想推动组织各项事业发展，除了严重抑制各级管理者和一般组织成员的聪明才智外，不会有任何实际效果。

最后，要求最高管理者必须回归组织的本源，履行最高管理者应该履行的岗位职责，那就是从组织之道出发，着眼于全局和长远，辅助各类新思想不断涌现，以使各项新事业能够从这些新思想中产生和成长，让组织得以生生不息。所以，老子才说，"见小曰明，守柔曰强"。这里的"小"，指的是新思想、新事业在开始时的微小萌芽。如果最高管理者能认识到一个新思想、新事业对组织发展的意义，并在起始处的萌芽状态就加以辅助，让其成长壮大起来，最终成为组织发展的支柱，这才能说明最高管理者具有洞察力。至于那些已经非常成熟、谁都能看到其对组织发展的重要性的事业，最高管理者再去强调和支持，便不能说有洞察力，充其量不过是做了点锦上添花的工作而已。只有那些能够雪中送炭，对尚处于边缘的弱小事业给予支持，并由此为组织未来发展奠定坚实基础的最高管理者，才能说有"明"和"强"。要做到这一点，最高管理者必须"用其光，复归其明"。也就是说，最高管理者要支持尚处于组织边缘的弱小事业的发展，当然要使用自己的影响力甚至是权力，但又不能只依靠个人及职权的力量，还必须充分发挥组织之道所具有的观念力量，由内而外地影响组织成员，让他们都具备这种"明"或洞察力，真正理解这项事业对于组织未来发展的意义。这意味着，最高管理者之所以具有影响力，并不只是因为有岗位权力，更是基于因认同和践行组织之道所带来的更高思维立足点而产生的洞察力。这种将岗位权力与组织之道、洞察力融为一体所具有的影响力，才能让最高管理者的管理决策行为"无遗身殃"，即不会给组织未来发展留下隐患。最高管理者这样做，也才可以说是在遵循组织之道做管理，即"是为习常"。这里的"常"，即不变的组织之道。老子这里用"是为习常"，再次强调了最高管理者必须认同和践行组织之道这个做管理的根本准则。

▌管理要义 ////

管理者必须有历史眼光和历史思维，但历史思维绝不意味着只是向后看、回头看。所谓回顾，是为了更好地前瞻。没有历史思维，又如何能理解组织起源和组织的价值观念？不理解组织起源和组织的价值观念，又怎么能把握住组织中各项事业此消彼长、生生不息的发展逻辑？如果不能把握住各项事业的发展逻辑，又如何能发现那些有生命力的新事业萌芽？如果不能发现和培育新事业，组织又怎么能面向未来、实现可持续发展？所以，管理者的历史思维恰是要服务于组织面向未来的可持续发展。管理者要对组织的未来负责，就必须具备历史思维。也正是因为有了历史思维，管理者才能变得更加明智，也才能具有更博大宽广的心胸，从而超越个体经验的狭隘视角，去看待组织、看待管理、看待个人与组织的关系。更重要的是，管理者有了历史思维，才可能具备历史责任感。对未来负责，也就是对历史负责，毕竟未来总归要进入历史。

《老子》第53章

使我①介②然有知，行于大道，唯施③是畏。大道甚夷，而民好径④。朝⑤甚除⑥，田甚芜，仓甚虚。服文采⑦，带利剑，厌⑧饮食，财货有余，是谓盗夸⑨。非道也哉！

字词注释

①我：这里指最高组织管理者。

②介：通"黠"，聪慧、聪敏的意思。

③施：形声字，本义指旗子飘动的样子，这里是硬加、施加的意思。

④径：这里是小路、捷径的意思。

⑤朝：这里指宫廷、宫室。

⑥除：形声字，本义指宫殿的台阶，这里是整治、修整的意思。

⑦文采：这里指华美的服饰。

⑧厌：通"餍"，吃饱的意思。

⑨盗夸："夸"，本义是扩大、张大，这里是"大"的意思。"盗夸"，即大盗。

今文意译

如果最高管理者聪明有智慧，一定会遵循组织之道，唯恐对别人施加各种强迫干预。组织之道像大路一样平坦，而人们却偏好走捷径。结果是，宫殿装饰得很是富丽堂皇，田野却非常荒芜，府库也极其空虚。在这种情况下，最高管理者却穿着华美的衣服，佩戴着锋利的刀剑，酒足饭饱，财富丰厚。这就是典型的大盗行径，完全不符合组织之道的要求！

分析解读

本章从理想与现实对比的视角，说明当时很多组织的最高管理者恰恰违背了组织之道的要求，将组织当成了满足私欲、谋求私利的工具。

老子首先假设，在理想的条件下，那些真正有智慧的最高管理者会怎样做，即"使我介然有知，行于大道，唯施是畏"。这里的"我"，即指最高组织管理者。这里的"大道"，则有三层含义，既可以直观地理解为大路，也用于隐喻天地之道，更暗示着组织之道。组织之道如同天地之道，都像大路一样宽广平坦，足以支撑组织及各项事业的蓬勃发展。所以，那些真正有智慧的最高管理者必定会沿着组织之道这条康庄大路前行，将自己融入组织之中，全力支撑组织各项事业的产生和发展，而不会按照个人的欲望和意志对别人施加各种强迫干预。这也是老子早已反复强调的观念。

但是，现实中的情况却是"大道甚夷，而民好径。朝甚除，田甚芜，仓甚虚"。意思是说，虽然组织之道犹如大路般平坦，人们却视而不见，偏偏从私利出发，总想抄小路、走捷径，快速积累个人财富，以至于最高管理者的宫殿装饰得富丽堂皇，而组织却被掏空了。在老子那个时代，诸侯国中"朝甚除，田甚芜，仓甚虚"的现象并不鲜见。这里的"朝"，象征着最高管理者及各级管理者的个人财富。这里的"田"，指的是诸侯国赖以生产粮食，实现可持续发展的资源基础，而"仓"，则是诸侯国的府库，借以象征诸侯国可持续发展的潜力。管理者只知道聚敛个人财富，田地荒芜、府库空虚却没人关心，这样的诸侯国组织当然不会有竞争力。之所以会出现这种情况，追根溯源，最高管理者只关心一己私利，把组织当成了满足私欲、谋求私利的工具，上行下效，各级管理者都以窃取组织资源和利益为能事，还有谁会关心组织本身的发展？

因此，老子最后说"服文采，带利剑，厌饮食，财货有余，是谓盗夸。非道也哉"，这句话的主语就可以理解为最高管理者；而且，这句话中的"财货有余"，正好与上句话中的"仓甚虚"相对应。"财货"，是最高管理者的个人财富，而"仓"，则是诸侯国组织的府库，一个"有余"，另一个却"甚虚"。这恰表明，最高管理者总是在窃取诸侯国组织的财富为己有。这种将诸侯国组织的财富大量转移进个人腰包的行径，也是一种偷盗行为，与窃取他人财富的盗贼行为没有本质区别。当最高管理者为了一己私利而大肆窃取组织财富时，各级管理者也自然会利用各自职权损公肥私，如此一来，组织的管理群体岂不是变成了一个"盗窃团伙"？这个"盗窃团伙"的头子，无疑是最高管理者，所以，老子才一针见血地指出，"是谓盗夸"。这里的"盗夸"，即"大盗"或盗贼头子的意思。在这样一个由最高管理者充任"盗夸"的"盗窃团伙"中，还有组织之道发挥作用的空间吗？这正是老子不得不感叹"非道也哉"的原因。

▌管理要义 ◢◢◢

管理者虽然代表组织，但也有个体利益，因此，对管理者而言，如何摆正个体利益与组织的共同利益，处理好公私利益之间的关系，就显得非常重要。处理不好公私利益的关系，管理工作的定位及相应的绩效责任和文化责任担负，便无从谈起。管理者表面上的履责行为，实际上不过是借助组织这个平台来谋求个人私利的障眼法而已。更重要的是，管理者这种假公济私的行为，还会传递出不良信号，引发连锁反应。诚然，任何组织都不能无视组织成员的个体利益。只有满足了组织成员的个体利益，才能创造出更广大和长远的共同利益；反过来，共同利益又能很好地支撑组织成员个体利益的可持续创造。但关键问题是，组织的公私利益必须有边界和优先序。对于这个边界和优先序，一般性地说说并不难，难就难在如何才能落实到各种具体的组织行为情境中。

严格来说，在组织的不同事业领域和岗位职责中，在组织的不同发展阶段和时间点上，公私边界不仅是流动的，而且是模糊的和不确定的，很难事先给出统一的标准和明确的界定，关键要靠当事人去恰如其分地自由裁量，而且，组织中职位越高的管理者，自由裁量的空间也就越大，同时由他们的自由裁量行为所传递出来的信号的影响力也就越大。在组织中，对于公私边界和优先序的恰当把握，基本上都是层层学习和模仿的结果。有什么样的管理者，就会有什么样的团队、部门和组织中公私边界及优先序的自由裁量风格。这也是组织文化的真实反映。在很大程度上，正是当出现各类公私关系的冲突问题时，组织文化方显示出强大的现实意义。如果组织中能清晰地界定公私边界和优先序，恐怕也就不会出现公私冲突的情况，那也不需要组织文化了。但现实中，没有一个组织能预先明确各种事务在特定时间和地点上的公私关系会怎样，更难以预见所有可能出现的公私冲突类型，这时组织文化的作用便立刻通过管理者如何处理公私关系的示范效应，再清楚不过地体现了出来。所以，组织文化能否真正发挥作用，关键在于管理者处理公私关系的自由裁量行为。

《老子》第54章

善建者不拔，善抱者不脱，子孙以祭祀不辍①。修之②于身，其德乃真③；修之于家，其德乃余；修之于乡，其德乃长；修之于国，其德乃丰；修之于天下，其德乃普④。故以身观身，以家观家，以乡观乡，以国观国，以天下观天下。吾何以知天下然哉？以此。

字词注释

①辍：形声字，本义为停止、中止。这里即停止的意思。

②之：这里及下面各句中的"之"，均指"道"。

③真：这里是实质、本来面目的意思。

④普：这里是遍及、全面的意思。

今文意译

擅于创设的最高管理者所创设的东西不会被去除，擅于坚守的最高管理者所坚守的东西也不会被废弃，后世的人们因有所传承而让组织得以长久存在和发展。管理者用道来管理自己，自己才能因德行而成为真正意义上的人；用道来管理家庭组织，家庭组织才能因家风而代代相传；用道来管理乡村组织，乡村组织才能因习俗而长久延续；用道来管理诸侯国组织，诸侯国组织才能因文化而繁荣昌盛；用道来管理天下这个最大的组织，天下这个最大的组织才能因和谐而全面发展。所以，要学会从个体来观察个体，从家庭组织来观察家庭组织，从乡村组织来观察乡村组织，从诸侯国组织来观察诸侯国组织，从天下这个最大的组织来观察天下这个最大的组织。最高管理者如何才能认识和理解天下这个最大组织的状态？就是要从观察视角的选择开始。

▌分析解读 ////

上一章立足于对现实的批评，暗示最高管理者不应该怎么做，而本章则从理想出发，明确指出最高管理者应该怎样做，才有可能实现组织的可持续发展。

老子说，"善建者不拔，善抱者不脱，子孙以祭祀不辍"。这里的"善建者""善抱者"，都是指理想化的最高组织管理者。理想化的最高组织管理者既擅于创设组织，又擅于坚守组织之道，这才让组织得以代代相传，即"子孙以祭祀不辍"。之所以能做到这一点，关键在于理想化的最高组织管理者所创设和坚守的都不是有形的物化存在。试想，在现实中，只要是人为建立起来的物化存在，就没有不能被拔除的，也不可能有所谓抱着不会脱手的物化存在。只有精神或思想的存在，才有可能超越有形的物化存在，通过一代又一代认同这种精神或思想的人实现"不拔""不脱"的继承和发扬。老子这里以"祭祀"为隐喻，更形象地点明了精神或思想的意义。当老子说"子孙以祭祀不辍"时，意在用当时人们非常熟悉的家族传承的例子来表明，任何组织要实现可持续发展，都必须有一个精神或思想的纽带，将一代又一代人维系在一起，借助组织人的培养，才能让组织及其事业传承下去。在传承过程中，虽然人员在世代交替，而事业也会因时因地变化，但组织本身却因为有了这个一脉相承的精神或思想传统而实现了可持续发展，并不会因物化存在的兴衰周期及个人的生命周期而存亡，这难道不正是"善建者不拔，善抱者不脱"吗？所以，组织的最高管理者必须善于创设组织的精神或思想传统，也必须善于坚守和贯彻组织的精神或思想传统，而组织的精神或思想传统也就是组织之道。

接下来，老子进一步阐述了精神或思想对于个人直至"天下"这个当时最大组织的意义。人之为人、区别于物（包括动物和机器）的本质特征恰在于精神或思想，因而要让一个人真正能立得住并长久地存在于人世之间，就不能仅依靠其物化或生理意义上的存在，而要依赖精神或思想。一个人只有立足于修养精神或思想，才可能具有人之为人的真实淳朴的德行，也才不会被轻易打垮，更不会被随意剥夺。这意味着，对个人而言，只有修德，才有可能成为"善建者"和"善抱者"。这就是"修之于身，其德乃真"所要表达的意思。

同样的道理,对于家庭、乡村、诸侯国乃至"天下"这个当时最大的组织来说,只有通过修养组织层次上的"德",即一种关于共同利益的观念共识的精神或思想,也就是组织之道,才有可能实现"余""长""丰""普"。毕竟无论家庭、乡村、诸侯国还是"天下",作为不同规模的组织,都不只是物化的存在,本质上都是一种精神或思想的观念存在。因此,像家庭、乡村、诸侯国乃至"天下"这些不同规模的组织,如果想要做到"不拔""不脱",也都必须"善建""善抱"于"德"这样的精神或思想传统,也即组织之道。这样才有可能实现家庭组织的"余"、乡村组织的"长"、诸侯国组织的"丰"、"天下"这个当时最大组织的"普",而"余""长""丰""普"则分别用来表征这些不同规模组织的可持续发展。

一旦理解了各类组织实现可持续发展的内在根据,那么观察和认识一个组织,自然也就有了不一样的视角,所以,老子又说,"以身观身,以家观家,以乡观乡,以国观国,以天下观天下"。这句话包括两层含义。

第一层含义说的是,从一个人、一个家庭、一个乡村、一个诸侯国乃至"天下"所拥有和坚守的精神或思想,便可以深入理解并合理推断这个人、这个家庭、这个乡村、这个诸侯国乃至"天下"的状况及发展趋势。这是因为,人及其组织首先是一种精神或思想的观念形态存在,正是借助特定人和特定组织所拥有及坚守的精神或思想传统,才能更深入地认识和理解特定人和特定组织的决策选择,并预见其未来发展前景。

第二层含义指的是,观察个体和观察组织有所不同,而且,不同规模或类型的组织也会有不同的精神或思想传统及其传承特点,因此,既不能混淆个体和组织,也不能无视不同规模或类型组织之间的差异,要避免在观察和分析层次上出现混乱,更不能犯以偏概全的错误。虽然组织是由人构成的,通过对个体的精神或思想观念的认识,可以帮助理解一个组织的精神或思想传统,即组织之道的某种表现;但不能简单地将个体等同于组织,只有从组织之道这个组织层次上的精神或思想传统出发,才能真正认识和理解组织本身。

同样,不同规模或类型的组织也有不同的精神或思想传统及其传承特点,不能强求一律，更不能期望将某一类组织的模式套用到所有类型的组织上，必须立足于不同规模或类型组织的独特性，进行具体分析。当然，组织之间也有相似性和相通性，可以通过相互比较以达到触类旁通。这正体现出老子所讲的组织之道的深刻之处。老子所说的组织之道，并非唯一的、不变的观念存在，而是多样化的、不断发展变化的观念存在。正因为如此，老子在本章最后才说，"吾何以知天下然哉？以此"。意思是，最高管理者不仅要认识到自己所在的组织是一种观念存在，同时也要理解各类组织乃至"天下"这个当时最大的组织都是多样化的观念存在，千万不要期望用一种观念、一个视角去看待各种不同规模或类型的组织。只有这样，最高管理者才能做到既能认识和坚守自己的"善建""善抱"，也能理解和尊重他人的"善建""善抱"。

▌ 管理要义 ▞▞▞▞

做管理，必须有精神或思想。这不仅意味着，管理者要靠精神或思想的坚守以超越物化资源的不足，来更好地创造未来发展的可能性；更重要的是，只有精神或思想才能激活精神或思想，由内而外地影响人、改变人，从而培养起一代又一代的组织人，让组织的精神或思想的观念传统得以传承下去，支撑各项事业蓬勃发展。在组织中，如果连管理者都没有一种精神或思想的坚守，完全退化为物质资源和权力的奴隶，却想用漂亮的口号、物化资源的利诱或权力的胁迫，来要求一般组织成员带着一种精神或思想投身于工作，那实在是不可想象的。不夸张地说，管理职业是一个必须拥有精神或思想的职业，组织中的管理岗位则是一种建立在精神或思想坚守之上的岗位。

《老子》第 55 章

含①德之厚，比于赤子。蜂虿②虺③蛇不螫，猛兽不据，攫鸟④不搏。骨弱筋柔而握固，未知牝牡之合而全⑤作，精之至也。终日号而不嗄⑥，和之至也。

知和曰常，知常曰明，益生⑦曰祥⑧，心使气⑨曰强。物壮则老，谓之不道，不道早已。

字词注释

①含：这里是心里怀着的意思。

②虿：指蝎子一类的毒虫。

③虺：毒蛇的一种，俗名土虺蛇，颜色像泥土。

④攫鸟：指猛禽。

⑤全：通"朘"，指小男孩的生殖器。

⑥嗄：指声音嘶哑、沙哑。

⑦益生：即养生。

⑧祥：这里指"妖祥"，即不祥的意思。

⑨心使气：即刻意而为或执意而为。

▌今文意译 ////

怀德深厚的状态，可以比作婴儿。蜂蝎毒蛇不来螫咬，野兽猛禽不来侵害。虽筋骨柔弱却拳头紧握，虽不谙人事却充实坚挺，这说明精力充沛达到极致；虽整天哭喊，喉咙却不嘶哑，这说明声音相和达到极致。理解了声音相和，便可以理解如何实现恒常稳定；理解了恒常稳定，便可以理解什么叫有洞察力。注重养生反而有不祥之兆，刻意而为也就是在逞强。天地间的任何事物，只要刻意做大，就会加速衰败，因为这不符合天地之道；而只要不符合天地之道，便会很快终结。

▌分析解读 ////

本章在上一章的基础上，进一步阐明最高管理者恪守组织之道、拥有组织公德的具体表现。

老子再次以婴儿设喻，意在表明，正像婴儿具有无限发展的可能性一样，代表组织的最高管理者，认同和践行组织之道，也是要给组织成员和各项事业提供充分发展的可能性；当组织成员的潜能得到充分发挥，当组织的各项事业兴旺发达之后，组织本身及最高管理者才能得到最大的安全保证。试想，一名婴儿何以能做到"蜂虿虺蛇不螫，猛兽不据，攫鸟不搏"呢？果真是这些蜂蝎毒蛇和野兽猛禽都不愿意去伤害婴儿，还是因为婴儿真有什么神奇力量，以至于让它们都不敢去伤害？显然都不是。真正的原因是这些蜂蝎毒蛇和野兽猛禽根本就没有机会接触到婴儿，没有办法去伤害婴儿。婴儿是人类的未来和希望，成年人一定会把婴儿保护好，保护了婴儿就是保护了自己的未来和希望。老子以婴儿与成年人的这种关系为隐喻，是要说明，如果最高管理者及其所代表的组织，能够成为每个组织成员的未来和希望，那么，每位组织成员也就会自觉地奉献于组织，自愿地保护组织，绝不会让组织面临各种危险；但前提是，组织的价值观念或组织之道必须通过最高管理者及各级管理者的言行真正体现出来，并支撑起组织各项事业的发展，让每位组织成员都有机会实现自我的价值。这才是老子讲"含德之厚，比于赤子"的深刻管理寓意。

当然，"赤子"不仅得到人们的保护，成为人们的未来和希望的象征，而且"赤子"本身所具有的另外一些特征，也同样具有管理启发意义。老子在这里主要举了"赤子"所具有的两个典型特征，即"骨弱筋柔而握固，未知牝牡之合而全作，精之至也"及"终日号而不嗄，和之至也"。前者表明最高管理者及其所代表的组织能够超越眼前的功利性，拥有一种内在的价值观念或原则坚守，这便体现为"精之至也"。这里的"精"，代表一种核心原则。对婴儿来说，这可能代表着"精气"，是一种最为重要的生命力量。以此为隐喻，则代表着组织之道所具有的精神力量，是最高管理者及其所代表的组织应有的价值观念坚守，也可以理解为组织的一种精神气质，它超越了眼前和局部的功利，代表着组织更长远和全局发展的可能性。

后者即"终日号而不嗄"，则是用婴儿所具有的纯和之气，隐喻最高管理者及其所代表的组织能够将组织中不同的人和事有机整合在一起，达到一种异质化匹配下的秩序；也象征着组织中虽然有各种不同的人、不同的事，但终日忙碌却又秩序井然，这表明规则体系能够有效发挥作用，让资源配置和分工协作恰到好处，组织的各种日常工作都有一定之规。这体现的正是"和之至也"。实际上，老子是借用婴儿所具有的至纯的和声及和气，来隐喻组织的和谐顺畅、自然而然的发展状态。

如果代表组织的最高管理者能够达到"含德之厚"的状态，那么，组织自然就能实现"精之至也"与"和之至也"。"精之至也"，象征着组织具有价值观念的内在坚守，体现出组织之道的力量；而"和之至也"，则象征着组织的规则体系的作用得以充分发挥，这又是组织规则或"名"的力量。最高管理者如果能让这两种力量支撑组织发展，而自己恪守无为的原则，那结果必然是"知和曰常，知常曰明"的境界。

其实，任何规则体系都离不开指导思想。"道"总是通过"名"体现出来，而合理可行的"名"必定内含着"道"。所以，在"和"之中必然有"精"，即"和"的底线或贯穿始终的内在指导思想或原则便是"精"，而"知和"，也就是立足于这个贯穿始终的内在指导思想或原则之"精"，去认识与理解"和"的内在根据，这也就意味着把握住了"和"得以实现的那个不变的立足点，老子说"知和曰常"的意义正在于此。有了这个变化之中不变的立足点，才能更为清晰地理解和把握千变万化的环境及其与组织的相互作用关系，具有洞察力，这也是老子说"知常曰明"的原因。越是在动荡的环境中，越需要最高管理者能够立足于不变去把握变，这样才能看清变化的大趋势。

相反，最高管理者如果只是从一己私利出发，想按照自己的意志来改造组织，结果只能是"益生曰祥，心使气曰强"。这说的是，最高管理者越是像注重"养生"那样斤斤计较于个人利益、越是想刻意体现个人意志，反而越是会预示着不祥的后果、强弩之末。原因便是老子所说的"物壮则老，谓之不道，不道早已"。这句话也曾出现在第 30 章，其中的"物壮"，都是指想要让某种事物人为地发展壮大，也即要刻意做大做强的意思，其结果必然是壮大得快，衰亡得也快，因为这种刻意而为严重违背了事物本身自然而然的成长规律，不符合"道"的要求，必定会过早终止，即"不道早已"。老子这里再次用这句话，是要与本章所举婴儿的例子呼应起来。婴儿的成长过程是自然而然的，并非谁的刻意而为；倘若谁想让婴儿快速长大，那就难免出现揠苗助长的后果。

概括地说，老子在本章用"赤子"来比喻"含德之厚"的状态，正是要与前面讲过的"自然""无为"彼此参照，以告诫组织的最高管理者，一定要恪守组织之道，把组织变成组织成员和各项事业得以不断成长的支撑平台，这样才能吸引各种各样的人来到组织，并通过新事业的创造，实现组织的可持续发展。

▌管理要义 ////

管理者应该是组织的价值观念或文化的认同者和践行者。相比于各个具体的业务领域，价值观念比较虚，也比较软。人们常说做业务要硬碰硬，潜台词好像是，践行价值观念或文化则是玩虚的，解决不了什么大问题。这样看来，要求管理者成为价值观念或文化的践行者，岂不是要让管理者成为组织中的弱者，反倒是让从事各个具体业务领域的人成了强者？更进一步，如果说组织本质上是一种观念的存在，那岂不是说组织也成了弱者？这或许也是很多管理者都一心只想着做业务，只关心如何把组织做大做强的根本原因。毕竟没有谁想成为弱者。

但是，如果从深层次和长远来看，恰是组织这个看不见的观念平台维系了各个具体业务领域的统一性，也恰是看似虚化和软弱的价值观念及相应的规则体系，让组织中分工协作和运行秩序成为可能，由此实现了整体大于部分之和的增益效果。更重要的是，正是看似虚化和软弱的价值观念让一代又一代组织人的培养和传承成为可能，这才是组织可持续发展的根基所在。因此，管理者大可不必非要勉强自己成为组织中硬实力的拥有者，更不应该逞强说自己是组织中做业务最优秀的人员，而应该甘居弱势，以自己的软弱，支撑起组织持续发展的强大。

组织确实需要软硬结合，既要有物化资源，又要有价值观念。但是，管理者和其他业务人员不同，管理者首先应成为拥有价值观念，展现软实力的代表。越是高层管理者，越需要具有价值观念和软实力。

《老子》第56章

知①者不言，言者不知。塞其兑，闭其门，挫其锐；解其分②，和其光，同其尘，是谓玄同。故不可得而亲，不可得而疏③；不可得而利，不可得而害；不可得而贵，不可得而贱，故为天下贵。

字词注释

①知：同"智"，是有智慧的意思。

②分：通"纷"，是众多、杂乱、纷争的意思。

③疏：这里是疏远、生疏的意思。

今文意译

那些遵循组织之道、真正有智慧的最高管理者，并不轻言组织之道，也不会动辄指挥命令他人；而那些不断宣讲组织之道，动不动就去指挥命令他人的最高管理者，恰说明其没有理解组织之道，也没有智慧。真正有智慧的最高管理者一定会扼制住源自生物本能的个人欲求，屏蔽掉想要自我张扬的各种路径，克服想要展示聪明才智的内在冲动；也总能找到排除与他人意见分歧纷争的方法，让各种不同的思想观念得以和谐共处，这样便有可能使组织在更高层次上达到一致。所以，真正有智慧的最高管理者，对待他人，无所谓亲近或疏远，也无所谓得利或损害，更无所谓高贵或低贱。最高管理者只有这样做，才能被整个组织所尊重。

▌分析解读 ////

本章进一步阐述"含德之厚"的最高管理者所应有的行为表现。

在本章一开始，老子就点明了主题，即"知者不言，言者不知"。这实际上是对第1章的"道可道，非常道"的再次强调，也是对第2章的"行不言之教"、第5章的"多言数穷"、第43章的"不言之教"的进一步总结。这里的"知者"，指的是因为理解、认同和践行组织之道而具有"上德"，即最高意义上的组织公德的最高管理者，也可以理解为真正有智慧的最高管理者。在老子看来，真正意义上的智慧，是指能够立足于像天地之道一样的组织之道来看问题，完全超越了个人的一己私利，辅助组织实现可持续发展。真正有智慧的最高管理者当然不会将个人意志强加给组织，在行为表现上，既不会大肆宣讲组织之道，因为他知道组织之道只能认同和践行，空说无益；也不会随意对各项事业和相关组织成员指手画脚，因为他知道自己是无知的，只有充分调动组织成员的主动性，才能让各项事业得以产生和发展。相反，那些动辄大谈组织之道，以彰显自己对组织之道的认识水平之高，又不停地对具体事业发展下命令做指示，以炫耀自己对各项事业无所不知的最高管理者，看似忙得不可开交，实则是没有智慧的典型表现。

更进一步，老子又对"知者"，即那些真正有智慧的最高管理者的行为表现做了概括，那便是"塞其兑，闭其门，挫其锐；解其分，和其光，同其尘"。其中，"塞其兑，闭其门，挫其锐"，是指真正有智慧的最高管理者的自律行为，而"塞其兑，闭其门"在第52章中曾出现过，核心要旨在于扼制住源自生物本能的个人欲求，对于作为委托人的最高管理者来说，这种个人欲求的集中体现或许就是认为"我即组织""我的意志就是组织的意志""我才是组织中最聪明的人"。孰不知，最高管理者在这种意识下的那个"自我"，不过成了生物本能的代名词。最高管理者那个充斥着各种源自生物本能的欲望的"自我"，不可避免地要走上把组织变成实现个人意志的工具的不归路。让组织深深打上个人的烙印、并因个人职业生涯而兴衰，这恰是没有智慧的典型表现。所以，真正有智慧的最高管理者一定会从认同和践行组织之道出发，首先进行自我管理，超越生物本能，扼制自作聪明的冲动，这样才有可能承担起维系组织、正向影响他人的重任。

最高管理者实现了"塞其兑，闭其门，挫其锐"，才有可能在组织中做到"解其分，和其光，同其尘"。组织由人构成，每个人都有独特的风格与个性化诉求，当面对组织的各项事业及未来发展的无限可能性时，产生意见分歧乃至纷争都很正常，关键在于能否立足于组织的全局和长远发展，从组织最广大的共同利益的角度，让每个人、每个团队、每个部门都找到各自的定位，并在组织发展中实现自我成长、达到动态平衡。这的确是对最高管理者的巨大挑战，而老子说"解其分，和其光，同其尘"，隐含的前提则是最高管理者首先要能做到"塞其兑，闭其门，挫其锐"，超越自我，在涉及组织全局和长远发展的关键决策上，充分彰显出组织之道的根本要求，自然就能形成观念共识，包容分歧，激活思想，在更高层次上实现各种观点的创造性统一，由此达到"玄同"的境界。

老子这里说的"玄同"，绝不是在个体、团队或部门层次上的"同"，也不是物化资源的"量"上相同，而是超越于个体、团队、部门之上，立足于组织之道，面向组织全局和长远的共同利益之"同"，是一种高远、深长意义上的"同"。"玄同"中的"玄"，意味着高远、幽长、玄妙，不是看得见、摸得着、简单的"量"的含义。"玄同"，首先代表着更高的立足点，在更高的立足点上，被观察对象的差异就有可能被超越；其次也意味着动态发展，在动态发展过程中，既有的分歧也会自行消失。

在达到"玄同"境界的组织中，最高管理者与其他各级管理者及一般组织成员就会建立起一种良性互动的关系，即"不可得而亲，不可得而疏；不可得而利，不可得而害；不可得而贵，不可得而贱"。这意味着，在组织中，人们不需要以走捷径、讨好最高管理者的方式来获得个体或小群体的利益，也不可能假借最高管理者的权力去损害他人或其他群体的利益；这样一来，组织中的个人或群体才能无贵贱之分，实现真正的平等。老子这句话中的六个"不可得而"，指的都是不可能利用同最高管理者拉上私人关系而怎么样。因为真正有智慧的最高管理者早已超越了一己私利，相应地，也就自然超越了组织中那些个体或小群体利益，完全站在组织的全局和长远角度来看待个人、团队、部门及其发展。这也就是第 5 章所说的"圣人不仁，以百姓为刍狗"的境界。

实际上，正因为"不仁"，才能做到"一视同仁"。在真正有智慧的最高管理者面前，组织中也就无所谓谁和最高管理者亲近，谁和最高管理者疏远，也就不可能凭借这种亲疏关系而得到利益或受到损害，更不可能因此而获得组织中的所谓尊贵地位或卑贱地位。因此，最高管理者如果能够在组织中做到一视同仁，自然也就能够真正获得整个组织的普遍而持续的尊重。那些在组织中有着亲疏关系的最高管理者，即便能得到亲近者的尊重，也未必是发自内心的尊重，不过是因一时的利益驱使而表面为之罢了；而那些被疏远者却很有可能是带着切齿之恨，甚至要千方百计去除最高管理者而后快。这样的最高管理者又怎么能说是有智慧呢？当老子用"为天下贵"来结束本章和本部分的时候，恰好同本章开头说的"知者不言"呼应了起来。那些"为天下贵"的最高管理者，也就是真正意义上的"知者"。

▌管理要义 ◢◢◢◢

在组织管理中，人们常说管理者的胸襟、格局、境界很重要，但问题是，管理者怎样才能拥有胸襟、格局和境界？管理者的胸襟、格局和境界的本质是超越。管理者必须首先超越源自生物本能的个人欲求，立足于组织的全局和长远来看问题、想问题、解决问题，尤其是处理与他人的关系，这样才有可能达到一种具有超越性的胸襟、格局和境界。但是，超越自我谈何容易？正所谓"自胜者强"，没有在自律上面所下的"塞其兑，闭其门，挫其锐"的功夫，就不可能在组织管理上达到"解其分，和其光，同其尘"的"玄同"境界。

七

《老子》第57章

以正①治国，以奇②用兵，以无事取天下③。吾何以知其然哉？以此。天下多忌讳④，而民弥贫；民多利器⑤，国家滋⑥昏；人多伎巧⑦，奇物⑧滋起；法令滋彰，盗贼多有。故圣人云，我无为而民自化，我好静而民自正，我无事而民自富，我无欲而民自朴。

字词注释

①正：本义指征行、征伐，后来本义以"征"代替，"正"被假借用来表示直对或垂直，不偏不斜。这里引申为"正道"，即组织之道和由此派生出来的公正的规则体系。

②奇：本义指特殊的、稀罕的，即殊异。这里引申为出人意料、变幻莫测的招数或计谋。

③以无事取天下："取天下"，在这里同第29章、第48章中的"取天下"一样，也是得民心或赢得人们信任的意思。要赢得信任，便不可故意做什么，或为了赢得信任而设计出几件事或采取特殊措施，那样用手段获得的信任是不可能长久的。因此，这句话的大意是：要用不刻意作为来赢得人们的信任。

④忌讳：意指各种禁忌和禁令。

⑤利器：王弼注为"凡所以利己之器也"①，也即人们为谋求私利而发明和使用的各种工具和方法。

⑥滋：这里是更加、越发的意思。

⑦伎巧：这里是聪明灵巧的意思。

⑧奇物：王弼注为"巧伪生，则邪事起"②。根据王弼注，"奇物"即邪事，在这里指不合正道之事。

▌今文意译 ////

最高管理者必须遵循组织之道来管理组织，必须用出其不意的策略来指挥打仗，必须用不刻意作为来赢得人们的信任。如何才能知道最高管理者是否达到了这些要求呢？可以从下面几点做出判断：当组织里存在各种禁忌和禁令，人们就会越加穷困；当人们想方设法去发明使用谋求私利的工具和方法，组织就越发混乱不堪；当人们整天想着用小聪明和计谋来获取私利，组织里各种不正常的事就会日益增多；为了限制这些不正常的事而制订的法令越多，反而会让损害组织和他人的行为越发猖獗。所以，理想化的最高组织管理者才说：我不刻意作为，人们会自我教化；我不轻举妄动，人们自然会恪守组织之道；我不去随意干预，人们自然会日益富足；我不去追求个人欲望的满足，人们自然就会纯朴真实。

▌分析解读 ////

本部分着重阐述最高管理者应该遵循什么样的具体原则来做管理。本章侧重于说明最高管理者应如何将组织的内部管理与外部管理区分开来。

老子首先指出组织内外部管理的本质区别，并着重说明，无论是内部管理还是外部管理，对于最高管理者而言，关键都是要赢得人们的信任。但要赢得

---

① ［魏］王弼著，楼宇烈校释：《王弼集校释》（上），中华书局1980年版，第150页。

② ［魏］王弼著，楼宇烈校释：《王弼集校释》（上），中华书局1980年版，第150页。

信任，绝不能故意做作，如果为了赢得信任而刻意做一些事，那只能适得其反；即便短期内或可达到目的，长期来看，只会更糟。这便是老子所说的"以正治国，以奇用兵，以无事取天下"。

在这里，"治国"和"用兵"，分别代表老子那个时代的组织内部管理和外部管理。对于当时的诸侯国组织来说，"治国"，代表的是内部管理，而"用兵"，则涉及与其他诸侯国之间的残酷竞争，属于当时条件下的一种极端化的外部管理。在作为内部管理的"治国"上，老子给出的指导原则是"以正"，也就是说，必须遵循组织之道所确立的价值准则及由此所设计出来的规则体系。无论是组织之道还是规则体系，都是各项内部管理决策的标准，离开了正确的标准，内部管理便无从谈起，组织秩序也无法保证。

但是，在作为外部管理的"用兵"上，老子提出的指导原则是"以奇"。这个指导原则是与当时条件下外部管理的特征联系在一起的。外部的其他诸侯国组织与自己所在的诸侯国组织不一定具有共同的利益基础和目标追求，也不一定拥有相似的组织之道，反倒可能处在激烈甚至残酷的竞争状态。对于处在激烈竞争甚至战争状态下的诸侯国组织来说，期望竞争对手一定要认同自己组织的价值观念和规则体系是不现实的，反倒是出其不意的策略选择成了竞争取胜的关键所在。这也可以说是组织管理上的内外有别，内部管理"以正"，外部管理"以奇"。

无论是"以正治国"，还是"以奇用兵"，最终都要赢得人心，实现凝心聚力。其实，"人心"，也就是人心所向，即信任的意思。当老子说"以无事取天下"时，这里的"取天下"，便是得人心，即得到组织内外部利益相关者的信任。即便是"以奇用兵"，最高境界也是"不战而屈人之兵"，由此得到对方乃至其他相关组织的信任。但是，为什么要说"以无事"来取得人们的信任呢？"无事"中贯彻的是"无为"的原则，即不要刻意作为。也就是说，千万不要为了赢得内外部人的信任而刻意作秀。果真如此，即便一时赢得了信任，也难以维持，对内部组织成员是这样，对于外部竞争对手也是这样。哪怕是"以奇用兵"，也不等于要刻意"以奇"去赢得对手的信任，"以奇用兵"是要让对手败得无话可说。

如果只是将信任当成谋求私利的手段，为了赢得这种信任而故意用"奇"，一旦赢得了这种信任，就会利用这种信任去谋求更大私利，结果恐怕是既难以获得私利，又彻底失去了信任。

既然最高管理者要恪守"以正治国，以奇用兵，以无事取天下"的原则，去做好内外部管理，赢得人们信任，那么，又如何才能判断最高管理者是否真正遵循了这样的原则呢？只是听其言当然不行，关键要观其行，也就是看组织的实际运行及组织成员的行为表现。接下来，老子从四个方面，层层递进地说明如果最高管理者无法恪守这样的管理原则，组织将会出现什么情况。

首先，"天下多忌讳，而民弥贫"。意思是说，组织中的禁忌、禁令越多，对人们行为的各种限制也就越多，而出台这么多限制措施的原因是什么？显然是因为最高管理者对组织各级管理者和一般组织成员都不信任，唯恐他们利用组织的资源和权力谋求私利，便要处处设限，提防各种可能的越界行为。当各级管理者和一般组织成员都被严格限制住之后，固然谋求私利的可能性微乎其微了，但同时人们的创造潜能和内在动机也会被扼杀，组织发展将失去生机和活力，人们将因此而陷入贫穷困顿。

其次，在"天下多忌讳，而民弥贫"的情况下，既然组织无法帮助人们摆脱贫穷困顿，那每个人只能靠自己的力量，私下想办法改变贫困的状况。虽然组织中有很多禁忌和禁令，但人们总会运用各种工具，想方设法在禁忌和禁令的缝隙中，去谋求一点生存发展的空间。这样就会有各种各样的"利器"，即谋求私利的方法和工具，被发明创造出来。当人们都在想尽办法依靠自己来找活路的时候，便不会有人真正关心整个组织的生存和发展，其结果只能是让组织更加混乱不堪。这正是老子所说的"民多利器，国家滋昏"的状况。

再次，当"民多利器，国家滋昏"的时候，组织就演变成一个利益角斗场，组织内部竞争的激烈程度甚至比组织间竞争还有过之而无不及。组织原本应该内外有别，内部拥有目标和利益的一致性，基于观念共识的合作占主导地位；外部则由于不同组织的目标和利益不一致，基于利益纷争的竞争占主导地位，而且，组织之间的竞争关系有时还会走向极端，演变为你死我活的战争。然而，一旦组织退化为利益角斗场，组织内部的合作关系就会被竞争关系所取代，组织内部人员甚至会相互视为仇敌，就像在战场上一样，纷纷用计谋要置对方于死地而后快，这就是老子说的"人多伎巧，奇物滋起"。这里的"伎巧"，就是计谋、策略的意思，而"奇物"，则指各种意想不到的"邪事"。当组织内部蜕变成"以奇用兵"的战场，各种超乎想象的邪恶之事定会层出不穷，这时的组织也就不能再称为组织了。

最后，面对"人多伎巧，奇物滋起"的局面，最高管理者为了维系组织不至于解体，唯一能做的，便是利用手中权力，不断制订更为繁复、严苛的"法令"，而这样做的结果，又必然是让人们更有动机去钻这些"法令"的空子，以谋求一线生机。虽然这种钻"法令"空子的行为看上去有点像"盗贼"，但实际上是迫于生计，被逼无奈。这也就是老子所说的"法令滋彰，盗贼多有"。由于这种结果，组织越发要走向"天下多忌讳，而民弥贫"的局面，这便导致了恶性循环。说到底，这种恶性循环的根源还在于组织内部上下之间的信任缺失。在这种情况下，最高管理者哪怕做出姿态要争取成员的信任也无济于事，因为信任不是刻意做个姿态、出台几项措施就能获得的。老子说"以无事取天下"，但是，那些身处不信任氛围的恶性循环中的最高管理者，恐怕越发不能"无事"，而只能"有事"，然而刻意而为，不断"有事"，反而会离信任越来越远。

最高管理者要避免这种因为组织内部的不信任所造成的恶性循环，就必须遵循组织之道，恪守"以正治国"的内部管理指导原则。这就是为什么老子最后要说，"故圣人云，我无为而民自化，我好静而民自正，我无事而民自富，我无欲而民自朴"。这里的"圣人"，仍是指理想化的最高组织管理者。理想化的最高组织管理者在遵循组织之道，"以正治国"的过程中，会通过自己的"无为""好静""无事""无欲"，达到一种组织内部管理的良性循环，即从"民自化""民自正"到"民自富""民自朴"。

最高管理者认同和践行组织之道，真正做到"知者不言""行不言之教"，也就能影响各级管理者和一般组织成员自觉认同组织之道，知道应该做什么和怎么做，从而在组织中自然达到"我无为而民自化"的效果。

当最高管理者认同和践行组织之道，不把个人意志强加给他人，组织中各项管理决策都能遵循组织之道和规则体系时，一般组织成员也就能从最高管理者和各级管理者的"以正治国"中，认识和体会到组织工作的正确准则，从而在各自工作岗位上做得"正"、行得"端"。组织行为之"正"，也要借助上行下效才能实现，即"我好静而民自正"。

最高管理者不去刻意干预组织的各项事业，也不自以为是地发起各种"事"，组织的各项事业反而能够井然有序地开展，组织中不管是做事的效率还是由此产生的效果都会不一样。人们不仅能实现个人富足，也能给组织创造更大的共同利益，这正是"我无事而民自富"的集中体现。

最高管理者只有超越一己之私，不把组织当作实现个人意志的工具，切实关心组织的共同利益和每位组织成员的切身利益，组织成员才能够自觉地融入组织之中，关心组织的整体和长远发展，这样以组织之道和共同利益为基础的信任关系才能牢固地建立起来。如此一来，组织的生存和发展就有了真正的根基，而这个根基便是组织之道。当老子说"我无欲而民自朴"时，这里的"朴"，不仅是指淳朴，"民自朴"，也不只是说人们会变得淳朴的意思；"朴"，同时还隐喻组织之道，而"民自朴"，则意味着人们会自然而然地将组织之道内化于心，成为组织人，并代代相传，这又与"我无为而民自化"前后衔接了起来。其实，"民自化"和"民自朴"都是建立在组织之道的内在化基础上的，这正好构成了从"民自化"到"民自朴"四个方面的良性循环，与前面所讲的从"民弥贫"到"盗贼多有"的恶性循环形成鲜明对照。

▍管理要义 ////

组织管理的确有内外之别。组织内部管理虽然也因资源相对稀缺而有竞争，但由于利益的共同性和愿景的共享性，合作共赢是主流，竞争是为合作服务的。但是，组织外部管理虽然也因交叉互补的利益而有合作，但由于组织之间毕竟有比较清晰的边界和各异的目标，竞争占主导，合作经常会受到竞争的左右。因此，在组织管理中，切忌混淆内外部的竞争与合作，更不能将内部基于合作的竞争等同于外部单纯的竞争。这种混淆的一个严重后果，便是让组织退化成利益的角斗场，从根本上损害组织中的信任关系。失去了信任，没有了合作，组织也就名存实亡了。

《老子》第58章

其政①闷闷②，其民淳淳③；其政察察④，其民缺缺⑤。祸兮福之所倚，福兮祸之所伏。孰知其极？其无正。正复为奇，善复为妖⑥，人之迷，其日固久。是以圣人方而不割⑦，廉⑧而不刿⑨，直而不肆⑩，光而不耀。

字词注释

①政：这里是政策、法令的意思，也可以引申为管理。

②闷闷：原义为昏暗不明，这里可以引申为宽厚包容。

③淳淳：这里是质朴、纯厚的意思。

④察察：这里是明察、严苛的意思。

⑤缺缺：这里指机敏狡诈的样子。

⑥妖：这里指一反常态的东西，可以引申为不善。

⑦割：这里是为害、损害的意思。

⑧廉：这里是正直、品行端正、清廉的意思。

⑨刿：这里是刺伤、割伤的意思。

⑩肆：这里是放纵、放肆、不受拘束、不被限制的意思。

▌今文意译 ////

最高管理者的管理风格宽厚包容，组织成员的行为表现就质朴纯厚；管理风格精明严苛，组织成员的行为表现则机敏狡诈。威胁蕴藏着机会，机会潜伏着威胁。有谁能知道机会与威胁究竟是怎么转化的呢？最高管理者若无内在的价值观念坚守，组织内部的合作关系便会转化为恶性竞争关系，追求共同利益的行为也会转变为破坏共同利益的行为，现实中这方面的迷惑，已经有很长时间了。而理想化的最高组织管理者对此有明确认识，因此能够做到行为方正而不伤害他人，廉洁奉公而不损害他人，坦率正直而不肆意放纵，影响深远而不刻意炫耀。

▍分析解读 ////

本章承接上章，进一步阐明最高管理者"以正治国"的基本要求及现实状态与理想状态的巨大反差。

老子在本章列举了两种相反的管理风格，一是"其政闷闷"，二是"其政察察"。这里的"政"，可以理解为广义管理，而这里的"其"，则指代组织的最高管理者。最高管理者的管理风格，也能代表整个组织的管理风格，因此，老子所说的"其政"，既可以理解为最高管理者的管理风格，也可以认为是整个组织的管理风格，两者具有内在相通性。

管理风格"闷闷"，表面上看管理者昏聩不明，实际上却宽厚包容，能给下属或一般组织成员留有比较大的自由空间；而管理风格"察察"，看似管理者明察秋毫，实则意味着精明严苛，对下属或一般组织成员的一举一动都要细究研判，并给予相应的限制或鼓励。如此反差巨大的管理风格，会给下属或一般组织成员的行为带来完全不同的影响。人们也许会认为，"闷闷"的管理风格是管理者无能的表现，一定管不好，造成低绩效；而"察察"的管理风格则表明管理者精明强悍，下属或一般组织成员不可能偷懒惰怠，定会产生高绩效。但是，老子却从管理过程本身对人的培养视角看问题，而不只是关注短期绩效。正是基于这样的视角，老子认为，"其政闷闷"，反倒会达到"其民淳淳"的效果；而"其政察察"，则会造成"其民缺缺"的结局。

很显然，一方面，管理者的管理风格会潜移默化地影响和塑造下属或一般组织成员的工作风格；另一方面，上有政策、下有对策，下属或一般组织成员并非被动地执行命令的动物或机器，他们会主动加工信息，采取对策以灵活适应管理者的各种指令。从这两个方面来看，管理者的"其政闷闷"，反而是建立在对下属或一般组织成员的信任基础上，给下属或一般组织成员更大的自由裁量空间，以充分发挥各自的潜能。这样的管理风格所传递的信号是宽厚包容，上行下效，一种宽厚包容的工作氛围就会自然而然地形成；而且，在这种管理风格下，既然来自管理者的政策指令很少，下属或一般组织成员的自由裁量空间很大，也就无所谓上有政策下有对策了，只需要针对工作本身及环境变化采取相应的措施即可。在这种上下级的信任氛围中，下属或一般组织成员反倒不必去多想上级会怎样，而只需要去思考在这样的内外部条件下自己应该怎样做就可以了。这种人与岗位、人与组织一体化的状态，反而更容易让组织成员自觉融入组织，成为组织人，由内而外地践行组织之道，遵从组织规则。这难道不正是"其民淳淳"的状态吗？

相反，"其政察察"的管理风格却会传递出一种上下级、管理者与一般组织成员之间不信任的信号。正因为不信任，才需要明察，才需要事无巨细地出台各种政策指令来限制或"规范"人们的行为，结果是层层加码，级级效仿，越到底层，越是有着看似严密的整套防范体系，由此也就容易形成一种不信任、不合作、上下竞争的氛围。在这种氛围下，不仅会有上行下效的模仿学习机制，更有针锋相对的上下博弈机制。通过这样的机制训练出来的下属或一般组织成员，难道不是正好符合"其民缺缺"的状态吗？

所以，老子才精辟地概括："祸兮福之所倚，福兮祸之所伏。孰知其极？"对于组织的生存和发展来说，"祸"便意味着威胁，而"福"则意味着机会。机会和威胁总是相"倚"相"伏"，不可分割地交织在一起。看似机会，却潜藏着威胁；看似威胁，又内含着机会；又有谁能真正把握住机会和威胁相互转化的终极法则呢？其实，从根本上说，组织所面临的机会和威胁，关键还在于组织自身的立足点选择，那便是组织之道。组织若选择了正确的组织之道，致力于追求最广大的共同利益，即便遇到威胁，也能成功规避、克服甚至转化。因为那些立足于组织之道、有着更远大终极目标追求的最高管理者，也会拥有更宽广更高超的胸襟、格局和境界，不会斤斤计较于眼前局部的得失，敢于也乐于信任组织成员，给他们更大的自由裁量权和自由探索空间，从而调动起组织成员的创造潜能，这时即便遇到巨大威胁，在齐心协力之下，也容易应对和克服。这恰是"其政闷闷，其民淳淳"的必然结果。

反之，最高管理者如果没有组织之道的内在坚守，只是将组织和他人视为谋求个人私利、实现个人意志的工具，只顾盯住眼前利益不放，层层设防，唯恐他人对自己构成威胁，结果必定是"其无正。正复为奇，善复为妖"。组织已不再是合作的利益共同体，而是变成了竞争的利益角斗场，在这里，又谈何正确的组织之道，更罔顾共同利益之善。从最高管理者开始，每个人都不遗余力、不择手段地追求个体或小群体利益，也就是典型的"正复为奇，善复为妖"。最高管理者自以为聪明，可以利用他人，孰不知每个人都很聪明，也能想办法利用最高管理者；而且，最高管理者一个人再聪明，恐怕也抵不过众多人聪明的叠加效应。但遗憾的是，很少有最高管理者能清醒地认识到这一点，也难怪老子要说："人之迷，其日固久。"

既然如此，那么真正明智的最高管理者会怎样做呢？老子的答案是："圣人方而不割，廉而不刿，直而不肆，光而不耀。"这涉及做管理和做人两个方面。首先，"方而不割""廉而不刿"，是在讲做管理。最高管理者做管理，当然要坚持"方"和"正"。这是"以正治国"的基本要求，也是确立起组织内部的正气、正能量的基本前提。最高管理者没有做到"方"和"正"，要让组织各级管理者和一般组织成员具备"方"和"正"是不可能的。但是，"方"和"正"必然有棱角，而有棱角的"方"和"正"又容易给他人造成伤害，会趋向于比较严苛的管理风格；但是，老子在第41章中讲"大方无隅"，意思是，最高管理者如果能拥有更远大的终极目标追求和共同利益关切，也就能具有更宽广的胸襟和格局，反倒会变得"大方无隅"，也即没有了可以伤害人的棱角，从而给他人以更多的包容，允许他人比较自由地探索。

另外，最高管理者当然要代表组织、立足于组织之道，扼制住自己的欲望，这就要求最高管理者必须树立起廉洁奉公的榜样；但是，如果走向极端，过度廉洁奉公，往往又会产生对他人不切实际的要求，例如，一味地要求组织成员无私奉献甚至牺牲，以组织为家，加班加点地工作，这将从根本上伤害组织成员的健康成长。所以，理想化的最高组织管理者既能做到廉洁奉公，却又不以自己的廉洁奉公来极端化地要求他人，更不会伤害到他人。这才是做管理的智慧所在。

从做人上看，最高管理者当然要坦诚直率，更要有一定的个人魅力去影响他人；但是，如果最高管理者的所谓坦率演变成了肆意放纵，而最高管理者的所谓个人魅力幻化成了动用一切组织资源包装出来的光芒四射，那恐怕就适得其反了。所以，老子认为，理想化的最高组织管理者在做人上能达到"直而不肆，光而不耀"的境界。

当最高管理者在做管理和做人上实现了"方而不割，廉而不刿，直而不肆，光而不耀"，自然就能在组织中达到"其政闷闷，其民淳淳"的良好状态。换句话说，组织如何才能达到"其政闷闷，其民淳淳"的良好状态呢？答案是必须从最高管理者自身做起。只有当最高管理者做到了"方而不割，廉而不刿，直而不肆，光而不耀"，组织才能实现"其政闷闷，其民淳淳"。

▌ 管理要义 ////

管理者必然要应对组织可能面临的各种机会和威胁。但是，管理者必须牢记的是，机会和威胁常常相伴而生。机会中隐含着威胁，而威胁中又蕴藏着机会。管理者切不可只陶醉于把握机会，忽略了其中可能隐含的威胁，也不能被威胁吓到，看不到其中可能存在的机会。但归根到底，机会和威胁的判断及把握，还是要取决于管理者所选择的立足点和参照系。当管理者选择自我做立足点、把个人利益用作参照系，来衡量各种变化时，所看到的机会和威胁，便与管理者选择组织作为立足点、把共同利益作为参照系所看到的机会和威胁，肯定是完全不一样的。管理的岗位职责要求管理者必须立足于组织，以共同利益为参照系，来衡量和判断各种变化，这样才能让组织得以真正做到把握机会，规避威胁；否则，很有可能是以个人的机会掩盖了组织受到的威胁，给组织未来发展造成潜在巨大损失。

《老子》第59章

治人事天莫若啬①。夫唯啬，是谓早服②。早服谓之重积德。重积德则无不克③，无不克则莫知其极，莫知其极，可以有国。有国之母④，可以长久。是谓深根固柢⑤，长生久视⑥之道。

字词注释

①啬：会意字，本义指收获谷物，这里是爱惜、节俭的意思。

②服：任继愈认为，"服"，通"备"（备），准备、储备的意思①；陈鼓应也认同这样的解释②；而郭店竹简本此处即是"备"字③。不过，这里的准备或储备应作广义理解，既包括物化资源的准备或储备，更包括精神或组织之道上的准备或储备，如下句的"早服谓之重积德"，就是说在"德"上早做准备或储备。

③克：会意字，本义是肩任，即用肩承担，这里是胜任的意思。

④母：这里比喻为根本。

⑤柢：形声字，本义指树的主根，这里引申为事物的根基。

⑥长生久视：根据高明的校注，"'视'字在此当训'活'。《吕氏春秋·重己篇》'无贤不肖，莫不欲长生久视'，高诱注：'视，活也。'在此犹延年益寿之义"④。这里引申为组织的可持续发展。

---

① 任继愈：《老子绎读》，国家图书馆出版社 2015 年版，第 129 页。
② 陈鼓应注译：《老子今注今译》，商务印书馆 2003 年版，第 289 页。
③ 丁四新：《郭店楚竹书〈老子〉校注》，武汉大学出版社 2010 年版，第 261 页。
④ 高明：《帛书老子校注》（上），中华书局 2020 年版，第 164 页。

遵循组织之道来管理组织，没有比节俭更为重要的了。只有节俭，才可以称得上是早做准备，而早做准备，也就是说要重视德行积累。重视德行积累，则没有不能胜任的职责；没有不能胜任的职责，就意味着具有无法估量的巨大潜能；而具有无法估量的巨大潜能，则可以承担管理组织的职责。能从根本处入手来管理组织，就可以实现可持续发展。这就是只有从根本处入手才能实现组织可持续发展的道理所在。

■ 分析解读 ▰▰▰

本章在上一章基础上，进一步说明最高管理者遵循组织之道做管理、实现组织可持续发展的核心指导原则。

老子上来便点出了本章的主题，即"治人事天莫若啬"。这里的"治人事天"，说的便是遵循组织之道做管理。其中，"天"，即以天地之道来隐喻组织之道。所谓"治人事天"，可以直观地理解为，管理组织以服务于像天地之道一样的组织之道，其隐含的意思是，最高管理者必须遵循组织之道来做管理。那么，遵循组织之道做管理的具体要求是什么？老子给出的答案是"莫若啬"。这里的"啬"，即珍惜、爱惜、节俭、节约的意思。值得注意的是，"啬"的对象，不仅仅是物化资源，同时也包括人的精神和注意力，由此也涵盖了组织的价值观念和规则体系，而这些观念形态的存在，更为老子所看重，也就更要珍惜和节约，不应肆意挥霍。

人们或许会问，为什么要将"啬"作为遵循组织之道做管理的基本要求呢？老子的回答是："夫唯啬，是谓早服。早服谓之重积德，重积德则无不克，无不克则莫知其极，莫知其极，可以有国。"在老子看来，只有懂得珍惜、节约，才会由内而外地做好准备。因为老子所讲的珍惜、节约的对象，绝不限于物化资源，还包括专属于人的精神或思想，而后者尤其重要，所以，老子才将早做准备，侧重在"重积德"上，即"早服谓之重积德"。这里的"德"，是指组织之道内化于心、外化于行之后的组织公德。最高管理者如果不能早早积累组织公德，又如何能以身作则、率先垂范，让组织之道深入人心，融入各项事业之中？最高管理者只有积累起了这种德行，才能胜任管理岗位职责的要求；而且，也只有那些真正积累了德行，能够胜任管理岗位职责要求的最高管理者，才能将心比心地理解他人，激活他人心中原本就已存在的人之为人的共同性，从而发挥出巨大潜能。所以，老子才说，"重积德则无不克，无不克则莫知其极"。这样的最高管理者显然才能管好自己的组织，并使之得到可持续发展，因为他能够将组织成员的潜能充分调动起来。

值得注意的是，当老子说"无不克则莫知其极"的时候，其中的"莫知其极"，并非仅指最高管理者个人而言。最高管理者一个人的力量再大，也是有极限的，不可能说"莫知其极"。最高管理者必须清醒地认识到，个人的能力毕竟有限，再伟大的管理者也有局限性，也正因为个体有局限性，才需要结成组织。因此，老子所说的"莫知其极"，是针对组织而言的，组织到底能发挥出怎样巨大的力量，没有人能够事先知道，而正是那些能充分调动他人的潜能，产生整体大于部分之和的增益效果的最高管理者，才能让组织达到这种"莫知其极"的状态，为组织发展带来无限生机。这样的最高管理者才有可能真正维系组织的存在，推动组织的可持续发展。这样的最高管理者之所以能做到这一点，是因为他们做到了"啬""早服""重积德"，也就是在不断培植组织的根基，即组织之道。这也是"早服"中"服"的另外一层含义，即铭记于心，坚决服从的意思。这表明，最高管理者维系的不仅是组织的表面形式，而是组织的根本，即"有国之母"。基于此，组织才有可能实现可持续发展。这也就是老子所概括的"有国之母，可以长久"的意义所在。

最后，老子又指出，"是谓深根固柢，长生久视之道"。"深根固柢""长生久视"，隐喻着最高管理者必须从根本处着手，才能真正实现组织的可持续发展。根据老子的观点，组织赖以存在和发展的"根""柢"，正在于作为观念形态存在的组织之道。最高管理者如果不懂得珍惜这种独特的观念，只是一味地在物化资源上花力气，甚至连物化资源也不知道节约，结果必然是早早就把组织挥霍殆尽了。最高管理者珍惜、爱护组织之道，不能只是讲空话，而必须从"早服"入手，即早早地开始践行组织之道，积累德行。如果没有日积月累地在德行上面下工夫，不依靠厚德作为支撑，组织要想发展壮大，以承载和支配更多物化资源，那是不可能的。组织的厚德积累，首先要从最高管理者做起。如果最高管理者也只是喊喊口号，那么，各级管理者和一般组织成员怕是要把口号喊得更响亮才行，因为不响亮不足以引起最高管理者的注意。但响亮的口号之下所掩藏的或许是不断侵害组织共同利益的行为，这样的组织又怎么能实现可持续发展？

▌管理要义 ////

　　没有一个组织不想实现可持续发展，也没有一位与组织休戚相关的管理者不想让组织实现可持续发展。但问题是，组织要实现可持续发展，就必须有根基。只有根基扎实，组织的发展才可持续。组织可持续发展的根基到底应扎在哪里？这的确是人们一直以来都在深思的问题。物化资源固然是组织发展不可缺少的支撑，但物化资源尚不足以构成组织可持续发展的根基。观念往往会超越物化资源，具有更长久的生命力，但观念只有深入人心、代代相传，才可以说超越了物化资源而具有更长久的生命力。否则，只是停留在纸面上的观念，本质上同物化资源没有什么分别，不可能成为组织可持续发展的根基。观念要进入一代代人的内心，首先应进入管理者的内心。观念如果不能成为选择管理者的尺度，便不可能深入人心，也不可能成为组织可持续发展的根基。

《老子》第 60 章

　　治大国若烹小鲜。以道莅①天下，其鬼②不神③。非其鬼不神，其神不伤人；非其神不伤人，圣人亦不伤人。夫两不相伤，故德交归焉。

①莅：形声字，本义指来到，这里是临、监督意思。

②鬼：象形字，本义是指人死后的灵魂，这里引申为鬼怪，也指隐秘的、不可捉摸的、阴险的、邪恶的力量。

③神：形声字，本义指传说中的天神，也泛指天神和地祇。这里引申为显灵，即显现神秘的、神奇的力量或作用。

今文意译

管理大组织犹如烹饪小鱼。遵循组织之道管理组织，各种稀奇古怪、不可捉摸的力量就不会发挥作用。其实不是这些力量不会发挥作用，而是即便发挥了作用也无法伤害到人们；不是这些力量发挥了作用也无法伤害到人们，说到底是理想化的最高组织管理者不会伤害人们。正因为理想化的最高组织管理者与各种稀奇古怪、不可捉摸的力量都不会伤害人们，所以，组织成员才能够在组织中奉行组织公德为人们所尊崇。

分析解读

本章承接上章，进一步阐述"啬"或"厚积德"在组织管理上的具体表现。

在老子看来，那些真正致力于组织的"深根固柢""长生久视"的最高管理者，在日常管理中，一定会像烹饪一条小鱼那样，扼制自己意图干预、扰动、不达目的誓不罢休的冲动，这或许正是"治大国若烹小鲜"的深刻管理寓意所在。这里的"大国"，可以一般化地理解为大型组织。组织的规模越大，内部差异就越明显，包括事业的不同、人员的多样性、各区域及部门的差别等。在这种情况下，最高管理者仅凭一厢情愿，想一刀切式地要求整个组织必须怎样，就越发不可能。最高管理者应该珍惜不同人和事自身的价值，让组织之道成为每个人、每个团队及每个部门的内在准则，以发挥各自的潜能，实现各项事业的价值。

但问题是，最高管理者怎样才能做到"治大国若烹小鲜"呢？老子建议还是要回归组织之道，让组织之道和组织的规则体系发挥作用，而且，也只有当组织之道和规则体系得以畅行无阻地执行，各种各样的歪门邪道及稀奇古怪的力量才会自然消失。这便是"以道莅天下，其鬼不神"的管理意义。这里的"其鬼不神"，可以从两个角度来理解：一是直观的理解，即鬼怪不再能发挥其神秘的力量；二是引申的理解，即各种心怀鬼胎的人无法装神弄鬼地蛊惑人们。这就好比在强烈的阳光之下，各种霉菌自然就没有生存的可能，腐败也就无从产生了，而组织中那些损公肥私的行为，特别是那些打着各种漂亮旗号的腐败行为，在强大的组织之道和公正的规则体系面前，当然就会失去存在的空间。

其实，这两个角度的理解又是联系在一起的。现实中真有鬼怪存在吗？即便在老子所处的时代，所谓鬼怪及其发挥作用的各种表现，也不过是由人来表达和传播的，追根溯源，那些最早或最先刻意宣扬鬼怪的神秘力量的人，恐怕或多或少都有着其他更隐秘的个人目的；当这种个人目的无法通过正常渠道实现的时候，便只能用这种非正常的、神秘的途径来传达。一旦组织中的"正道"或正常渠道，也就是以追求共同利益为宗旨的组织之道，占据了主导地位，每位普通组织成员的个体利益都能得到充分保障，那种借助非正常渠道去谋求个体利益的做法，自然就会失去合理性，当然也就没有人再有这个积极性去编造或传播各种神乎其神的鬼怪故事了。

更进一步，从深层次来看，当组织之道占据主导地位，个体利益在组织中得到充分保障的时候，即便还会有鬼怪故事出现，也不会造成人们的负面心理和行为，最多不过是被当成茶余饭后的消遣而已，没有谁会真相信存在来自鬼怪的神秘力量，这便是"非其鬼不神，其神不伤人"所要表达的意思。也许人们还会有娱乐需求，编出一些稀奇古怪的故事来，但已没有人真把这些"鬼神"当一回事，也不会在意其是否能影响组织和人们的行为。这在很大程度上是因为组织管理给人们以稳定的预期，人们只要遵循组织之道，遵从规则体系，便能让个体利益、组织利益和未来发展得到保证；而且，人们不仅对自己的未来有良好预期，也能够对最高管理者和各级管理者的行为有合理预期，这样人们便无须再去揣摩他们的心思，更没有必要为了实现个人利益、排除不确定性而编排各种神秘故事了。

老子已经说得很清楚，"非其神不伤人，圣人亦不伤人"。说到底，并不是人们编排的鬼怪的神秘力量会伤害人，而是组织中那些拥有权力的人，特别是拥有最高权力的人会伤害人。理想化的最高组织管理者遵循组织之道，珍惜组织中的每一个人，不去随意干预人们的行为，不损害人们的切身利益，真正尽到保护每个人合法权益的职责，那些来自所谓鬼怪的神秘力量根本就不可能伤害到人。

对于普通组织成员来说，面向未来和未知领域的不确定性，才是担惊受怕的主要原因，也是可能的伤害来源；但是，严格来说，在由人构成的组织里而不是在组织与外部环境的关系之中，不确定性的主要来源并非物化资源或自然环境，更不是神秘莫测的所谓鬼怪，而是来自拥有绝对权力的最高管理者的随心所欲。从根本上说，组织中真正神秘莫测的并不是鬼怪，而是最高管理者的个人意志。最高管理者那些随心所欲、突发奇想、随意干预的行为，才是组织中不确定性的最主要来源，也是对组织成员和组织事业的最大伤害。这就像在烹饪时，对锅中小鱼的完整性的最大伤害，并不在于锅和铲子，也不是锅下面的火，而是用铲子去扰动的那个人。

所以，老子在这里才要告诫最高管理者，想真正做到"治大国若烹小鲜"，就必须恪守上章所讲的"啬"的原则，珍惜、爱护组织中每个人，至少做到"不伤人"，这样才会让人们有合理预期，而人们一旦有了合理预期，又何须通过编排"鬼""神"故事在心理上寻求安慰，以排除不确定性、避免伤害呢？即便真有"鬼""神"，也不会伤害人，只不过是辅助组织和最高管理者恪守组织之道、践行组织公德的另外一种方式而已。这就是老子最后说的"夫两不相伤，故德交归焉"。这句话的意思是，"圣人"和"鬼神"都不伤害人，就会让组织公德回归组织，成为组织成员共同遵循的内在准则。这时根本不需要最高管理者和各级管理者刻意干预，组织成员也能充分发挥各自潜能，贡献于组织的共同利益。这样的组织管理才可以说达到了"治大国若烹小鲜"的境界。

　　管理者都渴望能达到"治大国若烹小鲜"的理想境界，但要达到这个境界，关键不在于盯住"小鲜"，以寻求所谓最佳"火候"，而是要先扼制住自己的私欲，不要总想着用个人意志去要求别人，干预别人做事。管理者必须首先站在组织的立场上，发自内心地尊重每个人和每项事业。以此为前提，管理者才有可能因这份尊重而产生稳定、可信的行为，从而让组织成员有一种合理预期，特别是对管理者履行职责、做好管理产生合理预期。这样组织成员才能解除后顾之忧，不需要太过在意管理者怎么想，也不需要去推断管理者下一步会怎么做，而只要遵循组织的价值观念和规则体系，做好工作，贡献出自己的聪明才智即可。在这种情况下，管理成本会大大降低，起码那些用于揣测、推断管理者心思和行为的注意力资源大大节约了。这些最为宝贵的注意力资源被节约下来，便可以投入各项事业的创造和创新活动之中，为组织带来更大的价值。

　　相反，如果组织文化和规则体系都形同虚设，人们只能依靠相互猜心思，尤其是凭借向上揣测管理者的意图，才能在组织中保护自己的利益，找准个人的未来发展定位，那么，这样的组织将会面临极高的管理成本，人们会把大部分注意力资源投入人际关系处理上来，尤其是上下级关系的处理。在人际关系上投入注意力资源与在事业中投入注意力资源，其结果可能完全不同。在事业中投入注意力资源，结果往往是知识的创造、不确定性的排除、共同利益的实现。而在人际关系上投入的注意力资源越多，由此带来的不确定性反而可能越大，给当事人带来的潜在伤害也可能会越大。当人际关系成为组织中不确定性的主要来源时，谣言、奇葩之事、神秘莫测的言行都会在组织中广为传播，而这恰表明，组织离"治大国若烹小鲜"的境界还很遥远。

《老子》第61章

大国者下流。天下之交，天下之牝。牝常以静胜牡，以静为下。故大国以下小国，则取小国①；小国以下大国，则取大国。故或下以取，或下而取。大国不过欲兼畜②人，小国不过欲入事③人，夫两者各得其所欲，大者宜为下。

字词注释

①取小国：这里指获得小国信任的意思。

②兼畜：这里是统领保护的意思。

③入事：这里是归附侍奉的意思。

今文意译

大组织应该像水那样处于下方。因为组织间的交往就如同雌雄生物间的交往，雌性安静，表面上处于下风，但实际上却胜过雄性。大组织若对小组织谦下包容，就能取得小组织的信任；而小组织若对大组织谦下敬重，也能取得大组织的信任。所以，组织间的交往关键在于互信，大组织要谦下包容来取得小组织的信任，而小组织要谦下敬重来取得大组织的信任。大组织不过是想统领保护小组织，而小组织不过是想归附侍奉大组织，两者若要各遂所愿，大组织尤其应该谦下包容小组织。

分析解读

本章旨在阐明，无论是大组织还是小组织的最高管理者，要想处理好组织间关系，都必须恪守谦下的基本原则。

任何组织都处在同其他组织的互动关系之中，良好的组织间关系既是内部管理的重要保证，也是组织发展不可或缺的环境条件。老子首先强调大组织在处理组织间关系时所应采取的态度，毕竟在组织间及更广大的社会环境中，大组织总是扮演着关键角色。

当老子说"大国者下流。天下之交，天下之牝。牝常以静胜牡，以静为下"时，是在用双重比喻来说明大国或大组织在处理组织间关系时应该遵从的原则。

第一重是用水作比喻，老子在第8章中曾讲"上善若水""水善利万物而不争"，而要营造良好的组织间关系，扮演着关键角色的"大国"，应该像水一样流向下方，支撑起良好的组织间关系。这恰是"大国"和"小国"共创更广大且长远的共同利益的必要前提。老子上来之所以先强调"大国者下流"，其深刻用意正在于此。

第二重是用雄性和雌性的交往关系作比喻。老子在第28章中也曾说过"知其雄，守其雌"，用雌雄关系来说明组织内部最高管理者和其他管理者及一般组织成员的关系，而老子在本章则是用雌雄关系来阐明组织间关系。在雌雄交往中，雄性表面很强势，高高在上，而雌性看上去安静谦和，总是处于下风，但实际上，雌性正是用自己的安静谦和来深刻影响雄性，最终让雄性信服。所以，在老子看来，"大国"在处理组织间关系时，应该向雌性学习，以安静谦和为主要指导原则。

具体地说，老子认为，"大国以下小国，则取小国；小国以下大国，则取大国"。这说的是，"大国"对"小国"谦和包容，甘处下风，来支撑与"小国"的关系，自然就会赢得"小国"的信任，而"小国"也必定会谦下敬重"大国"，来获取"大国"的信任。毕竟"小国"本来在各种实力上就处于下风，能取得"大国"的信任和支持，便是"小国"谋求和平发展的根本保证。如此一来，若"大国"都能"下小国"，"小国"也就更没有理由不"下大国"了。

在处理组织间关系时，信任是关键。一旦彼此建立起信任，各得其所，各如所愿，稳定的组织间关系便建立了起来。这不仅对"小国"有利，对"大国"也同样有利。原因很简单，"大国不过欲兼畜人"，即"大国"想要获得更多的追随者，以建立更广大的同盟，从而确保自己的"大国"地位；而"小国不过欲入事人",即"小国"想要找到一个强大稳定的依靠者,以确保自己的环境安全,这是"小国"得以长治久安的重要前提。通过彼此谦让尊重,"大国"和"小国"便能建立起比较稳定的信任关系,从而"各得其所欲"。

不过在老子看来,要构建这种"各得其所欲"的良好的组织间关系,主要的决定力量还在于"大国"。"大国"毕竟有能力、更有硬实力,来左右组织间关系的走向,所以,老子最后说,"大者宜为下"。这又回到了本章开头所讲的"大国者下流"的核心观点上。从根本上说,在处理组织间关系时,大组织能否恪守"大国者下流"和"大者宜为下"的基本原则,关键还取决于最高管理者是否能遵循组织之道,超越个人的支配欲望。

▌ 管理要义 ////

从管理的视角来看,外部组织间关系管理是内部组织管理的自然延续。管理者在处理内部上下级关系时所秉持的指导思想,会不自觉地延伸到处理外部组织间关系上去。原因很简单,管理者总是会不自觉地保持观念和思维的一致性。即便知道内外有别,但在面对内外部的不同情境时,管理者还是会本能地要实现自我观念和思维的一致性。这就让组织的内外部管理自然地联系在了一起,除非通过比较严格的内外部管理的专业化分工,有的管理者专门负责内部,有的则专门负责外部。但是,就算有这样的专业化分工,到了组织的高层管理团队那里,特别是对于组织的最高管理者而言,仍不可避免地要打通内部组织管理和外部组织间的关系管理。这就要求组织的最高管理者及其管理团队必须确立一种能兼容内外,使组织的内外部管理和谐一致的根本指导思想,从而才能一致性地对内和对外实施管理,为组织创造内外部和谐关系,以支持组织的可持续发展。

《老子》第62章

道者万物之奥①，善人之宝，不善人之所保。美言可以市②，尊行可以加人。人之不善，何弃之有！故立天子，置三公③，虽有拱璧④以先驷马⑤，不如坐进此道。古之所以贵此道者何？不曰以求得，有罪⑥以免邪？故为天下贵。

字词注释

①奥：会意字，字形为古人用双手捧着禾麦，祭拜室内西南角的神灵，本义指室内的西南角，这里引申为主的意思。

②市：会意字，本义指集中买卖货物的地方，这里引申为交往、交换。

③三公：指太师、太傅、太保，一说为司马、司徒、司空。

④拱璧：即两手合抱的大璧。

⑤驷马：即四匹马拉的车。

⑥罪：这里是错误、过失的意思。

今文意译

天地之道是万物得以生生不息的根本保证，组织之道则是各项事业得以持续发展的根本保证，因此也就为追求共同利益的人所尊重并践行；即便那些不追求共同利益的人，也必须仰仗组织之道，才能获得自己的利益。好听的话可以在交往中发挥作用，尊贵的行为能够影响他人。对于那些不追求共同利益的人，为什么要抛弃呢？所以，在组织中，才要设立像天子那样的最高管理岗位，以及像三公那样的高级管理职位，以便实施管理，确保共同利益实现。为了达到这样的目标，即便有像拱璧和驷马那样的宝贵资源及相应的资源配置规则，也还是不如恪守组织之道。自古以来，人们之所以如此重视组织之道的原因是什么呢？不就是因为追求组织之道便可以有所收获，即使犯了错误也可以得到及时纠正吗？所以，人们才无不尊崇组织之道。

▌分析解读 ////

本章立足于组织之道，阐述管理对于组织的存在和发展所具有的重要意义。

组织之道之于各项事业，犹如天地之道之于万物。组织中各项事业的蓬勃发展，无不有赖于组织之道所产生的凝聚人心以配置物化资源的力量。这也就意味着，在组织中，只要是与组织的共同利益有关联的人或群体，无不需要借助组织之道而获取各自的利益，因为任何利益，不管是组织的整体利益还是单纯的个体利益，都与相应的事业有关，没有特定事业的定位，缘何产生利益？既然各项事业的产生和发展都离不开组织之道，那么，组织中的各种利益及其追求者当然就不能不依赖组织之道。所以，老子才说，"道者万物之奥，善人之宝，不善人之所保"。

这里的"善人"，即追求组织共同利益的人，而"不善人"，则指那些不追求组织共同利益，可能只是一心寻求个体利益或小群体利益的人。追求共同利益的人，当然会将组织之道视同宝贝一样恪守并践行，而那些不追求共同利益的人，要想寻求个体利益或小群体利益，也不能脱离组织的相关事业，不得不依赖组织之道来获得从事特定事业的合法性和合理性。因此，即便是那些不追求共同利益的人，也不能不依赖组织之道来保有个体利益或小群体利益。正是在这个意义上，组织之道不管是对于"善人"还是"不善人"来说，都必须遵循。这进一步说明组织之道不仅是组织各项事业赖以存在和发展的根基，而且也是组织成员谋求各自利益、实现自我价值的基础。既然如此，那么，当面对那些不追求共同利益的人，组织到底应该怎么办呢？

老子延续第27章所讲的"无弃人"的思路，认为："美言可以市，尊行可以加人。人之不善，何弃之有？"也就是说，连某些特定的言行都有其应有的价值，例如，好听的话可以用来社交，增强人与人之间的关系强度，尊贵的行为则可以影响别人，更何况那些不追求共同利益的人，他们也必定有值得发掘的潜在价值，不需要抛弃他们。但问题是，怎样才能将那些不追求共同利益的人的潜在价值发挥出来呢？这就需要借助管理者和管理。

在老子看来，组织中之所以要设立最高管理岗位和高级管理职位，如"天子""三公"，实际上就是要针对"不善人"进行教育和改变，从而让组织成员都能追求共同利益，以实现组织的可持续发展。试想，如果组织中每个人都会自觉地追求共同利益，都是"善人"，真的还需要管理者和管理吗？或许正因为组织中大量存在并不想追求共同利益的人，才需要针对资源配置建立相应的规则体系，而要建立规则体系，首先要有指导思想，那便是组织之道。只有用组织之道来指导规则制订和资源配置，才能确保不追求共同利益的人在组织之道和规则体系下，至少无法以损害他人利益和组织整体利益的方式来寻求个体利益或小群体利益，这样才可能确保组织的秩序和可持续发展。所以，老子才说，"故立天子，置三公，虽有拱璧以先驷马，不如坐进此道"。

这里的"拱璧以先驷马"，有两重含义：一是"拱璧"和"驷马"代表的都是老子那个时代的稀有、宝贵资源，人们都想在组织中拥有这些宝贵资源，特别是那些"不善人"，就更有积极性去占有这些宝贵资源，因此，必须运用管理的强制手段，来明确组织中资源的配置和使用；二是"拱璧以先驷马"又代表着当时的资源使用优先序，根据当时的礼仪规范，在向别人献礼物时，要先献"拱璧"，后献"驷马"，这种先后顺序也可以理解为一种资源配置和使用的规则，基于此，既可以明确界定组织中资源使用的边界，又可以有效保护共同利益和他人利益不受侵害，从而使那些"不善人"至少不能以损害他人利益和组织整体利益的方式去寻求个体利益或小群体利益。

但是，组织中那些与资源配置相关的规则，其背后的指导思想则是组织之道。如果脱离组织之道去设计和执行规则，反倒有可能被某些个体或小群体所操纵，以至于规则本身及其执行就是不公正的。那些"不善人"在不公正的规则下，反而能大张旗鼓地做损害他人利益和组织整体利益的事。所以，老子最后才深刻地指出，"古之所以贵此道者何？不曰以求得，有罪以免邪？故为天下贵"。也就是说，人们自古以来之所以就如此重视组织之道的基础作用，正是因为恪守组织之道，谋求共同利益，可以让组织实现可持续发展；即便组织中有不追求共同利益的人存在，但基于组织之道的各种规则及各级管理者，也可以确保其不对组织发展造成太大危害；哪怕管理中会出现一些问题，但立足于组织之道和规则体系，也能及时予以纠正。

这里的"有罪以免"，可以从两个层面理解：一是组织中那些不追求共同利益的人，即"不善人"，可能会有危害组织可持续发展的行为，但因为有遵循组织之道的各级管理者，能被及时发现并予以惩罚，避免产生更大危害；二是组织管理犯错误是常态，但遵循组织之道，即便犯了错误，也可以及时纠正。也正因为如此，凡是要实现可持续发展的组织，可以说没有不重视组织之道的。这就是老子说"故为天下贵"的意义所在。由此可见，管理对于组织的存在和发展所具有的重要意义，恰在于遵循和捍卫组织之道，教育和改变组织中的"不善人"。

▌ 管理要义 ////

组织成员不可能都一样，管理者也不可能要求所有组织成员都整齐划一地追求组织的共同利益。但必须注意的是，如果立足于组织而非个体组织成员的视角，那么，一个多数成员都追求共同利益的组织，一定会比一个只有少数成员追求共同利益的组织，更有竞争力和发展前景。在组织内部，或许那些只谋求个体利益的成员会占些便宜，甚至以损害他人和组织利益为代价取得了个体成功，但是，在组织间的竞争中，必定是那些拥有更多追求共同利益甚至愿意暂时牺牲个体利益的成员的组织更有竞争优势。这表明，组织中形成利他的氛围要比形成利己的氛围，对于组织的可持续发展来说重要得多，而左右组织氛围形成的主导力量来自管理者。从这个角度来看，组织选择管理者的一个根本尺度应该是利他奉献。如果组织的各级管理者都是利他奉献者，那么，组织很容易形成利他的氛围，从而让组织层次上的竞争优势更加明显；反之，组织则很容易形成利己的氛围，而充斥着利己损人者的组织，在激烈的竞争环境中，很难实现可持续发展。

《老子》第63章

为无为，事无事，味①无味。大小多少，报怨②以德。图③难于其易，为大于其细。天下难事必作于易，天下大事必作于细，是以圣人终不为大，故能成其大。夫轻诺④必寡信，多易必多难，是以圣人犹难之。故终无难矣。

字词注释

①味：形声字，本义指滋味，即舌头尝到的味道，这里引申为体味、领悟的意思。

②怨：形声字，本义指怨恨，这里是埋怨、抱怨的意思。

③图：会意字，本义指谋画而苦其难，这里是谋取、谋划的意思。

④诺：形声字，本义指答应声，这里是同意、应允的意思。

今文意译

理想化的最高组织管理者能够做到无为，也能够不去干扰具体事务的执行，还能够超越个人的好恶。这样一来，在组织中，对于大小、多少的权衡，都有明确的标准；面对各种抱怨，也有内在的公德准则。要从事艰难的事业，应先从容易处着手谋划；要做伟大的事业，应先从细小的地方做起。组织里凡是艰难的事业，一定是先从容易处开始做；凡是伟大的事业，也一定是先从细小处开始做，这就是理想化的最高组织管理者做的事看上去似乎和伟大搭不上边，却能成就伟大事业的原因。轻率地同意，一定不可信；把事看得太简单，一定多有困难。这就是理想化的最高组织管理者做之前好像把事看得都很困难，但做到最后却似乎从来没有遇到什么困难的原因。

本章阐明最高管理者在做组织管理时必须遵从的基本原则。

老子开章明义，"为无为，事无事，味无味"。这三句话隐藏了一个共同主语，那就是"圣人"，即理想化的最高组织管理者。本章中两次出现"圣人"，实际上整章内容都在说"圣人"是怎样做管理的。

"为无为"，是核心指导原则，也可以理解为组织中最高管理者的岗位职责定位，那便是立足组织之道，明确组织的规则体系，把握组织的发展方向。这些职责看似"虚"，并不直接涉及各项事业，更不关乎具体事务，却是组织赖以存在和发展的根基，所以，理想化的最高组织管理者必须做到"无为"，这也是老子所认为的最高管理者做管理的核心指导原则。

"事无事"，指的是最高管理者既然要立足于"为无为"，就必须扼制住自己想对具体事业乃至事务进行干预的冲动。在组织中，最高管理者必须超脱一些，要放心、放手地让各级管理者和一般组织成员自由从事那些具体事务的执行工作。这样才更有助于实现"专业的人做专业的事"，不仅能将各类具体事务做得更好，也能通过向下授权来调动各级管理者和一般组织成员的积极性。

"味无味"，强调的是最高管理者要超越个人的好恶，不要让个人意志左右管理判断和选择。在组织中，如果最高管理者不能超越个人的好恶，那么，其他管理者和一般组织成员一旦认识到最高管理者的喜好，就会刻意投其所好，这不可避免地会导致围绕最高管理者的个人喜好形成特定的小圈子，培植起"上有所好，下必甚焉"的组织氛围，以至于严重扭曲最高管理者的管理判断和选择。因此，理想化的最高组织管理者一定会超越个人的好恶，去深切体味那平平淡淡的组织之道。

当组织的最高管理者能严格遵从"为无为，事无事，味无味"的管理原则时，组织之道和规则体系才能发挥作用，而体现最高管理者个人意志的管理，也才会让位于体现组织之道的管理。这正是老子心目中理想化的组织管理模式。当规则体系真正成为资源配置的标准时，各种资源和利益的分配自然就超越了管理者特别是最高管理者的个人好恶，不以任何人的意志为转移。这样一来，无论人们暂时得到的是多、是少，是大、是小，都由规则决定，而非个人意志，这就会形成一种公平的组织氛围。这时即便有人对这种分配有不满甚至抱怨，也会在动态发展和调整中慢慢认识到这并不是由哪个管理者决定的，而是有着内在的一定之规，也即比规则更高层次的组织之道作为指导原则，可以对规则下所产生的偏差进行适时动态调整，以实现动态公平。

组织要建立动态公平机制，就必须超越最高管理者的个人意志，以组织之道作为最高层次的原则型标准，以规则体系作为基本的操作型标准。在具体操作型标准下，当人们暂时感到不公平的时候，可以借助更高层次的原则型标准进行调整。在这种双重标准的动态调整下，人们才有可能形成对超越个人意志的组织管理的信任。实际上，动态公平感及相应的组织氛围的形成，一定是组织成员对于组织管理产生信任的必然结果。一旦动态公平感成为组织中带有普遍性的观念共识，就说明组织之道和规则体系已经深入人心了。这充分说明，只有当最高管理者严格遵从"为无为，事无事，味无味"的管理原则，才能在组织中形成"大小多少，报怨以德"的氛围。

"大小多少"的背后，一定隐含着标准，没有统一的衡量标准，就没有关于"大小多少"的判断，而在组织中，用于衡量具体事务、资源运用、利益所得等的"大小多少"的标准，也就是那些具有操作性标准意义的具体规则。相应地，在有了"大小多少"的区分之后，人们便有可能在某个时点、某件具体事务上产生不满甚至抱怨，这时便需要援引更高层次的标准来处理，那就是具有原则性标准意义的组织之道。在老子看来，当组织之道深入人心，并落实在行动上，便是"德"，即组织公德。当然，最高管理者和各级管理者首先要具备组织公德，这样才能做到老子所说的"报怨以德"。只有当组织中有了"大小多少，报怨以德"的动态公平氛围，成员才能无后顾之忧，各司其职，脚踏实地去完成各项事务，并积极参与新事业的探索和创设，而无须整天揣摩各级管理者在想什么、会怎样做、能否公平对待自己等诸如此类同工作本身并不相关的问题。

值得注意的是，老子接下来说的"图难于其易，为大于其细"，都不是指最高管理者个人应如何做事，而是指组织应如何做事。也就是说，最高管理者遵循组织之道，在规则体系下，借助动态公平氛围的建立，如何通过分工协作体系让组织更高效地做事。只有借助专业化分工协作体系，组织的各项事业才能分解为特定的业务和任务，直至非常简单和细小的工作，进而通过明确的工作岗位流程和方法，最终实现"图难于其易，为大于其细"。

为了进一步说明这种分工协作体系的作用，老子又说，"天下难事必作于易，天下大事必作于细，是以圣人终不为大，故能成其大"。意思是说，任何人都不可能仅凭一己之力就做成艰难的事业、伟大的成就，哪怕是"圣人"，能力也是有限的，而真正的"圣人"恰是能清醒地认识到自身局限性的人，因此才需要结成组织，依靠众人的力量，在专业化分工协作的基础上，做成艰难的事业、伟大的成就。对于那些具有挑战性的事业来说，更不能仅靠个人的一厢情愿、豪言壮语，必须通过建立分工协作体系来完成；而且，为完成具有挑战性的事业所建立的分工协作体系，本质上还是一个知识创造的合作机制，若没有相互信任的氛围，只是靠管理者拍胸脯、说大话、画大饼，必定一事无成。

所以，老子最后才深刻地指出，"夫轻诺必寡信，多易必多难，是以圣人犹难之，故终无难矣"。这并不是对理想化的最高组织管理者或"圣人"自己做事的要求。如果只是"圣人"自己做事时"犹难之"，那岂不是与本章开篇所讲的"事无事"相矛盾？老子这里所说的"犹难之"，是指要在组织中形成一种氛围，建立起组织面对挑战性事业的观念共识，尤其是要让各级管理者都充分认识到组织可能面临的各种挑战，这样才能在做事过程中脚踏实地、一步一个脚印地前进。其实，老子最后说"是以圣人犹难之"，与前面说的"图难于其易""天下难事必作于易"并不矛盾，而是要表明，最高管理者必须在战略上重视困难，进而通过组织的分工协作体系有针对性地化解困难，最终才有可能在各类工作岗位的具体任务完成上没有困难。

▌管理要义 ////

组织面对各种挑战是必然的。如果没有困难、挑战和不确定性，也就不需要管理这个重要的组织职能了。正因为组织在发展过程中总是要面对不同类型的困难和挑战，总会遇到各种各样非预期的例外，这才需要管理者和管理。但是，面对困难和挑战，管理者如果没有正确的态度和有效的方法，而只是一味地喊口号、绘蓝图，那是不可能克服困难、迎接挑战的。管理者首先必须清晰地认识到，要成功应对困难和挑战，并非仅凭一己之力就能完成的，而只能靠组织的内外部利益相关者的齐心协力、分工协作。为此，管理者不仅要主动分享信息以建立观念共识，更要借助组织的分工协作体系以充分调动每个人的积极性。面对各种困难和挑战，管理者的正确态度源自于组织的价值观念，而有效的管理方法则在于组织的分工协作体系。完成常规任务离不开分工协作，应对各种非常规的困难和挑战仍不能没有分工协作。只有借助高效的分工协作体系，管理者才能真正做到"图难于其易"。

《老子》第64章

其安①易持，其未兆②易谋，其脆③易泮④，其微易散。为之于未有，治之于未乱。合抱之木，生于毫末；九层之台，起于累土；千里之行，始于足下。为者败之，执者失之。是以圣人无为，故无败；无执，故无失。民之从事，常于几成而败之。慎终如始，则无败事。是以圣人欲不欲，不贵难得之货物。学不学，复⑤众人之所过。以辅万物之自然，而不敢为。

字词注释

①安：会意字，本义是平静、安宁，这里是安定、安稳的意思。

②兆：象形字，本义指占卜时灼烧龟甲的裂纹，这里是预兆、征兆的意思。

③脆：形声字，本义指肉中脆骨，这里是柔弱、软弱的意思。

④泮：形声兼会意字，本义指泮宫，是古代诸侯举行射礼的地方。泮宫有东西两座门，这两座门以南的地方以水围之，以北的地方以墙围之，各占一半，

故得名。泮又指分散。这里有融解、分开的意思。

　　⑤复：这里是反思、补救的意思。

▌ 今文意译 ////

　　组织处于安定局面时，容易维持；事业还没有预兆时，容易谋划；隐患尚在萌芽状态时，容易消除；危机还在细微发端时，容易化解。做管理，就是要在各种问题还没有出现的时候下工夫，在各种混乱还没有显现的地方努力。大树总是从一棵棵幼苗开始长起来的；高台总是从一筐筐泥土开始建起来的；千里长途也是一步步走出来的。只想刻意而为，必然失败；就想得到结果，必定失去。因此理想化的最高组织管理者不去刻意而为，所以不会失败；不只想要结果，所以不会失去。人们做事，往往在快要完成时失败了。如果能像对待开始那样慎重对待结束，就不会把事做砸。这就是为什么理想化的最高组织管理者能追求人们所不愿意追求的，也能不看重人们认为稀有的物化资源；能学习人们所不愿意学习的，也能反思和补救人们所犯的错误。理想化的最高组织管理者就像天地辅助万物自然生长而自己不做干预一样，总是在组织中做着支持和辅助的工作，能见人之所未见、做人之所不做。

▌ 分析解读 ////

　　本章在上章基础上，进一步明确了最高管理者在组织中的功能定位及其与一般组织成员在工作性质上的区别。

　　由于组织本质上是一种观念的存在，而且，组织中各项事业也是首先从观念产生出来的，哪怕是组织内部隐患和外部危机也是从无到有、由小到大地发展起来的，因此，组织的最高管理者必须立足于无法直接凭感官把握的观念，用心体察组织及事业发展的原初状态，真正做到从根源处辅助组织发展，并能防患于未然。这也就是老子给最高管理岗位的功能定位，即"其安易持，其未兆易谋，其脆易泮，其微易散"。这四个方面分别意味着组织本身的秩序维持、组织事业的发展谋划、组织发展的隐患排除、组织面临的危机化解，而这些应该都是最高管理者的职责，至于那些涉及某项事业如何发展的具体问题，则是其他管理者和一般组织成员的职责。

针对这四个方面职责，老子又进一步指出，"为之于未有，治之于未乱"。其中，"为之于未有"，既是从时间尺度上来说的，又是从无中生有地创设新事业的角度上来说的。基于时间尺度来看，最高管理者要有预见性，针对各种可能出现的问题，切实做到有预案、有预防、有备无患；而基于无中生有地创设新事业的角度来看，最高管理者又必须遵循组织之道，对未来发展方向及可能的新事业定位进行谋划，并能充分调动组织成员参与新事业创设的积极性和创造性，只有让新事业不断涌现，组织才能实现可持续发展。

"治之于未乱"，则讲的是空间尺度和各种可能出现的不利因素的转化问题。组织的不同事业既有各自的空间分布，也有自身的生命周期，最高管理者要能针对不同事业的特点，在预见可能出现的问题及由此引发的潜在危机的同时，对不同事业的发展进行适时的动态调整，以期在某项事业还没有走向衰落、尚未引起动荡之前，就有新事业产生出来、接续上去，从而比较平稳地实现事业转型，让组织始终保持秩序井然。

当然，组织若只是寄希望于最高管理者个人，就想达到"为之于未有，治之于未乱"，那是不可能的。最高管理者只有致力于建设一种预防机制，才能让组织达到"为之于未有，治之于未乱"。这种预防机制实际上也就是一种组织层面的信息搜集和加工机制。没有充足的信息，不可能做出有效的管理决策；但没有用以加工信息的正确的价值观念和可靠的知识背景，即便有了信息，也无法进行正确且高效的加工处理。最高管理者要关注信息和知识，更要有价值观念坚守，而不能固执于看得见的物化资源。对此，老子以形象生动的类比做出了说明："合抱之木，生于毫末；九层之台，起于累土；千里之行，始于足下。"

老子的这句话既涉及自然现象，又含有人为实践，无不是从无到有、由小到大一步步形成的，而作为最高管理者，眼睛绝不能只盯住那看得见的结果，即"合抱之木""九层之台""千里之行"，却无视那起始处的"毫末""累土""足下"。试想，如果最高管理者只盯住那些已经有的、谁都能看得见的结果，甚至只想着刻意要这种现成的结果，那恐怕也只能是既羡慕人家已有的成果，又想不劳而获、不择手段地享有这种成果，一旦到手便牢牢抓住不放，最终必然导致冲突，也一定会如老子所言"为者败之，执者失之"。这里的"为者"，专指刻意要现成的结果，与前面所讲的"为之于未有"中的"为之"，含义完全不同；而这里的"执者"，则意味着想要牢牢把握住现成的结果不放手。"为者"和"执者"，一方面违背了物的法则，不可能得到预期的结果；另一方面如果只想着从他人或别的组织那里抢夺现成的结果，也只能卷入恶性竞争，哪怕暂时获胜，最终也要失去，原因是这样做违背了人与人之间的关系准则，也即正义的法则。真正明智的最高管理者在做组织管理时，既要符合物的法则，即天地之道，也要符合人与人之间关系的正义法则，即组织之道。

因此，老子才说，"是以圣人无为，故无败；无执，故无失"。理想化的最高组织管理者既不刻意而为、走捷径去获取现成的结果，也不固执地想抓住某个结果不放，而总能从根源处入手，遵从像天地之道一样的组织之道来处理各种变化，自然就能做到"无败""无失"。当然，理想化的最高组织管理者注重从根源处入手来考虑问题，并不意味着不要结果，而只是要让结果水到渠成，源源不断。为此，理想化的最高组织管理者不仅关注根源，同样也关注最终结果的达成，能够做到善始善终，从而避免了在收官处出问题，导致功亏一篑，导致前功尽弃。这就是老子所讲的"民之从事，常于几成而败之。慎终如始，则无败事"。

但问题是，怎样才能让组织做到"慎终如始"？虽然组织行为与个体行为有相通之处，但毕竟组织还是一个分工协作体系，是用观念和规则将更多人整合在一起的共同体，因此，在组织层次上的"慎终如始"，与个人行为也就有所不同。组织可以通过适当分工，经由各司其职的协作，来达成"慎终如始"。在这里，老子要讲的便是最高管理者和一般组织成员的分工问题。

当老子说"是以圣人欲不欲，不贵难得之货；学不学，复众人之所过"的时候，实际上说的就是最高管理者在组织中要扮演纠偏的角色，以防止组织出现"常于几成而败之"的情况。这意味着，最高管理者必须去追求一般组织成员不愿意追求的。比如，一般组织成员往往只看到物化资源及其在具体任务上的运用，关心的是各种看得见的结果，尤其是考核指标，比较关注利益得失，甚至以此作为判断是否要付出努力的依据；但是，最高管理者却不能如此，而应该关心组织之道和规则体系，努力把握各种变化的可能源头以及发展的可能结局及其影响，这便是老子讲"欲不欲，不贵难得之货"的深意所在。

另外，组织要发展，事业要创设，学习是必须的，而且还要建设学习型组织，但是，在学习内容上，最高管理者也应该与一般组织成员有所不同。最高管理者的学习，不应该仅仅局限在各种专业知识和能力方面，而应该有更加开放和宽广的视角，努力学习目前人们认为可能没有直接作用的、不愿意学习的东西，这样才有助于更深刻地反思过去，展望未来。这就是老子说"学不学，复众人之所过"的意义。这里的"复"，既有反思之意，又含有"恢复""补救"的意思。也就是说，最高管理者只有通过学习一般组织成员不愿意学习的内容，才有可能在组织中起到一种补救的作用，也可以同"欲不欲，不贵难得之货"相结合，从根本上做到"慎终如始"，避免"常于几成而败之"的情况出现。这正体现了最高管理者与一般组织成员在职责定位上的本质区别。

最后，老子用"以辅万物之自然，而不敢为"，精辟地概括了最高管理者在组织中的职责定位。这句话隐含着双重主语：一是天地，二是最高管理者。正是借助这双重主语，老子再次用"天地"来隐喻最高管理者及其所代表的组织。天地与万物的关系很明显，天地从来不干预万物的生长发育，只是承载万物，让万物自然而然地生长；同样，代表组织的最高管理者与各项事业及各部门、团队、成员的关系，也应该是这种承载、辅助的关系，只不过在"辅助"的功能中还有着补台、补救、纠偏的作用罢了。

这或许是因为组织是由人构成，人永远是主体，与客体意义上被动的万物不同：作为主体的人，既然有创造性，能超越于物，不断创造出新事业，当然也就会犯错误；在万物那里无所谓错误、隐患和危机，一切都是自然而然的，但在人和组织的发展中，犯错误则是常态；人和组织也会主动地去消除隐患、应对危机，这才有了防患于未然之说，这也是组织的管理职能尤其是最高管理者的职责中必须包含的内容。即便如此，最高管理者的职责对于人和组织的事业发展来说，仍是辅助的，是保证组织和事业得以可持续发展的支撑平台，而不是干预人、组织和事业发展的力量。因此，组织的最高管理者之于组织成员、组织事业的关系，就像天地之于万物的关系一样，只是一种广义的辅助关系，也正是这种辅助关系，让组织的各项事业得以生机盎然地发展。

▌管理要义 ◢◢◢◢

管理者尤其是最高管理者，在组织中所发挥的作用，与一般组织成员应该是互补的，也应该是异质的，绝不能同质化看待，更不能将管理者看成组织中最优秀成员的代表。同质化看待管理者和组织成员的结果，会让组织趋于同质化，以至于做任何事业，都是由一名最优秀的"专业人员"带领一批差不多优秀的专业人员一起行动。这就相当于一辆车只有油门和动力系统，没有刹车和制动装置一样，那将是非常危险的。其实，管理者尤其是最高管理者，就是要扮演刹车和制动装置的作用，以确保组织这辆车平稳地前进。这也是管理者与组织成员分工协作的要义所在。

当然，管理者起到制动和对冲的作用，并不意味着管理工作总是消极、被动的，只是坐在那等出了问题才去解决，而强调的是，管理者既要善于防患于未然，将各种可能出现的问题消解于未萌之时，又能营造出良好的创新氛围，让组织中各类专业人员将自己和团队的潜能充分发挥出来，不断创造出新思想、新事业和新方向。在这个过程中，管理者并非干预者，也不是抑制者，更不是指手画脚的直接参与者，而应该是辅助者，能够从正面和反面去辅助各种新思想、新事业的创造和创新。所谓反面，是防患于未然，做补台、补救和纠偏的工作；所谓正面，则是鼓动、支持和包容。这两方面相辅相成，构成管理职责的题中应有之义。

《老子》第 65 章

古之善为道者，非以明①民，将以愚②之。民之难治，以其智③多。故以智治国，国之贼；不以智治国，国之福。知此两者，亦稽式④。常知稽式，是谓玄德。玄德深矣，远矣，与物反矣，然后乃至大顺⑤。

字词注释

①明：会意字，本义为照耀，这里引申为使……聪明的意思。

②愚：会意字，本义为愚笨，这里引申为使……纯朴的意思。

③智：这里是才智、谋略的意思。

④稽式：即模式、法则的意思。

⑤顺：会意字，本义指沿着同一方向，这里是和顺、和谐的意思。

今文意译

古代那些善于遵循组织之道的最高管理者，并不是要用组织之道使人们变得更聪明，而是要使人们变得更纯朴。组织之所以难以管理，就是因为最高管理者单纯使用才智和谋略。所以，最高管理者单纯使用才智和谋略来管理组织，那就是组织的祸患；而最高管理者不单纯使用才智和谋略来管理组织，则是组织的福音。理解了组织之道和才智谋略两者的关系，便把握住了组织管理的根本法则。能够理解并遵从这个组织管理的根本法则，才可以说是具有最高意义上的德行。这种最高意义上的德行深邃悠远，与有关物化资源的知识技能不一样。最高管理者只有理解和把握住这种德行与知识技能之间的优先序，组织管理才可能走向最广大且长远的和谐状态。

▌分析解读 ////

本章阐明最高管理者遵循组织之道与运用知识技能的本质区别。

老子开章明义，深刻地指出，"古之善为道者，非以明民，将以愚之"。要理解这句话，关键不在于"明民""愚之"的抽象对比，而在于首先明确老子对于"道"或组织之道的定位。组织之道是组织的价值观念，进而落实在组织的各种具体行动之中，由内而外地决定着人们如何使用专业知识技能，以什么方式追求什么价值，因而，组织之道不等于组织中那些与各项事业相关的知识技能，也不能让人们在完成特定任务时变得有技巧、更聪明。但是，组织之道却能让人们回归内在价值准则，更清楚为什么要这样做及怎样正确地运用自己的聪明才智把事业做得更符合共同利益要求。这正是第20章中老子说"我愚人之心也哉"时，赋予"愚"的深刻内涵。老子意义上的"愚"，早已超越了常见义的"愚笨"，指的是要回归心中的组织之道，因坚守组织之道而具有的一种纯朴气质。从这个意义上说，坚守组织之道与拥有知识技能并不矛盾。实际上，坚守组织之道的人，会更有内部动机去学习知识技能，也会正确地运用知识技能去做正确的事；但是，如果没有组织之道的内在坚守，单纯学习和运用知识技能，却有可能产生预期不到的负面效果。这便是老子接下来要讲的内容。

不过值得特别注意的是，老子在这里及通篇都没有说过，也从未暗示过，只要有了组织之道，一切问题都能解决；更没有讲过组织之道可以代替各类专门知识技能。就像在第48章中，当老子讲"为学日益，为道日损"时，并不是要把"为学"和"为道"对立起来，要"为学"，就不能"为道"，只要"为道"，就可以替代"为学"；而只在于说明"为学"与"为道"的方式不同，并且，由这两种不同方式所达成的"学"与"道"，不仅不相互冲突，还可以互补。在本章中，老子用"古之善为道者"，再次阐明了两者的关系。只不过在第48章中是从学习方法上讲两者的关系，而本章则是从做管理的角度阐明两者的关系。"道"或组织之道，只能让人们因为有了内在价值准则而变得更纯朴，却不能让人们自动具备知识技能。如果想借助组织之道来自动具备知识技能，让自己立刻变得聪明伶俐，则无异于缘木求鱼。所以，老子才说，"非以明民，将以愚之"。这句话丝毫没有否定做管理要"明民"的重要性，只不过"明民"要通过相关专业知识技能的学习，而不能苛求于组织之道。

接下来，老子深刻揭示了最高管理者之所以做不好管理的深层次原因，往往不是因为他们缺乏聪明才干和基于专业知识的谋略或策略性手段，而是缺乏正确运用自己的聪明才干和策略性手段的内在价值准则。当最高管理者的聪明才干和策略性手段脱离了组织之道的内在约束之后，便可能失去准绳，无所顾忌，而上行下效的结果，便是令组织无处不充斥着各种策略性手段的滥用。最高管理者以这样的方式做管理，对组织而言，岂不正是"国之贼"吗？所以，老子才说，"民之难治，以其智多。故以智治国，国之贼；不以智治国，国之福"。

这里必须说明的是，"以其智多"中的"其"，并不是指"民"，而首先指最高管理者，其次隐喻各级管理者。如果最高管理者只是迷信自己的聪明才干和策略性手段的使用，那么，其他各级管理者既要迎合最高管理者，更会效法这种做法，甚至有过之而无不及。当组织中各级管理者都在比较谁更聪明，谁更能领略上级的"聪明"，谁更有手腕，谁更能上下左右玩得转时，这对组织来说到底是祸患还是福音，不是再清楚不过了吗？另外，老子这里讲"不以智治国"，并不是说不要"智"，而只是针对当时各诸侯国的管理者仅热衷于用"智"而言的。老子从不反对"智"，而是反对单纯用"智"，尤其反对脱离开"道"去单纯用"智"。

基于此，便存在做管理的两种模式：一种是"以智治国"，也就是单纯依赖"智"来管理组织；另一种是"不以智治国"，也就是不单纯依赖"智"来管理组织，其隐含的前提是用组织之道来规范并正确地运用"智"来做管理。最高管理者能够认识和理解这两种做管理的模式，并能使用正确的模式、避免错误的模式，也就表明其具备了老子所说的"玄德"，即最高意义上的德行。

需要补充说明的是，老子所讲的"玄德"，是一种组织公德行为，也即把组织之道内化于心、外化于行的具体表现。对于组织的最高管理者来说，这种组织公德行为，主要应体现在做管理的过程中，而最高管理者做管理，关键在于选择正确的管理模式，倒不在于做某些具体事务。最高管理者要选择正确的管理模式，既要正确理解组织之道与知识技能之间的关系，更要避免割裂两者。所以，老子最后才说，"玄德深矣，远矣，与物反矣，然后乃至大顺"。这种最高意义上的德行，虽然与专业知识技能不一样，也不像物化资源那样看得见、摸得着，却影响深远，最高管理者只有实现"玄德"与"物"的相反相成，才能推动组织可持续发展。

▌ 管理要义 ////

做管理，既要有价值观念，又要有知识技能，两者不可偏废，更不能相互替代。但是，在现实中，管理者很容易因眼前急需而顾此失彼。尤其是身处激烈竞争环境的管理者，更倾向于以成败、绩效论英雄，只看重知识技能，忽略乃至无视价值观念。因为管理者也是在这种竞争环境中"打拼"出来的"聪明人"，一群聪明人在一起，关键是看谁更聪明、更有策略。管理者一旦模糊了外部市场竞争与内部组织合作的边界，把组织看成像市场一样的竞争场所，那么，价值观念反而会妨碍无所不用其极的策略选择。这样一来，组织的价值观念便会慢慢退场，最多也只是停留于纸面和口头。相应地，组织也就退化成一种暂时的利益联盟。

《老子》第66章

江海所以能为百谷①王②者，以其善下之，故能为百谷王。是以欲上民，必以言下之；欲先民，必以身后之。是以圣人处上而民不重，处前而民不害，是以天下乐推③而不厌。以其不争，故天下莫能与之争。

字词注释

①谷：会意字，本义指两山之间的夹道或流水道，这里指山间水流。

②王：根据焦竑的注解，"王之为言天下所归往也"[①]，"王"，在这里是归往、归附的意思。

③推：形声字，本义指用手排物，使移动，这里是称赞、称颂、拥戴的意思。

今文意译 ////

大江大海之所以能成为众多河流汇聚的地方，原因就是其地势低下，所以才能成为众多河流汇聚的地方。推而言之，最高管理者要成为组织的共同利益的代表，就必须用规则和政策从根本处保证人们的利益，而最高管理者要引领人们去追求共同利益，就必须将自己的利益置于共同利益之后。所以，理想化的最高组织管理者虽然代表着组织的共同利益，但人们并没有感到有什么负担；虽然在前面引领人们，而人们也并没有感受到什么伤害。这也是整个组织都乐于称颂那代表共同利益的最高管理者，一点也不讨厌他的原因。代表组织的共同利益的最高管理者，从不与组织成员争夺利益，当然整个组织也就没有谁会与这样的最高管理者争夺利益了。

分析解读 ////

本章承接上章，进一步说明具有"玄德"的最高管理者如何才能让组织及其管理"至大顺"。

老子用江海与百谷之间的关系，隐喻组织与每位成员之间的关系。"江海所以能为百谷王者，以其善下之，故能为百谷王。"百川归海是每个人都熟悉

---

① ［明］焦竑撰，黄曙辉点校：《老子翼》，华东师范大学出版社 2011 年版，第 161 页。

的自然现象，之所以会有这种现象，道理也很简单，因为江海的地势更低，水往低处流，处于相对高地势的众多河流，自然要汇流于江海。

由这种常见的自然现象，便可以引申出一个值得深思的管理问题，那就是：人们为什么愿意加入一个组织而不是单独生活？由于组织本质上是一种观念的存在，而要让组织这种抽象的观念得以具象化，并为人们直观地理解，就要由最高管理者来代表。理想化的最高组织管理者是组织之道的化身，也是组织及其共同利益的代表。因此，当老子说"是以欲上民，必以言下之；欲先民，必以身后之"时，这里隐含的主语，既可以是组织，也可以是代表组织及其共同利益的理想化的最高管理者。这句话的意思是，组织要让其成员追求共同利益，就必须用规则和政策先从根本处保证每位成员的个体利益；而组织要引领人们朝着追求共同利益的目标前进，就必须将最高管理者及各级管理者的个人利益放在后面。

具体地说，这里的"欲上民"，意味着要让组织及其共同利益超越于每个成员的个体利益之上，而"必以言下之"中的"言"，并非仅指说话、表达，更强调的是规则和政策法令。在组织中，规则用于配置资源，而规则要有效配置资源，必先解决资源及其利益的界定问题。只有合理界定了组织成员的权益，从根本上保证了组织成员的个体利益，才能解除组织成员的后顾之忧，让他们义无反顾地去追求和创造更广大的共同利益。因此，这里的"以言下之"，则说的是运用规则和政策来保证组织成员的个体利益，从而在下方确立起支撑共同利益创造的平台。

"欲先民，必以身后之"，其中的"先民"，说的是在前面引领组织成员向着共同利益的目标前进。为此，最高管理者及各级管理者就必须"以身后之"。这里的"身"，代表的是最高管理者及各级管理者的个体利益。只有当最高管理者代表组织及其共同利益时，人们才愿意追随前进；否则，若最高管理者只是空喊口号，让组织成员去追求和创造共同利益，自己却将利益据为己有，那么，组织成员也会心知肚明，并不会真心追随，最多不过是做做样子罢了。

如果最高管理者能超越个体利益，成为组织的共同利益的代表，那么，即便组织的共同利益被放在最重要的位置上，组织成员也不会将之视为一种额外负担或重压，原因很简单，组织的共同利益同时就包含着每位成员的个体利益，离开了组织成员的个体利益，也就无所谓共同利益，更不会有最高管理者的个体利益了。所以，没有一位组织成员会觉得组织共同利益是外在于自身而存在的，人们追求和创造组织的共同利益，同时也就是在追求和创造个体利益。

另外，当这种代表组织共同利益的最高管理者在前面引领人们前进的时候，人们也不会感到这可能是骗局或有什么风险，因为人们早已切实感受到组织的共同利益与普通组织成员的个体利益是一致的，追求和创造共同利益也就是在追求和创造个体利益，又怎么能说被利用、被操纵、被损害？也正因为代表组织共同利益的最高管理者与组织成员并不存在根本的利益冲突，更有着内在的价值观念共识，因此，最高管理者才能与组织成员建立起牢固的信任关系，以至于"天下乐推而不厌"。

这里的"天下"，隐喻整个组织。"乐推而不厌"的对象，既可以是组织之道，又可以是组织本身，也可以是组织的共同利益，还可以是代表这些的最高管理者。当然，能让组织、组织之道、组织的共同利益得以形象化地体现出来，一定是理想化的最高组织管理者。所以，当组织成员发自内心地拥戴最高管理者的时候，也就是在拥护组织，更是在认同组织之道及其所内禀的共同利益。这恰恰表明，最高管理者及其所代表的组织、组织之道和组织的共同利益，与组织成员的个体利益是一致的，从不与组织成员争夺利益，还让每位组织成员在组织中能够实现比脱离组织单独存在更大的价值。在这种情况下，组织中当然不会有谁愿意与这样的最高管理者及其所代表的组织、组织之道及组织共同利益相争。这难道不正是百谷之于江海的关系吗？

江海从来不去与百谷争夺水资源，而只有当百谷汇入江海之后，其水资源才不会枯竭。一条单独的小溪流，在连日暴晒之下可能很快就会干涸，而一旦小溪流归入江海，这些水资源就能得到长久保存。从这个意义上说，理想化的最高组织管理者所扮演的恰是共同利益之江海的角色，并不与组织成员的个体利益之溪流相竞争，反而让组织成员的个体利益得到充分保障。这恰是组织之所以能存在和发展的内在逻辑，也是老子说"以其不争，故天下莫能与之争"的深刻之处。

▌ 管理要义 ////

管理者是组织的代表，只不过不同层级的管理者代表组织的程度不一样而已。既然管理者代表组织，那么，管理者与组织成员就不构成竞争关系。即便是在利益分配上，管理者与组织成员也不是竞争关系，而是一起创造共同利益的合作关系。正是管理者与组织成员的合作而非竞争关系，从根本上保证了组织的整体竞争优势。

组织是一种合作创造更大价值的共同体。组织的竞争优势是由内部的合作机制决定的，而这种合作机制的有效性，在很大程度上，则是由管理者与组织成员之间的信任决定的。如果管理者与组织成员之间是竞争关系，而且，管理者又总是不信任组织成员，总想把组织成员变成完成绩效目标、实现个人意志的工具，那结果必然是组织成员也不信任管理者，总在担心管理者要利用自己、伤害自己。这种互不信任会让处于弱势的组织成员时时刻刻想到的是自我保护，既要防范管理者，也要防范其他组织成员。这样不仅管理者与组织成员之间会缺失信任，也会让组织成员彼此之间失去信任。当组织内部的信任荡然无存之后，组织可能也就名存实亡了。

需要注意的是，组织内部的确也有竞争。只要资源稀缺，竞争就是必然的。但是，组织内部竞争与组织间竞争还是有本质区别的。这个区别首先体现在管理者和管理上。在组织间竞争中，独立的组织并不相互隶属，没有哪个组织可以管理另外的组织，也没有超越于独立组织之上的管理者。组织间虽然也可能有暂时的合作，但那只是以竞争为前提的合作，没有一方能够要求另一方必须合作。组织内部竞争则不同，必须以整个组织的合作为前提，而且，参与竞争的各方之上一定会有更高层次的管理者存在。无论是团队中个体之间的竞争，还是部门中团队之间的竞争，或者组织中部门之间的竞争，总有上级管理者扮演更高层次的组织共同利益和共享价值的维系者角色。这恰是组织内部竞争与组织间竞争的本质区别所在。

　　然而，如果组织内的各级管理者没有扮演组织共同利益和共享价值的维系者角色，反而卷入与下属的竞争之中，那么，在组织的各个层次上，管理者都已经不能真正代表组织了，他们不过是为了个体利益或小群体利益在参与竞争而已。更糟糕的是，各级管理者还假借组织之名，利用手中掌握的资源和权力，让自己处于更有利的竞争地位。这会让组织成员失去公平感，增加无助感，从而扭曲内部资源配置，提高组织运行成本，降低资源使用效率。这样的组织当然不会有竞争优势，就连是否还能称其为组织，都值得怀疑。所以，组织的各级管理者必须超越于下属间的竞争之上，更不能利用手中的权力参与内部竞争。

八

《老子》第 67 章

天下皆谓我①道大，似不肖②。夫唯大，故似不肖。若肖，久矣其细③也夫。
我有三宝，持而保之。一曰慈，二曰俭，三曰不敢为天下先。慈，故能勇；俭，
故能广；不敢为天下先，故能成器长。今④舍慈且⑤勇，舍俭且广，舍后且先，
死矣！夫慈，以战则胜，以守则固，天将救之，以慈卫之。

字词注释

①我：本章的两个"我"字，均指"圣人"，即理想化的最高组织管理者。

②肖：形声字，本义指容貌形体相似，这里是相像、相似的意思。

③细：形声字，本义指蚕丝细微，这里指微小，与"大"相对。

④今：这里是假如、如果的意思。

⑤且：王弼本的注释是："且，犹取也。"① 这里是得到、获取的意思。

今文意译

人们都说组织之道过于宏大，好像与有形的物化存在不一样。正因为组织
之道宏大，所以才与有形的物化存在不一样。如果组织之道与有形的物化存在
一样，早就变得微小了。理想化的最高组织管理者始终像宝贝一样坚守三条准

---

① ［魏］王弼著，楼宇烈校释：《王弼集校释》（上），中华书局 1980 年版，第 171 页。

则：第一是慈爱，第二是节俭，第三是不敢在组织中扮演领先者和创造者的角色。慈爱，可以让组织勇往直前；节俭，可以让组织基础雄厚；不敢在组织中扮演领先者和创造者角色，可以让组织持续创新。假如舍弃了慈爱却想让组织勇往直前，舍弃了节俭却想让组织基础雄厚，舍弃了谦下却想让组织持续创新，则必然是死路一条！慈爱，凭借它便能战无不胜，守无不固。上天要帮助谁，就会用慈爱来保卫谁。

▌分析解读 ▰▰▰

本章阐述作为委托人的最高管理者与作为代理人的各级管理者之间的关系。

在任何时候、在任何组织中，都存在两类管理者：一类是作为委托人的最高管理者，往往是组织及其主要物化资源的拥有者；另一类是作为代理人的其他各级管理者或职业管理者。在老子所处的时代，对于诸侯国组织而言，作为委托人的最高管理者便是诸侯国国君，而各级管理者或职业管理者的典型代表，就是诸侯国的大臣们，甚至有些被诸侯国国君聘用的大臣还不一定是本国人。这表明，当时已经初步形成了一个跨越诸侯国边界的职业管理者市场。对于当时的诸侯国国君而言，要聘用职业管理者，让他们能在诸侯国管理中发挥作用，尤其是吸引到真正认同组织之道而又有才能的职业管理者，自己就必须首先身体力行，将组织之道融入与职业管理者的关系处理中，而不能只是期望用物质待遇来吸引所谓管理人才，那样吸引来的恐怕也只能是一批唯利是图者。

所以，老子在本章一开始便说："天下皆谓我道大，似不肖。"这里的"我"，暗指理想化的最高组织管理者。理想化的最高组织管理者总是从组织之道出发来选择职业管理者，这给一般人的感觉是宏大、虚空，与人们通常关注的看得见、摸得着的物质待遇不一样。从另外的角度看，或许当时诸侯国间的职业管理者普遍看重的是物质待遇，而相对忽略对组织之道的认同。可能正是针对这种现实状况，老子才深刻地指出，"夫唯大，故似不肖。若肖，久矣其细也夫"。也就是说，正因为组织之道是宏大、虚空的，才与人们通常所关心的物质待遇不一样；如果真的和物质待遇一样，这样的组织之道也就不再能称其为组织之道，早就变得微不足道了。

但是，尽管组织之道是宏大、虚空的，却可以通过最高管理者本人，具体体现在与职业管理者的互动关系上。为此，老子提出了理想化的最高组织管理者处理与职业管理者关系的三条准则，即"一曰慈，二曰俭，三曰不敢为天下先"。需要说明的是，这三条准则并不等于抽象意义上的组织之道，而是组织之道在最高管理者与职业管理者之间互动关系上的具体表现；离开了两者之间的角色定位及其互动，抽象地谈论这三条准则，也就很难理解其中所蕴含的深刻管理意义。

"慈"，在这里并非仅是指泛化的、对所有人的慈爱，只有将"慈"放在作为委托人的最高管理者与作为代理人的职业管理者之间的关系中去理解，或许才能真正把握住其内在的管理深意。作为委托人的最高管理者，要聘用职业管理者，当然会立足于组织，希望职业管理者能够做到"忠"，即尽己尽责。又有哪位诸侯国国君不希望自己聘用的大臣对诸侯国及管理工作"忠"呢？但是，要想得到大臣或职业管理者的"忠"，必须首先给予他们什么呢？人与人之间的关系都是相互的，要求别人对自己和组织怎样，那么自己和组织也要相应地对待别人才行。与"忠"相对的待人态度和方式，恐怕就是"慈"，正所谓"父慈子孝，君慈臣忠"。如果代表组织的委托人或最高管理者不能给予代理人或职业管理者以"慈"，却又要求代理人或职业管理者对组织有"忠"或能做到尽己尽责，恐怕会过于一厢情愿。更重要的是，即便超越最高管理者与职业管理者之间的互动关系，从组织之道所内禀的最广大的共同利益视角来看，"慈"也是作为整个组织的代表的最高管理者所应该具有的内在素养的外在表现。这对于营造有助于组织可持续发展的良好氛围的作用是基础性的。

"俭"，则意味着最高管理者对源自生物本能的各种欲望的节制和对物化资源的节约。如果将"俭"放在最高管理者与职业管理者的互动关系中去理解，那么其管理意义便愈加鲜明。最高管理者代表整个组织，也是组织的物化资源的拥有者，但是，最高管理者自己并不直接运用物化资源来为组织创造价值，而是要将相关物化资源委托给那些拥有知识技能的职业管理者来使用，这中间不可避免地会出现代理成本问题。也就是说，由于作为代理人的职业管理者并非资源的拥有者，他们在使用物化资源创造价值的时候，很可能不会像资源的拥有者那样尽心尽力。虽然也会有职业规范和职业操守的内在约束，但使用别人的资源总不如使用自己的资源那么直接和自如，毕竟无论从正向还是负向来看，都会有影响。正向来说往往会过于谨慎，因为要对委托人负责所导致的谨小慎微，反而会限制创造和创新；而负向来说，则是用别人的资源总是隔着一层，没有一种切己之感，加之信息和知识的不对称，随意甚至浪费可能在所难免。这些因素的存在，使代理成本问题在组织聘用职业管理者时难以避免，恐怕只能尽量减少，但不可能完全排除。试想，如果组织聘用了职业管理者，而作为委托人的最高管理者却大手大脚，为了满足自己的私欲，随意挥霍资源，那么，外聘的职业管理者又怎么会真心在意组织资源的使用及其成本节约呢？连资源的所有者都不在意自己的资源，他人又怎么会去在意？即便在意，也无济于事。这里的"俭"与第59章所讲的"啬"，当从作为组织的代表和物化资源拥有者的最高管理者的角度去理解时，或许才能真切感受到其中的管理深意。

"不敢为天下先"，同样也只有放在最高管理者与职业管理者之间互动关系中，才能体现出其所具有的深刻内涵。可以先思考这样一个基本问题，即最高管理者为什么要聘用职业管理者？原因很简单，最高管理者自身在知识和能力上有局限性，需要借助拥有知识技能的职业管理者来弥补自身的不足。既然如此，试想，如果最高管理者一方面聘用了职业管理者，另一方面又时时处处要体现自己的意志，显示自己的才能，遇事总想着自己冲在前面，体现自己有思想、有想法、有点子、有本事，让职业管理者变成纯粹的执行者。这样的话，职业管理者的知识技能还会发挥实际作用吗？从这个意义上说，在最高管理者与职业管理者的互动关系中，最高管理者只有真正做到了"不敢为天下先"，才能让职业管理者"敢为天下先"，不断运用自己的知识技能，创造性地使用资源，以实现更大的价值。或许更重要的是，最高管理者"不敢为天下先"，也可以传递出一种信号，让各级管理者在自己的职责范围内，都努力做到适度地"不敢为天下先"，从而鼓励那些拥有更专业的知识技能的专业人员"敢为天下先"，这样才能使整个组织充满活力，真正做到人尽其才、物尽其用。否则，如果只是管理者"敢为天下先"，其他专业人员都成了执行者，组织的持续创造和创新也只能是一种良好的愿望。尤其是当组织中只有最高管理者"敢为天下先"，而其他各级管理者和一般组织成员都成了执行者的时候，这样的组织又怎么可能实现整体组织层次上的"敢为天下先"呢？

为了进一步说明"慈""俭""不敢为天下先"这三条准则的重要性，老子又分别从正反两个方面进行了阐述。从正面看，最高管理者有了"慈"，职业管理者及其所负责的团队、部门和组织才能有"勇"，而"勇"，恰是体现在行动上的"忠"。如果说"忠"是尽己尽责的敬业态度的话，那么，这种敬业态度在具体行动中的表现便是勇往直前、勇于担当。这就是老子所说的"慈，故能勇"。

最高管理者有了"俭"，组织的代理成本才有可能降低，物化资源的利用效率也才有可能提高。这样一来，组织各项事业的发展及规模的不断扩大，才会有更为广泛且坚实的资源保障。所以老子才说"俭，故能广"。

最高管理者做到了"不敢为天下先"，其他各级管理者及专业人员才有可能真正发挥自己的聪明才智，不断实现创造和创新。这便是"不敢为天下先，故能成器长"所要表达的意思。其中，"成器长"，代表的是其他各级管理者和专业岗位的分工协作关系。正如第28章所讲的"朴散则为器"一样，这里讲的"器长"，也在于强调充分发挥各级管理者及专业人员的聪明才智，让他们能够参与到整体组织层次上的"敢为天下先"的活动中来。

从反面看，老子认为，"今舍慈且勇，舍俭且广，舍后且先，死矣"。也就是说，最高管理者若舍弃"慈"，又想要"勇"，舍弃"俭"，却想要"广"，舍弃"后"，竟想要"先"，根本不可能，简直就是死路一条。在这里，尤其值得强调的是"舍后且先"。老子之所以用"后"和"先"相对照，意思很明确，只有最高管理者在组织中甘居于"后"，各级管理者和其他专业人员才可能努力让组织领"先"；反之，如果最高管理者在组织中不甘居于"后"，却又想让组织领"先"，那是不可能的。毕竟组织仅靠最高管理者一个人的头脑去思考和创造，是无法发展壮大，拥有竞争优势，进而去领"先"的。由此可见，老子在本章中强调最高管理者"不敢为天下先"，是为了充分调动其他各级管理者和一般组织成员的潜能和积极性，从而让整体组织层次上"敢为天下先"。也就是说，只有最高管理者居"后"，组织才能领"先"。

最后，老子对这三条准则进行了总结，并在当时激烈竞争的环境中着重强调了"慈"的首要性。在这三条准则中，"慈"关乎做管理的内在价值准则。对于最高管理者来说，恪守组织之道，便是要追求更广大的共同利益，其具体表现便是"慈"；而对于职业管理者来说，恪守组织之道，便是要在日常管理工作中做到尽己尽责，这也就是"忠"。从这个意义上说，"慈"和"忠"分别是两类管理者必须坚守的内在价值准则，而两者又是相互贯通、相辅相成的。只有当最高管理者恪守了"慈"，其他各级管理者或职业管理者才有可能坚守"忠"，从而让组织能够上下齐心，团结一致；更重要的是，"慈"和"忠"的贯通互补，也在相当程度上确保了上下共"俭"及整体组织层次上的"敢为天下先"，实现组织的可持续发展。可以说，最高管理者的"慈"，不仅是三条准则的基础，也是组织得以可持续发展的管理保证。

所以，老子才明确指出，"夫慈，以战则胜，以守则固，天将救之，以慈卫之"。这句话包括两层含义：一是在激烈竞争的环境中，信任是组织团结的前提，而团结才会有力量。信任的具体表现则是上下齐心。组织要做到上下齐心，关键在于"上"，尤其是最高管理者能否做到"慈"，即能否认同和践行组织之道。这才是组织在激烈竞争环境中赢得竞争优势的关键所在。老子之所以说"夫慈，以战则胜，以守则固"，原因正在于此。

二是任何组织都无法脱离环境而存在，但是，再好的环境条件也只是组织发展的外因，外因总是要通过内因才能起作用。无论环境条件多么有利，组织发展最终还是要看组织内部的"人和"，而"人和"的关键则在于"下"对"上"的信任。最高管理者的"慈"，才是组织中"上"获得"下"信任的关键所在。有了强大的基于信任的凝聚力，组织才能充分利用外部环境的各种有利条件。

所以，老子才说"天将救之，以慈卫之"。也就是说，上天所代表的有利环境条件，也只是青睐那些能做到"慈"的最高管理者及其组织。

█ 管理要义 ▰▰▰

在组织管理中，只要授权，便会产生代理成本，也即由于别人使用资源和权力可能不像自己使用同样的资源和权力那么尽心尽力所产生的额外成本。之所以要授权，很重要的原因是专业的事要交给专业的人去做，借助专业化分工与协作，组织才会产生更高的收益。有收益就必然会有成本，而代理成本便是在授权中产生的一种重要的管理成本。如果在授权的同时不能有效控制代理成本，很可能会严重侵蚀授权的收益，甚至让授权反而不如不授权有效。因此，不能简单地说授权有效还是无效。对于授权与否的选择，除了考察授权所涉及的具体任务的性质外，还需要重点研判代理成本问题。

关于降低授权中的代理成本，以往人们更多的是从合同设计和竞争替代的角度来考虑，而这种分析代理成本的角度又是站在委托人或授权者的立场上的。也就是说，从授权者的角度来看，如何设计一个责权利明晰的授权合同，让授权者和被授权者的利益及其预期尽量兼容；另外，还要尽量让被授权者具有可替代性，这样授权者就不必锁定特定的被授权者，也就是说，当被授权者处在一个可替代的竞争环境中，就更有动力去维护自己的市场声誉，从而收敛自己的机会主义行为。但是，不管是合同设计还是竞争替代，都只是假定授权者和被授权者均在理性地追求各自物质利益的最大化，而相对忽视双方所具有的价值观念在降低代理成本上可能具有的重要作用。

严格来说，人并非纯粹意义上的理性人或工具人，也不可能只满足各自的功利需要，人总是会追求一种超越于物质利益之上的意义，以体现人之为人的独特价值。只不过，不同人所坚守的价值观念可能会有所不同。因此，授权不应该只是考虑"人职匹配"问题，还应该同步考虑人与人之间的价值观念匹配问题，尤其是当涉及组织中高层次的管理授权时，人与人之间的价值观念的匹配，恐怕比单纯的"人职匹配"更重要。或者说，只要是涉及那些责权利边界不太明晰、自由裁量空间很大的岗位授权时，都不能只着眼于"人职匹配"，而必须同步考虑人与人之间的价值观念的匹配。这恰是从根本处入手解决代理成本问题的关键所在。毕竟对于那些自由裁量空间很大的岗位，要设计出周详的岗位合同条款是不可能的，而且越是没有明晰的责权利边界的岗位，也就越难以找到直接且明确的竞争替代者。所以，对诸如此类的岗位的授权，通过寻求志同道合者来降低代理成本就变得尤为重要了。

《老子》第 68 章

善为士①者不武，善战者不怒②，善胜敌者不与③，善用人者为之下。是谓不争之德，是谓用人之力，是谓配天古之极。

字词注释

①士：这里指一般管理者，也即职业管理者的统称。

②怒：形声字，本义指气愤、生气，这里是振作、奋发的意思。

③与：这里是面对面竞争的意思。

▌今文意译 ////

善于做管理的人，不崇尚硬实力；善于竞争的人，不依赖调动气氛；善于竞争取胜的人，不去面对面争斗；善于借用他人力量的人，都很谦卑。这就是不争的德行，这样才能够充分发挥他人的能力，这也是自古以来都认同的做管理的极致状态。

▌分析解读 ////

本章在上一章基础上，进一步阐明"慈"在管理者行为上的具体表现。

最高管理者固然要恪守"慈"的准则，这样才能处理好与各级管理者或职业管理者的关系。其实，组织中各级管理者又何尝不要恪守"慈"的准则？严格来说，各级管理者都要处理好与下属的关系，尤其是带领下属参与外部竞争时。在老子所处的时代，对诸侯国组织而言，外部竞争经常是你死我活的生死之战。这种竞争环境对于管理者与下属团结一心的要求会更高，因此，如果各级管理者不能恪守"慈"的准则，那么，上下互动中的信任便难以建立，而组织的凝聚力和竞争力也就无从谈起了。从另外的角度来看，"慈"也应该是最高管理者选择各级管理者或职业管理者的一个非常重要的考量标准。但问题是，怎样才能判断一名管理者是否具备"慈"的特质呢？老子建议要从四个方面进行判断，即"善为士者不武，善战者不怒，善胜敌者不与，善用人者为之下"。

做管理，当然不能没有硬实力，尤其是在激烈竞争的环境中，硬实力往往是竞争取胜的直接保障。但是，对于管理者而言，有硬实力是一回事，如何运用硬实力又是另一回事。硬实力的恰当运用，取决于管理者内在的价值观念及其赋予硬实力以什么样的意义。一名真正恪守"慈"的准则的管理者，不是不要硬实力，也不是不能发展起强大的硬实力，而是不崇尚硬实力，也不热衷于使用硬实力，更不动辄就炫耀硬实力。这便是老子说"善为士者不武"的含义所在。其中，"士"，泛指一般管理者，这里主要指外聘的职业管理者；"武"，则是以武力为典型代表的硬实力。

如果万不得已，不得不参与竞争，特别是不得不卷入诸侯国间的战争时，那些真正恪守"慈"的准则的管理者，绝不会盲目地将组织成员推上生死未卜的战场，更不会借所谓鼓动士气、煽动情绪，让组织成员自发地往火坑里跳。爱惜组织成员的生命，甚至也珍惜对手的生命，尽量避免双方无谓的牺牲，这才是检验管理者是否恪守"慈"的准则的试金石。所以，老子才说"善战者不怒，善胜敌者不与"。这里的"善战者""善胜敌者"，其实是对"善为士者"的不同表达方式，都可以理解为真正恪守"慈"的准则、善于做管理的人；这里的"不怒"，并不只是说管理者本人不发怒，也即不诉诸情绪、意气用事，主要指的是管理者不去刻意调动组织成员的情绪，不让组织成员去做无谓的牺牲。因此，管理者"不怒"的结果，便是尽量"不与"，也即不直接面对面与对手争斗。

需要说明的是，"不与"或不直接面对面争斗，并不等于不敢斗争、不善于斗争，而是要以最小的代价取得斗争的胜利。为此，管理者要善于使用迂回的方式，尽量借用对方或第三方、第四方的力量，借力化力。这就需要管理者学会运用各种策略组合，以化解冲突、实现和平、均衡发展，也即老子所说的"善用人者为之下"。

这里的"善用人者"，也是指"善为士者"而言，其隐含的意思是，哪怕拥有强大的硬实力，哪怕不得不面对激烈的竞争甚至卷入战争之中，都不能简单地直接诉诸以武力为代表的硬实力，而应该尽量借他人的力量以实现和平处理争端。没有人不珍惜生命，这是所有组织及其管理者都具有的基本共识。基于这个基本共识，即便是冲突的双方，也总能找到对话的立足点，特别是当引入第三方或第四方之后，扩大共识、达成和解的可能性就会大大增加，所以，既拥有硬实力、又恪守"慈"的准则的管理者，在面对竞争对手和各方参与者时，必定能做到谦卑和尊重。这正是"善用人者为之下"的意义所在。

老子说的这四个方面是内在地联系在一起的。从不崇尚硬实力开始，一直到借助各方的力量来实现竞争中的合作共赢，都需要管理者恪守"慈"的准则。需要特别注意的是，人们习惯于认为"慈不掌兵"，意思是，管理者如果恪守"慈"的准则，就无法参与像战争这样的激烈竞争活动，而打仗就不能有"慈"。但是，"慈不掌兵"的"慈"，只不过是见不得流血的感官感受意义上的"慈"，恐怕只能让人逃避竞争乃至战争，结果是越想回避，就越逃无可逃，还是免不了流血的结局。因此，这种"慈"，充其量也只能称为"小慈"，而老子所讲的"慈"，乃是"大慈"，也即超越了眼前的感官感受意义上的"慈"，立足于更长远和广大的共同利益包括生命价值之上的"慈"。这种"大慈"并非要逃避战争，而是要转化战争，将面对面的直接流血厮杀尽量转化为其他可以用和平方式解决争端的途径；如果不得不卷入战争，也丝毫不惧怕，但仍致力于以最小代价解决问题，谋求更长远和广大的共同利益。老子意义上的"大慈"，才是管理的大智慧。所以，老子最后总结道，"是谓不争之德，是谓用人之力，是谓配天古之极"。

这意味着，"慈"在管理行为上的集中表现，可以概括为"不争"的德行，这也是老子反复强调的组织公德的首要内涵。管理者要达到"不争"的德行境界，关键在于"用人之力"，也就是要广泛借助他人的力量，形成合作共赢的同盟，为此就必须努力争取让更多的人都认识到"慈"的重要意义；当越来越多的人、越来越多的组织都认识到尊重生命、追求更长远和广大的共同利益的重要性时，那些不必要的激烈纷争尤其是战争自然就会减少了。

更进一步，做管理，本质上就是在"用人之力"。如果不"用人之力"，也就不是在做管理。但是，做管理中的"用人之力"，必须建立在"慈"这个基本准则之上，这样才能做到"用人之力"而不损害他人的利益，尤其是不以他人为工具、不以他人的生命为代价，去实现管理者的个人目标。这才是做管理的根本出发点。如果管理者真正具备了"不争之德"，做到了"用人之力"，那也就意味着，管理者及其组织与环境尤其是社会环境融为一体，能够充分调动环境中的各种资源和力量，以创造更长远和广大的共同利益。这才能让组织之道像天地之道一样发挥作用，用老子的话说是"配天"。这是自古以来做管理的极致状态，也是每位管理者都致力于追求的理想境界，即"古之极"。

▍管理要义 ////

做管理，的确不得不面对外部竞争，甚至外部竞争有时还会非常残酷。即便如此，管理者也不能为了竞争而竞争，一切工作都围绕着竞争取胜展开，乃至在组织内部形成所谓"成王败寇"的管理氛围。果真如此，不仅外部竞争会愈演愈烈，走向恶性循环，也会让原本是以合作为主基调的组织内部氛围，走向由竞争占主导的局面。这将会一步一步地瓦解组织内部信任，让组织由合作的共同体退化为竞争的丛林。所以，管理者即便要面对外部竞争，也必须建立起超越竞争、寻求广泛合作的信念，而这个信念得以建立的前提，则是管理本质上是一项合作的事业，也是为了实现合作而诞生的组织功能。离开了合作，便不需要管理。这并不是要管理者惧怕竞争，逃避竞争，而是要管理者正视竞争，超越竞争。管理者即使拥有竞争优势，也不应该热衷于竞争，而是要以竞争优势去超越竞争，寻求更高层次上更广泛且有前景的合作。

《老子》第 69 章

用兵有言，吾不敢为主而为客，不敢进寸而退尺。是谓行①无行，攘②无臂，扔③无敌，执无兵④。祸莫大于轻敌，轻敌几丧吾宝。故抗兵相若⑤，哀⑥者胜矣。

字词注释

①行：这里是行列的意思，可以引申为阵列。

②攘：这里是撩起、挽起的意思。

③扔：苏辙对"扔无敌"的解释是"无敌可因"，将"扔"解释为"因"，也即面对的意思①。这里采用苏辙的解释，指面对、面临的意思。

④兵：这里是兵器、武器的意思。

⑤若：王弼本该处用的是"加"字②，但傅奕本、帛书甲乙本此处用的都是"若"字③，而王弼本的注释为"当也"，根据楼宇烈的校释，"加"字无"当"义，当作"若"④。据此，将此处的"加"字改为"若"字。

⑥哀：这里是怜悯、同情的意思，可以引申为心怀慈悲。

---

① ［宋］苏辙撰，黄曙辉点校：《道德真经注》，华东师范大学出版社 2010 年版，第 81 页。
② ［魏］王弼著，楼宇烈校释：《王弼集校释》（上），中华书局 1980 年版，第 174 页。
③ ［唐］傅奕：《道德经古本篇》，载［明］张宇初等编：《道藏》（第十一册），文物出版社、上海书店、天津古籍出版社 1988 年版，第 488 页；高明：《帛书老子校注》（上），中华书局 2020 年版，第 243 页。
④ ［魏］王弼著，楼宇烈校释：《王弼集校释》（上），中华书局 1980 年版，第 174—175 页。

有一句关于用兵作战的话，说的是：我不敢主动进攻而宁愿被动防守，不敢前进一寸而宁可后退一尺。这说的就是大军行进时，好像没有阵形可言；鼓舞士气时，好像不能提振军心；尽管面对敌人，面前却好像没有对手；尽管手中有武器，却又好像没有武器。最大的祸患是轻视对手，轻视对手便差不多就要丧失那像宝贝一样的三条准则了。所以，当双方对抗、实力相当时，能恪守慈爱准则、有同情心的一方将获胜。

分析解读 ////

在上一章的基础上，本章进一步以兵家为例，说明最高管理者恪守"慈"的准则、具备"不争"之德的重要性。

老子首先引用兵家格言"吾不敢为主而为客，不敢进寸而退尺"。这句话的核心要义是绝不主动挑起战争，而隐含的前提则是，战争不管胜败，都要伤人性命，这就从根本上违背了"慈"的准则。一位笃守"慈"这个准则的最高管理者，绝不会首先发动战争，即便万不得已不得不应战，也必定以少伤人、不杀人为主旨，努力用战争去平息战争，而绝不热衷于战争。所以，这里的"主"，代表的是战争的发动者，即主动挑起战争的人和组织，可以视为战争的"主人"；而"客"，则代表那些被动的、不得不卷入战争的人和组织。明确了战争中的"主""客"之分，自然也就清楚为什么"不敢进寸而退尺"了。这表明了那些被动卷入战争的人和组织对战争的态度，也传递出一种重要的信号，即他们不想通过战争手段去占有他人的资源，只是不得已而迎战罢了。而且，即便是在被动迎战的过程中，也还在不断表明自己的退守态度。当然，这绝不意味着退守的一方就软弱，就惧怕对方，而只是表明不想卷入战争的态度，同时也是在大踏步退守中，找到更大的迂回空间和更有利的定位，从而在万不得已要还击时，能以最小的代价一举达到平息战争的目的。

基于此，老子深刻阐明了一种超越战争和敌对状态，以实现在更高层次上合作的可能途径。老子说，"是谓行无行，攘无臂，扔无敌，执无兵"。这实际上是在解释为什么"吾不敢为主而为客，不敢进寸而退尺"。如果一个组织的最高管理者既不热衷于战争，又能超越战争，同时还拥有硬实力，不惧怕战争，那么，这个组织的战略定力就应该是"行无行"，即虽有强大的军队，却又好像没有一样；"攘无臂"，即虽有勇武的士兵，却又好像没有一样；"扔无敌"，即虽在面对敌人，却又好像没有敌人一样；"执无兵"，即虽手中有坚革利兵，却又好像没有一样。所以，这样的组织才会超越武力所代表的硬实力，更超越那种要炫耀硬实力的冲动，从不主动挑起冲突和战争，也即"吾不敢为主而为客，不敢进寸而退尺"。这种谨慎的态度绝不是胆小怕事，更不是软弱，而是一种拥有硬实力者对硬实力的超越。这里必须注意的边界或限度则是，超越硬实力和战争，却不等于轻敌，也就是说"扔无敌""执无兵"绝不意味着轻敌，而是一种对战争的超越心态和战略定力。如果将此误解为不将对手放在眼里，那便大错特错了。

正是为了防止产生这种误解，老子最后才说，"祸莫大于轻敌，轻敌几丧吾宝。故抗兵相若，哀者胜矣"。一旦轻视对手，在激烈残酷的竞争中便难以生存，第 67 章所讲的"三宝"也就无从体现了。连组织都不复存在，又如何能让"慈""俭""不敢为天下先"付诸实施？老子进一步明确指出，如果真到了两军对阵又势均力敌的时候，那么，能始终笃守"慈"的准则、拥有"不争"之德的一方定能获胜。原因就在于，笃守"慈"的准则的最高管理者及其组织不仅会有更强的凝聚力，也会赢得更广泛的外部支持，形成更强大的战略同盟，毕竟很少有哪个组织愿意与那些热衷于杀伐的最高管理者及其组织联合起来，那样早晚会被对方吞并。所以，当老子说"抗兵相若，哀者胜矣"的时候，实际上是在强调"慈"对于组织和管理来说的重要性。哪怕是在惨烈如战争般的竞争场合，怜悯和同情都是首要的，这恰是天地之道滋养生命而不是毁灭生命对于组织之道的启示。老子一直用天地之道隐喻组织之道，也不断暗示组织之道同构于天地之道。既然天地之道的核心特征在于滋养万物、辅助万物成长，那么，组织之道又怎么会支持管理者和组织去残害生灵？这恐怕正是老子反复强调"慈""不争""无为"的要义所在。

俗话说，商场如战场。但是，即便是在战场上，也不能以毁灭生命为目的。战争这种极端的竞争形式，只不过是为了达到更高层次合作的手段，因此，懂得竞争真谛的管理者绝不会为了竞争而去竞争。管理者不应该热衷于竞争，而应该致力于寻求和创造更为广泛、深入合作的可能性。

商场之中最重要的活动是"做生意"，也即创造生机和意义。因此，商场绝不是在毁灭生命，而是在为各方带来共创生命意义的可能性。从这个角度来看，管理者必须立足于观念去创造意义，而物化资源不过是实现意义创造的手段而已，而且，这种手段也正因为有了意义，才会成为进一步扩大合作的基础；否则，如果只是从物化资源的稀缺性角度来看，组织和组织之间除了竞争，好像没有合作的可能性，就如同自然界中动物群体之间面对稀缺的物质资源只能是恶性竞争一样。人的组织之所以能超越动物群体，关键就在于面向未来的意义创造及基于意义的更高层次上合作的可能性。

《老子》第 70 章

吾言甚易知，甚易行，天下莫能知，莫能行。言有宗①，事有君②。夫唯无知，是以不我知。知我者希③，则④我者贵，是以圣人被褐⑤怀玉。

字词注释

①宗：会意字，表示设有祖先神位的房子，这里是宗旨、主旨的意思。

②君：这里是本源、根本的意思。

③希：这里是少、罕见的意思。

④则：这里是效法、学习的意思。

⑤被褐："被"，通"披"，穿着的意思；"褐"，用粗麻、兽毛等经简单加工

而织成的衣服。"被褐"，即穿着粗布衣服。

我的话非常容易理解，也很容易施行，但人们却并没有理解，也没有施行。说话要有宗旨，做事也要有根据。正因为人们理解不了这一点，所以就理解不了我。理解我的人很少，而那些能效法我的人便更显得珍贵了。这就是为什么理想化的最高组织管理者总是好像身穿粗布衣服的普通人，却又怀揣着美玉般的真知灼见的原因。

本章又用理想与现实之间的关系，来阐述"慈"的准则无所不在。

无论是组织之道还是最高管理者做管理的理想状态，都不是存在于冥冥之中的。老子即便经常用天地之道作隐喻，也丝毫没有暗示组织之道有什么脱离具体组织和人的神秘性，更没有说那些认同和践行组织之道的理想化的最高组织管理者都是不食人间烟火的"圣人"。老子用天地之道比喻组织之道，用"圣人"指代那些认同和践行组织之道的理想化的最高组织管理者，目的不过都在于说明，像天地之道无不蕴含于万物之中一样，组织之道就存在于人们日常从事各种组织事业的具体行为中。其实，理想化的最高组织管理者及其所"持而保之"的"三宝"，也无不存在于现实中每位最高管理者面对各级管理者和一般组织成员的管理实践中，关键在于人们是否认同和践行。更具体地说，"慈""俭""不敢为天下先"这"三宝"，真的就那么不好理解、不好施行吗？恐怕未必。

所以，当老子说"吾言甚易知，甚易行，天下莫能知，莫能行"时，其中的"吾言"，指的就是关于组织之道及理想化的最高组织管理者做管理的理想境界的刻画。在《老子》全篇中，当使用第一人称"我"或"吾"时，并非实指老子本人，而都是在指代老子努力刻画的那种做管理的理想状态。在老子看来，只有明确了这种用以观照现实，同时又融入现实之中的理想状态，最高管理者才能有一个可行的立足点及参照系，让管理实践和组织各项事业发展有章可循，并得到不断完善。但遗憾的是，这种原本就扎根于现实，像天地万物一样清楚明白、"易知""易行"的理想状态，人们却既"莫能知"，也"莫能行"。这到底是为什么呢？

老子认为，其根本原因便在于，人们没有真正理解"言有宗，事有君"的深刻内涵，以为用语言表达的理想状态只是语言本身，不过是说说而已，无须切合实际；而在现实中做事，又只是就事论事，从不关心"事在人为"背后的指导思想和合理性依据。这种将"言"与"事"割裂开来的习惯做法，自然就会导致把理想与现实割裂开来，最终的结果就是，人们既理解不了"言"，也无法将"言"与"事"融为一体，当然也就不可能"行"了。所以，老子才感叹道，"夫唯无知，是以不我知"。这里的"无知"，专指对"言有宗，事有君"的理解而言。

严格来说，语言是要表达思想的，任何系统化组织起来的语言，都必然有其内在的核心指导思想，即宗旨。如果不理解语言所要表达的宗旨，只是当作一番话说，只想在纯粹语词层面去理解，当然就会不得要领。当老子讲天地之道及其与万物的关系时，看似在谈天说地，好像在妄议那冥冥之中的宇宙之道，但实际上，老子是在用类比的表达方式，启发人们思考作为人的共同体的组织赖以存在和发展的内在根据到底是什么，更是要告诫组织的最高管理者，必须清醒认识到自己在组织中的角色定位。如果那些听老子这番宏论的人不能理解老子讲这番话的宗旨，反而去抽象地思考宇宙之道，想借老子的话去参透宇宙万物的奥秘，这恐怕实在是要强"老子"所难了。若真如此，岂不恰是让老子说的话变得"甚难知"吗？难怪老子要感叹"天下莫能知"。

另外，事总是由人做的，而做事的人要想以正确的方法做正确的事，就必须有一以贯之的做事根据。这个根据不应该仅来自事本身，还应该来自做事的人所拥有的终极目标和价值准则。正是来自事本身的特性及相应的法则，决定了做事的正确方法，这可以称为事本身的根据或"事实根据"；但事实根据还不足以决定事情本身正确与否，以及做这件事是否有价值，要判断一件事的价值，不是由事情本身决定的，而是由做事的人所确定的终极目标及价值准则决定的，这便构成了事正确与否的"价值根据"。人们之所以总是说，做正确的事要比正确地做事更重要，关键就在于事的正确与否超越了事本身，而关乎人和组织的终极目标及价值准则。这恰是管理者尤其是最高管理者必须首先关注的问题。管理工作之所以区别于其他业务工作，关键就在于必须确保做正确的事。这也就是老子所说的"事有君"的"君"字的深刻含义所在。

确保所做之事正确与否的价值准则，也即做事的指导思想，又和"言有宗"的"宗"密切联系在了一起。如果一名管理者无法做到"言有宗"，又如何能确保"事有君"呢？当然，如果管理者只是做到了"言有宗"，却不能将之贯彻到做事中去，也是无法做到"事有君"的。因此，管理者能做到"事有君"，基本上可以推断已经达到了"言有宗"。但遗憾的是，现实中管理者要么既做不到"言有宗"，也做不到"事有君"；要么好像做到了"言有宗"，却无法做到"事有君"，这其实还是没有真正理解"言有宗"，更遑论付诸实践了。

或许正是因为现实中大多数管理者理解不了老子所刻画的理想状态及其现实意义，那些真正理解并能付诸实践的最高管理者才越发显得弥足珍贵。这就像包裹在顽石中的美玉一样，外观看不出有什么特别，但本质上却与顽石完全不同。所以，老子最后才强调指出，"知我者希，则我者贵，是以圣人被褐怀玉"。这里的"我"，指的就是组织与管理的理想状态，这里的"圣人"，则指的是真正理解了这种理想状态并努力践行的最高管理者。

表面上看，理想化的最高组织管理者与其他人没有什么分别，因为理想状态并非物化的存在，而是无形的组织之道及内心的认同和承诺，很难直观地看见，也只有在持续的管理实践和组织行为之中才能慢慢体现出来。或许也只有那些真正认同这种理想状态并努力践行的人，才能相互认识和理解，这恰表明了志同道合者之间才有的那份欣赏和尊重。

在理想状态下，无论是理想化的组织，还是理想化的最高组织管理者，都只能是一种观念的存在，不过是组织之道的具体表现而已。这种观念只存在于心中，很难单纯借助外在形式直观地感受。正像第 47 章所说的那样，"不窥牖，见天道"，如果能从物化的存在直接观察到天地之道，那恐怕也就不再是真正意义上的天地之道了。虽然"道生万物"，而万物也依赖天地之道生长繁衍，但绝不能直观地将万物等同于天地之道。同样，组织之道也不能从组织中的人和事上直接观察到，却能在人的做事行为中慢慢体会到，而之所以能体会到，也是因为能体会到的人心中已经有了这样的理想状态或参照系。

从这个意义上说，"圣人被褐怀玉"之所以还是能够被少数人认知到，恰是因为总有人能够真正理解老子所刻画的关于组织和管理的理想状态，并以此为参照系，去观察和衡量现实中最高管理者的各种管理行为，从而既能分辨出那些认同和践行组织之道的最高管理者，也能在自己的管理实践中身体力行。这或许正是老子说"知我者希，则我者贵"的含义所在。

管理要义 ////

做管理，不可能脱离特定业务。离开了特定业务，管理也就无法实现资源整合的功能。但是，不能因此将管理简单地等同于业务。换句话说，在做业务中表现优异的人，不一定能做好管理。管理之于业务，不仅是让业务做得更有效率，还要让业务做得符合组织发展的需要。这意味着，做业务不仅要有正确的方法以确保效率，更要有价值准则以确保合法性。合法性并不单指符合法律，还包括符合组织的终极目标或宗旨要求。

确保效率的问题，属于做业务中的专业问题，可以通过业务人员的专业知识和能力来解决。而确保合法性的问题，则属于真正意义上的管理问题，需要在业务领域之外予以解决。这说明，哪怕是负责某个特定业务的管理者，也必须立足于组织本身来解决那些涉及业务合法性的问题。组织不等于特定业务，特定业务的发展也不等于组织的发展。管理是组织的功能，而不仅是特定业务的功能。管理者只有立足于组织，从组织的目标和价值出发，来思考特定业务的合法性问题，才能为特定业务的发展确立起正确的合法性标准，以做出正确与否的管理决策判断。

因此，所谓正确地做事，总是在特定业务层次上展开的，因为业务无不是由具体事务或任务组成的；而所谓做正确的事，则是在组织层次上展开的，因为只有组织的目标和价值才是判断所做之事正确与否的标准。

《老子》第71章

知不知^①，上；不知知，病。夫唯病病^②，是以不病。圣人不病，以其病病，是以不病。

字词注释

①知不知：第一个"知"，是认识、理解的意思；第二个"知"，是知识、见解的意思。"知不知"，即认识到自己的无知。

②病病：第一个"病"，是动词，以……为病的意思；第二个"病"是名词，缺点、毛病的意思。"病病"，即认识到自己的问题所在。

今文意译 ////

能认识到自己的无知，是值得推崇的；无知却还认识不到，便有问题。正因为能认识到自己的问题所在，因此就没有问题。理想化的最高组织管理者之所以没有问题，就是因为能认识到自己的问题所在，及时纠正，所以才没有问题。

分析解读 ////

本章在上一章的基础上，进一步强调指出，最高管理者只有遵循组织之道，才能认清自己及组织的局限性。

当老子说"知不知，上；不知知，病。夫唯病病，是以不病"的时候，既是就一般人的认识状况而言，又是专指管理者尤其是最高管理者所应有的自我认知。也就是说，这句话的主语，既可以理解为一般人，也可以理解为专指最高管理者。对任何人来说，能够做到"知不知"，即认识到自己的无知或知道自己知识的局限性，都是值得推崇的，而那些"不知知"，即明显是无知却又不自知的人，则显然是有问题的；更进一步，只有能清醒地认识到问题所在的人，才会有针对性地解决问题，最终变得没有问题。其实，一个人不管从事什么工作，哪怕是日常生活中，都离不开"知不知"，切不可"不知知"而又不能做到"病病"。这也体现出做人和做事的智慧。

之所以说老子这句话又是针对管理者尤其是最高管理者，原因在于，组织中普遍存在的情况是，下属不会直言上司的不足或局限性，甚至还会加倍恭维上司的长处或优势，在这样的氛围下，随着职位的升高，管理者会在不知不觉间认为自己的知识和能力也随之同步提升了，不仅会忘记自己的不足，甚至压根儿就不知道自己还有不足，自以为职位更高就意味着知识和能力水平更高、胸襟更开阔、眼界更宏大。如此感觉良好的管理者尤其是最高管理者，哪里还能做到"知不知"？简直就是"不知知"的典型。组织中经常出现的情况是，最高管理者的"无知"也会被他人刻意说成"有知"。因此，管理者尤其是最高管理者更需要做到"知不知"，避免"不知知"，同时还要清醒地"病病"。

根据老子的观点，最高管理者若要超越自己的一己之知，就必须找到一个更高的思维立足点，也只有在更高的思维立足点上来审视自己的经验、知识、能力及组织的各项事业时，才能看清楚边界和局限在哪里，也才能预计到面向未来的不足和缺陷可能是什么。这就好比只是站在平地，人们是无法准确把握自己所在地方的整体概貌及其与周边事物之间的联系的；只有抬高视域，才能形成整体观、普遍联系观和有纵深的历史观。最高管理者要抬高自己的思维立足点，只能借助组织之道。在老子看来，像天地之道一样的组织之道，才是最高管理者面对组织、实施管理的思维立足点。最高管理者只有立足于组织之道，才能超越个人的经验，更清醒地认识到自身知识和能力的局限性。这恰是组织之道作为参照系或内在价值准则的意义所在。组织之道作为内在价值准则，首先是用来审视最高管理者自己的，只有先审视了自己，才能更好地理解他人和事业。

由此可见，一个对老子反复强调的组织之道都不能认识和理解的最高管理者，要想做到"知不知"是不可能的，反倒是在不断强化着"不知知"。只有那些真正认同和践行组织之道的最高管理者，才会做到心中有敬畏，行为有尺度。这样的最高管理者不仅自己不会出现大的方向性问题，而且能在相当程度上保证组织发展也不会出现大的方向性问题。原因很简单，这样的最高管理者能不断地用组织之道来审视自己，发现问题，及时纠正，也能借组织之道去理解他人，认识各项事业，让组织在试错迭代中持续前进。这恰是那些内心有敬畏感、能自我超越的最高管理者不断自我批判、持续精进的典型写照。正因为如此，老子最后才说，"圣人不病，以其病病，是以不病"。

这里的"圣人"，便是恪守组织之道的理想化的最高组织管理者。因为他们心中有组织之道这个参照系或价值准则，也就能清醒地认识自己，不断解决自身及组织所面临的各种问题，从而确保在组织发展中不会出现大的方向性问题。由此可见，老子意义上的"圣人"，并非不食人间烟火的"神仙"，能洞悉一切、预知未来、从不犯错。这类神仙般的最高管理者在现实中是不存在的，老子所说的"圣人"，只是那些能不断认识到自身及组织存在的问题，并持续改进的最高管理者，也即"被褐怀玉"，像普通人一样的最高管理者。这再次提醒人们，千万不要把组织之道神秘化，更不可把最高管理者神圣化。组织之道正像天地之道一样，不过是自然而然存在着的组织的本质特征而已，最高管理者也不过是认识、理解并遵循组织的本质特征，自然而然地辅助组织各项事业发展的普通人罢了，他们是人，不是"神仙"，犯错误是常态，有问题也正常，关键在于能清醒地认识错误，发现问题，不断寻求纠正和解决的有效途径。所以，老子才强调指出，"圣人"之所以"不病"，不是因为"圣人"压根儿就没有"病"或不犯"病"，而是因为"圣人"能"病病"，即清醒地认识到自己的"病"，并努力去治"病"，这样才能"不病"。这种"以其病病，是以不病"的"圣人"，显然不可能是那类永远也不会犯错的所谓"神仙"。

▌管理要义 ////

管理者犯错误再正常不过了。这并不是要为管理者犯错误进行开脱，而是从管理工作的性质自然得出来的结论。管理工作要面对不确定性、针对例外做出决策。既然是面对不确定性，管理者当然存在严重的知识局限性；既然是针对例外，也就难以遵循惯例。在这种情况下，管理者要做出决策，难免会犯错误，而不犯错误，反倒成了特例。因此，对于管理者来说，犯错误并不可怕，关键是如何对待错误，进而不仅能在错误中学习和提升，还能将错误变成创造和创新的机会，从中发现值得进一步探索的新方向。在现实中，很多带有突破性的创造和创新，往往都来源于错误。正是在不确定性条件下人们不经意间所犯的错误，蕴藏着创造知识以转化乃至排除不确定性、实现创新的可能性。

但问题是，在现实中，当面对错误时，并不是每位管理者都能这么超然洒脱。毕竟错误同时意味着成本甚至失败，特别是在"成王败寇"的组织氛围下，错误或许会意味着永远出局。因此，要让管理者及一般组织成员能够做到正视错误，并从错误中学习和提升，进而实现创造和创新，还必须建立起一种超越眼前、放眼未来的文化氛围。只有在一种超越的价值观念引领下形成了宽容的组织氛围，错误的意义才能发生根本转变。当然，这种文化氛围的形成，很大程度上取决于组织的最高管理者及其管理团队的文化定位。

《老子》第72章

民不畏威①，则大威②至。无狎③其所居，无厌④其所生。夫唯不厌，是以不厌⑤。是以圣人自知，不自见；自爱，不自贵。故去彼取此。

字词注释

①威：会意字，本义指威力、权势，这里是震慑、威慑的意思。

②大威：这里引申为让人害怕的祸患、大危险的意思。

③狎：通"狭"，使……局促、狭窄的意思。

④厌：这里用其本义，是逼迫、压迫的意思。下一个"厌"同此。

⑤厌：这里是讨厌的意思。

▌今文意译 ////

对于组织和管理者来说，一旦人们不再害怕威慑的力量，那么可怕的危险就要到来了。因此，不要压缩人们的生存空间，也不要剥夺人们的发展机会。只有不压迫人们，才不会被人们所讨厌。所以，理想化的最高组织管理者有自知之明，也不拘泥所见；有自爱之心，却不自以为高贵。理想化的最高组织管理者总是懂得选择前者而摒弃后者。

▌分析解读 ////

本章承接上一章，进一步说明最高管理者的管理之知的边界在哪里。

最高管理者代表组织，而组织又不能没有组织成员，在最高管理者与组织成员的互动关系中，恰是组织成员的心理接受度从根本上决定了最高管理者的权力边界。有效的权力在于被管理者的心悦诚服，而非简单地由硬实力所决定。更重要的是，组织中物化资源之所以能产生价值，也在于组织成员的潜能和创造力。物化资源并不能自动转化成价值，只有通过组织成员被激活的潜能和创造力，物化资源才能被转化成具有更高价值的产品和服务。

正因为如此，老子才告诫组织的最高管理者，"民不畏威，则大威至"。这就是说，最高管理者不要迷信自己所拥有的物化资源和以此为基础的权力，更不要自以为依靠权力所产生的威慑力量，就可以让组织成员服从；一旦组织成员不再惧怕这种由权力产生的威慑力量，组织可能就会面临解体的危险，这正是最高管理者和组织所面临的"大威"所在。

要避免"大威"出现，最高管理者必须做到"无狎其所居""无厌其所生"。这里的"居"和"生"，是用空间条件和时间条件来比喻组织成员的生存和发展。"居"，看似是指空间上的居住条件，实则是用来代表各种不同的生存状态；而"生"，看似是指时间上的新生和成长，实则是用来代表各种不同的发展机会。因此，"无狎其所居"，意味着不要压缩组织成员的生存空间，这是做管理的基本前提，组织成员如果连生存空间都没有了，怎么还会选择留在这个组织？更何况，若连组织成员的生存空间都没有了，这样的组织还会有多大的生存空间？实际上，组织的生存空间总是以组织成员的生存空间为基础的，组织不能给组织成员以合理且充分的生存空间，也就不可能拓展出更宽广的组织生存空间。

组织成员不仅要生存，还要发展，这就像组织本身既要生存，也要发展一样。但问题是，最高管理者如果只想着组织的发展，而不顾组织成员的发展；更有甚者，还要借口组织的发展，来剥夺组织成员发展的机会，其结果可想而知。组织本身的发展一刻也离不开组织成员的发展；没有组织成员的发展，又谈何组织的发展？这便是"无厌其所生"的意义所在。

最高管理者和组织要给组织成员以合理的生存空间和发展机会，直白地说也就是不压迫组织成员。不压迫，是做管理的必要条件。只有做到不压迫，才有可能让组织成员不讨厌组织和管理者，这才是组织赖以生存和发展的必要前提。如果连组织成员都讨厌最高管理者和组织，那么，组织外部的各类利益相关者还会喜欢这样的组织吗？失去了内外部广大利益相关者的认可和支持的组织，即使暂时能存在，也鲜有发展的可能性。因此，老子才说，"夫唯不厌，是以不厌"。但必须注意的是，"不厌"，只是组织赖以生存和发展的必要条件，仅有此还不够，必须与其他各种条件相匹配，才能让组织生存得更好，发展得可持续。当然，如果连"不厌"这个必要条件都无法满足，组织要实现更好的生存和发展，也只能是一个自我感觉良好的愿望。

理解了这一点，最高管理者才能清醒地认识到组织赖以生存和发展的力量到底是什么，也才能真正认识到自身的局限性及自己在组织中所应扮演的角色。这便是老子最后说"是以圣人自知，不自见；自爱，不自贵。故去彼取此"的深刻管理含义。这里的"圣人"，仍指理想化的最高组织管理者。理想化的最高组织管理者能够认识到自身的局限性，也就能做到不拘泥所见；懂得尊重自己，却又不自我感觉高人一等，更能平等地对待所有组织成员，真正做到一视同仁，让组织之道所内禀的"上善"得以充分体现出来。这再次表明了最高管理者所应具备的取舍的智慧。也就是说，最高管理者必须学会恰当地取舍，要选择"自知""自爱",同时又要坚决摈弃"自见""自贵"。这就是上章所讲的"知不知,上",实际上恰是一种值得推崇的取舍的智慧。这和第12章、第38章讲的"去彼取此"一样,都充分体现了老子心目中理想化的最高组织管理者所具有的大智慧。

▌管理要义 ////

管理者确实要代表组织,但这绝不意味着管理者即组织。如果将管理者等同于组织,那很容易造成管理者将自己的意志和好恶强加给组织,打着组织的旗号以谋求个体利益或小群体利益的局面。说管理者要代表组织,只是意味着管理者必须将组织的价值观念和共同利益放在首位,在管理决策中,以组织的终极目标和价值观念作为内在准则,而不是以个人的好恶来做出判断。

一旦理解了管理者代表组织的真正含义及其对管理者的决策行为的内在约束,便容易理解,组织既是一种观念的存在,从而让管理者有了一种内在的价值准则;同时也是一个组织成员的共同体,从而让管理者有了一种明确的责任担当,那便是要为组织成员的生存和发展创造条件,进而与组织成员一起创造更广大的共同利益。

组织作为一种观念的存在,决定了组织未来的理想状态,而这个理想状态要得以实现,又离不开组织作为组织成员及更广泛的利益相关者的共同体这个现实存在。正是通过这个现实存在,组织才能不断实现理想状态;也正是借助这个理想状态,组织才能持续完善现实存在,为未来发展创造更大的可能性。

组织的这种双重存在,也是由管理者及其决策行为来代表的。原因很简单,观念不经由人及其行为难以体现出来,也难以变成现实,而在组织中,那些首先认同和践行这些观念的人,一定是管理者。没有认同和践行观念的管理者,任何以观念形态存在的组织都无法立得住。另外,共同体之所以是一个有机整体而不是一盘散沙,关键在于管理者所从事的具有整合和协调功能的管理工作。没有管理者和管理,组织难以作为一种合作的共同体而存在。当然,管理者和管理之所以能发挥整合与协调的功能,又离不开共享的观念。

正是在管理者的管理工作中，组织作为观念的存在和作为共同体的存在才能合二为一。这样的组织才有生存和发展的根基，而这个根基离开了组织成员的生存和发展及他们在生存和发展基础上对观念的执着追求，也是不可能扎牢的。因此，管理者若要代表组织，首先就要保证组织成员的生存空间和发展机会，这样才可能代表并确保组织的共同利益。

《老子》第73章

勇于敢①则杀，勇于不敢则活。此两者，或利或害。天之所恶，孰知其故？是以圣人犹难之。天之道，不争而善胜，不言而善应，不召而自来，繟②然而善谋。天网恢恢③，疏而不失。

字词注释

①敢：形声字，本义指勇于进取，这里是作为、进取的意思。

②繟：形声字，舒缓、宽畅的意思。

③恢恢："恢"，是形声字，本义指宽宏；"恢恢"，即广大、宽广。

今文意译

最高管理者勇于作为，也许会让组织走上绝路；勇于不作为，反而可能给组织带来生机。最高管理者勇于作为和勇于不作为，可能对组织有利，也可能对组织有害。对其结果的判断，就像要判断上天到底讨厌什么一样，又有谁能知道为什么会这样呢？所以，连理想化的最高组织管理者都难以做出判断。天地之道，与万物不相争，却能左右万物；不发号施令，却能让万物随时响应；不必召唤，便能让万物适时而来；不用刻意谋划，却能让一切安排得井然有序。实际上，组织之道也像天地之道一样广大无边，看似稀疏，却不会有遗漏。

本章在上章基础上，进一步阐明最高管理者做管理的取舍智慧。

老子首先举了一个典型的取舍悖论，即"勇于敢则杀，勇于不敢则活"。这句话的主语是最高管理者，而"杀""活"的主体，则是组织。正因为最高管理者代表组织，其所做的管理决策及其表现出来的行为风格，才会决定组织的命运。一般来说，人们总希望最高管理者能有所作为，组织也能因此有所作为，从而为组织成员带来更好的发展前景；但残酷的现实却是，由于最高管理者自身的局限性，有限个体的有所作为不一定能带来组织整体的有所作为；而且，可能恰是最高管理者个人的有所作为，反而抑制了其他各级管理者和一般组织成员有所作为的可能性，以一个人的有所作为代替了组织中大多数人的有所作为，其结果很可能没有给组织带来大发展，反而让组织走进死胡同。最高管理者个人的有所作为到底是给组织带来成功的可能性大，还是造成失败的可能性大？应该不难判断。这就是老子说"勇于敢则杀，勇于不敢则活"的原因。

但问题是，最高管理者"勇于敢"与"勇于不敢"带来的结果都只是一种可能性，这并不意味着在任何情况下最高管理者都必须"勇于不敢"或不"勇于敢"。比方说，当组织面临失败，需要承担责任并重新振作的时候，最高管理者就必须"勇于敢"，敢于担当责任，鼓励人们再接再厉，持续探索。所以，最高管理者到底是"勇于敢"，还是"勇于不敢"，往往交织着多种因素，是一种依赖具体情境的判断和选择，并没有一个普遍的指导原则能告诉最高管理者必须怎么做。虽然老子说的是"勇于敢则杀""勇于不敢则活"，但这并非必然结果，而只是或然判断。可能正是因为担心人们对这样的表述产生误解，老子才补充说，"此两者，或利或害。天之所恶，孰知其故？是以圣人犹难之"。

这几句话的意思很明显，无论是"勇于敢"，还是"勇于不敢"，都既可能产生有利的结果，也可能产生有害的结果，关键看各种主客观条件的匹配及最高管理者怎么选择。但是，不管最高管理者最后是选择了"勇于敢"，还是选择了"勇于不敢"，其对组织产生的后果都是难以预测的。要想猜测这样的结果，就像要猜测上天的好恶一样是不可能的。即便是理想化的最高组织管理者或"圣人"，也不可能对上天的好恶进行推断。充满了不确定性，这正是管理的魅力所在。最高管理者即便遵循组织之道，也无法预测做管理的各种结果。为了说明这一点，老子再次举了天地之道与万物之间关系的例子。

老子说，"天之道，不争而善胜，不言而善应，不召而自来，繟然而善谋"。这里的"天之道"，即天地之道，而其中所讲的四方面内容均涉及天地之道与万物的关系。天地之道并不与万物相争，却又能左右万物；天地之道也从不直接命令万物，但万物好像总是在响应天地之道的命令；天地之道当然也不用专门去号召万物做什么，但季节一到，万物便生长发育；天地之道更没有刻意去谋划，但万物秩序井然，好像是经过持续不断的谋划一样。天地之道与万物之间的这种奇妙的关系，正象征着组织之道与组织中人和事的关系。由于最高管理者代表组织，也应该是组织之道的化身，那么，组织之道与组织中人和事的关系，也就相当于最高管理者与组织中人和事的关系。在这种关系中，最高管理者显然应该效法天地，遵循组织之道，给组织中人和事提供更大的发展空间和创造机会，至于组织中的人和事在组织这个平台上如何发展，怎样把握创造机会，最终产生好的结果还是坏的结果，则不完全由最高管理者所决定，但从组织的整体和长远发展来看，一定是好的结果远超坏的结果。这就好像万物在天地间成长，到底是哪一种生物适应环境而繁衍，哪一种生物因不能适应环境而消亡，虽然并不能预先确定，但总趋势却是天地间万物生生不息的。

基于此，老子最后总结道，"天网恢恢，疏而不失"。这句话一语双关。首先，说的是天地之道无所不在，影响范围广大，如同一张巨网，虽有网眼，貌似稀疏，却让万物无不身处其中，绝无漏失。当老子用"天网"来形容天地之道时，寓意非常深刻。如果天地之道是铁板一块、密不透风、滴水不漏，那么，也就真成了对万物的强力压迫，在这种铁板一块的重压之下，万物反而失去了自由生存的空间和自我发展的机会，恐怕早就没了生机，天地间也必然死寂一片。天地之道像一张网眼巨大、非常稀疏的大网，甚至让万物感受不到其存在。这既给万物提供了生存和发展的自由，又让万物无不在天地之道的影响之下。天地之道所达到的"不争而善胜，不言而善应，不召而自来，繟然而善谋"的效果，恰是"天网恢恢，疏而不失"的集中体现。

其次，这句话也是在以"天网"比喻组织之道。在组织之中，组织之道犹如"天网"，广大无边，无时无处不存在，但是，组织之道又并非事无巨细的规则规定，而只是一系列根本的价值原则。一旦这种看似简单、稀疏的价值原则深入人心，其影响却又无所不在，甚至远远超过了那些看得见、摸得着、非常具体详尽的规则规定。从根本上说，正是进入组织成员内心的组织之道，赋予了组织中各项规则规定以意义；而且，组织成员因心中有组织之道，即便在规则规定的空白处，也知道应该怎样做；更重要的是，心中有组织之道的组织成员，压根儿就不会去琢磨和寻找各项规则规定可能存在的漏洞，反而会自觉地修补已出现的漏洞。这正是"天网恢恢，疏而不失"在组织中的典型表现。另外，最高管理者如果能遵循组织之道，并通过自己的身体力行昭示组织之道，那么，即便在特定具体情境下确实无法预测"勇于敢"或"勇于不敢"到底会产生怎样的结果，但从整体和长远角度看，组织一定会有更广大的生存空间和发展机遇。

▌管理要义 ////

人们往往对管理者的敢作敢为有很高期许。正因为如此，反而让管理者的不敢作不敢为，变得难能可贵。敢作敢为越是被期许，不敢作不敢为才需要更大的勇气。管理者的职责在于确保组织的生存和发展。这就要求管理者必须遵循组织的价值观念，从组织的整体和长远利益出发做出决策，而不能只是一味地迎合人们当下的喜好。特别是涉及一些关键的管理决策时，管理者更要有内在一定之规，不能因担心别人怎么看、怎么说就不顾一切地挺身而出，做出看似"大胆"的决策。

管理者必须把组织的价值观念作为决策的价值前提，让丰富的信息线索成为决策的事实前提，并在这两者的有机结合之上做出管理决策。这样的管理决策在别人看来是敢作敢为还是不敢作不敢为，实际上无关紧要。尤其是在高不确定性条件下，决策严重缺乏事实前提，非常容易导致众说纷纭的局面。在这种情况下，管理者的决策到底是力排众议还是兼听则明，严格来说，并不是由个人的敢作敢为或不敢作不敢为的所谓决策风格决定的，而是由决策的价值前提决定的。这时的管理者只有遵循组织的价值观念，超越个人好恶，不受外界干扰，才能做出符合管理职责要求的决策。至于在这个决策过程中，管理者是表现出了力排众议的"勇于敢"，还是兼听则明的"勇于不敢"，反倒不重要了，那不过是管理者遵循组织的价值观念的不同行为表现而已。

《老子》第74章

民不畏死，奈何以死惧之！若使民常畏死，而为奇①者吾得执而杀之，孰敢？常有司杀者②杀，夫代司杀者杀，是谓代大匠斫③。夫代大匠斫者，希有不伤其手矣。

字词注释

①为奇："奇"，这里是偏斜、不正的意思。"为奇"，指做邪恶的事。
②司杀者：指专门负责刑罚的机构。
③斫：古文为"斲"，会意字，本义指砍削，这里是削、斩的意思。

今文意译

人们并不惧怕死亡，为什么还要用死亡来恐吓呢？如果人们确实总是惧怕死亡，就只需要将那些做邪恶之事的人抓起来杀掉，谁还敢再这样做？即便如此，也有专门负责刑罚的机构去做这项工作，而那些想代替专门负责刑罚的机构去做这项工作的最高管理者，就像要代替木匠去削木头一样。代替木匠去削木头的人，很少有不弄伤自己的手的。

■ 分析解读 ////

本章承接上一章，进一步强调指出，最高管理者不能只关注硬实力尤其是武力，这并不是组织可持续发展的根本所在，只不过是一种保障条件而已。

硬实力无外乎武力和财力，而这两类硬实力又紧密联系在一起，都可以视为物化资源的运用，既可以用于威胁，也可以用来利诱。利用硬实力，管理者的确能较快地达到目的，至少在表面上能很容易让人们服从。但是，完全依赖于硬实力的管理，会有很大问题。即便是武力这种硬实力，也不过是建立在人们的畏惧之上。一旦人们失去了对武力的畏惧，不再惧怕死亡，那种建立在武力之上的管理就会失效。所以，老子上来便说，"民不畏死，奈何以死惧之"。

从深层次来看，像武力这种硬实力之所以能发挥作用，就是因为人们会畏惧死亡，而一旦人们超越了对死亡的恐惧，仅凭武力来实施管理就行不通了。当然，如果人们确实都惧怕死亡，做管理或许就简单多了，就像老子说的那样："若使民常畏死，而为奇者吾得执而杀之，孰敢？"意思是，只需要惩罚几个作恶的典型，人们自然就不敢作恶了。但必须注意的是，不敢作恶，并不必然等于知道做什么才是对组织和个人有利的。也就是说，不作恶并不等于行善。所以，从根本上说，像武力这样的硬实力只能起到惩戒作用，告诉人们不要做什么，却不能告诉人们应该做什么。组织要实现可持续发展，固然要明确不能做什么，但更重要的却是引导人们要去做什么，这是无法通过武力威慑而自动呈现出来的。

对于组织的最高管理者来说，首要的职责是面向未来，明确组织的发展方向，并通过自己的行为来昭示组织之道，激励和辅助组织成员为组织发展做贡献。至于对组织中那些不恰当行为的纠偏乃至惩罚，并不是最高管理者的职责，而是相应职能部门的职责。换句话说，组织固然不能没有像武力这样的硬实力，但是，建立在物化资源运用上的硬实力必须通过职能分工的部门化，交由专业的机构和岗位来实施，而不是由最高管理者根据个人好恶来任意使用。这就是老子最后所说的"常有司杀者杀，夫代司杀者杀，是谓代大匠斫。夫代大匠斫者，希有不伤其手矣"。

这句话形象地表明，使用硬实力，哪怕是很直接地动用刑罚来惩处犯规者，也应该由专业化的机构来实施，不能只是简单地听命于最高管理者。尤其是涉及生杀予夺的武力运用，如果只是听凭最高管理者的一时意愿，那会产生极其严重的后果。随意使用武力，会让人们失去对武力的权威性的敬畏，最终真的就会像老子所说的"民不畏死，奈何以死惧之"。滥杀无辜的结果，必然是没有人再畏惧死亡，甚至群起而对抗这种武力。真到了这一步，组织又如何能维系？这就是老子用"夫代大匠斫者，希有不伤其手矣"这个形象比喻所要表达的意思。

工匠运用专用工具砍削木材，既需要专业训练，又必须慎重对待，这样才能保证不伤到自己，也不毁坏木材；而一个压根儿没有经过木工专业训练的人去砍削木材，仅凭感觉，毁掉好木材是必然的，甚至还会伤到自己。这才是一个组织的最高管理者需要慎思的。像武力这种硬实力，不仅要慎用，即便不得已要用，也必须专业化地使用，而不能全凭最高管理者的个人好恶随意使用。对武力这种硬实力的随意使用，不仅会伤到最高管理者个人，更因为最高管理者代表组织，还会从根本上威胁到组织生存和发展的根基。武力这种硬实力就像火一样，人们的生活不能没有火，但要随意玩火，其结果必定是自焚。这恐怕是亘古不变的法则。

▌管理要义 ////

离开了物化资源所支撑的硬实力，管理的权力基础或许就不存在了。但是，管理者如果眼睛只是盯着硬实力这种权力基础，动辄就要使用，时间一长，来自硬实力的威慑力量和诱惑力量就会大打折扣。特别是当管理者不断随心所欲地使用硬实力，而没有一定之规时，组织成员会对管理者使用硬实力失去合理预期。这样一来，无外乎两种极端的结果：一是人们由于不知道什么情况下管理者会动用硬实力，一直处在提心吊胆之中，这将从根本上抑制个体的内部动机和创造力；二是人们面对频繁使用的硬实力，已是见怪不怪，甚至也无所谓惩罚和羞耻感。两极相通，组织中硬实力的无节制使用，将从根本上损害组织可持续发展的根基。

所以，管理不能没有硬实力，但管理者绝不能过度依赖硬实力，尤其不能将动用硬实力变成一种管理习惯。管理者的主要工作是不确定性条件下的管理决策和借助沟通的意义创造。这两方面工作都更多依靠的是管理者本身的软实力，即领导力。领导力才是激活组织成员的内部动机和首创精神的重要力量。从根本上说，内部动机只能由内部动机激发，而首创精神也只有在具有首创精神的组织氛围中才能涌现出来。一个自己没有内部动机和首创精神的管理者，要想让所在团队、部门和组织中的成员具备内部动机和首创精神，是极其困难的。虽然管理者和一般组织成员的内部动机的指向及首创精神的内涵必然有所不同，这是由管理工作与非管理工作的分工及其性质所决定的，但是，这并不代表不一样的动机指向和不一样的精神内涵所发挥出来的作用不能相互影响和感染。这也就是触类旁通、他山之石的效果。组织中的榜样不一定非要是在做着同样工作的人，管理者之为榜样，在相当程度上是因为管理者昭示出了组织的发展方向、信念和价值观，成为一种精神和正气的源泉。管理者应该成为组织的正向氛围和正能量的创造者。这也是管理者个人的软实力或领导力的集中体现。

当管理者具备了软实力或领导力之后，硬实力及其运用反而退居从属地位。硬实力是以物化资源为基础的，而物质资源的配置和使用完全可以通过规则来实现，这就让硬实力的使用超越了管理者个人的好恶。这也意味着，凡涉及硬实力的使用，大多数情况下都可以诉诸规则，只有在例外的时候，管理者才需要对硬实力的使用做出判断和选择。从这个意义上说，管理者的工作主要是在规则体系的空白处展开的。只要规则体系能够发挥作用，只要是例行的物化资源的配置和使用，反而不需要管理者尤其是高层管理者去干预。这样的话，管理者反而被解放了，可以有更多的时间和精力去面向未来，做更长远和全局的战略谋划，也有更多时间来培育自己和其他组织成员的软实力。

《老子》第75章

民之饥，以其上食税之多，是以饥。民之难治，以其上之有为，是以难治。民之轻死，以其上求生之厚[①]，是以轻死。夫唯无以生为[②]者，是贤[③]于贵生。

字词注释

①以其上求生之厚：王弼本此句中无"上"字，原句为"以其求生之厚"，但注释却说"言民之所以僻，治之所以乱，皆由上，不由其下也，民从上也"[①]；另外，傅奕本此句则有"上"字，为"以其上求生生之厚也"[②]；而且，此句有"上"字，上下文的语义更连贯，也更能体现出本章的管理要义。据此，在这句话中补"上"字。

②无以生为："生为"，指追求延年益寿、厚养生命，即下句的"贵生"，这里均引申为过分追求个人私利；"无以生为"，即不贵生，不过分追求个人私利。

③贤：这里是超出、胜过的意思。

▌今文意译 ////

人们之所以饥馑，就是因为管理者收取赋税太重，所以人们才会处于饥馑状态。人们之所以不服从管理，就是因为管理者肆意妄为，所以人们才会不服从管理。人们之所以不在意哪怕像死亡这样的严厉惩罚，就是因为管理者过分追求个人私利，所以人们才会不在意哪怕像死亡这样的严厉惩罚。只有那些不追求个人私利的管理者，才能在做管理上胜过那些过分追求个人私利的管理者。

---

① ［魏］王弼著，楼宇烈校释：《王弼集校释》（上），中华书局1980年版，第185页。
② ［唐］傅奕：《道德经古本篇》，载［明］张宇初等编：《道藏》（第十一册），文物出版社、上海书店、天津古籍出版社1988年版，第488页。

▌分析解读 ////

本章再次阐明，管理者尤其是最高管理者只有超越个人私利来做管理，才能从根本上解决困扰组织可持续发展的上下割裂问题。

组织由人构成，组织的主体是人不是物。虽然管理者特别是最高管理者能够代表组织，但组织的存在和发展却主要依靠的是每位组织成员。如果管理者与一般组织成员处在对立的状态，那就相当于管理者竟然与自身所代表的组织处在对立状态，而一般组织成员自然也会与管理者名义上所代表的组织处在对立状态。在这种对立状态下，组织被看成管理者的组织，一般组织成员正像管理者根本不关心组织和一般组织成员那样，也根本不会去关心管理者和组织。这种上下割裂的结果，只能是组织的快速消亡。

所以，老子上来便概括了当时条件下组织中存在的三类上下割裂状态，即"民之饥，以其上食税之多，是以饥。民之难治，以其上之有为，是以难治。民之轻死，以其上求生之厚，是以轻死"。这三类状态分别属于利益分配、行动协调、违规惩罚，这是组织管理中常见的情况。其中最重要的是利益分配问题。如果组织的利益分配机制严重倾向于管理者的个体利益，乃至打着组织的整体利益的旗号去大肆剥夺组织成员的个体利益，那么，就会出现管理者很富有，组织表面上也挺繁荣，但普通组织成员却很贫穷甚至忍饥挨饿的局面。这就是老子所说的"民之饥，以其上食税之多，是以饥"。这种局面是无法长期维持的，即便管理者暂时看上去很风光，但没有任何一个组织的可持续发展可以建立在组织成员的贫穷甚至饥饿基础上。

也正是由于这种利益分配机制的扭曲，管理者为了自己的利益，很有激励去不断作为，而且往往还打着大力发展组织的旗号，但实际情况却是，在利益分配不公、激励不相容的组织里，管理者越是积极作为，普通组织成员则越是消极怠工，想尽办法不服从管理者的命令。这会让组织中上下隔膜越来越严重，管理者还总是抱怨组织成员难以管理，没有责任心，不愿意奋斗和奉献。组织之所以会出现这种状况，根子恰在于管理者。这就是老子所说的"民之难治，以其上之有为，是以难治"，而"上"之所以"有为"，正是因为可以从中获取更多"税"利，说到底还是管理者的一己之私在作怪。

或许正是因为"民之难治"，而管理者又根本认识不到自身的问题所在，也不可能从利益分配机制上来考虑问题和解决问题，所以就只能诉诸硬实力，想通过威胁，尤其是武力的威胁，来迫使人们为组织做出贡献，结果却走向恶性循环，这就是老子所说的"民之轻死，以其上求生之厚，是以轻死"。这说的是，组织成员不再惧怕死亡的威胁，哪怕管理者设置了各种严厉的惩罚措施，仍无法起作用，就像第74章所讲的"民不畏死，奈何以死惧之"一样。究其原因，关键还在于利益分配不公已经达到极点，"民之饥"到了极端处，即使服从命令，也不免被剥夺而走向死亡，那还有谁会惧怕死亡。造成这种状况的更深层次的根源，则是管理者谋求私利几近丧心病狂状态。老子用"求生之厚"来形象地比喻管理者对私利的贪求。一个人越是要追求个人享乐和延年益寿，就越是想占有更多的物化资源和利益，正所谓"欲壑难填"。以"求生之厚"作为隐喻，意在表明，那些一心谋求私利的管理者，将组织和组织成员都看成达到个人利益目标的工具，从来不会真正关心组织和组织成员。在这样的组织中，由这样的管理者所使用的惩罚措施，根本就不可能再起什么作用。因为人们知道，受惩罚大不了是死路一条；而听命于管理者，也还是忍饥受冻，最后仍免不了死路一条，如此这般，还不如铤而走险。这就是老子说"民之轻死，以其上求生之厚，是以轻死"的深意所在。

这里需要说明的是，在第13章中，老子曾讲"故贵以身为天下，若可寄天下"，意指管理者要像"贵身"一样对待组织，与本章所说的管理者"求生之厚"是完全不同的。管理者对待组织和组织成员要像对待自己的身体一样，那恰是要求管理者必须超越一己之私，包括对身体的保养及满足生物本能的欲求；强调的是管理者必须以组织的共同利益为目标，而物化资源及其使用都是为创造更广大的组织共同利益服务的。由于组织的共同利益既包括组织成员的个体利益，也包括组织的整体利益，比如以税赋形式表现出来的诸侯国整体利益；这样一来，组织成员和组织本身都包含在组织的共同利益这个目标中，而不再成为手段，只有物化资源是服务于组织共同利益实现的手段。但是，当老子在本章说"民之轻死,以其上求生之厚,是以轻死"时,这里的"求生之厚"只代表管理者的个人私利,而且,这种个人私利又集中体现在生物本能的欲求上。一旦管理者尤其是最高管理者将谋求生物本能的欲求满足当成唯一目标,那么,组织、组织成员连同物化资源一起,都不过只是管理者实现个人目标的手段而已。这种情况在老子所处时代的各诸侯国组织中并不少见。

在老子看来,之所以会出现"民之饥""民之难治""民之轻死"这三方面问题,根源都在管理者尤其是最高管理者那里,是管理者们违背了组织之道,一心谋求个人私利,严重扭曲组织的利益分配和激励相容机制的必然结果。组织一旦失去了组织之道,没有了匹配于组织之道的规则体系,存在和发展的根基便毁掉了,别说可持续发展,连继续存在都不可能。

解铃还须系铃人。要从根本上解决这三方面问题,就必须从管理者尤其是最高管理者入手。只有当最高管理者真正超越了个人私利,典型表现就是不再过度追求个人生物本能的欲求满足时,才有可能彻底根除这三方面问题。所以,老子最后才说,"夫唯无以生为者,是贤于贵生"。也就是说,那些不追求个人私利的人,要比那些追求个人私利的人,更适合做管理者,尤其是做组织的最高管理者。

▍管理要义 ////

管理者当然允许有正当的个体利益,但管理者不能把岗位权力当成追求个体利益的手段,更不应该把组织成员变成追求个体利益的工具。管理者的个体利益是与组织的共同利益紧密联系在一起的,只有在组织的整体利益和一般组织成员的个体利益都得以实现的基础上,管理者的个体利益才能得到保证;而且,管理者的个体利益与组织的共同利益之间的关系界定及相应的激励措施,都不应该由管理者个人来决定,而应该由一个外部机制来决定。这样才能从根本上保证管理者是在规则体系下遵循组织的价值观念来实施管理,而不是仅凭个人的意志和好恶,既设计规则,又执行规则。

另外,在管理者的个体利益与组织的共同利益的关系界定上,必须要明确的是，不能简单地将管理者的个体利益与组织的整体利益挂钩，那样的话，管理者就会忽视乃至压榨组织成员的个体利益。只有在组织的价值观念基础上将管理者的个体利益、组织成员的个体利益、组织的整体利益有机结合起来，才有可能实现管理者与组织成员的激励相容、团结合作。

九

《老子》第76章

人之生也柔弱，其死也坚强。万物草木之生也柔脆①，其死也枯槁。故坚强者死之徒②，柔弱者生之徒。是以兵强则不胜，木强则兵③。强大处下，柔弱处上。

字词注释

①柔脆：即柔弱、软弱的意思。

②徒：这里是同一类的意思。

③兵：这里指被砍伐。

▋ 今文意译 ◢◢◢

人活着的时候身体柔软，死后则变得僵硬。万物也都像草木一样，活着的时候柔软，死后就变得枯槁了。所以，组织的硬实力预示着死亡，而软实力则预示着生机。这就是单靠强大的硬实力反而不能取胜，那些材质坚硬的树木反倒会优先被砍伐的原因。在组织管理的优先序上，硬实力应置于次要地位，软实力应置于首要地位。

▋ 分析解读 ◢◢◢

本章用形象的比喻，说明硬实力与软实力之间的关系，提醒最高管理者在组织管理中必须建立起软实力相对于硬实力的优先地位。

老子先举了一个鲜活的例子，即"人之生也柔弱，其死也坚强。万物草木之生也柔脆，其死也枯槁"。对这种现象每个人都有直观感受，人在活着的时候身体是柔软的，且年龄越小，柔软度越高；随着年龄的增长，柔软度在不断下降，死亡后身体更是彻底僵硬了；不仅人是如此，万物概莫能外，都像草木一样，活着的时候看似柔软脆弱，但富有生命力，而一旦死亡，好像很坚硬，却已枯槁了。由这种现象，老子得出结论说，"故坚强者死之徒，柔弱者生之徒"。意思是，那些貌似坚强者，不过都属于走向死亡、失去活力的一类，而那些看上去柔弱者，恰是充满生机、有生命力的一类。这个结论正好隐喻着组织的硬实力和软实力的鲜明对比。

组织的确不能没有以物化资源为基础的硬实力。失去了硬实力，组织不仅会失去竞争力，连继续存在都不可能。原因很简单，如果没有物化资源的支撑，最高管理者和组织成员就没有办法维持生存，组织也就不可能得以维系。以物化资源为基础的硬实力固然重要，但不应忘记的是，硬实力也预示着走向衰亡、失去活力。特别是当最高管理者只是一味地加速硬实力的成长，让组织完全建立在硬实力之上时，按照自然界万物的生命周期，以物化资源为基础的硬实力加速增长，也就预示着组织在加速失去活力、走向衰亡。

相反，组织的软实力由于本质上是一种观念形态的存在，看似很虚、很软、很弱，不能直接给组织带来效率和竞争力，却又预示着一种面向未来的生机和活力。特别是当这种价值观念能够影响和培养一代又一代组织人的时候，也就能让组织的生命周期远远超过个体的生命周期，保有持久生命力。这恰是表面上柔弱的软实力，实际上所具有的强大力量。

老子可以说慧眼独具，在人们只是从硬实力的角度来看待组织，只看到硬实力给组织带来竞争力这一个侧面时，他却能看到硬实力的另一个侧面，同时也深刻认识到看似柔弱的软实力所具有的强大力量。这启示组织的最高管理者，眼睛不能只盯着硬实力，也不能只期望通过硬实力建设就实现组织的可持续发展，那样做只会引领组织快速走向竞争优势的反面，即盛极而衰。为此，老子进一步明确指出，"是以兵强则不胜，木强则兵。强大处下，柔弱处上"。

这里的第一个"兵"字，即代表武力，是老子那个时代各诸侯国组织的硬实力的典型表现。当时各诸侯国组织之间的极端竞争形式就是武力对抗，诸侯国国君中穷兵黩武者不在少数，他们以为只要有了以武力为代表的硬实力，便可以在诸侯国之间的竞争中取胜。但是，在老子看来，这种想法和做法既不符合天地之道，也不符合组织之道。只依靠硬实力，想单凭武力就战胜对方是不可能的，这不仅是因为强中自有强中手，更是因为那些穷兵黩武的诸侯国必然陷于内外交困，最终只会自取灭亡。如同自然界那些材质坚硬的树木会早早被人砍伐了一样，那些不断强化武力的诸侯国，要么被外部武力的联合所灭，要么被内部武力的斗争所亡，这是崇尚武力者的必然结局。这样的事例，在老子那个时代可谓屡见不鲜。

所以，老子才提醒最高管理者，必须确立组织的硬实力与软实力的优先序。组织不能没有硬实力，也不能不追求强大，但在组织管理的优先序上，一定要将硬实力和强大放在第二位，而放在第一位的永远应该是看似柔弱的软实力，这才是让组织永葆生机和活力的关键所在。这也是老子在本章最后明确提出"强大处下，柔弱处上"的原因。

▌管理要义 ////

处理好软实力与硬实力之间的关系，应该是管理者首先需要考虑的重要管理问题之一。从根本上说，这来自组织中管理岗位所具有的双重责任：一是绩效责任，二是文化责任。绩效责任看得见、摸得着，也是硬碰硬做出来的，同时直接体现为组织的硬实力。也就是说，组织有了超过对手的绩效，也就意味着有了硬实力。相对而言，文化责任并不如绩效责任那么清晰可见，而且，文化责任主要体现在培养组织人上。这在短期内反而是一种管理成本，因为管理者如果把更多时间、精力和资源用于培养组织人，承担文化责任，可能就会在一定程度上影响当下绩效结果的达成。

当管理者把绩效责任放在第一位时，自然关注的是硬实力，相对忽略软实力，而且，还会将软实力和文化责任看作虚的、形式化的，甚至是一种负担。在这样一种硬实力与软实力的关系优先序上，软实力就不仅是退居第二位的问题，更有甚者，还会退变成一种口号或说辞，管理者只是口头上讲软实力多么重要，而行动上则永远是不折不扣地追求绩效和硬实力。在这样的组织中，看似绩效被不断创造出来，硬实力也得到迅速积累，但是，强大的硬实力同时也会彰显出巨大的负面效应。那不仅仅是一种日益增大的绩效压力问题，更重要的是，由于不注重软实力和组织人的培养，一方面，人们缺乏组织认同感，只是因眼前绩效和利益维系在一起，这会潜在地威胁组织的凝聚力，进而侵蚀组织的绩效和硬实力；另一方面，在只关心绩效和硬实力的组织中，组织成员往往会被工具化，变成实现绩效目标的手段，这会从根本上扼制组织成员的创造潜能，让组织的创造和创新活动受到严重制约，进一步加速组织的盛极而衰。只要出现较大的环境变化，那些已经成熟的硬实力可能很快就会被替代，在这种情况下，那些只注重硬实力和绩效，而不关心软实力和组织人培养的组织，便会面临难以克服的困境，最为直接的表现或许就是人心涣散。到了这个时候，管理者再想起来要重塑组织的软实力，则为时已晚。

所以，管理者在处理硬实力与软实力的关系上，必须从管理的出发点和组织长远发展的根基入手去考虑问题。管理的出发点永远是人，而组织长远发展的根基则深植于信念和价值观之中。管理的出发点和组织长远发展的根基是不可分割的。人们只有认同和践行组织的信念和价值观，才能变成组织人，在一代又一代组织人的持续努力下，组织才能实现长远发展。这意味着，管理的出发点恰是有着组织的信念和价值观认同的组织人；反过来，组织的信念和价值观也只有为管理者和一般组织成员所接受和认同，并真正付诸日常的组织行动之中，这样的组织才能立得住、走得远。当然，组织的信念和价值观及组织人的培养，都不是脱离实际业务和物化资源使用的天方夜谭，软实力与硬实力必须有机结合在一起。但是，有机结合并不等于并列或拼凑，必须明确优先序。管理者只有确立起软实力对于硬实力的正确优先序，才能确保组织的可持续发展。

《老子》第 77 章

天之道①，其犹张弓②与！高者抑之，下者举之；有余者损之，不足者补之。天之道，损有余而补不足。人之道③则不然，损不足以奉④有余。孰能有余以奉天下？唯有道者。是以圣人为而不恃⑤，功成而不处，其不欲见⑥贤。

字词注释

①天之道："道"，在这里是方法、方式的意思。"天之道"，指天地的运行方式，并非指"天地之道"而言。

②张弓："张"，形声字，本义指把弦绷在弓上。"张弓"，有两种解释：一是指将弓拉紧，即开弓；二是指将弦安在弓上。根据陈徽的考证，似理解为将弦安在弓上更合理①。

③人之道：这里指人和组织的行为方式。

④奉：这里是赐予、给予的意思。

⑤恃：这里是凭借、依赖的意思。

⑥见：通"现"，显露、表露的意思。

今文意译

天地的运行方式，就像把弦绷在弓上一样！弦的位置高了，就压低一点；低了，则抬高一点；松了，就拉紧一些；紧了，则放松一些。天地的运行方式总是通过减损有余来补偿不足。人和组织的行为方式却不是这样，总是通过减损不足来增加有余。有谁能做到用自己的有余去补偿组织或他人的不足呢？只

---

① 陈徽：《老子新校释译》，上海古籍出版社 2017 年版，第 408—409 页。

有那些真正恪守像天地之道一样的组织之道的人。所以，理想化的最高组织管理者即便有作为，也不自恃己能；即便成功了，也不自居其功；说到底，是不想过分张扬自己的才能。

▌分析解读 ////

本章在上一章基础上具体阐述最高管理者应该如何平衡软实力和硬实力之间的关系。

上一章讲组织应该将软实力置于硬实力之上，但这与人们对硬实力和软实力之间关系的惯常看法并不相同。一方面，人们日常所见，无论是个人还是组织，都是有硬实力者能够战胜对手，而软实力的效果却难以察见；另一方面，如果真要把软实力置于硬实力之上，那又该如何协调两者的关系，让硬实力和软实力相得益彰呢？这或许是现实中组织的最高管理者不得不面对的问题。

老子以做弓时给弓上弦为例，先阐明了天地的运行方式，进而以天地的运行方式来反衬管理者的行为方式。要给弓上弦，确保弓弦的位置准确、松紧适度，就必须不断调整弦的位置和松紧度，而调试不可能一次到位，这就有了"高者抑之，下者举之；有余者损之，不足者补之"的说法。其中，"高者抑之，下者举之"，是就弦的位置而言；"有余者损之，不足者补之"，则是就弦的松紧度来讲的，"有余"，意味着太松，"不足"，表明过紧，都需要调整。只有经过反复调整，弓弦才能上到位，且松紧适当。在老子看来，给弓上弦并不断调整以达到平衡的过程，与天地的运行方式异曲同工。天地间万物之所以能达到如此和谐的动态平衡，也必定经历了一个不断的试错或调整过程，而这个过程的本质则是"损有余而补不足"。也就是说，天地的运行方式总是通过减损那些有余的来补偿那些不足的，从而达到一种动态平衡的和谐状态。

值得注意的是，这里的"天之道"，并不是指天地之道，而是指天地在运行时所遵循的路径或方式。当然，天地的运行方式必定是符合天地之道的，却不能因此而将天地的运行方式直接等同于天地之道。同样，组织之道也不能等同于组织的行为方式，现实中很多组织的行为方式不一定都符合组织之道，甚至会违背组织之道。因此，如果将这里的"天之道"直接等同于天地之道，也就难以理解接下来老子要说的"人之道则不然，损不足以奉有余"。这恰是针对个人和组织的行为方式来讲的。如果这里的"人之道"指的是组织之道，那么，组织之道应该像天地之道一样，也是"损有余而补不足"的，又何来"损不足以奉有余"呢？但是，如果将这里的"天之道"理解为天地的运行方式，将"人之道"理解为个人和组织的行为方式，那么，这种"天之道"与"人之道"的反差也就容易理解了。

天地的运行方式必然会符合天地之道，这是自然而然的，也是毋庸置疑的；但是，个人和组织的行为方式却不一定会符合组织之道，而且，还极有可能会违背组织之道。也正因为如此，个人和组织的行为方式才会出现"损不足以奉有余"的表现。追根溯源，还在于人们只看到以物化资源为基础的硬实力对于个人和组织的重要性，而无视以组织之道为核心的软实力的价值。在物化资源稀缺的前提下，当个人和组织不断去谋求物化资源、积累硬实力的时候，表面上看，正是那些拥有更多物化资源和更强硬实力的个人和组织，才能获取更多的物化资源，让自身的硬实力变得更加强大。这便是一个非常典型的"损不足以奉有余"的过程。

但遗憾的是，那些不断加速推进这一过程的组织和管理者，好像并没有认识到这个过程的另一个侧面，即强大同时意味着衰亡，也就是老子在上章所讲的"坚强者死之徒"。那些不断加速实现"损不足以奉有余"的组织和管理者，确实强化了自己的硬实力，但也在快速将组织推向衰亡。所以，老子才反问一句："孰能有余以奉天下？"也就是说，又有哪位最高管理者，能做到把自己的有余奉献给天下那些不足者，从而真正追求"上善"呢？

实际上，老子在第 8 章提出的"上善"，就是一种最广大的共同利益，而对于那些追求"上善"的最高管理者及其组织来说，就是要像"天之道"一样，通过"损有余而补不足"的行为，让最广大的利益相关者如同天地间万物那样处在一种和谐可持续发展的状态中。这意味着，"唯有道者"才能做到"有余以奉天下"，而这里的"有道者"，就是指能遵循像天地之道一样的组织之道，致力于追求"上善"的最高管理者。这样的最高管理者也就是老子意义上的"圣人",其在平衡组织的硬实力与软实力之间关系上的具体做法必然是"为而不恃,功成而不处,其不欲见贤"。

理想化的最高组织管理者或"圣人",当然要关心组织的硬实力,辅助组织各项事业的发展,但是,无论各项事业的发展还是硬实力的建设,都必须建立在其他管理者和一般组织成员的共同努力之上,而且,这种共同努力又必须是在观念共识和规则遵从下的共同行为,而不是最高管理者的个人意志使然,更不是最高管理者自以为是的结果。否则,如果最高管理者只相信自己所拥有的至高无上的权力,自以为组织各项事业发展都是由自己的权力推动的,那么,最高管理者这种"为而恃"的行为,必然不断强化自身的权力,以至于完全将个人意志凌驾于组织之上。这样做的最高管理者,在组织内部尚且都还是"损不足以奉有余",更遑谈让整个组织做到"有余以奉天下"了。所以,老子才有针对性地强调"功成而不处",也就是说,组织一旦通过共同努力得到了阶段性成功,获取了更多物化资源,建立起更强大的硬实力,最高管理者一定不能居功自傲;只有超越自视伟大、自以为是的心态,最高管理者才有可能在组织内外部公正地做到"有余以奉天下"。

不管是"为而不恃"还是"功成而不处",说到底,都要最高管理者"不欲见贤"。这说的是,最高管理者不应企图显示自己多有才能。如果最高管理者总想显示自己的才能,那么,在众人的迎合和恭维之下,最高管理者必然会心安理得地认为,自己享有这一切、自己的组织拥有更多物化资源都是应该的,不过是因为自己有能力、自己的组织更强大,由此更会理直气壮地去"损不足以奉有余",那会离开"天之道"的"损有余而补不足"越来越远。所以,最高管理者"不欲见贤"的深层次含义,就是要清醒地认识到自身的局限性,不管是在组织内部还是外部,都只有与他人分工协作,才能共创价值、共同发展。

严格来说,在组织内外部的分工协作体系中,很难说谁比谁更"贤",哪个组织比哪个组织更"贤"。当人们热衷于所谓"贤"的比较时,恰表明只是从看得见、摸得着的物化资源和硬实力出发考虑问题,而一旦超越了物质资源和硬实力，让软实力成为优先考量的价值尺度，人们反倒能够更深刻地认识到比较之不可能，只有相互合作、彼此尊重，才是任何人、任何组织得以和谐可持续发展的根本保证。

▌管理要义 ////

做管理，必然要对物化资源进行配置，因此就不能不讲效率。管理者以往在关注资源配置效率时，或许看到的只是所谓横截面上的效率，也就是在某个时间点上，由物化资源的投入与产出比所体现出来的效率，因此更倾向于将物质资源不断追加到那个投入产出比高的体系中，从而导致物化资源配置上的优势积累，即高者愈高，低者愈低。但是，如果从纵向发展的视角来看问题，便容易发现，这种物化资源配置上的优势积累可能隐藏着巨大风险。一旦环境发生重大改变，原本有优势的物化资源配置体系就会被淘汰，而组织也将因路径依赖面临潜在危机。鉴于此，管理者必须从动态平衡的角度来看物化资源配置问题，不仅要关注横截面上的效率，同时还应超越当下物化资源配置和效率诉求，给一些边缘的、看似无效率的探索以必要的机会。

《老子》第78章

天下莫柔弱于水，而攻坚强者莫之能胜，其无以易①之。弱之胜强，柔之胜刚，天下莫不知，莫能行。是以圣人云，受国之垢②，是谓社稷③主；受国不祥，是为天下王。正言若反。

字词注释

①易：这里是替代的意思。

②垢：这里是耻辱的意思。

③社稷："社"，指土地神；"稷"，指谷神。"社稷"，指代诸侯国。

▌今文意译 ////

天地间没有什么能比水更柔弱，然而在攻坚克强上又没有什么能胜过水。从这一点上看，没有什么能替代水的作用。弱胜强、柔克刚，这个道理没有人不知道，却又没有谁能真正践行。所以，理想化的最高组织管理者才说：能够承受整个诸侯国的耻辱，才称得上诸侯国的国君；能够承受整个诸侯国的灾难，才是全天下所公认的君王。正面的话一旦说出来，就好像反面的话一样。

▌分析解读 ////

本章再次用水作隐喻，以阐明上章所讲的"有余以奉天下"的行为方式。

老子这里又举水的例子，一方面是要说明，水总是向低处流，正像第8章所讲的那样，"水善利万物而不争"，这正体现出"天之道，损有余而补不足"的行为特征。另一方面也是要表明，虽然水看上去很柔弱，好像无法做到"损有余"，因为那些"有余"者已经集聚起更多物化资源，显得坚强无比，凭这么柔弱的水的力量，又如何能"损"如此强大的"有余"者，以补偿那些更弱小的"不足"者？但实际上水却具有无坚不摧的力量。因此，当老子说"天下莫柔弱于水，而攻坚强者莫之能胜，其无以易之"时，潜台词便是，水虽然看上去是天地间万物中最为柔弱者，但最终能攻破一切坚强者又非水莫属。甚至可以说，在这方面，天地间还真找不出能代替水的这种功能的东西。

这个隐喻非常深刻。对组织管理而言，水就象征着看似虚无、柔弱的作为观念形态存在的组织之道。又有谁会直观地体验到组织之道及其所代表的软实力的力量呢？人们习惯于比较那些能直接体现物化资源和硬实力的数字，并借助数字去直观地感受一个人或一个组织的力量，却忘记了作为观念形态存在的组织之道，一旦深入人心，为人们所认同和践行，会迸发出无比巨大的力量，足以改变一切形态的物化资源和硬实力。这可能正是人之为人、组织之为组织，区别于动物群体的独特之处。既然人是有精神或思想的存在，由人构成的组织当然也离不开关于精神或思想的观念共识。管理者只有激活人们的精神或思想的潜在力量，各类物化资源的创造性使用才会成为可能，组织的可持续发展也才会有不竭的动力源泉。

做组织管理，不可避免地要面对物和人。如果管理者首先关心的是物，甚至要将人物化，那么，在管理者眼里，便只有物化资源及其所代表的硬实力。这样的组织可能看上去很强大，却逃不出物化资源的宿命，即"坚强者死之徒"。相反，如果管理者首先关心的是人，努力从人与物的本质区别出发去激活人所独有的精神或思想，由此赋予物以意义，创造更广大的共同利益，那么，这个有着观念共识的组织便有可能凭借一代又一代组织人所独有的创造力，摆脱物化资源的宿命，超越个体的生命周期，实现基业长青。实际上，组织得以基业长青，必定扎根于观念之中。作为有形存在的物化资源和硬实力总会随时间而消失，但精神或思想却可以传承下去，并以此为基础，创造出全新形态的物化资源和硬实力。这才是组织的软实力能够超越硬实力，并主导硬实力的秘密所在。

当然，正像水滴石穿需要时间的积累一样，软实力的培育及其对硬实力主导作用的发挥，同样需要时间的积累。软实力只有通过组织人的培养才能慢慢建立起来，不像硬实力，甚至可以通过租借或购买物化资源来实现。俗话说，"十年树木，百年树人"。真正有精神或思想追求的人，要经过三代人以上的持续努力，才能培养出来。所以，能够认识到软实力像水一样重要和有力量是一回事，而能否真正做到从长计议，"风物长宜放眼量"，在一个更长的时间尺度上去致力于践行组织之道及培养组织人，又是一回事。很多管理者尤其是最高管理者，往往只关心眼前看得见的物质利益，而忽视看不见的未来，更不重视不一定有眼前效果的组织人培养对于那看不见的未来的深刻意义。其实，恰是这两个"看不见"的叠加，即"看不见的未来"和"看不见直接效果的组织人培养"的叠加，才造成老子所说的那种现象，即"弱之胜强，柔之胜刚，天下莫不知，莫能行"。

"弱之胜强""柔之胜刚"，特别是用水作隐喻来说明时，似乎很好理解，但真正践行起来，却并不容易。原因很简单，人们所能直接观察到的，往往都是暂时的强胜弱、刚克柔，而反过来弱胜强、柔克刚，则是较长时间积累的结果，难以直接观察到。就像水滴石穿，有谁能一直在那里看着水将石头击穿？这不过是一个漫长的时间积累效应，当人们观察到这个效应时，已不知有多少时间过去了。现实中，人们虽然都懂得水滴石穿这个道理，但不一定愿意耐心等待"石穿"那一刻的到来。恐怕也只有在理想条件下，那些理想化的最高组织管理者，才能认同并践行这个准则，既关注软实力，又不忽视硬实力，让两者相辅相成。

所以，老子最后才说，"是以圣人云，受国之垢，是谓社稷主；受国不祥，是为天下王"。最高管理者要承担起组织可持续发展的重任，就必须准备为组织培育软实力、增强硬实力而做出牺牲。因为如果把软实力置于硬实力之上，一方面就必须从培养组织人入手，另一方面还必定要付出眼前不一定看得见收益的成本。这些都可能让组织面临眼前的巨大挑战，甚至可能给组织带来一定的损失。如果一遇到困难，最高管理者就推卸责任，找替罪羊，其结果必然是整个组织都围绕着上面定的明确指标做事，没有人愿意冒风险去尝试做那些眼前没有直接收益的探索。如此一来，培育软实力以服务于组织长远发展，也只能是一句空话。老子讲"正言若反"就是这个意思。那些真正有利于组织长远发展的建言，对眼前利益来说则好像是一种损失，如同反面的说法一样。正所谓"良药苦口"。关键看管理者尤其是最高管理者如何取舍。

▌管理要义 ////

做管理，要在长期发展与短期利益之间做出恰当的权衡，的确有挑战性。当长短期利益一致时，也就不存在权衡与取舍的问题。如果任何情况下组织的长短期利益都一致的话，那么，做管理也就太容易了。一个典型的长短期利益不一致的问题可能是：到底是优先关注软实力，还是以硬实力为核心。这个问题落实到某个具体管理岗位上则是：文化责任和绩效责任哪个更重要。恐怕没有哪位管理者会否认文化责任的重要性，但在实际管理工作中，处于议事日程第一位的又总是绩效责任。从深层次来看，这正说明管理者更关心硬实力，而相对忽略软实力。原因很简单，硬实力即时可见，绩效也能量化考核；而软实力虚无缥缈，文化更是难以衡量。从管理岗位职责的履行来说，硬实力和绩效更直接，硬碰硬，说得出口，拿得出手；而一提到软实力和文化，那只能是一种长期积累之后的效果，又有谁能说就是自己的功劳？这恐怕是大多数组织都无法实现基业长青的管理原因所在。要突破这个管理瓶颈，或许只能从管理者的选择和培养入手。如果管理者都没有精神或思想上的追求，却期望让组织成为有文化的组织，那是不可能的。

《老子》第79章

和大怨①，必有余怨，安②可以为善？是以圣人执左契③，而不责于人。有德司④契，无德司彻⑤。天道无亲，常与善人。

字词注释

①大怨："怨"，埋怨、抱怨的意思。"大怨"，即大规模的抱怨，也指组织中带有普遍性而非个别的抱怨。

②安：这里是哪里、怎么的意思。

③左契："契"，这里是凭证、契约的意思。"左契"，古时候的木契分左右两半，债权人和债务人各执一半，日后左右相合则为凭据。按"吉事尚左"的原则，一般来说，由债权人持左契，债务人持右契。这里是用当时的契约关系作隐喻，比喻最高管理者代表组织，是委托人，也相当于债权人，将管理权委托给其他管理者，后者作为代理人，也相当于债务人。因此，"左契"，在这里可以引申为关于管理授权的规则制订。

④司：这里是掌管、管理的意思。

⑤彻：指周王朝时期的田税制度，这里可以引申为物质利益。

如果想凭借个人的意志去调和组织中出现的大规模抱怨，那一定会引发更多的抱怨，又怎么能引领人们去追求共同利益呢？所以，理想化的最高组织管理者通过制定规则来授权他人，却又不过分苛责被授权者，也不急于求成。真正有德行的管理者总是通过规则来实施管理，而那些无德行的管理者，则总是通过物质利益来实施管理。正像天地的运行无所谓亲疏一样，真正有德行的管理者也总是只认同追求共同利益而非小群体利益的人。

■ 分析解读 ▰▰▰▰

上章讲的是最高管理者应怎样处理组织的软实力与硬实力之间的关系，而本章则着重阐明最高管理者应怎样处理与其他各级管理者之间的关系。

组织本质上是一种观念的存在，但同时也是由人构成的利益共同体。虽然组织有着共同的目标追求和共享的利益基础，却又不能否认，组织中不同个体及群体的利益并不完全一致，由利益差异所引发的组织内部冲突在所难免。这不仅会导致组织中有抱怨，而且还可能会产生大规模抱怨。一旦带有普遍性的大规模抱怨出现，无疑会让代表组织的最高管理者面临巨大挑战。如何应对组织中大规模抱怨，的确是让最高管理者颇感头疼的问题。可能有的最高管理者自认为代表组织，是组织物化资源的所有者，因此，作为委托人，便想凭借一己之力去调和大规模抱怨，但结果却可能是，一波未平一波又起，抱怨会接二连三地出现。就事论事、治标不治本，难以从根本上解决抱怨问题。所以，老子才直言不讳："和大怨，必有余怨，安可以为善？"

老子要表达的意思很清楚，组织必须以共同利益或"善"为终极目标，这也是老子在第8章讲"上善"时就已明确的组织之道的核心要义；但是，组织追求共同利益，以共同利益为根基，并不意味着组织内部的利益总是一致的，不会有利益分歧。毕竟共同利益是由组织的整体利益和组织成员的个体利益构成，而整体利益与个体利益之间可能有冲突，不同个体利益之间也可能有冲突，因此，在追求共同利益过程中，组织内部产生利益分歧乃至冲突，组织成员有各种各样的抱怨，甚至包括带有普遍性的较大规模的抱怨，都是正常的。关键在于管理者尤其是最高管理者如何正确看待这些冲突和抱怨，是否能从根本上解决问题，以确保组织可持续地追求和创造共同利益。如果最高管理者和其他各级管理者只想依靠个人意志、一厢情愿地去解决利益分歧和抱怨，那只会让分歧和抱怨越来越多。正确的解决方式，应该是从组织之道出发，用规则来清晰界定和保护各方利益，而在执行规则时又能比较宽厚地对待各方利益诉求。这就是老子所说的"是以圣人执左契，而不责于人"。

在这里，老子是用借贷双方的合同关系，来隐喻组织中的利益关系，一方面阐明了规则之于内部利益关系调整的基础作用；另一方面也表明，管理者在执行规则的时候，应该具体问题具体分析，以较为宽容的态度对待组织成员。在借贷关系中，订立合同是基本要求，这便突出了正式规则在处理利益关系时的首要性。试想，如果借贷双方只是口头承诺，没有书面契约的保证，一旦出现利益纠纷，又如何能说清楚，问题又如何能得到妥善解决？还不是会由一个问题牵扯出另一个问题，问题扣问题，没有终结。而一旦有了合同，对话的前提条件起码具备了，也省掉了很多不必要的纠缠和节外生枝的可能。但是，有合同是一回事，如何看待和执行合同又是另外一回事。如果当事人不考虑各种环境条件的变化，只是一味地死扣合同条文，机械地执行合同，反倒很有可能激化借贷双方潜在的利益矛盾，带来不必要的误解和冲突，破坏了原本良好的合作关系，最终很可能是得不偿失。老子以此来比喻组织内部的委托代理关系，不仅很有启发，而且更有深意。

从组织的最高管理者与其他管理者或职业管理者的关系角度看，最高管理者聘用了一名职业管理者，便相当于把一定的物化资源的使用权"借给"了这名管理者，而这名管理者所接受的特定管理岗位及其由规则界定的职责，就相当于"借贷"契约。在这种委托代理关系中，作为委托人的最高管理者，相当于执"左契"的债权人；作为代理人的职业管理者，则相当于执"右契"的债务人。最高管理者有权利要求职业管理者严格按照岗位职责的规定去行使权力、使用资源，但是，由于环境条件在不断变化，最高管理者不可能事先把一切条款都制订得清楚明白，从而要求职业管理者必须怎么做。如果最高管理者无视可能的环境条件变化，死扣规则条文，非要职业管理者必须怎样，那么，可想而知，职业管理者也只能被动地按照岗位职责要求刻板应对，而无法运用自己的专业知识技能去随机应变，创造性地解决问题，追求共同利益，并培养有利于组织长远发展的组织人。以此类推，职业管理者面对其他组织成员时，也会有授权，同样存在委托代理关系，这时是由职业管理者扮演着"执左契"的委托人角色，如果他们也只是苛求其他组织成员，同样会扼杀其他组织成员的内部动机和创造潜能，致使整个组织失去创造和创新的活力。这才是老子之所以要说"圣人执左契，而不责于人"的深意所在。

严格来说，组织的规则是在组织之道的指导下制订出来的，并内含着组织之道，也是组织之道的重要载体；而且，组织的最高管理者及其他各级管理者也必须认同和践行组织之道，这样才能让规则的制订和执行有内在一定之规。所以，代表组织之道在人身上的体现的"德"，与代表组织之道在规则上的体现的"契"，必然是相符合的。那些有德行的最高管理者及其他各级管理者，必然会通过规则来实施管理，也就是老子所说的"有德司契"，这也是"圣人执左契，而不责于人"的必然结果。有德行的最高管理者及各级管理者通过规则实施管理，而且在规则的空白处，又能给那些认同组织之道的下属留下更大的自由裁量空间。

相反，那些不认同组织之道，也不可能遵循组织之道来制订规则的最高管理者，要实施管理，便只好诉诸物质利益，只能用物质利益的奖惩手段来实施管理，这在相当程度上就会造成"和大怨，必有余怨"的结果。因为如果没有一以贯之的制订规则的指导思想，也就不可能制订出清晰明确、彼此协调的规则，而要仅凭最高管理者及各级管理者的个人意志，只用物质利益奖惩来实施管理，就必然会在组织内部围绕管理权力形成各种或近或远、或大或小的利益圈子。组织中有了这种基于权力和利益的亲疏远近关系，"和大怨，必有余怨"自然难以避免，而追求共同利益也只能是缘木求鱼。正因为如此，老子最后才再次用天地运行方式设喻，告诫最高管理者及各级管理者必须像天地的运行一样，保持行为的公正无私，即"天道无亲，常与善人"。

"天道无亲"也是双关语，既是说天地的运行方式无所谓亲近疏远，正像第5章讲"天地不仁"一样，而第77章讲"天之道，损有余而补不足"，也是"天道无亲"的典型表现；这句话同时又暗示着组织之道正像天地之道一样，也无所谓亲近疏远，就像第5章同样讲"圣人不仁"，而第77章还讲"有道者""有余以奉天下"。但是，天道虽然"无亲"，却永远与万物在一起，只关注万物的共同利益，与万物的共同利益保持一致，而组织之道也一样，其核心要义便是"上善"，也就是组织最广大的共同利益。因此，组织之道永远与那些追求并创造共同利益的人在一起，犹如天地之道永远与万物的共同利益息息相关。在这里，天地之道及万物都不过是老子为了说明组织之道与组织中的人和事的设喻对象，老子真正关心的是人和组织的问题。组织之道只能存在于人的心中，不可能存在于冥冥之中。当人们在观察万物，以体会天地之道的时候，实际上不过是借此联想人应该持有什么样的观念，才能在组织中更好地成长。

当老子说"天道无亲，常与善人"时，并不是说在冥冥之中有一种超越人和物之上的法则，决定着人在使用物做事时会有什么样的结果，而是要告诫最高管理者，组织之道本质上就是一种关于共同利益的观念，组织要生存和发展，就必须有一群认同和践行组织之道的人，正是那些认同和践行组织之道的人，成为执着追求和创造组织的共同利益的"善人"，组织之道存在于"善人"心中，与"善人"同在，因此，代表组织的最高管理者，要遵循组织之道，实现组织的可持续发展，也就必须与那些追求组织共同利益的"善人"在一起，并切实做到"有德司契""执左契，而不责于人"。

▌管理要义 ////

组织中存在利益纷争乃至冲突是正常的，关键看管理者用什么方式去解决问题。要解决利益纷争问题，不能只靠管理者的个人能力，也不能等到问题出现了，再去就事论事地逐一解决，那样的话，问题不仅永远解决不完，而且在解决问题的过程中又会制造出新问题。解决利益纷争问题的恰当思路应该是：

在源头处就要首先清晰地界定并有效保护每位组织成员应得的利益，而这就需要规则，但在规则制订之前，又必须明确组织的价值观念是什么，这才是制订一切规则的根本指导思想。没有指导思想的规则无法成体系，也不可能一以贯之地执行，更无法在应对变化中适时调整。当然，规则的制订和执行都离不开人，没有认同和践行价值观念的人，合理地制订规则和坚决地执行规则都只能是一句空话。因此，解决组织中利益纷争问题的治本之策，便在于价值观念、规则体系和人的三位一体，缺一不可。

《老子》第80章

小国寡民，使有什伯人之器①而不用，使民重死而远徙②。虽有舟舆③，无所乘之；虽有甲兵④，无所陈⑤之；使人复结绳⑥而用之。甘其食，美其服，安其居，乐其俗。邻国相望，鸡犬之声相闻，民至老死不相往来。

字词注释

①什伯人之器：王弼本原为"什伯之器"①，而河上公本是"什伯人之器"②，帛书甲本为"十百人之器"、乙本为"十百人器"③，都有"人"字，据此，补上"人"字。这里的"什"，同"十"，指十倍；"伯"，通"佰"，指百倍。"什伯人之器"，即有十倍百倍于人工的器具，以此隐喻那些在做管理中大而化之、投机取巧、瞒天过海、做表面文章的勾当。

②重死而远徙：王弼本原为"重死而不远徙"④，而帛书甲乙本均无"不"

---

① ［魏］王弼著，楼宇烈校释：《王弼集校释》（上），中华书局1980年版，第190页。
② 王卡点校：《老子道德经河上公章句》，中华书局1993年版，第303页。
③ 高明：《帛书老子校注》（上），中华书局2020年版，第213页。
④ ［魏］王弼著，楼宇烈校释：《王弼集校释》（上），中华书局1980年版，第190页。

字①。"远"，在这里是动词离开、疏远的意思；"徙"，即迁移、调职、调动。因此，"远徙"的含义即避免迁移、避免调职的意思，无需再加"不"字。据此，删去"不"字。"重死而远徙"，这里用以比喻人们同自己所在的小组织单元融为一体，生死与共，不离不弃。

③舟舆：即船和车，以此隐喻可以获得的外部机会。

④甲兵：即铠甲和兵器，以此隐喻硬实力。

⑤陈：这里是施展、展开的意思。

⑥结绳：《周易·系辞下》中说："上古结绳而治，后世圣人易之以书契，百官以治，万民以察，盖取诸夬。"②"结绳"，也就是借助在绳子上打结来记录事项，这里比喻为纯朴、专注、专一。

今文意译 ////

对于大组织而言，必须化小管理单位，让各个小组织单元与其成员融为一体。在这样的小组织单元里，那些大而化之、投机取巧、瞒天过海、形式主义的管理做法，便都没有了用武之地，人们也能够与小组织单元生死与共，不离不弃；即便外部有再好的机会，人们也不愿意离开；哪怕自身有硬实力，也往往用不上。因为每个小组织单元都有清晰的权利界定，不必去侵夺其他小组织单元的利益，也不用担心自己的利益被侵犯。这样人们才能在自己的小组织单元里专注于某项活动，从而产生更有价值的结果，这才是创新的根本保证。在这样的小组织单元里，人们既有物质利益的满足，又有精神价值的追求，比如甜美的饮食、华美的衣服、舒适的居所、良好的氛围；虽与其他小组织单元信息相通、知识共享，却不用相互攀比、往来较量。

---

① 高明：《帛书老子校注》（上），中华书局2020年版，第213页。

② 陈鼓应、赵建伟注译：《周易今注今译》，商务印书馆2016年版，第650—651页。

▍分析解读 ////

本章讲理想化的管理模式。具体地说，本章包括三层含义。

首先，老子简要概述了他认为理想化管理模式的核心要旨，即"小国寡民，使有什伯人之器而不用,使民重死而远徙"。这里的"小国寡民",就是要使"国"变小，让"民"变少的意思，也即化小管理单位，让每个具体的组织单元都成为一个紧密联结、合作互助的团队。这是老子认为理想化管理模式的核心所在，也是针对当时普遍存在的要做大做强诸侯国，从而走上穷兵黩武、侵略兼并之路的管理倾向的有力批判。

大组织的管理确实会面临很大挑战，尤其是在当时信息传播和交通工具都有严重局限的条件下，要对大组织实施有效管理，难度可想而知；而要让组织之道在一个大组织中深入人心，更是难上加难。虽然管理者的选择非常重要，但在大组织中过度依赖管理者，往往又会带来权力集中的问题。这将会导致整个组织的管理失控，各部门、各区域的管理者各自为政，无视组织之道和规则体系；更重要的是，组织规模越大，管理中的信息不完全和不对称就越严重，这会让滥竽充数、搭便车等现象层出不穷，而当各级管理者利用手中权力人为制造信息不完全和不对称，以达到欺上瞒下、损公肥私的时候，这种现象更会在组织中迅速蔓延开来，使组织很快走向一盘散沙、貌合神离的解体状态。这种情况在老子所处时代已经比较普遍，像周天子形同虚设、一些大诸侯国分崩离析，直观地看，都是因为组织太大，内部缺乏共享的组织之道和规则体系，组织认同日趋分化，组织已不能再称为一个统一的组织，不过是一种极度松散的聚合体，一旦有什么风吹草动，很容易就烟消云散。

正是针对大组织固有的管理弊病,老子才给出了对症之药，即"小国寡民"。也就是说，只有化小管理单位，让每个基本的小组织单元都成为一个紧密合作的团队，才能从根本上克服组织认同弱化的问题以及管理过程中人为操纵和形式化问题。毕竟在紧密关联、休戚与共的团队中，相互之间更容易建立信任，而不需要动用各种复杂的管理技巧和工具，这会大大节约管理成本；可能更重要的是，人们在这样的团队中更容易切身感受到利益和价值的一致性，并基于这种一致性而紧密地团结在一起，产生强大的凝心聚力效应。这恰是老子说"使有什伯人之器而不用，使民重死而远徙"的意义所在。

这里的"什伯人之器"，表面上看是指那些十倍甚至百倍于人工的器具，但是，老子在这里实际上是用比喻的方式来讲管理问题。简单地说，在"小国"或化小的基本组织单元中，根本就用不上那么复杂的管理设计，像大组织里常有的繁复的管理体系和管理活动，本身也是一种成本，而且这种成本还会自我膨胀、越来越高，最终走向严重的管理形式主义、文牍主义，这是大组织的管理病的典型表现。具体地说就是，管理体系越来越繁复，管理流程和工具越来越繁多，看似在某个具体事件的处理上很高效，也可以代替很多人工，但是，如果从组织的整体和长远来看，却是严重的低效率。因为这种繁复的管理体系、繁多的管理流程和工具，会自动地创造出越来越多无用的事项来，由这些无用或原本并不需要的事项所带来的时间、精力、资源的消耗，加起来会更大；而且，随着组织规模的扩大和时间的推移，这种无用之事和无意义之事只会成倍增加，由此所带来的成本，远远抵消了因各种流程和工具进步所带来的收益。由于人们往往只看到眼前的某一个事件处理上的成本节约，而完全忽视或原本就看不见全局和长远上的更大损失，所以才会在不知不觉中让整个管理体系更趋繁复，管理流程和工具不断增加，以至于到后来即便能认识到问题的严重性，也没有一位管理者哪怕是最高管理者有能力去改变现状。当然，也不排除还有少数管理者，为了个人的私利，在有意地推波助澜，不断加速这个进程，最终将大组织推进解体的深渊。

这种大组织的管理之病，2500 多年前如此，今天可能还是如此，只不过随着技术进步，从患病到解体的速度大大加快了而已。要克服这种大组织的管理病，恐怕也只能用化小组织管理单元这一剂老子早在 2500 多年前就已开具的药方。只有在化小的组织单元里，人们才能休戚与共、不离不弃；也不需要过多的管理干预，更不需要设计那么繁复的管理体系、动用如此繁多的管理流程和工具。这便是老子说"使民重死而远徙"的深意所在。

其次，通过化小管理单位，实现了人和基本组织单元融为一体，自然就会达到这样一种效果，即"虽有舟舆，无所乘之；虽有甲兵，无所陈之；使人复结绳而用之"。这里的"舟舆"，看似是用于迁徙的交通工具，实则隐喻外部更好的机会，而"虽有舟舆，无所乘之"，更深层的含义却是，由于人们建立起对小组织单元的认同和信任，从而产生出强大的向心力和凝聚力，能专心于本身的事业和工作，而不再会站这山看那山高，总是不满足，想跳槽。一个人如果没有持之以恒的工匠精神，什么事可能都做不好，更别说那些需要分工协作、齐心协力、长远投入的有挑战性的事业了。

这里的"甲兵"，看上去是指武器装备，实际上是隐喻硬实力，而"虽有甲兵，无所陈之"，则说的是，即便有硬实力，也不需要使用。意思是，在这种紧密协作的小组织单元中，一方面，内部相互信任，彼此团结互助，根本就不需要用硬实力去威胁对方；由于管理变得很简单，管理者也不必依赖硬实力去发号施令；人们在这样的小组织单元中，不是说不要硬实力，而是不需要仰仗硬实力来实施内部管理。另一方面，即使在处理各个基本组织单元之间的关系时，也不需要用硬实力去说话；既然在划分小管理单位时已经清晰界定了各个组织单元之间的责权利关系，那么，各个组织单元只需要借助组织之道和规则体系来调整相互之间的关系即可，既不必觊觎其他组织单元的资源和利益，也不必担心其他组织单元会侵犯自己的资源和利益，又何必要使用硬实力来相互威慑要挟呢？

既然各个基本组织单元都做到了"虽有舟舆，无所乘之""虽有甲兵，无所陈之"，那么，组织单元的内部管理也就变得很简单了。所以，老子才说，"使人复结绳而用之"。这里的"结绳"，即"结绳记事"，隐喻上古时期最简单的管理方式，正如《周易·系辞下》所说的"上古结绳而治"[1]。老子这里并不是要回到上古那种最简单的管理方式，而只是以此为隐喻，在于说明，一旦在最基本的组织单元里建立起认同和信任，人们完全能够做到自我管理和团队协作，组织管理反而变得简单了，根本用不上那么繁多的流程和工具，只要有组织之

---

[1]　陈鼓应、赵建伟注译：《周易今注今译》，商务印书馆 2016 年版，第 650 页。

道和规则体系就够了。当管理大大简化后，人们就不必把时间和精力过多地用于琢磨管理者的意图和满足管理的各种要求，而可以全身心地投入履行职责及做真正感兴趣的探索，这才有可能在专注的基础上实现创造和创新。创造和创新绝不是所谓的灵机一动或灵光一闪。抖机灵式的创造和创新，来得快，去得也快，最多只能满足"包装"的需要。真正的创造和创新，一定是长时间自主潜心专注探索的结果，不可能是管理出来的，也无法用管理者的意志和复杂管理工具来促成。

最后，只有在这种简化管理的组织环境中，人们的内部动机才有可能被激活，从而成为所在组织的主人，专心致志于所从事的工作。这就是老子用极其形象化的语言所表达出来的思想，即"甘其食，美其服，安其居，乐其俗。邻国相望，鸡犬之声相闻，民至老死不相往来"。

这里的"甘其食，美其服，安其居，乐其俗"，指的是人们的内部动机被激发出来，发自内心地认同所在组织，自觉自愿地做着自己感兴趣的事，不断做出自己的贡献的一种理想状态。具体地说，"甘其食，美其服，安其居"，是从物质条件的层面来讲的，侧重于衣、食、住。这意味着，个体和组织的利益一致，组织的共同利益必然包含个体利益，而个体利益也融入组织的共同利益之中。正是在化小的管理单位中，才更容易实现个体和组织的利益一致，从而达到"上善"的理想。

"乐其俗"，则说的是精神追求及由此所形成的文化氛围。人们发自内心地认同和喜爱组织，这恰是组织之道深入人心的典型表现。当组织之道为人们所认同和践行，承载着组织之道的规则体系才能真正发挥资源配置和利益分配的功能，从而让"甘其食，美其服，安其居"成为可能。反过来，也只有规则体系真正发挥作用，确保人们实现"甘其食，美其服，安其居"，这才能从更根本处保证组织之道长远地深入人心，持续地支持组织发展。物质和精神是相辅相成的，只有让两者彼此支持，达到了"甘其食，美其服，安其居，乐其俗"的物质和精神双满足的状态，才有可能实现"邻国相望，鸡犬之声相闻，民至老死不相往来"的理想管理境界。

值得注意的是，这句话容易被误解为自我封闭、自给自足、互不交往。实际上，如果将这句话与本章的主旨及《老子》通篇的思想联系起来，便不难理解，老子在这里仍是用类比的表达方式，深刻阐明了他认为的理想化管理所应该达到的境界。

联系本章开头所讲的"小国寡民"，这里所说的"邻国相望,鸡犬之声相闻"，实际上指的是已经划分出的基本的组织单元之间的关系。这种关系用"相望""相闻"来表征，也就是能看见、能听到，表面上是在说空间距离很近，隐喻的却是基于组织之道的认同一致性和基于规则体系的利益一致性，也即心理距离很近。正因为有了这种认同的一致性和利益的一致性，那些基本组织单元之间便不再是相互竞争的关系，而是彼此合作的关系，所以，这里的"相望""相闻"，同时也隐喻彼此分享信息、共享知识、分工协作、共同创造更广大的组织共同利益。

这里所说的"民至老死不相往来"，并非实指人们从生到死都不相互交往，而是指建立在认同的一致性和利益的一致性基础上，人们不必再为利益而斤斤计较、反复讨价还价。可以想象得到，在那些没有价值观念认同和清晰的利益界定的大组织内部，经常出现勾心斗角、斤斤计较、你来我往、反复拉拢和打压的局面，其中的确有很多"往来"，但那种基于利益考量的"相往来"，不过只是"天下熙熙皆为利来，天下攘攘皆为利往"罢了。在老子看来，正是组织内部不断的"为利来""为利往"，让组织的共同利益不复存在，组织最终走向解体。为了克服这种典型的大组织管理病，老子才提出"小国寡民"，划小管理单位，建立休戚与共的基本组织单元，并用"民至老死不相往来"，隐喻在责权利清晰且有着组织之道认同的基本组织单元内部和组织单元之间，不需要再有各种徒增管理成本的讨价还价和互相比较，因为每个组织成员和每个基本组织单元都找准了自己在组织中的价值定位和利益定位以及应有的合作关系，那种不得不为各自利益"往来"争斗已变得既无必要，也没可能。

当然，老子这里讲的只是一种管理的理想境界，并不是指现实中实际存在的组织管理状态。但是，理想境界为观察和完善现实中的组织管理确立起了参照系，既能帮助人们更清晰地认识现实中组织管理的不足，也有助于人们理解和把握做管理、解决现实问题的各种边界条件。也就是说，要朝着理想境界努力，应该先从哪些基本前提条件入手。如果连边界条件都不清楚、也无法满足，却又想盲目追求理想化的管理境界，那将给组织带来预期不到的严重后果。

概括地说，要让化小管理单位、建立基本组织单元的"小国寡民"管理方式逐渐成为现实，至少要满足三个重要的前提条件：一是有明确的、一以贯之的组织之道；二是建立起严格的、公正透明的规则体系，清晰界定和保护组织成员的权益，同时又能在信息和知识的充分共享上保证透明，从另外一个角度来说，组织有共同语言，能让各类信息和知识得以充分表达、共享和理解；三是最高管理者及各级管理者能够在组织之道和规则体系上达成共识，并能身体力行组织之道，严格遵从规则体系。

这三个前提条件相互支撑，缺一不可。没有共同的观念，人心难以凝聚；没有共同的语言，观念难以实行；没有坚守共同观念和语言的管理者，观念和语言不过是形式，难以变成行动，更容易造就说一套、做一套的两面人。由两面人构成的组织，一定是两面的组织，而两面的组织又岂能实现可持续发展？

▌管理要义 ////

组织要在变化的环境中可持续发展，一定离不开创造和创新，但是，太过快速的变化又不利于那些有着长远且广泛影响的创造和创新产生。当人们热衷于相互攀比，甚至因眼前利益争夺而心浮气躁的时候，连自己到底对什么感兴趣都把握不住，又谈何有积累、有深度的创造和创新？组织要不断产生有价值的创造和创新，不仅需要有相应的人才，更需要营造一种让人们能够安心和专注的组织氛围。正是在这种氛围下，人们才能在心理上与组织的价值观念融为一体，在眼前和未来的利益上与组织的共同利益联系在一起，从而无后顾之忧地去认识自己、理解他人，体会组织的事业要求，找准自己的工作定位，安心而专注地做自己感兴趣又能做好的事。这样一来，对组织的可持续发展来说，真正有价值的创造和创新才能源源不断地涌现出来。要营造让组织成员得以安心和专注的组织氛围，一般来说，需要满足四个基本条件：

第一，管理者尤其是高层管理者要认同和践行组织的价值观念，愿意为组织的可持续发展而暂时放弃一些眼前利益。某种程度上说，组织的价值观念就是用于在长短期利益之间进行权衡和取舍的内在准则。如果没有这样的内在准则，也就不可能有营造安心和专注的组织氛围的种子或内在根据。

第二，必须从组织的价值观念出发，建立起界定和保护每位组织成员利益的规则体系，也即让组织的共同利益得以通过规则体系确定下来，从而避免受管理者个人意志的影响，也防止因人而变。

第三，以价值观念和规则体系为基础，形成组织的共同语言系统，让组织内部的信息共享、知识交流变得无障碍、透明化，这是保证管理公平公正、信任持续强化的根本前提。

第四，化小管理单位，构建融个体与组织为一体的小型工作团队，并授予充分自主权，这才是创造和创新得以源源不断地涌现出来的基本组织单元。

《老子》第81章

信言不美，美言不信；善者不辩，辩者不善；知①者不博，博者不知。圣人不积②，既③以为人，己愈有；既以与人，己愈多。天之道，利而不害。圣人之道，为而不争。

字词注释

①知：这里同"智"，有智慧的意思。

②积：形声字，本义指集聚谷物，这里是积蓄的意思。

③既：这里是尽、全部的意思。

可信的话不一定好听，好听的话不一定可信；追求共同利益的人不需要为自己的行为辩解，为自己行为辩解的人不一定在追求共同利益；有智慧的人不一定拥有广博的知识，拥有广博知识的人不一定有智慧。理想化的最高组织管理者不追求个人财富的积聚，而是尽力去帮助他人，自己反倒会更充实；尽力去给予他人，自己反倒会更富足。天地的运行方式总是有利于万物而不伤害万物，理想化的最高组织管理者的行为方式，则总是辅助各项事业成功而不与之相争。

■ 分析解读 ▰▰▰

作为最后一章，本章不仅对《老子》全篇做了概括总结，而且还暗示了只能用非人格化的机制来代替理想化的最高组织管理者或"圣人"，毕竟在现实中很难找到老子意义上的"圣人"。

老子首先从个体的言、行、知的角度，阐明了现实与理想之间的反差。老子说，"信言不美，美言不信；善者不辩，辩者不善；知者不博，博者不知"，隐含的意思是，要想从现实中那些可以获得的信息线索，来推断理想状态或现象背后的真实存在，是非常困难的。比如说，人们想要认识一个人，只能借助其言行及表现出来的知识水平等线索。这些线索虽然可以通过观察或交往来获得，但要从动听的言论去推断一番话可信还是不可信，是真的还是假的，是非常困难的。只是从语言本身，很难判断语言的可信度与真假，所以，才会有"信言不美，美言不信"的说法。当然，并非所有的"美言"都不可信，这更增添了根据说话好听与否来判断可信度及真假的难度。

人们总希望听到可信的话，却也不愿意被欺骗，而观察别人的行为，也总希望看到这种行为是在追求共同利益而非损人利己。但是，行为的结果却往往具有隐晦性和滞后性，不一定能在当下显示出来。当事人经常会说"我这样做都是为你好"，尤其是管理者，无论是说话还是做事都很冠冕堂皇，说话很动听，做事也总会利用信息不完全和不对称，辩解说这样做是为了组织的长远发展。

但现实中，那些热衷于替自己行为辩解的人，却不一定是在追求共同利益，而那些真正追求共同利益的人，则不一定会为自己的行为辩解。正所谓"清者自清，浊者自浊"，何须多费口舌。这样一来，反倒让追求共同利益的行为变得扑朔迷离，至少从眼前来看，到底谁在追求共同利益，并不那么清晰可辨。这正是"善者不辩，辩者不善"所要表达的意思。这里所用的"不"，是"不一定"的意思，并不是完全否定的意思。试想，如果"辩者"一定"不善"，那反倒容易辨别了，至少可以将那些替自己行为辩解的人都排除于追求共同利益之外，这岂不是简单了？实际上，正像有些"信言"也可以是"美"的一样，有些"善者"也可能是要"辩"的。正因为如此，才让在"言"中求"信"，在"行"中辨"善"，变得困难了起来。

另外，要想判断一个人是否有智慧，则是一件更难的事。人们也许只能从一个人所拥有的知识水平来推断其智慧，毕竟知识是学习的结果，而学习知识和运用知识的过程总能传递出一些信号。在某种程度上，知识似乎可以作为智慧的外显指标。但是，智慧与知识却不是一一对应的关系，有知识而无智慧的例子比比皆是；反之，有智慧也不一定非要有广博的知识。所以，老子才说，"知者不博，博者不知"。这里的"不"，同样也是"不一定"的意思。在现实中，有智慧而又拥有广博知识者不在少数，但要从有知识的人中去辨别到底谁有智慧，可就不那么容易了。现在的问题是，既然借助言行和知识对人和事的真实状态进行判断并不容易，那么，在现实中，人们又如何去辨别和发现到底谁才是像"圣人"一样的最高管理者呢？

对此，老子又说，"圣人不积，既以为人，己愈有；既以与人，己愈多"。意思是，理想化的最高组织管理者是与组织融为一体的，并不去集聚私人财富，因为组织的共同利益就是自己最大的利益，帮助了组织成员，让组织成员实现了个体利益，组织就会得到发展，而自己也就变得越富有、越充实。但是，在现实中，这种"圣人"真的存在吗？真能观察到组织的最高管理者在现实的管理实践中既"不积"，又能做到"既以为人""既以与人"吗？恐怕很难，倒是能看到各种打着追求组织共同利益的旗号，却拼命谋求个人私利和小群体利益的行为，这在老子所处时代可以说屡见不鲜。既然如此，那又如何才能让"圣人"的理想照亮现实，并在现实的管理实践中逐步得以实现？或许只能让现实中最高管理者的行为方式非人格化，这也在相当程度上暗示了用机制代替组织的最高管理功能的现实可行性。

当老子最后说"天之道，利而不害。圣人之道，为而不争"时，又是在用"天之道"作为类比，而这里的"天之道"，与第77章中的"天之道"一样，都是指天地的运行方式，只不过本章突出的是天地运行方式所具有的"利而不害"的特征，第77章则强调的是天地运行方式的"损有余而补不足"的特征。天地运行方式的这两方面特征本质一样，都是为了辅助万物生长。这也是《老子》全篇所贯彻的核心思想，即天地与万物彼此适应，相安无事，天地不与万物相争，反而有利于万物成长；万物则依赖并适应天地，与天地和睦共处。天地与万物之所以能达到这种完美的关系状态，原因很简单，天地与万物是不同的，天地不是万物，也不可能变成万物，当然就不会与万物去争夺什么；反过来，万物也不是天地，也不可能变成天地，当然也就不会去抗拒天地，而只会在适应天地过程中实现自我成长。

虽然老子是在用天地与万物之间的关系来隐喻组织与组织中的人和事之间的关系，而理想化的最高组织管理者又扮演着那个抽象组织的具象代表的角色，但是，不能否认的是，由最高管理者所代表的组织，不像天地那样与万物是两种不同性质的存在，最高管理者及其他各级管理者、一般组织成员都是人，而非性质完全不同的存在。这样一来，要想让最高管理者像天地那样无私地辅助组织事业的发展和组织成员的成长，就有问题了。或许只有在理想的条件下，那些老子意义上的"圣人"，才能做到"为而不争"，只是辅助组织事业的发展和组织成员的成长，而不与组织成员争夺利益。但是，现实中的最高管理者及各级管理者都是人而非"圣人"，又如何能做到"为而不争"？

所以，当老子在最后一章的结尾处说"天之道，利而不害。圣人之道，为而不争"的时候，其潜台词或许是，像"天之道，利而不害"一样的"圣人之道，为而不争"，只存在于理想条件下；而在现实中，由于"信言不美，美言不信；

善者不辩，辩者不善；知者不博，博者不知"，或许到处都充斥着假"圣人"。当假"圣人"横行时，寻找"圣人"就更不现实了。那该怎么办？从第1章所阐明的"道"与"名"的关系出发，结合本章的主旨及《老子》全篇的管理要义，或许可以推断，老子暗示的解决之道是：与其在现实中寻找人格化的"圣人"，还不如构建非人格化的组织机制；当组织之道与规则体系相结合，形成一个类似于天地那样的组织机制时，组织中的人和事才有可能如天地间万物般生生不息。

但问题是，天地并非谁设计的结果，而是源于天地之道的自然而然，这也是第25章讲"道法自然"的意义所在。既然如此，那么，让组织之道与规则体系相结合的力量又来自哪里？组织之道真的能像天地之道那样自主地生成规则和组织吗？严格来说，组织之道、规则体系乃至组织，离开了人，都不可能存在。只有人，才是认同组织之道，设计规则体系，并让组织之道与规则体系相结合，形成组织机制的真正主体和主导力量。但这里的人，到底是一个"圣人"，还是一批志同道合者，亦或更多普通人，却是老子留给后人的永恒管理难题，也是一个必须深入思考和回答的管理基本问题。直到今天，这个管理的基本问题仍在困扰和考验着管理的研究者、教育者和实践者。

▌管理要义 ////

管理者，无论是高层管理者还是中层或基层管理者，都应该依据价值观念和规则体系来做管理，但是，价值观念和规则体系又是从哪里来的？难道是由管理者确立的？这就产生了一个管理的基本问题，即到底是先有管理者，还是先有价值观念和规则体系？

在现实的组织管理中，普遍存在这样一种认识，以为价值观念和规则体系都是由管理者确立的。只不过由于管理层级的存在，管理者通常分为高、中、基三个层次，高层管理者为中层管理者确立价值观念和规则体系，中层管理者为基层管理者确立价值观念和规则体系，而基层管理者则为一般组织成员确立价值观念和规则体系。当然，这种层层嵌套的价值观念和规则体系又有不同的优先级和适用范围。由高层管理者确立的价值观念和规则体系的优先级最高，也适用于整个组织范围；而各个不同部门的中层管理者确立的价值观念和规则体系的优先级次之，适用范围也仅限于本部门；到基层团队管理层次，由基层管理者所确立的价值观念和规则体系的优先级最低，只适用于所在团队。在这样的组织中，人们只要沿着管理层级向上追溯，便可以找到各级管理权力的合法性来源及合理运用的依据，直至高层管理者那里，也就明确了组织的价值观念和规则体系的最终来源。这似乎表明，现实中总是先有管理者，后有组织的价值观念和规则体系。

但是，由组织的各级管理者来确立价值观念和规则体系，却隐含着一个重要前提，即管理者不仅要有高度的修养，还需要有丰富的知识，并能知人善任。这确实是对现实中管理者的极大挑战，而且，组织要实现可持续发展，还不能仅靠一两位这样的管理者，必须有一大批这样的管理者不断为组织发展做出贡献。这类管理者的缺乏，无疑是组织实现可持续发展的最大管理瓶颈。

要突破这个最大的管理瓶颈，恐怕需要重新认识管理者与组织的价值观念和规则体系之间的关系。组织的价值观念和规则体系的确立，并非组织管理问题，而是组织治理问题，需要在各级管理者实施组织管理之前完成。也就是说，要将由各级管理者参与的组织管理过程，与确立价值观念和规则体系的组织治理过程区别开来。一般来说，组织管理涉及的是狭义的权力运用，而组织治理则要界定和保护权利，并明确权利与权力之间的关系。只有先明确界定了组织中的权利归属，并建立起权利与权力之间的合理边界及权力运用的规则，才能有针对性地选择组织的各级管理者，以实施组织管理。

这表明，组织的核心价值观念和基本规则体系的确立，本质上是一个治理过程，而非管理过程，不应该由各级管理者哪怕是高层管理者来主导。组织治理过程的参与者，应该是组织最初的直接利益相关者以及后来的主要利益相关者的代表，由他们来代表组织确立核心价值观念和基本规则体系，包括选择高层管理者及其团队，而组织的高层管理者及各级管理者不过是价值观念和规则体系的践行者、执行者而已。这样一来，组织的价值观念和规则体系便是先于管理者确立起来的，不仅决定着管理者的选择，也确保了组织管理的合法性和合理性。由非人格化的治理过程确立组织的价值观念和规则体系，再由人格化的各级管理者遵循价值观念、依据规则体系来实施管理，才有可能从根本上保证组织的可持续发展。

参考文献

［1］白奚. 稷下学研究：中国古代的思想自由与百家争鸣［M］. 北京：生活·读书·新知三联书店，1998.

［2］班固. 汉书［M］. 北京：中华书局，2000.

［3］陈鼓应，白奚. 老子评传［M］. 南京：南京大学出版社，2011.

［4］陈鼓应，赵建伟，注译. 周易今注今译［M］. 北京:商务印书馆，2016.

［5］陈鼓应，注译. 老子今注今译［M］. 北京：商务印书馆，2003.

［6］陈鼓应，注译. 庄子今注今译［M］. 北京：中华书局，2016.

［7］陈徽. 老子新校释译［M］. 上海：上海古籍出版社，2017.

［8］丁四新. 郭店楚竹书《老子》校注［M］. 武汉：武汉大学出版社，2010.

［9］董平. 老子研读［M］. 北京：中华书局，2015.

［10］范应元. 宋本老子道德经［M］. 北京：国家图书馆出版社，2017.

［11］傅奕. 道德经古本篇［M］//［明］张宇初，等编. 道藏（第十一册）. 北京：文物出版社，上海：上海书店，天津：天津古籍出版社，1988：482-489.

［12］高亨. 老子注译［M］. 北京：清华大学出版社，2010.

［13］高明. 帛书老子校注［M］. 北京：中华书局，2020.

［14］憨山德清，著；尚之煜，校释. 老子道德经解［M］. 北京：中华书局，2020.

［15］焦竑，撰；黄曙辉，点校. 老子翼［M］. 上海：华东师范大学出版社，2011.

［16］李零. 郭店楚简校读记（增订本）［M］. 北京：中国人民大学出版社，2007.

［17］林仲湘.规范字与繁体字、异体字辨析字典［M］.北京：商务印书馆，2021.

［18］刘笑敢.老子古今（修订版）（上）［M］.北京：中国社会科学出版社，2006.

［19］刘昭瑞.《老子想尔注》导读与译注［M］.南昌：江西人民出版社，2012.

［20］罗义俊.《老子》入门［M］.上海：上海古籍出版社，2006.

［21］罗义俊.老子译注［M］.上海：上海古籍出版社，2012.

［22］吕思勉.经子解题［M］.北京：中国书籍出版社，2006.

［23］吕思勉.先秦学术概论［M］.上海：东方出版中心，2008.

［24］任继愈.老子绎读［M］.北京：国家图书馆出版社，2015.

［25］司马迁.史记［M］.北京：中华书局，2000.

［26］苏辙，撰；黄曙辉，点校.道德真经注［M］.上海：华东师范大学出版社，2010.

［27］汪福润，点校辑译.老子注三种.合肥：黄山书社，2014.

［28］王弼，著；楼宇烈，校释.王弼集校释（上）［M］.北京：中华书局，1980.

［29］王卡，点校.老子道德经河上公章句［M］.北京：中华书局，1993.

［30］王先慎，撰；钟哲，点校.韩非子集解［M］.北京：中华书局，2016.

［31］王孝鱼.老子衍疏证［M］.北京：中华书局，2014.

［32］王真.道德经论兵要义述［M］//［明］张宇初，等编.道藏（第十三册）.北京：文物出版社，上海：上海书店，天津：天津古籍出版社，1988：631-652.

［33］吴澄，撰；黄曙辉，点校.道德真经吴澄注［M］.上海：华东师范大学出版社，2010.

［34］徐梵澄.老子臆解［M］.武汉：崇文书局，2018.

［35］许慎，撰；［宋］徐铉，等校.说文解字［M］.上海：上海古籍出版社，2007.

［36］严遵，著；王德有，译注. 老子指归译注［M］. 北京：商务印书馆，2004.

［37］杨树达. 周易古义　老子古义［M］. 上海：上海古籍出版社，2006.

［38］张钢. 论语的管理精义［M］. 北京：机械工业出版社，2015.

［39］张钢. 大学·中庸的管理释义［M］. 北京：机械工业出版社，2017.

［40］张钢. 孟子的管理解析［M］. 北京：机械工业出版社，2019.

［41］张松辉，张景，译注. 韩非子译注［M］. 上海：上海三联书店，2014.

［42］朱谦之. 老子校释［M］. 北京：中华书局，2017.

［43］康熙字典（标点整理本）［M］. 上海：上海辞书出版社，2007.

［44］古代汉语字典［M］. 北京：商务印书馆国际有限公司，2005.

附　录

《老子》原文

第一章

道可道，非常道；名可名，非常名。无名万物之始，有名万物之母。故常无欲，以观其妙；常有欲，以观其徼。此两者同出而异名，同谓之玄，玄之又玄，众妙之门。

第二章

天下皆知美之为美，斯恶已；皆知善之为善，斯不善已。故有无相生，难易相成，长短相形，高下相倾，音声相和，前后相随。是以圣人处无为之事，行不言之教，万物作焉而不始，生而不有，为而不恃，功成而弗居。夫唯弗居，是以不去。

第三章

不尚贤，使民不争；不贵难得之货，使民不为盗；不见可欲，使民心不乱。是以圣人之治，虚其心，实其腹；弱其志，强其骨。常使民无知无欲，使夫智者不敢为也。为无为，则无不治。

第四章

道冲而用之或不盈，渊兮似万物之宗。挫其锐，解其纷，和其光，同其尘。湛兮似或存，吾不知谁之子，象帝之先。

第五章

天地不仁，以万物为刍狗；圣人不仁，以百姓为刍狗。天地之间，其犹橐籥乎？虚而不屈，动而愈出。多言数穷，不如守中。

第六章

谷神不死，是谓玄牝，玄牝之门，是谓天地根。绵绵若存，用之不勤。

第七章

天长地久。天地所以能长且久者，以其不自生，故能长生。是以圣人后其身而身先，外其身而身存。非以其无私邪？故能成其私。

第八章

上善若水。水善利万物而不争，处众人之所恶，故几于道。居善地，心善渊，与善仁，言善信，政善治，事善能，动善时。夫唯不争，故无尤。

第九章

持而盈之，不如其已。揣而锐之，不可长保。金玉满堂，莫之能守。富贵而骄，自遗其咎。功遂身退，天之道。

第十章

载营魄抱一，能无离乎？专气致柔，能婴儿乎？涤除玄览，能无疵乎？爱民治国，能无知乎？天门开阖，能为雌乎？明白四达，能无为乎？生之、畜之，生而不有，为而不恃，长而不宰，是谓玄德。

第十一章

三十辐共一毂，当其无，有车之用。埏埴以为器，当其无，有器之用。凿户牖以为室，当其无，有室之用。故有之以为利，无之以为用。

第十二章

五色令人目盲，五音令人耳聋，五味令人口爽，驰骋畋猎令人心发狂，难得之货令人行妨。是以圣人为腹不为目，故去彼取此。

第十三章

宠辱若惊，贵大患若身。何谓宠辱若惊？宠，为下得之若惊，失之若惊，是谓宠辱若惊。何谓贵大患若身？吾所以有大患者，为吾有身，及吾无身，吾有何患！故贵以身为天下，若可寄天下；爱以身为天下，若可托天下。

第十四章

视之不见名曰夷，听之不闻名曰希，搏之不得名曰微。此三者不可致诘，故混而为一。其上不皦，其下不昧，绳绳不可名，复归于无物，是谓无状之状，无物之象。是谓惚恍。迎之不见其首，随之不见其后。执古之道，以御今之有，能知古始，是谓道纪。

第十五章

古之善为士者，微妙玄通，深不可识。夫唯不可识，故强为之容。豫焉若冬涉川，犹兮若畏四邻，俨兮其若客，涣兮若冰之将释，敦兮其若朴，旷兮其若谷，混兮其若浊。孰能浊以静之徐清？孰能安以久动之徐生？保此道者不欲盈，夫唯不盈，故能蔽不新成。

第十六章

致虚极，守静笃，万物并作，吾以观复。夫物芸芸，各复归其根。归根曰静，是谓复命。复命曰常，知常曰明，不知常，妄作，凶。知常容，容乃公，公乃王，王乃天，天乃道，道乃久。没身不殆。

第十七章

太上，下知有之。其次，亲而誉之。其次，畏之。其次，侮之。信不足，焉有不信焉。悠兮其贵言。功成事遂，百姓皆谓我自然。

第十八章

大道废，有仁义；智慧出，有大伪；六亲不和，有孝慈；国家昏乱，有忠臣。

第十九章

绝圣弃智，民利百倍；绝仁弃义，民复孝慈；绝巧弃利，盗贼无有。此三者，以为文不足，故令有所属，见素抱朴，少私寡欲。

第二十章

绝学无忧。唯之与阿，相去几何？善之与恶，相去若何？人之所畏，不可不畏。荒兮其未央哉！众人熙熙，如享太牢，如春登台。我独泊兮其未兆，如婴儿之未孩。儽儽兮若无所归。众人皆有余，而我独若遗。我愚人之心也哉！沌沌兮！俗人昭昭，我独昏昏；俗人察察，我独闷闷。澹兮其若海，飂兮若无止。众人皆有以，而我独顽似鄙。我独异于人，而贵食母。

第二十一章

孔德之容，惟道是从。道之为物，惟恍惟惚。惚兮恍兮，其中有象；恍兮惚兮，其中有物。窈兮冥兮，其中有精；其精甚真，其中有信。自古及今，其名不去，以阅众甫。吾何以知众甫之状哉？以此。

第二十二章

曲则全，枉则直，洼则盈，敝则新，少则得，多则惑。是以圣人抱一，为天下式。不自见故明；不自是故彰；不自伐故有功；不自矜故长。夫唯不争，故天下莫能与之争。古之所谓曲则全者，岂虚言哉！诚全而归之。

第二十三章

希言自然。故飘风不终朝，骤雨不终日。孰为此者？天地。天地尚不能久，而况于人乎？故从事而道者同于道，得者同于得，失者同于失。同于得者，道亦得之；同于失者，道亦失之。信不足，焉有不信焉。

第二十四章

企者不立，跨者不行，自见者不明，自是者不彰，自伐者无功，自矜者不长。其在道也，曰余食赘行。物或恶之，故有道者不处。

第二十五章

有物混成，先天地生，寂兮寥兮，独立不改，周行而不殆，可以为天下母。吾不知其名，字之曰道，强为之名曰大。大曰逝，逝曰远，远曰反。故道大，天大，地大，王亦大。域中有四大，而王居其一焉。人法地，地法天，天法道，道法自然。

第二十六章

重为轻根，静为躁君，是以圣人终日行不离辎重。虽有荣观，燕处超然，奈何万乘之主，而以身轻天下？轻则失本，躁则失君。

第二十七章

善行无辙迹，善言无瑕谪，善数不用筹策，善闭无关楗而不可开，善结无绳约而不可解。是以圣人常善救人，故无弃人；常善救物，故无弃物，是谓袭明。故善人者，不善人之师；不善人者，善人之资。不贵其师，不爱其资，虽智大迷，是谓要妙。

第二十八章

知其雄，守其雌，为天下谿。为天下谿，常德不离，复归于婴儿。知其白，守其黑，为天下式。为天下式，常德不忒，复归于无极。知其荣，守其辱，为天下谷。为天下谷，常德乃足，复归于朴。朴散则为器，圣人用之则为官长。故大制不割。

第二十九章

将欲取天下而为之，吾见其不得已。天下神器，不可为也。为者败之，执者失之。故物或行或随，或歔或吹，或强或羸，或培或隳。是以圣人去甚，去奢，去泰。

第三十章

以道佐人主者，不以兵强天下，其事好还。师之所处，荆棘生焉。大军之后，必有凶年。善有果而已，不敢以取强。果而勿矜，果而勿伐，果而勿骄，果而不得已，果而勿强。物壮则老，是谓不道，不道早已。

第三十一章

夫佳兵者，不祥之器。物或恶之，故有道者不处。君子居则贵左，用兵则贵右。兵者，不祥之器，非君子之器。不得已而用之，恬淡为上，胜而不美。而美之者，是乐杀人。夫乐杀人者，则不可以得志于天下矣。吉事尚左，凶事尚右。偏将军居左，上将军居右，言以丧礼处之。杀人之众，以哀悲泣之。战胜，以丧礼处之。

第三十二章

道常无名，朴虽小，天下莫能臣也。侯王若能守之，万物将自宾。天地相合以降甘露，民莫之令而自均。始制有名，名亦既有，夫亦将知止。知止可以不殆。譬道之在天下，犹川谷之于江海。

第三十三章

知人者智，自知者明。胜人者有力，自胜者强。知足者富，强行者有志，不失其所者久，死而不亡者寿。

第三十四章

大道汜兮，其可左右。万物恃之而生而不始，功成不名有，衣养万物而不为主。常无欲，可名于小；万物归焉而不为主，可名为大。是以圣人能成其大也，以其终不自为大，故能成其大。

第三十五章

执大象，天下往；往而不害，安平太。乐与饵，过客止。道之出口，淡乎其无味，视之不足见，听之不足闻，用之不足既。

第三十六章

将欲歙之，必固张之；将欲弱之，必固强之；将欲废之，必固兴之；将欲夺之，必固与之，是谓微明。柔弱胜刚强。鱼不可脱于渊，国之利器不可以示人。

第三十七章

道常无为而无不为，侯王若能守之，万物将自化。化而欲作，吾将镇之以无名之朴。无名之朴，夫亦将无欲。不欲以静，天下将自定。

第三十八章

上德不德，是以有德；下德不失德，是以无德。上德无为而无以为，下德为之而有以为。上仁为之而无以为，上义为之而有以为，上礼为之而莫之应，则攘臂而扔之。故失道而后德，失德而后仁，失仁而后义，失义而后礼。夫礼者，忠信之薄而乱之首。前识者，道之华而愚之始。是以大丈夫处其厚，不居其薄；处其实，不居其华。故去彼取此。

第三十九章

昔之得一者，天得一以清，地得一以宁，神得一以灵，谷得一以盈，万物得一以生，侯王得一以为天下贞。其致之。天无以清将恐裂，地无以宁将恐废，神无以灵将恐歇，谷无以盈将恐竭，万物无以生将恐灭，侯王无以贵高将恐蹶。故贵以贱为本，高以下为基。是以侯王自谓孤寡不穀。此非以贱为本邪？非乎？故致数舆无舆。不欲琭琭如玉，珞珞如石。

第四十章

反者，道之动；弱者，道之用。天下万物生于有，有生于无。

第四十一章

上士闻道，勤而行之；中士闻道，若存若亡；下士闻道，大笑之，不笑不足以为道。故建言有之：明道若昧，进道若退，夷道若纇。上德若谷，大白若辱，广德若不足，建德若偷，质真若渝。大方无隅，大器晚成，大音希声，大象无形。道隐无名，夫唯道善贷且成。

第四十二章

道生一，一生二，二生三，三生万物。万物负阴而抱阳，冲气以为和。人之所恶，唯孤寡不穀，而王公以为称。故物，或损之而益，或益之而损。人之所教，我亦教之。强梁者不得其死，吾将以为教父。

第四十三章

天下之至柔，驰骋天下之至坚，无有入无间，吾是以知无为之有益。不言之教，无为之益，天下希及之。

第四十四章

名与身孰亲？身与货孰多？得与亡孰病？是故甚爱必大费，多藏必厚亡。知足不辱，知止不殆，可以长久。

第四十五章

大成若缺，其用不弊；大盈若冲，其用不穷。大直若屈，大巧若拙，大辩若讷。躁胜寒，静胜热，清静为天下正。

第四十六章

天下有道，却走马以粪；天下无道，戎马生于郊。祸莫大于不知足，咎莫大于欲得，故知足之足，常足矣。

第四十七章

不出户，知天下；不窥牖，见天道。其出弥远，其知弥少。是以圣人不行而知，不见而名，不为而成。

第四十八章

为学日益，为道日损。损之又损，以至于无为，无为而无不为。取天下常以无事，及其有事，不足以取天下。

第四十九章

圣人无常心，以百姓心为心。善者，吾善之；不善者，吾亦善之，德善。信者，吾信之；不信者，吾亦信之，德信。圣人在天下歙歙，为天下浑其心。百姓皆注其耳目，圣人皆孩之。

第五十章

出生入死。生之徒十有三，死之徒十有三。人之生生动之死地，亦十有三。夫何故？以其生生之厚。盖闻善摄生者，陆行不遇兕虎，入军不被甲兵，兕无所投其角，虎无所措其爪，兵无所容其刃。夫何故？以其无死地。

第五十一章

道生之，德畜之，物形之，势成之。是以万物莫不尊道而贵德。道之尊，德之贵，夫莫之命而常自然。故道生之，德畜之：长之、育之，亭之、毒之，养之、覆之。生而不有，为而不恃，长而不宰，是谓玄德。

第五十二章

天下有始，以为天下母。既得其母，以知其子；既知其子，复守其母，没身不殆。塞其兑，闭其门，终身不勤。开其兑，济其事，终身不救。见小曰明，守柔曰强。用其光，复归其明，无遗身殃，是为习常。

第五十三章

使我介然有知，行于大道，唯施是畏。大道甚夷，而民好径。朝甚除，田甚芜，仓甚虚。服文采，带利剑，厌饮食，财货有余，是谓盗夸。非道也哉！

第五十四章

善建者不拔，善抱者不脱，子孙以祭祀不辍。修之于身，其德乃真；修之于家，其德乃余；修之于乡，其德乃长；修之于国，其德乃丰；修之于天下，其德乃普。故以身观身，以家观家，以乡观乡，以国观国，以天下观天下。吾何以知天下然哉？以此。

第五十五章

含德之厚，比于赤子。蜂虿虺蛇不螫，猛兽不据，攫鸟不搏。骨弱筋柔而握固，未知牝牡之合而全作，精之至也。终日号而不嗄，和之至也。知和曰常，知常曰明，益生曰祥，心使气曰强。物壮则老，谓之不道，不道早已。

第五十六章

知者不言，言者不知。塞其兑，闭其门，挫其锐；解其分，和其光，同其尘，是谓玄同。故不可得而亲，不可得而疏；不可得而利，不可得而害；不可得而贵，不可得而贱，故为天下贵。

第五十七章

以正治国，以奇用兵，以无事取天下。吾何以知其然哉？以此。天下多忌讳，而民弥贫；民多利器，国家滋昏；人多伎巧，奇物滋起；法令滋彰，盗贼多有。故圣人云，我无为而民自化，我好静而民自正，我无事而民自富，我无欲而民自朴。

第五十八章

其政闷闷，其民淳淳；其政察察，其民缺缺。祸兮福之所倚，福兮祸之所伏。孰知其极？其无正。正复为奇，善复为妖，人之迷，其日固久。是以圣人方而不割，廉而不刿，直而不肆，光而不耀。

第五十九章

治人事天莫若啬。夫唯啬，是谓早服。早服谓之重积德。重积德则无不克，无不克则莫知其极，莫知其极，可以有国。有国之母，可以长久。是谓深根固柢，长生久视之道。

第六十章

治大国若烹小鲜。以道莅天下，其鬼不神。非其鬼不神，其神不伤人；非其神不伤人，圣人亦不伤人。夫两不相伤，故德交归焉。

第六十一章

大国者下流。天下之交，天下之牝。牝常以静胜牡，以静为下。故大国以下小国，则取小国；小国以下大国，则取大国。故或下以取，或下而取。大国不过欲兼畜人，小国不过欲入事人，夫两者各得其所欲，大者宜为下。

第六十二章

道者万物之奥，善人之宝，不善人之所保。美言可以市，尊行可以加人。人之不善，何弃之有！故立天子，置三公，虽有拱璧以先驷马，不如坐进此道。古之所以贵此道者何？不曰以求得，有罪以免邪？故为天下贵。

第六十三章

为无为，事无事，味无味。大小多少，报怨以德。图难于其易，为大于其细。天下难事必作于易，天下大事必作于细，是以圣人终不为大，故能成其大。夫轻诺必寡信，多易必多难，是以圣人犹难之。故终无难矣。

第六十四章

其安易持，其未兆易谋，其脆易泮，其微易散。为之于未有，治之于未乱。合抱之木，生于毫末；九层之台，起于累土；千里之行，始于足下。为者败之，执者失之。是以圣人无为，故无败；无执，故无失。民之从事，常于几成而败之。慎终如始，则无败事。是以圣人欲不欲，不贵难得之货物。学不学，复众人之所过。以辅万物之自然，而不敢为。

第六十五章

古之善为道者，非以明民，将以愚之。民之难治，以其智多。故以智治国，国之贼；不以智治国，国之福。知此两者，亦稽式。常知稽式，是谓玄德。玄德深矣，远矣，与物反矣，然后乃至大顺。

第六十六章

江海所以能为百谷王者，以其善下之，故能为百谷王。是以欲上民，必以言下之；欲先民，必以身后之。是以圣人处上而民不重，处前而民不害，是以天下乐推而不厌。以其不争，故天下莫能与之争。

第六十七章

天下皆谓我道大，似不肖。夫唯大，故似不肖。若肖，久矣其细也夫。我有三宝，持而保之。一曰慈，二曰俭，三曰不敢为天下先。慈，故能勇；俭，故能广；不敢为天下先，故能成器长。今舍慈且勇，舍俭且广，舍后且先，死矣！夫慈，以战则胜，以守则固，天将救之，以慈卫之。

第六十八章

善为士者不武，善战者不怒，善胜敌者不与，善用人者为之下。是谓不争之德，是谓用人之力，是谓配天古之极。

第六十九章

用兵有言，吾不敢为主而为客，不敢进寸而退尺。是谓行无行，攘无臂，扔无敌，执无兵。祸莫大于轻敌，轻敌几丧吾宝。故抗兵相若，哀者胜矣。

第七十章

吾言甚易知，甚易行，天下莫能知，莫能行。言有宗，事有君。夫唯无知，是以不我知。知我者希，则我者贵，是以圣人被褐怀玉。

第七十一章

知不知，上；不知知，病。夫唯病病，是以不病。圣人不病，以其病病，是以不病。

第七十二章

民不畏威，则大威至。无狎其所居，无厌其所生。夫唯不厌，是以不厌。是以圣人自知，不自见；自爱，不自贵。故去彼取此。

第七十三章

勇于敢则杀，勇于不敢则活。此两者，或利或害。天之所恶，孰知其故？是以圣人犹难之。天之道，不争而善胜，不言而善应，不召而自来，繟然而善谋。天网恢恢，疏而不失。

第七十四章

民不畏死，奈何以死惧之！若使民常畏死，而为奇者吾得执而杀之，孰敢？常有司杀者杀，夫代司杀者杀，是谓代大匠斫。夫代大匠斫者，希有不伤其手矣。

第七十五章

民之饥，以其上食税之多，是以饥。民之难治，以其上之有为，是以难治。民之轻死，以其上求生之厚，是以轻死。夫唯无以生为者，是贤于贵生。

第七十六章

人之生也柔弱，其死也坚强。万物草木之生也柔脆，其死也枯槁。故坚强者死之徒，柔弱者生之徒。是以兵强则不胜，木强则兵。强大处下，柔弱处上。

第七十七章

天之道，其犹张弓与！高者抑之，下者举之；有余者损之，不足者补之。天之道，损有余而补不足。人之道则不然，损不足以奉有余。孰能有余以奉天下？唯有道者。是以圣人为而不恃，功成而不处，其不欲见贤。

第七十八章

天下莫柔弱于水，而攻坚强者莫之能胜，其无以易之。弱之胜强，柔之胜刚，天下莫不知，莫能行。是以圣人云，受国之垢，是谓社稷主；受国不祥，是为天下王。正言若反。

第七十九章

和大怨，必有余怨，安可以为善？是以圣人执左契，而不责于人。有德司契，无德司彻。天道无亲，常与善人。

第八十章

小国寡民，使有什伯人之器而不用，使民重死而远徙。虽有舟舆，无所乘之；虽有甲兵，无所陈之；使人复结绳而用之。甘其食，美其服，安其居，乐其俗。邻国相望，鸡犬之声相闻，民至老死不相往来。

第八十一章

信言不美，美言不信；善者不辩，辩者不善；知者不博，博者不知。圣人不积，既以为人，己愈有；既以与人，己愈多。天之道，利而不害。圣人之道，为而不争。